LA BIBLIA SEGÚN DIOS

@DIOSTUITERO
LA BIBLIA
SEGÚN DIOS

QUÉ HAY DETRÁS DEL LIBRO MÁS VENDIDO
DE TODOS LOS TIEMPOS

MALPASO

BARCELONA   MÉXICO   BUENOS AIRES   NUEVA YORK

© @diostuitero, 2019
© La Biblia según Dios, 2019
© Malpaso Holdings S. L.
C/ Diputació, 327, principal 1.ª
08009 Barcelona
www.malpasoycia.com

ISBN: 978-84-949913-4-9
Depósito legal: B-9.805-2019
Segunda edición: mayo de 2021

Impresión: Romanyà Valls
Diseño de interiores: Sergi Gòdia
Realización técnica y producción: Ángel Fraternal
Diseño de cubierta: Àlex Ramon Mas Studio

«Sobre la Biblia sólo diré cuatro palabras:
No es mi letra.»

@diostuitero

INTRODUCCIÓN

En efecto, la Biblia es el libro más leído de todos los tiempos, pero ninguna de las numerosas versiones que conocéis es la buena. ¿Por qué? Porque todas fueron escritas por hombres. Y como toda obra humana, está repleta de fallos, imperfecciones. La Biblia contiene numerosos errores históricos, científicos, geográficos, lingüísticos... y contradicciones.

Sí, como iremos viendo, el texto sagrado se contradice todo el tiempo, tanto en el Antiguo como en el Nuevo Testamento. En un lugar dice una cosa y en otro la contraria. Cambia las fechas, los protagonistas, los propios sucesos que en el libro se narran...

Para ser la Palabra de Dios os quedó demasiado humana. Eso sí, no todo lo que dice la Biblia es mentira, la numeración de las páginas es correcta.

¡Con razón mi Iglesia prohibió durante siglos su traducción a las lenguas vulgares, que eran las que entendía el pueblo! Si la gente lo leía cualquiera podría ver que este libro era una chapuza y perder la fe, o peor aún, plantear engorrosas preguntas que pudiesen hacérsela perder a otros. Era mucho mejor encerrarla en el latín y dejar su exclusiva lectura en manos de los eclesiásticos, que ya se encargarían de explicársela al vulgo ignorante. Además, muchas de las cosas que la Iglesia enseñaba estaban basadas en la tradición y la gente se daría cuenta de que no venían en el libro sagrado, sino que más o menos las habíamos cogido de por ahí (mitos, leyendas y textos muy conocidos algunos de los cuales iremos descubriendo) o directamente nos las habíamos inventado según conviniese en cada momento.

¡Llegamos a tener la Biblia en nuestro propio Índice de Libros Prohibidos!

Hoy por culpa de la imprenta y de los malditos protestantes, que se empeñaron en traducirla, hay una Biblia en cada casa, pero os aseguro que durante mucho tiempo la Inquisición castigaba con la muerte su traducción o el simple hecho de poseer un ejemplar. Sí, hijos míos, hubo gente que ardió en la hoguera por leer la Biblia. Todo esto os sonará extraño a vosotros, que no cogéis un texto sagrado ni a tiros. Porque la Biblia es el libro más vendido y el menos leído. Al fin y al cabo, ¿qué es el cristianismo? Gente que va todos los domingos a misa a que alguien les lea un libro que ellos no piensan leerse nunca.

Hoy os habéis pasado al polo opuesto: hay traducciones de la Biblia para todos los gustos, y donde una escoge una palabra otra escoge otra a veces bien diferente, según la doctrina o idea que se defienda. Cada credo tiene su propia Biblia, y defiende con uñas y dientes que la suya es la verdadera y no la de los demás.

Yo, por si acaso, en esta obra que el lector tiene entre sus piadosas manos, he escogido a la hora de citar el texto sagrado una versión aprobada por la Conferencia Episcopal Española, que para eso fue ese país la Reserva Espiritual de Occidente y cuna de los Reyes Católicos.

Y dicho esto, me dispongo a ofreceros la versión definitiva, la buena, la mía, la divina, la del protagonista: La Biblia contada por Dios, por @diostuitero. Tomad y leed.

AL PRINCIPIO...

Al principio era Yo, luego Yo, después Yo y otra vez Yo. No había nada más. Incluso para un tipo tan egocéntrico como es mi caso aquello comenzó a resultar aburrido.

Por aquella época era un triángulo equilátero con un ojo en medio, y mi única ocupación consistía en parpadear de vez en cuando y cuidar de que no se me acumulara demasiado polvo en los ángulos. Pero como digo, llega un momento en que hasta las formas geométricas se aburren.

Además, me di cuenta de que era un ser perfecto, pero no tenía nadie que me lo dijera. Y a todo el mundo le gusta que le doren la píldora: así que decidí crear a los ángeles.

La vida transcurría plácidamente, con los ángeles cantando mis alabanzas todo el día y yo con la autoestima por las nubes. Pensaba que lo tenía todo muy controlado, pero de pronto ocurrió lo que menos me esperaba: uno de mis querubines ¡se rebeló contra mí! ¡El maldito Satanás!

Satanás (así le llama mi hijo Jesús en la Biblia y significa «adversario») era una criatura hermosísima, dicen que el más bello de todos mis ángeles. Al principio era majo, pero poco a poco se fue convirtiendo en el típico cuñado que te decía que el Cielo tenía malos acabados, que para qué había hecho las nubes si la Tierra todavía no existía, que con La Nada se vivía mejor... Me tenía frito. Pues, como digo, no contento con dar la turra a todas horas, un día se me rebeló y montó un motín con algunos ángeles amigos suyos. Los mandé a todos al Infierno.

LA BIBLIA

PENTATEUCO

GÉNESIS
ASÍ EMPEZÓ TODO

LA CREACIÓN

La vida sin Satanás volvía a ser muy tranquila, pero también mucho más aburrida. No me lo podía creer, pero a veces echaba de menos sus charlas sentando cátedra sobre esto y lo otro, diciéndome lo que tenía que hacer o dejar de hacer. Volvía a aburrirme como una mona.

Pasaron varios millones de años y un buen día pensé: «he creado seres y se me han rebelado buena parte de ellos. Crearé cosas, a ver qué tal». Y así fue como di origen al Universo.

Comienza el Génesis diciendo que «En el principio creó Dios los cielos y la Tierra». Vamos a ver, los cielos ya los tenía hechos, ¿dónde iba a vivir si no? Todo el mundo sabe que Dios vive en el Cielo. Hice la Tierra. Al principio era plana, cuadradita y estaba en el centro del Sistema Solar. Luego ya vinieron los científicos y la corrigieron.

Dije «hágase la luz», y desde entonces la factura no ha dejado de subir. Y separé la luz de las tinieblas. Al tercer día creé la hierba y los árboles que dan fruto. ¿Que cómo hacían la fotosíntesis si no había creado el Sol? Yo qué sé, supongo que de milagro, el que escribió esta historia seguía la secuencia egipcia de la Creación.

Fue después cuando por fin se me ocurrió crear «lumbreras en el firmamento» para «separar la luz de las tinieblas». Se me había olvidado que las había separado ya el primer día. Es que como sólo tengo un ojo en medio del triángulo a veces no veo bien. También puede ser porque, como dicen los que saben, el Génesis recoge dos tradiciones contradictorias, y el resultado es esta chapuza.

El caso es que hice la «lumbrera mayor», el sol, «para que presidiese el día» y la «lumbrera menor», la luna, para «presidir la noche». Lo sé, ¡la luna no es una lumbrera, ya que no tiene luz propia, sino que refleja la del sol! A veces digo algún disparate, perdonadme.

En los días siguientes creé los animales. Se me ocurrió que sería muy divertido que para sobrevivir tuviesen que matarse y comerse los unos a los otros. Fue una gran ocurrencia que luego dio lugar a los documentales de la 2. Es que estoy en todo.

Hice también a los dinosaurios, pero luego se extinguieron porque en el Arca de Noé no cabían.

Y entonces me di cuenta: ¡había vuelto a crear seres! ¡Los animales son seres vivos! ¡Y las plantas! Ya que la había vuelto a liar, me tiré del todo a la piscina y decidí crear al animal más animal de todos: el hombre.

Algunos chiflados como Darwin dicen que era un mono, pero yo os juro que lo hice a mi imagen y semejanza, y que era un guaperas de 1,80, atlético, con pelazo, barbita y conocimientos de arameo nivel avanzado. Lo llamé Adán, que significa «hombre», y también «tierra», pues fue hecho de este material. Nunca fui muy original con los nombres, tened en cuenta que yo me llamo Yahveh, que quiere decir: «Yo soy el que soy». Bueno, algo de misterio sí tiene la cosa, porque Yahveh proviene de YHWH, que es la traducción occidental de mi verdadero nombre en hebreo: yod-hei-vav-hei, pues la escritura hebrea antigua descartaba las vocales.

Como soy un tipo muy importante, la Biblia me da más de veinte nombres, uno de los cuales aparece en este libro del Génesis y es un poco lioso: Elohim, porque significa «dioses». ¿Pero no habíamos quedado en que mi religión era monoteísta? No pasa nada, mi libro lo usa asociado al singular y listo. De todas formas, algo de politeísmo sí hay, porque yo soy una Trinidad, y si le sumas todos los santos y la Virgen tenemos una religión donde se adora hasta al gato.

A Adán lo creé con barro porque no quería gastar mucho. Normal que luego me hayáis salido como me habéis salido. Con esa materia prima no os puedo pedir más.

Habían pasado ya seis días (los mismos que señala el Corán, aunque en otra parte dice que fueron ocho). Miré mi creación entera y vi que era bueno. Ya sabéis que la autocrítica no es uno de mis fuertes.

Satisfecho como estaba, al séptimo día descansé. Desde entonces, por mucho que recéis, sigo de vacaciones.

ADÁN Y SUS MUJERES

De toda mi creación, el Jardín del Edén era la joya de la corona. Tenía un río precioso que se dividía en otros cuatro, dos de los cuales era el Tigris y el Éufrates, y árboles bellísimos y otros que daban fruto. Como yo ya estaba de vacaciones indefinidas, coloqué allí al hombre con el encargo de que «lo labrara y lo guardase». ¡A ver si resulta que él también iba a vivir como Dios!

Formé las bestias del campo y las aves del cielo y se las envié para que le ayudaran, pero dice mi libro que «puso Adán nombre a toda bestia y ave de los cielos y a todo ganado del campo; mas para Adán no se halló ayuda idónea para él».

Continúa mi libro diciendo que entonces sumí a Adán en un sueño profundo y le extraje una costilla de la cual creé a la mujer (primer caso de reproducción asistida de la historia, aunque ahora la Iglesia diga que está en contra), a la que dimos por nombre hembra, pues había salido del hombre. Ya os dije que no nos rompíamos la cabeza con los nombres. Después de la expulsión del paraíso la llamamos Eva, que queda mucho mejor. Por culpa de esta historia os tirasteis siglos y siglos pensando que el hombre tenía una costilla menos que la mujer.

Vamos a ver. Este asunto quiero dejarlo bien claro, que no quiero que me tilden de más machista de lo que soy. Yo no creé a la primera mujer de una costilla del hombre, y mucho menos como mula de carga para que le ayudase a labrar el huerto del Edén.

Esto es una historia del capítulo 2 del Génesis, pero ya os dije que el Génesis mezcla dos tradiciones distintas sobre la creación, así que antes, en el capítulo 1 digo otra cosa: «Y creó Dios al hombre a su imagen, a imagen de Dios los creó; varón y hembra los creó».

Es decir, que creé al hombre y a la mujer a la vez, y por supuesto, ninguno salió de ninguna costilla del otro. La literatura hebrea es muy prolija al respecto, y cuenta perfectamente la historia de esa primera mujer: Lilit.

Lilit fue la primera mujer de Adán, antes de la pánfila de Eva. Vivía con su churri muy tranquila en el huerto, pero tenían muchas discusiones de pareja, y todas las veces por el mismo motivo: Adán quería hacer el amor siempre en la postura del misionero (en esto era muy religioso) y Lilit le decía que ella estaba creada del mismo barro que él y que era su igual y que por tanto podían cambiar de vez en cuando y dejarle a ella fornicar encima.

Sí, amigos, en los albores de la humanidad, y esto era lo que os preocupaba.

Adán se negaba siempre, hasta que ella un día se hartó, invocó mi nombre, que estaba prohibido (ya no me acuerdo por qué, mi paranoia con los nombres es digna de estudio) y elevándose por los aires se largó con viento fresco hasta una zona del Mar Rojo que estaba habitada por lujuriosos demonios. Allí se dedicó a fornicar con ellos todo el día en todas las posturas posibles, engendrando miles de hijos demoníacos. Hay quien dice que es la madre de los vampiros.

Tuve que mandarle tres ángeles con la advertencia de que o regresaba o le mataría cien hijos al día. Fue la primera vez que descubrí el placer del matar. Matar recién nacidos. A veces soy peor que el diablo.

Lilit tenía mucha personalidad, y no había Dios que la achantase. Se negó en redondo y les dijo a mis ángeles que como represalia ella mataría a los hijos de Adán.

Y así ha sido desde entonces. Yo le mato cien niños cada día, y ella asesina a vuestras crías, y según dicen los antiguos, merodea por vuestras sábanas en busca del semen que expulsáis en las poluciones nocturnas, que ella utiliza para engendrar más hijos.

Durante la Edad Media colocabais un amuleto en la puerta de vuestras casas con la leyenda: «Lilit abi», que quiere decir, «Lilit, aléjate», para salvar a vuestros recién nacidos. Hoy apenas os acordáis de Lilit, pero cuando le cantéis una nana a vuestros niños, no olvidéis que en inglés se dice *Lullaby*, Lilit abi.

La historia de Lilit es muy entretenida, pero hoy todo el mundo conoce mucho más la de Eva.

Eva era un chica sumisa y con ella Adán podía hacer el amor en su postura favorita todos los santos días. Parecía que por fin todo mi plan universal funcionaba. Hasta que algo ocurrió. Algo ajeno a mi control.

Aunque el Paraíso era un sitio fetén, tenía fallos de seguridad. Por alguna rendija vino a colarse una serpiente que resultó ser el demonio, el malvado Satanás. No vuelve a salir en todo el Pentateuco, pero no veáis la que me lió. Las malas lenguas afirman que esa serpiente está tomada de la forma que adoptó el dios egipcio Set, cuando se transformó en la serpiente Apotis, enemiga de Ra, dios del Sol, del cielo y del origen de la vida como yo. Da igual, el caso es que era un bicho.

Había plantado yo dos árboles muy especiales en el jardín: el Árbol de la Vida, y el Árbol del Conocimiento del Bien y del Mal. Y les había advertido a Adán y a Eva que podían comer de todos los árboles menos de este último. Esto de los frutos prohibidos lo copié de los mitos sumerios que describen la vida en el Paraíso, como el de Enki y Ninhursag, del que también tomé la historia de la costilla y que luego conocieron los hebreos cuando estuvieron cautivos en Babilonia e hicieron suyos. La propia palabra *Edén* es de origen sumerio, y significa «planicie», con lo que debemos suponer que el Paraíso no tenía cuestas, ideal para montar un carril bici. Era un sitio estupendo, un verdadero «jardín de las delicias», no en vano en hebreo Edén se traduce por placer.

El «Enuma Elish», el poema babilónico que narra el origen del mundo, cuenta también que este fue creado en siete días, comenzando en un jardín y que fue obra de una diosa con forma de serpiente gigante llamada Tiamat. ¡Cuántas coincidencias! ¿verdad?

Ya conocéis la historia: la serpiente le dijo a Eva que comiese, que así adquiriría sabiduría, y ella, curiosa, comió. Y como no se cansó de repetir mi Iglesia, por culpa de una mujer entró el pecado en el mundo. La culpa siempre es de una mujer. Los griegos decían que todos los males se esparcieron por el mundo cuando otra mujer demasiado curiosa, Pandora, abrió la caja que los contenía. Se nota que los mitos fueron escritos por hombres, ¿no es cierto?

En contra de lo que piensa mucha gente, la Biblia no dice que lo que comió fuese una manzana, no especifica el fruto. Simplemente al hablar del árbol del conocimiento del bien y del mal utilizasteis en la traducción latina el término *malus*, que significa tanto «mal» como «manzana», y solucionasteis el asunto. «El árbol del conocimiento del bien y de la manzana.» Maravilloso.

Como veis, ya desde el primer libro de la Biblia dejo bien claro que el conocimiento es pecado. Yo os prefiero en forma de rebaño, para así pastorearos mejor. No en vano al cura se le llama también pastor.

Eva dio de comer a Adán, que, quitando lo de su postura favorita al hacer el amor, en lo demás era muy fácil de convencer.

¡Ahora estos dos listillos sabían tanto como yo!

Maldije a la serpiente, a la que sentencié: «Sobre tu pecho andarás». Es que en aquella época las serpientes tenían piernas, hablaban y ofrecían increíbles oportunidades que luego resultaban ser un fiasco. Hoy les llamáis banqueros.

Y no sólo castigué a la serpiente, también a la pareja de pecadores. Hay quien alega que eran inocentes, ya que si todavía no habían comido del «Árbol del Conocimiento del Bien y del Mal» no podían distinguir lo que estaba bien de lo que estaba mal. ¡Tonterías! ¡Que hubiesen sido más espabilados! No me anduve por las ramas y condené a la humanidad entera.

Maldije a la mujer. Le anuncié que pariría los hijos con dolor (luego me engañasteis con la epidural) y que su marido la dominaría.

Al hombre le fastidié haciéndole trabajar para ganarse el pan. Algunos se metieron a políticos y asesores y esquivaron también la maldición.

Entonces me di cuenta de que aquellos dos, con todo el conocimiento que habían adquirido, eran un peligro. Si llegaban a comer también del Árbol de la Vida y se hacían inmortales, tendría un problema. A los muy tontos no se les había ocurrido todavía tomar sus frutos.

Al principio medité castigarles enviándoles al rincón de pensar, pero luego me di cuenta de que si pensaban mucho ¡a lo mejor se daban cuenta de que yo no existía!

No quedaba otra solución que expulsarles del Paraíso. Y eso fue lo que hice, situando a la puerta a cuatro querubines de confianza con espadas flameantes para que no volviesen a entrar. Desde entonces, no habéis parado de buscar otros paraísos a vuestra manera, ya sean paraísos artificiales o paraísos fiscales, vuestros favoritos, de los que uno de los más destacados es el Estado Vaticano.

Como me dieron un poco de penilla, dice la Biblia que: «El Señor Dios hizo para Adán y su mujer unas túnicas de piel, y los vistió».

Les había echado de casa, sí, pero como cualquier padre, no quería que mis hijos cogiesen frío.

Hice el recuento de mis relaciones sociales:

• Había creado a los ángeles y un tercio de ellos se me habían rebelado y se habían marchado con Satanás.

• Había creado a Lilit y ahora se dedicaba a maldecir mi nombre, lanzar amenazas y cohabitar con demonios.

• Había creado a Adán y Eva y los había tenido que expulsar del Paraíso y condenarles a la mortalidad.

No se puede decir que las cosas fueran muy bien.

CAÍN Y ABEL

Fuera del Paraíso Adán y Eva siguieron haciendo lo mismo que hacían dentro: fornicar todo el día en la posición del misionero,

LA BIBLIA SEGÚN DIOS

la favorita de Adán. ¡Qué poco creativo era el tío! «Si al menos se hubiese escrito ya el Kamasutra», se lamentaba Eva.

Por cierto, tanto la Biblia como el Kamasutra y la Constitución se parecen mucho: los tres son libros que prometen cosas que nunca se cumplen.

Bueno, que me despisto. Adán y Eva pronto engendraron un hijo, al que en otro alarde de originalidad con los nombres llamaron «Caín», que significa «alumbrado». Después alumbraron a Abel.

Caín cultivaba la tierra, mientras Abel cuidaba de los animales. Como andaba algo escaso de adoración, les pedí que me realizasen un sacrificio. Caín me ofreció un fruto de la tierra, y Abel un cordero bien gordo. Yo estaba de frutos hasta las narices, después de la mala experiencia anterior con la manzana, y por eso miré con agrado la ofrenda de Abel, pero no así la de su hermano. ¿Acaso pensaba que yo era un maldito vegetariano?

Caín quedó algo disgustado, e invitó a su hermano Abel a dar una vuelta, y le mató. Yo le pregunté y tuvimos esta conversación:

—¿Dónde está Abel, tu hermano?

—¿Soy yo acaso el guardián de mi hermano? —era gallego, me respondía con otra pregunta. Y encima, aunque esto no lo dice la Biblia, añadió vacilándome:— Te daré una pista, Señor. La población del mundo acaba de disminuir un 25%.

Le maldije como era propio de mí, porque nunca he sido de perdonar demasiado, y le condené a que la tierra no le diese fruto y vagase errante y nómada. Pero como soy bueno y no quería que le matase nadie por lo que había hecho, le puse una marca para protegerle, estableciendo que el que lo matase sería castigado siete veces. Ahora que lo pienso, no sé quién más habría por ahí, pero bueno, ya que teníamos al primer asesino de la historia, pues que llevase un tatuaje carcelario: la marca de Caín. Diversas interpretaciones racistas, como la de los baptistas del sur en Estados Unidos, aseguraban que la marca de Caín era ¡el color negro de la piel, lo que fue utilizado para justificar la esclavitud!

Lo del siete siempre fue un número que me gustó, igual que el doce, el cuarenta... Si le quitas a la Biblia estas unidades de medición se queda en nada. Siete significa la perfección. Por eso tardé seis días en hacer el mundo, y uno que descansé, suman siete. Aunque muy perfecto no me salió, la verdad. Para empezar, está achatado por los polos. Y cada dos por tres surgen volcanes y terremotos.

Caín fue nómada como yo dispuse, pero no demasiado tiempo. Enseguida encontró una mujer y sentó la cabeza y el resto del cuerpo. ¿Con quién se casó, os preguntaréis, si su familia y él eran las únicas personas del mundo? ¿Con alguna hermana? ¿Con su madre Eva? ¿No es eso pecado de incesto? Esto ha suscitado algunos problemillas a la hora de que mis pastores explican la creación a mis ovejas. Joseph Smith, el fundador de los mormones, lo solucionaba brillantemente diciendo que fue con una de las hijas de su hermano ¡Genio! Pero entonces ¿con quién engendró esas hijas Abel?

La Biblia no dice nada de tan importante mujer, tenemos que ir al apócrifo Libro de los Jubileos para conocer su identidad: su hermana Awan.

Ya sé lo que estáis pensando, pero, tranquilos, muchos teólogos dicen que yo no otorgué las leyes contra el incesto sino hasta el Levítico y que por tanto en aquella época no había problema.

Sea quien fuese la afortunada, Caín tuvo un hijo con ella al que llamaron Enoc y fundó una ciudad llamada Enoc (seguíamos con una alarmante falta de creatividad con los nombres), donde se quedó a vivir. ¡Si es que no hacéis caso de mis maldiciones!

Para colmo, a la quinta generación ya había un descendiente suyo llamado Lamec que volvió a convertirse en asesino. La Biblia ni siquiera cita el nombre de la víctima. ¿Para qué?

Mientras, su padre Adán seguía dale que te pego con la postura del misionero, y a la joven edad de 130 años engendró otro hijo, llamado Set, como el dios egipcio. A lo mejor os parece que Adán era muy mayor, pero tened en cuenta que vivió 930 años. Inmortal no, pero casi.

Volví a hacer recuento de mis relaciones sociales:

—Satanás y un tercio de los ángeles en rebeldía.

—Lilit cohabitando con demonios y cagándose en mí (fue la primera de una larga tradición).

—Adán y Eva expulsados del Paraíso y condenados a la mortalidad.

—Abel asesinado y Caín maldito. Lamec convertido en asesino.

No, no. Definitivamente las cosas no iban demasiado bien. Pero todo es susceptible de empeorar. Ahora viene lo de Noé.

EL DILUVIO UNIVERSAL

Como digo, las cosas no iban muy bien. Cuando quise ver, la humanidad entera estaba corrupta y llena de violencia. No entendía nada. ¡Pero si habían sido hechos a mi imagen y semejanza! Y yo soy un bendito, ¡un pedazo de pan! De oblea para ser más exactos.

Me arrepentí de haber creado al ser humano, y me dolió en el corazón. Y decidí destruir a la humanidad, porque toda ella estaba echada a perder. ¿Toda? ¡No! Una pequeña familia permanecía pura, la familia de Noé, y decidí perdonarla. Además, como quería rehacer la raza humana, así no tendría que empezar de cero y gastar barro de nuevo.

Por aquellos días yo había dispuesto que los hombres viviesen 120 años, porque ya me estaba cansado de ver siempre las mismas caras, pero Noé era muy reticente a morirse y ya tenía 600 primaveras cuando mandé el diluvio.

Imaginaos a Noé, hecho un vejestorio, al que se le acerca Dios y le dice que le va a salvar pero que el arca en la que tiene que meter una representación de todos los bichos de la Tierra se lo tiene que construir él con sus manitas... Yo lo podría haber hecho en un abrir y cerrar de ojos, pero recordad que sólo trabajé seis días y desde entonces sigo de vacaciones. Eso sí, le di las indicaciones exactas de cómo la tenía que hacer y de vez en cuando me pasaba a ver cómo iba.

A veces jugaba a la petanca un rato con los gigantes, pues dice la Biblia que «había gigantes en la Tierra en aquellos días». Y pululaban por allí «hijos de dios» que se unieron a «las hijas de los hombres» y les dieron hijos. Y fueron estos «los famosos héroes de antaño». La verdad es que este episodio de Marvel me lo perdí, no me preguntéis.

Hizo Noé un arca de tres pisos y le quedó divina. Le ordené que metiese una pareja de animales de cada especie, para salvarlos. Al párrafo siguiente de la Biblia me lo pensé mejor y le dije que de los animales puros metiese siete parejas. ¿Por qué este lío? ¿Me había vuelto loco y a cada rato ordenaba al pobre Noé una cosa? No, lo que pasa es que, al igual que el relato de la Creación, el del Diluvio también mezcla dos tradiciones distintas, y mientras los seguidores de una eran partidarios de los sacrificios, los de la otra no. Por eso, los contrarios a los sacrificios señalan que yo ordené salvar una sola pareja de cada animal, con eso sería suficiente para repoblar la Tierra. En cambio, los partidarios de los sacrificios entendieron que si solamente introducía una pareja de cada especie y al llegar Noé me la ofrecía en holocausto difícilmente iba a lograr mi objetivo. Así que decidieron que de los animales puros, que eran los que se ofrecían en sacrificio, hubiese siete, el número bíblico por excelencia.

Como ya dije, los dinosaurios no los metió Noé en el arca, porque no cabían. El pájaro carpintero y las termitas sí, y afortunadamente reprimieron sus instintos y no causaron ningún daño a la madera de la embarcación.

No lo dice la Biblia, pero para reunir una pareja de canguros tuvo que ir a Australia y volver. Y así con multitud de especies que son propias sólo de algunas regiones. Tampoco me preguntéis cómo sobrevivieron aquellas que solamente pueden desarrollarse en ciertos hábitats.

¿Cómo cupieron esas parejas de las miles y miles de especies de animales del planeta Tierra en una mísera arca? Por no hablar de su comida. Pues de milagro, claro.

Cuando ya estuvo toda la fauna dentro, entró Noé también con su familia y yo personalmente cerré la puerta del arca. Ya que no había hecho nada, quise tener al menos ese detalle.

Al séptimo día (¡cómo me gusta lo del séptimo día) liberé las aguas del cielo, y ¿sabéis cuánto tiempo estuvo lloviendo a mares? Cuarenta días, exacto. Ya sabéis que en la Biblia usamos sistema cuarentagesimal. Había creado el mundo en sólo seis días y ahora tardaba 40 en anegarlo. Estaba perdiendo facultades. Y si leéis un poco más adelante, peor todavía, porque mi libro se contradice y dice que fueron ciento cincuenta.

Allí estaba Noé con toda su familia y sus mascotas de crucero mientras yo exterminaba a toda la humanidad y a los pobres animales que quedaron en la Tierra, que a saber qué habrían hecho.

Finalmente, en el mes... adivinad... ¡séptimo! descendieron las aguas y el arca se posó «sobre los montes de Ararat». En la Biblia todo lo importante pasa en un monte. Los Diez Mandamientos os los entregué en el Monte Sinaí, mi transfiguración tuvo lugar en el Monte Tabor, mi sermón más importante fue el Sermón de la montaña, me crucificaron en el Monte Calvario y el Anillo Único lo destruí en la Montaña del Destino. ¡Perdón, que me equivoco de película!

Continúo con lo de Noé. A los 40 días de posarse el arca, Noé abrió por fin una ventana. ¡Con tanto animal dentro tenía que oler eso a cuadra! Envió un cuervo a ver si la Tierra estaba seca, pero el cuervo volvió, y lo mismo pasó con una paloma. Esperó unos días más, concretamente ¡siete!, y envió de nuevo a la paloma, que esta vez regresó con un ramo de olivo en el pico.

Este es el punto cumbre de la narración: ¡La paloma! ¡La paloma! Vosotros mirad a la paloma, y no a los millones de cuerpos de hombres, mujeres, niños y animales flotando muertos en el agua.

Esa paloma tan bonita con el ramo de olivo en el pico se convirtió en el símbolo de la paz, ¡qué ironía!

Finalmente, Noé decidió enviarla nuevamente y esta vez ya no volvió, lo que quería decir que las aguas se habían retirado de la Tierra. Ahí me di cuenta de lo previsor que había sido ordenándole que introdujese siete parejas de los animales puros, porque si hubiese metido sólo una ¡a ver con quién iba a reproducirse la paloma soltera que quedó en el arca!

Con la Tierra ya seca salieron por fin a estirar las piernas Noé y su mujer, y sus tres hijos Sem, Cam y Jafet y sus esposas.

Lo primero que hizo Noé fue construir un altar (ya le había cogido gusto a lo de las construcciones y había estado muy aburrido en el Arca) y «tomó de todo animal limpio y de toda ave limpia» y me ofreció un holocausto de estrella Michelín. Dice la Biblia que yo «percibí olor grato» y, como soy de buen comer, prometí no volver a destruir a todo bicho viviente. Lo del Apocalipsis no se me había ocurrido todavía.

Y para sellar esa alianza tan bonita y esa promesa de no volver a mataros a todos extendí sobre el cielo un precioso arcoíris, que además decoraría de maravilla los desfiles del Orgullo Gay. Mis ángeles aplaudían. Y desde entonces, en lugar de diluvios sólo envié inundaciones.

Y empezó la vida de nuevo, con esa nueva raza que se supone iba a ser perfecta.

Sin embargo, a las primeras de cambio comprobé que la había vuelto a cagar. Noé plantó una viña y se emborrachó, y se puso a dormir la mona completamente desnudo. ¡Qué habría estado haciendo! ¡Menudo ejemplo!

Su hijo Cam le vio y fue corriendo a contárselo a sus hermanos, quienes taparon con respeto a su padre evitando mirarlo, de la vergüenza que les daba.

Despertó Noé e inició una larga tradición que consiste en maldecir al hijo por los pecados del padre, algo que a lo largo de la Biblia yo repetiría mil veces. En lugar de maldecir a Cam, que al parecer había cometido un terrible pecado al ver desnudo a su padre, este maldijo a su hijo, Canaán (fundador de la estirpe de los cananeos), y le hizo siervo de Sem y Jafet, creando una enemistad duradera entre sus descendientes. Se había vuelto a liar parda. Ni una generación me había aguantado el invento.

Murió Noé a la edad de 950 años, y se quedó a 19 del récord de Matusalén.

De todas formas, si lo comparamos con los reyes sumero-babilónicos, que medían su existencia por sares, y cada sar constaba de 2500 años, lo de Matusalén fue una muerte prematura.

Los teólogos de la Edad Media se tomaron en serio las cifras que da la Biblia en referencia a la edad que alcanzaron sus personajes y utilizando las genealogías de mi libro calcularon la fecha de la creación del mundo en unos pocos miles de años. Se equivocaron en unos cuantos billones, pero no pasa nada. Alguno hasta dio la hora exacta y todo, ja, ja, ja, las nueve de la mañana. ¡Me hizo madrugar!

¿Os ha gustado la historia de Noé y el Diluvio? Pues hay quien dice que no es más que un plagio del relato más antiguo conocido en el mundo: la *Epopeya de Gilgamesh*.

En este poema sumerio datado mucho antes que el Génesis se cuenta cómo los dioses deciden destruir a los hombres porque ¡eran muy ruidosos y no les dejaban dormir! ¡Estas deidades eran todavía más insensibles que yo!

Decidieron salvar a un tipo que se llamaba Utnapishtim y a su familia encomendándoles que construyesen un arca y metiesen ahí un ejemplar de cada animal de la Tierra. Y ya sabéis: diluvio, pajaritos, montañas donde se detiene el arca, acontecimientos de siete días de duración, sacrificio de agradecimiento al final...

Por cierto, ¿os acordáis de que la Biblia dice que en aquellos tiempos habitaban la Tierra gigantes? Gilgamesh, el protagonista de la epopeya, medía 5,50, el doble que Goliath.

Y recordad estas bonitas palabras de Pío XII en su encíclica «Humani Generis» de 1950:

«Si los antiguos hagiógrafos tomaron algo de las narraciones populares (lo cual puede concederse), es preciso recordar que lo hicieron con la ayuda de la inspiración divina».

Amén.

LA TORRE DE BABEL

El episodio del Diluvio Universal, del que por supuesto no hay ninguna constancia geológica, había terminado. Decidieron los hombres entonces construir una gran ciudad cuyo centro sería una torre que llegaría hasta el cielo. «Hagámonos famosos y no andemos más dispersos por la Tierra», dijeron.

Sabéis cómo soy. Nadie permite que le construyan justo debajo. ¡Si es que lo prohíbe hasta el Código Civil! Pues menos yo, que soy Dios. Si ya estaba harto de escuchar vuestras oraciones desde la Tierra, imaginaos el tostón de tener que aguantaros pegados al oído. Y además corría otra vez el riesgo de que fueseis tan poderosos como yo.

«He aquí que todos forman un solo pueblo y hablan una misma lengua, y ese es sólo el principio de sus empresas. Nada les impedirá llevar a cabo todo lo que se propongan», me dije.

¿Qué os pensabais, que me gusta que os entendáis y prosperéis? ¡Pues no! ¡Entonces no me necesitaríais!

Debía actuar y rápido. Descendí del cielo antes de que terminaseis la obra y me planté en Babel, que así se llamaba la ciudad. En lengua babilónica significa «puerta de los dioses». ¡Con eso me lo decíais todo! También me di cuenta de que en hebreo Babel significaba «confusión». Entonces se me iluminó la bombilla...

¡Tenía que confundir vuestras lenguas! Y eso es lo que decidí. Os hice hablar idiomas distintos, provocando que no os comprendieseis y logrando así que abandonaseis el proyecto urbanístico. De este modo logré la división entre vosotros y vuestra dispersión sobre la Tierra. Cuando os entendéis y cooperáis juntos me da mucho miedo.

Tan sólo una vez permití que volvieseis a hacerlo, en Pentecostés, cuando cada uno escuchó la predicación en su propio idioma. Luego vosotros lo habéis vuelto a conseguir en la ONU con la traducción simultánea. Por un momento me volví a asustar, pero pronto vi cómo funcionaba aquel organismo y me quedé más tranquilo: había caos y enemistad entre vosotros para rato.

Mucha gente dice que esta historia no es sino una adaptación de la leyenda de Marduk, dios babilónico que ordenó reconstruir el zigurat de Babilonia al que se refiere como «Etemenanki», «el templo de la creación del cielo y de la tierra», tarea que llevaron a cabo todos los pueblos de las diferentes naciones, y para lo cual utilizaron el ladrillo, igual que en la torre de Babel. Se parece mucho todo, ¿verdad?

ABRAHÁN EL PATRIARCA

Durante unos cientos de años ya no volví a hacer caso de vosotros, hasta que un día decidí cambiar de estrategia y en lugar de ocuparme de toda la humanidad decidí hacerlo sólo de una parte: el Pueblo Elegido. Me fijé en un buen tipo llamado Abrán y decidí que él sería el padre de ese pueblo. Sí, lector, has leído bien, Abrán, no Abrahán, que ese fue un nombre que adoptó después, como luego te contaré.

Abrán era un hombre rico, dice la Biblia que originario de Ur de los caldeos, en Mesopotamia, la cuna de la civilización. Los arqueólogos afirman con muy mala intención que Ur de los caldeos no existió sino hasta mil años después de lo que señala la Biblia, pero no les hagáis caso, que siempre están llevándome la contraria.

Nuestro hombre vivía de lujo en la ciudad de Jarán con su ganado y sus esclavos. Hasta que un día aparecí yo por allí y le dije: «Sal de tu tierra al país que yo te indicaré... haré de ti un gran pueblo, te bendeciré».

Abrán tenía mucha fe en mí, porque ya con 75 años ponerte en camino para ir a un sitio que ni siquiera le había dicho cuál era... De todas formas, con las edades que se gastaban en la Biblia estaba en la flor de la vida.

Se puso en marcha sin dudarlo, y cuando llegó a la región de Canaán, volví a aparecerme junto a una encina y le dije: «Yo daré esta tierra a tu descendencia».

Acababa de crear un problema político de primer grado. Porque allí ya había gente viviendo. Gente a la que no le iba a hacer ninguna gracia que llegase el Pueblo Elegido a quitarles sus tierras. Pero de este modo yo ya tenía el argumento de todo el Antiguo Testamento: el Pueblo Elegido guerreando, con

Jehová de los Ejércitos (así me llamaban) a la cabeza, contra filisteos, jebuseos, madianitas y toda tribu que hubiese por allí.
Exterminando, rapiñando, pasando cuchillo a mujeres y niños
por orden mía... bueno, eso cuando las cosas iban bien... a veces perdían la fe en mí, yo les abandonaba y caían presa de sus
enemigos. O tenía que castigarlos y matar a unos cuantos miles.

Pero no adelantemos acontecimientos. Dejamos a Abrán tomando posesión de aquella tierra, tan feliz. Sin embargo, la felicidad no le duró mucho: aquella zona que yo le había otorgado
no producía nada y una terrible hambruna asolaba la región. De
todo el planeta Tierra fui a darle la peor parte. El pobre tuvo que
emigrar a Egipto, que sí era una zona fetén donde las cosas iban
siempre de maravilla, en espera de tiempos mejores. Es más, le
dije que la Tierra Prometida no la catarían sino hasta varias generaciones después, y que sufrirían esclavitud durante 400 años.

Abrán era un pobre emigrante en una tierra extraña, así que
le dijo a su esposa:

—Mira, yo sé que eres una mujer muy bella; en cuanto te vean
los egipcios, dirán: «Es su mujer», y me matarán, dejándote a
ti con vida. Hazme este favor: di que eres mi hermana, para que
me traten bien gracias a ti y, por consideración a ti, respeten
mi vida.

Vamos, que el tipo se hizo proxeneta de su propia mujer.

De hecho, fue muy bien acogido por el mismísimo faraón,
que quedó prendado de la belleza de Saray, la esposa de Abrán.
Abrán le contó que era su hermana, y decía una verdad a me-
dias, porque él y Saray eran hermanos por parte de padre.

El faraón se llevó a Saray a su palacio, y la convirtió en su
concubina. A cambio, otorgó numerosos regalos al cornudo
patriarca: ovejas, vacas, asnos, camellos, siervas y siervos.

Esto a mí ya me pareció un cachondeo, y decidí castigarlos.
¿A Abrán? No. ¿A Saray? Nooo, al pobre faraón, la víctima del
engaño. Le envié unas cuantas plagas para ir practicando antes
del Éxodo hasta que el pobre, cuando se enteró de que Saray y
Abrán eran hermanos, los expulsó del país. Ni los mató ni nada,
para que luego no digan que los faraones son malos.

¿Y te puedes creer que más tarde estos dos pillos repitieron la hazaña? Engañaron a otro gobernante llamado Abimelec, el cual tuvo en su harén a Saray hasta que yo le hice saber en sueños que estaba casada con Abrán. Además, le maldije, haciendo que todas las mujeres de su harén se volviesen estériles. Lo de maldecir a uno en las personas de otros lo hago mucho, ya sabéis. Abimelec habló con Abrán y le concedió también un montón de ovejas, vacas, siervos y siervas (ganado al fin y al cabo) y mil monedas de plata a cambio de que se marchasen, y finalmente yo levanté la maldición. Me imagino a los gobernantes de la zona advirtiéndose unos a otros mediante paloma mensajera: «Parejita peligrosa en la zona. Dicen ser hermanos. Dios iracundo a su servicio. No establecer contacto».

Con tanto regalito, Abrán ya poseía una hacienda de lo más considerable. A pesar de su intensa vida sexual, Saray no tenía problemas de anticonceptivos porque era estéril. Y eso que yo le había prometido a Abrán que iba a ser padre de muchos pueblos. Una noche le dije que contemplase el cielo, y que su descendencia sería tan numerosa como las estrellas. Pero de momento, nada de nada.

La parejita se impacientaba. Su fe en mí empezó a decaer: les había hecho dejarlo todo y prometido una hermosa tierra y no era más que un erial. Les había anunciado muchos hijos y no tenían ni uno. Así que, como las mujeres son mucho más prácticas, Saray le propuso a Abrán que tuviese una hija con su esclava Agar. Al fin y al cabo, era su esclava y podía hacer con ella lo que quisiera. En aquellos tiempos yo veía bien la esclavitud, incluso poco después en el libro del Éxodo dije: «Si un hombre golpea a su esclavo o esclava con un palo, si mueren en sus manos, será reo de crimen. Mas si sobreviven uno o dos días no se le culpará, porque le pertenecían».

Abrán tenía ya 85 años, y en uno de mis milagros, sin viagra ni nada, consiguió dejar embarazada a Agar. Entonces Agar empezó a mirar con desdén a Saray, y esta a maltratarla en venganza. Las dos mujeres de Abrán se llevaban a matar, y Agar acabó huyendo al desierto, embarazada y todo. Tuve que mandar un ángel para ordenarle que volviese y se pusiese a las órdenes de su ama, que para eso no era más que una esclava.

Ese mismo ángel le ordenó también a Agar (la pobre no pintaba nunca nada) que cuando diese a luz debía llamar a su hijo Ismael, que significa «Dios escucha», porque yo había oído su llamada de socorro en el desierto. Le profetizó que multiplicaría tanto su descendencia que no se podría contar, y que Ismael sería como un potro salvaje, siempre en hostilidad con sus hermanos.

Tenía ya Ismael 13 años cuando volví a aparecerme a Abrán y su esposa, esta vez en serio. Le dije que se cambiase el nombre por el de Abrahán, que significa «padre de muchos», y volví a prometerle que la tierra de Canaán pertenecería para siempre a sus descendientes. A cambio le pedí un sacrificio: que a partir de entonces se circuncidasen todos. Sí, de todas las cosas que podía haberle pedido, fue precisamente vuestro prepucio lo que más me llamó la atención.

Abrahán aceptó, porque ya estaba precisamente hasta ahí de tanta promesa y tan pocos resultados. Acabábamos de establecer una Alianza.

Le dije a Abrahán:

—Circuncidaréis la carne de vuestro prepucio y esa será la señal de mi alianza con vosotros. De generación en generación serán circuncidados todos vuestros varones a los ocho días de nacer, sean nacidos en casa o comprados por dinero a cualquier extranjero que no sea de vuestra raza.

Es que por aquel entonces se compraban niños a los extranjeros y yo lo veía bien.

A continuación, le ordené a su esposa que se cambiase también el nombre. Y a partir de entonces se llamó Sara, que es más corto y le prometí (parecía un político en campaña) que de su descendencia nacerían pueblos y saldrían reyes.

Ellos se desternillaban de risa y me daban la razón como a los tontos. Abrahán tenía 99 años y Sara 90.

Pero para mí no hay nada imposible. Un día estaba Abrahán sentado junto a su tienda y aparecieron tres hombres. El patriarca les acogió con su habitual hospitalidad, y en un momento dado uno le preguntó: «¿Dónde está tu esposa Sara?». Abrahán señaló la tienda, y entonces uno de ellos, que era yo mismo, le vaticinó que en un año tendría un hijo. Y así fue. Sin Espíritu Santo ni nada Sara dio a luz a un hijo, y le puso por nombre Isaac.

Y parecía que ya todo iba como Dios manda, pero no. Como había predicho, Ismael resultó ser un niño un poco rebelde y se burlaba todo el tiempo de su hermano Isaac. Primero la madre burlándose de su ama, y ahora el niño. ¡Cómo está el servicio!

Tuve que decirle a Abrahán que echase a Agar y a su hijo de su casa. Abrahán se disgustó, porque era su hijo y le quería, pero tampoco debió ser un disgusto muy grande porque, aunque era rico, sólo les dio un trozo de pan y un odre de agua y les mandó a errar por el desierto. Abrahán era muy de ahorrar. Además, yo le había dicho que no se preocupase, que les iría bien.

Cuando la pobre Agar se quedó sin agua echó al muchacho debajo de un arbusto y se puso a cierta distancia para no oírle llorar y no verle cuando muriese. Escuché los lloros del niño, me dio penilla y le mandé un ángel a Agar diciéndole que no se preocupase, que a su hijo le haría padre de una gran nación, e hice brotar una fuente para que bebieran. Bebieron de la fuente, se recuperaron e hicieron su vida. Ismael se convirtió en arquero y se casó con una egipcia.

Como vieron lo mal que les había tratado expulsándoles dos veces por el desierto, y además les había excluido de la Alianza, que reservé exclusivamente para Isaac, se hicieron moros y sus descendientes a través de Mahoma se pasaron a Alá, la competencia. De hecho, el Corán dice que la Kaaba, el monumento más sagrado para los musulmanes, fue construido por Abrahán e Ismael, y la leyenda islámica dice que este y su madre Agar están enterrados en La Meca.

De ahí que se diga que Abrahán es el padre de las tres grandes religiones monoteístas: de los descendientes de su hijo Ismael surgió el islam; de Isaac, el judaísmo a través de su hijo Jacob, padre de las Doce Tribus de Israel, y de una de esas Doce Tribus nací yo, Jesús, protagonista del cristianismo.

Las tres son las denominadas religiones del libro, aunque ahora lo metes todo en un pendrive y te ocupa mucho menos.

Los traviesillos de Ismael y Agar se habían pasado a la competencia y yo volvía a aburrirme, así que un día decidí gastarle una broma a Abrahán. Ni corto ni perezoso le dije: «Coge a tu único hijo Isaac, te vas a la tierra de Moriah y me lo ofreces en holocausto». Yo pensaba que me iba a contestar que no, pero coge el tío loco y me obedece.

Mientras iban camino del monte donde Abrahán iba a darle matarile, Isaac, algo mosqueado, le preguntó a su padre dónde estaba el animal que iban a sacrificar. Y su padre le contestó lacónico: «Dios proveerá». Ya tenía a su hijo atado encima del altar y se disponía a rebanarle el cuello con un cuchillo cuando tuve que mandar a un ángel a toda velocidad para ordenarle que se detuviera, que no lo había dicho en serio. Abrahán levantó la vista y vio un carnero enganchado por los cuernos en un matorral, que yo había puesto allí, y tomándolo, lo sacrificó en lugar de su vástago.

¡Y pensar que las tres grandes religiones del mundo vienen de un tipo que oía voces en su cabeza que le decían que tenía que matar a su hijo! De hecho, tanto judíos como cristianos consideran que el lugar donde Abrahán iba a ejecutar a Isaac es una roca que se encuentra, fíjate tú qué casualidad, en pleno Jerusalén, en el Monte del Templo, justo donde se construyó este. Los musulmanes no quieren ser menos y también consideran que esa roca es el lugar de dicho sacrificio, pero cambian la víctima: en lugar de Isaac, según ellos el muchacho era Ismael, que para eso es de los suyos. Y dicen que, desde esa misma piedra, sobre la que han construido el monumento islámico de la Cúpula de la Roca, hizo Mahoma su famosa ascensión a los cielos. ¡Una piedra bien importante, no lo olvidéis!

El caso es que yo quedé muy satisfecho con la conducta de mi fiel Abrahán. A cambio de su obediencia y muestra de fe, volví a prometerle que sería padre de un gran pueblo y bla, bla, bla...

La historia de Abrahán e Isaac tuvo final feliz con la aparición del ángel con el cordero, pero no siempre fue así. Lo veréis más adelante, cuando os cuente la historia de Jefté, el juez de Israel que tuvo que matar a su propia hija a cambio de que yo le ayudase a vencer a sus enemigos.

Sí, yo a veces exigía sacrificios humanos, lo dice el Levítico: «Si alguien consagra al Señor parte de sus propiedades, ya sean personas, animales o terrenos heredados de su familia, nada de lo consagrado podrá ser vendido ni recuperado; todo lo consagrado será una cosa santísima dedicada al Señor. Y tampoco podrá rescatarse a ninguna persona que haya sido destinada a la destrucción: tendrá que morir».

SODOMA Y GOMORRA

La historia de Sodoma y Gomorra es de las que más me gustan porque es muy hollywoodense, con toda esa lluvia de fuego y azufre aniquilando estas dos ciudades míticas que en realidad nunca existieron.

Según cuenta la Biblia, cuando Abrahán inició su viaje a la Tierra Prometida llevó consigo a su sobrino Lot, pero debido al crecimiento de sus rebaños, los pastores de uno y otro empezaron a disputar por los pastos y el agua. Entonces Abrahán le dijo que era mejor que se separasen, y que eligiese la zona que quisiera. Pues va el pícaro de Lot, y de todos los lugares posibles elige ¡Sodoma y Gomorra! Según mi libro eran algo así como Las Vegas de la época, las ciudades del vicio y el placer. A Abrahán le dejó Canaán, la Tierra Prometida, que seguía tan árida e improductiva como siempre.

Las dos ciudades eran un auténtico desmadre. ¡Yo en el Cielo muerto de aburrimiento y sus habitantes pasándoselo en grande! ¡Pues no!

Le dije a Abrahán que iba a destruirlas y ¡se puso a regatear conmigo! ¡Como si en lugar de su Dios yo fuese un vulgar vendedor de alfombras! Me hizo prometer que si encontraba cincuenta justos en la ciudad no la destruiría. Después bajamos a cuarenta, treinta, veinte y hasta diez. ¡Como si yo no supiese que no había ni uno!

Bueno, uno sí. Al parecer Lot no era tan depravado como el resto. Y era muy hospitalario. Envié a dos de mis ángeles destructores, y Lot les acogió en su casa y les ofreció comida y techo.

Pero esa misma noche los habitantes de la ciudad debieron enterarse de que había carne fresca, porque se agolparon a la puerta de la casa de Lot y le exigieron que les entregase a los dos extranjeros para abusar de ellos. ¡Qué vicio, madre mía!

Lot, que era una persona muy hospitalaria como se ha dicho, les dijo que cómo iban a cometer aquella barbaridad con sus invitados, que, si no les importaba, mejor les dejaba a sus dos hijas que aún eran vírgenes para que las violasen durante toda la noche en su lugar. Era un buen padre.

Afortunadamente los ángeles cegaron entonces a toda la multitud y así las pobres hijas de Lot se salvaron, porque la turba ya no pudo encontrar la puerta de su casa (no sólo no se había inventado el braille, sino tampoco el sentido del tacto).

Esto me recuerda otra historia bíblica muy parecida recogida en el Libro de los Jueces. Esa vez la mujer protagonista, a la que su marido entregó a la turba de violadores de turno, no tuvo tanta suerte. Y la cosa acabó en guerra civil israelita. Pero eso ya lo contaremos más adelante, que ahora estamos en el Génesis. Continuemos con la historia de Lot.

Al la madrugada siguiente los ángeles le dijeron a Lot que saliese pitando, porque iban a arrasar la ciudad. Y así hicieron. Me puse manos a la obra y Sodoma y Gomorra fueron reducidas a cenizas con todos sus habitantes dentro, recién nacidos incluidos.

Los ángeles habían dado la instrucción de no mirar atrás durante la huida, pero la mujer de Lot no hizo caso, y cuando se giró quedó convertida en estatua de sal. Ya se sabe, las mujeres y la curiosidad... ¡Que yo no os quiero curiosos, que os quiero rebaño! Otra como Pandora, madre mía.

Lot no se fiaba de que yo no arrasase más ciudades, y se fue a vivir a una cueva con sus dos hijas. Estas vieron que así no iban a encontrar marido, y como querían tener descendencia, único objetivo vital para una mujer en la Biblia, emborracharon a su padre y se lo beneficiaron por turnos. Dice mi libro que «aprovechando su inconsciencia». No sé, tanto tiempo en Sodoma me da a mí que al bueno de Lot le había imprimido carácter.

Debieron hacerlo unas cuantas veces, porque ambas quedaron embarazadas. Moab, el hijo de la mayor, fue el antepasado de los moabitas, y Ben-Ammí, el hijo de la menor, de los amonitas.

Sé que es un poco fuerte decir que tus vecinos son hijos de un incesto entre unas hijas y su padre borracho, pero al que se le ocurrió esta historia le debió parecer estupendo.

En todo caso, no se puede decir que la Biblia no sea un libro edificante.

ISAAC

Me había quedado muy relajadito después de exterminar dos ciudades enteras. Luego vosotros hicisteis algo parecido con Hiroshima y Nagasaki. ¡Cómo se nota que estáis hechos a mi imagen y semejanza!

Eso sí, yo hice mejor el trabajo, porque no dejé absolutamente a nadie con vida.

No lo recoge la Biblia, pero Satán decía que yo era un asesino, genocida, machista, xenófobo, racista y homófobo. Yo le contestaba que el malo era él y que lo que yo decía era Palabra de Dios. Y se tenía que callar.

Lo de homófobo me lo decía porque establecí la norma de que había que apedrear a los homosexuales. La verdad es que algo de razón tenía Satán en sus acusaciones. De todas formas, también ordené lapidar a las adúlteras, a los que desobedeciesen a sus padres, a los que se casasen sin ser vírgenes y pretendiendo serlo, a las solteras que tuviesen roto el himen, a los que violasen el día de descanso, por blasfemar, practicar la adivinación, adorar a otros dioses...

Tened en cuenta que en aquella época no había tele y todavía no habían llegado los romanos con su circo para entretenernos, así que montabas una lapidación y ya tenías diversión para todo el pueblo.

Pero sigamos con la historia. Después de Abrahán, llegan las aventuras de Isaac, su hijo, otro de los patriarcas. La Biblia es puro patriarcado. El nombre de Isaac significa «risa» o «el que ríe», en recordatorio de la risa que le entró a su madre cuando le dijeron que iba a quedar embarazada a los 90 años. La verdad es que la cosa es un rato graciosa. Debe ser lo que llamáis la gracia de Dios. Que yo soy un poco matarife, pero también tengo mi sentido del humor. De hecho yo dije «Dios es humor», pero alguien lo entendió mal y puso «Dios es amor».

Había muerto ya Sara a la temprana edad de 127 años cuando Abrahán se dio cuenta de que tenía que buscarle novia al muchacho, su hijo Isaac. Tomó a su criado principal y le dijo que fuese a traerle una moza, pero que de ninguna manera lo hiciese de entre las hijas de los cananeos, donde habitaba. Tanto buscar la Tierra Prometida y luego resulta que las mujeres de allí no le gustaban. Le hizo prometer que iría a la tierra de sus antepasados y que elegiría una de entre sus parientes. La endogamia en aquellos tiempos estaba de moda.

—¿Y si ella no quiere venir? —preguntó el siervo—. ¿Habré de llevar entonces a tu hijo a la tierra de donde saliste?

Abrahán le contestó que ni de coña, y le proveyó de múltiples regalos para la afortunada. Sabía cómo conquistar a las mujeres de su tiempo.

El siervo llegó hasta Mesopotamia, a la ciudad de Najor. Allí junto a un pozo me rezó y me dijo:

—Haz que la joven que me ofrezca de beber a mí y a mis camellos sea la joven destinada a Isaac.

Como vemos, el *casting* no era muy exigente.

Así hice yo, y apareció una hermosa joven llamada Rebeca, que además era muy bien educada, porque hizo lo que el siervo quería.

Pasó el *casting*, sobre todo cuando el siervo se enteró de que era familia de Abrahán. Era nieta de su hermano, que se llamaba Najor, como la ciudad, para ahorrar nombres una vez más.

La colmó de regalos y tanto su padre como su hermano Labán se mostraron encantados con el casamiento. No conocían a Isaac, pero sí los bienes materiales y sabían cuándo había un buen negocio. Ya tenían todo dispuesto, y entonces la madre de Rebeca se acordó de que quizá su hija tendría que decir algo a todo esto. Le preguntaron y contestó que sí, que se casaba, claro. En aquellos tiempos la mujer era propiedad de su padre y de su hermano.

Marchó Rebeca con el extraño, y dicen que cuando a lo lejos Isaac la vio quedó prendado de su hermosura y se enamoró al instante.

¿Y os acordáis de cuando el abuelo Abrahán y su esposa Sara vacilaron a Abimelec diciéndole que eran hermanos? Pues lo mismo hicieron Isaac y Rebeca en sus tiempos mozos, cuando tras una época de hambruna marcharon a Guerar y allí le tomaron el pelo de la misma manera al propio Abimelec, o su hijo, vaya usted a saber, hasta que este los vio desde una ventana acariciándose. Y no sólo los perdonó también, sino que además ordenó que todo aquel que tocase a Isaac y a su esposa moriría.

Según mi libro Abimelec era rey de los filisteos, algo bastante milagroso, pues este pueblo no se estableció por aquellos lares sino hasta varios siglos después.

Y dice la Biblia que Isaac sembró en esas tierras y obtuvo de cosecha ciento por uno, porque estaba bendecido por mí. Siempre tuve predilección por los estafadores y tramposos. La gente honrada es muy aburrida.

Y fueron felices y comieron perdices. Bueno, lo que comieron da para uno de los capítulos más famosos de la Biblia, que es el que sigue.

JACOB Y ESAÚ: POR UN PLATO DE LENTEJAS

Rebeca pasó en su día el *casting* del pozo pero resultó ser estéril. La mitad de las mujeres de la Biblia son estériles, no me preguntéis por qué. Eso sí, al final me rezan un poco y acaban teniendo hijos.

Rebeca debió someterse a algún tipo de tratamiento de fertilidad porque acabó dando a luz gemelos: Jacob y Esaú. Esaú fue el primogénito, y Jacob, que era más vago, salió agarrado al tobillo de su hermano, tras una lucha en el seno materno análoga a la que mantuvieron en la mitología egipcia Horus y Set para disputarse el liderazgo de la nación.

Como en toda buena familia bíblica, pronto se iba a sembrar la discordia. Esaú, que era cazador, se convirtió en el favorito de su padre Isaac, y Jacob, que era más casero y cocinillas, de su madre Rebeca.

Llegó un día en el que Esaú tenía que cazar y al ver el guiso de lentejas tan bueno que estaba preparando Jacob le pidió un poco. Jacob no era muy generoso que digamos, porque le contestó que se lo vendía a cambio de su derecho de primogenitura, a lo que Esaú, que no debía ser muy listo, accedió. Resultó ser un plato más caro que los de Ferrán Adriá.

Ahí quedó la cosa hasta que Isaac, anciano y ciego ya, le pidió una mañana a Esaú que fuese a cazarle una buena pieza y a la vuelta se la guisase, y ya con la tripa llena le otorgaría su bendición. Daba muchísima importancia a la comida esta gente. Yo tomé nota y luego cuando bajé a la Tierra le pedí a mi padre que me dejase multiplicar panes y peces, con vistas a abrir una freiduría y así ganarme a sus descendientes.

Se enteró Jacob y al ver que se iba a quedar sin primogenitura se lo contó a su madre, que muy ladina, le dijo más o menos esto:

—Ahora mismo le preparo a tu padre un guiso de cabrito de esos que le gustan. Tú te vistes con las ropas de Esaú y se lo sirves haciéndote pasar por él. Y así te llevas tú su bendición.

Jacob le advirtió que Esaú era muy velludo y él lampiño, y que su padre notaría la diferencia, a lo que Rebeca repuso que se colocase encima de los brazos la piel del cabrito y quedaba solucionado.

Y, en un episodio digno de Caperucita y el Lobo, Jacob engañó a su propio padre, el cual algo mosca le preguntó mientras daba buena cuenta del cabrito:

—La voz es la de Jacob pero las manos son las de Esaú. ¿Eres en verdad Esaú mi hijo?

A lo que Jacob repuso que sí y recibió la bendición. En esto llegó Esaú con la caza y se reveló el engaño, pero ya era tarde porque la bendición ya estaba dada. En aquella época las bendiciones eran irrevocables, una especie de fórmulas mágicas que una vez pronunciadas iban a misa.

En una escena un poco patética, Esaú e Isaac se lamentaban y para colmo al final al bueno de Isaac no se le ocurrió otra cosa que decirle a Esaú:

—Mira, vivirás lejos de las tierras fértiles y lejos del rocío del cielo. De tu espada vivirás y a tu hermano servirás; pero cuando así lo quieras, quitarás su yugo de tu cuello.

Lógicamente a Esaú escuchó *espada, cuello* y decidió quitar ese yugo cuanto antes matando al estafador de Jacob. Por eso Rebeca le dijo a su favorito que pusiese tierra de por medio lo antes posible y se fuese a vivir a Jarán, con su tío Labán, algo así como la historia del *Príncipe de Bel-Air*.

LA ESCALERA DE JACOB

En el episodio anterior dejamos a Esaú muy cabreado con su hermano Jacob por haberle robado la bendición paterna. Al igual que el caso de Caín y Abel, otra vez dos hermanos se llevaban a matar.

Jacob huyó hacia Mesopotamia, atravesando áridas e inhóspitas tierras. Y encima Jacob no era hombre de campo precisamente, sino un tipo de lo más casero como ya dijimos. Estaba más desorientado que un esquimal en el desierto.

En medio de su viaje, una noche decidió utilizar una piedra como almohada. Y claro, con la cabeza sobre ese escalón, soñó con una escalera, la famosa escalera de Jacob. Dicha escalera comunicaba la tierra con el cielo, y por ella subían y bajaban ángeles todo el tiempo, como si aquello fuese un centro comercial en hora punta. ¿Para qué necesitaban los ángeles una escalera si tenían alas? Preguntádselo a Jacob, que era el que soñaba estas cosas. En lo alto aparecía yo diciéndole: «Yo soy el Señor, el dios de Abrahán, tu antepasado y el dios de Isaac». Le recordé que era el dios de su padre y de su abuelo porque en aquella época había muchos dioses y no quería que se liara. Le prometí que cuidaría de él, que le daría aquella tierra, que haría su descendencia tan numerosa como el polvo de la tierra... lo que prometo siempre.

Jacob, que era un pilluelo, como ya sabéis, decidió esa misma mañana que haría un trato conmigo. Se puso a regatear con Dios, su Señor, como ya hiciera en su día su abuelo Abrahán, y me prometió que si yo le permitía llegar sano y salvo a Jarán entonces sí me consideraría su dios, aquel sería un lugar sagrado para siempre y me daría la décima parte de todos los bienes que obtuviese.

¡Manda narices! Te apareces en sueños a un simple mortal, le transmites que eres Dios y que le vas a cuidar, y él se pone a regatear y te dice que cuando llegue a casa ya veremos, que de momento nada de nada. Y te ofrece una comisión del diez por ciento.

Accedí porque tuve una visión del futuro en la que mi Iglesia se haría rica cobrando el diezmo, que si no...

JACOB Y RAQUEL... Y LÍA, Y BILÁ Y ZELFA... ¡VIVA EL POLIAMOR!

Continuó Jacob su viaje, y cuando ya estaba muy cerca de su destino, junto a un pozo preguntó a unos pastores si conocían a su tío Labán. Entonces llegó una preciosa muchacha con sus rebaños, de la que Jacob se enamoró inmediatamente. Era Raquel, una de las hijas de Labán, y cuando Jacob lo supo le faltó tiempo para contarle que eran primos. Ella fue corriendo a decírselo a su padre, que acudió al pozo y se llevó a Jacob a su casa de Jarán.

Se le ponían bien las cosas a nuestro héroe. Había encontrado a la chica y su lugar en el mundo. Le propuso a Labán trabajar siete años (¡qué cifra si no!) a cambio de obtener la mano de su hija Raquel. Labán se mostró de acuerdo, pero tenía otros planes. Finalizado el plazo, Jacob pidió la mano de Raquel a su padre. Este organizó un banquete, donde no faltó el vino, y ya por la noche, en una tienda y a oscuras, Labán sustituyó a Raquel por su hermana mayor Lía, oculta tras un velo.

Jacob pasó la noche haciendo el amor con ella, pero al parecer no se enteró del cambiazo. En eso había salido a su padre, que no distinguía a un hijo de otro. El engañado ahora era él.

A la mañana siguiente se dio cuenta del cambalache y, furioso, fue a hablar con Labán, quien le explicó que era costumbre en aquella tierra casar primero a la hija mayor. Le dijo que no se preocupase y le ofreció un trato: si trabajaba otros siete años para él también podría casarse con Raquel. Era un lince de los negocios el tío Labán y en mi libro sagrado ya sabéis que la mujer era material de compra y venta, mercancía.

Jacob, que seguía enamoradísimo de Raquel, accedió y se tiró otros siete años trabajando para conseguirla, sin Seguridad Social ni nada. Bueno, como ahora. Ya llevaba 14 años de noviazgo cuando por fin se casó con Raquel, pero esta vez no hizo banquete, por si las moscas. Hoy los judíos tienen la costumbre de que sea el novio el que coloque el velo a la novia, para no ser engañados como Jacob.

Nuestro héroe tenía ahora dos esposas, que además eran hermanas, y que pronto rivalizaron por sus atenciones y comenzaron a detestarse, como en su día hicieron las mujeres de Abrahán. Ya que Jacob amaba a Raquel, hice fecunda a Lía, porque así la telenovela era más divertida.

Lía le dio cuatro hijos a Jacob, y Raquel, estéril hasta ese momento, se subía de celos por las paredes. Así que le dijo a su maridito: «Ahí tienes a mi esclava Bilá, llégate a ella. Ella dará a luz sobre mis rodillas y así yo también tendré hijos por medio de ella». Se repetía la historia de Sara y su esclava Agar.

Y Jacob, que debía estar en plena forma, también se acostó con Bilá, y esta le dio dos hijos. Lía, que para entonces se había vuelto misteriosamente estéril también, contraatacó prestándole a su esclava Zilpa, que también tuvo otros dos hijos. Estaba tan animada la cosa en la comuna, que Lía volvió a quedar encinta, y tuvo otros dos hijos más. Ya quedaba menos para que Jacob tuviese el equipo de fútbol.

Y llegó. Por fin Raquel se quedó embarazada, y tuvo a José, que será el protagonista de nuestros próximos capítulos. Y de propina incluso luego daría a luz a Benjamín, el pequeñín. Doce, como los apóstoles, o los signos del Zodíaco. Todo chicos, que para eso iban a ser los cabecillas de las Doce Tribus de Israel.

Jacob ya tenía familia supernumerosa. Habló con su tío e hicieron un trato. Se repartirían los rebaños: Jacob se quedaría con el ganado con rayas, y su tío con el de pelaje liso. El espabilado de mi pupilo ideó un plan para obtener más y mejores reses: situaba en los abrevaderos ramas que pelaba a tiras, y las colocaba enfrente de los animales más robustos. Así, al aparearse enfrente de esas ramas rayadas, parían crías rayadas. Pronto Jacob tuvo un rebaño muchísimo mejor que el del explotador de su tío, y un buen día les dijo a sus mujeres que cogiesen sus cosas, que se iban sin hacer ruido y volvían a Canaán, que para eso era la Tierra Prometida.

Raquel no sólo cogió sus cosas, sino también los ídolos familiares de su padre. ¡No había manera de que me adoraran a mí! Este salió en su busca, recriminándoles que se hubiesen marchado sin despedirse. Registró las tiendas de Lía y Raquel en busca de las figuritas, pero Raquel las había escondido en la montura de su camello y se había sentado encima, y no las encontró. Labán se quedó con lo peor del rebaño y sin sus muñequitos, por politeísta.

Eran una comuna de lo más simpática: Un estafador que había timado a su propio padre y a su hermano, su mujer que le robaba los ídolos familiares al suyo, la hermana fea y envidiosa que había engañado a su marido haciéndose pasar por la novia en la noche de bodas, y las esclavas paridoras.

Y ahora volvían a casa, a Canaán, donde Esaú les esperaba con 400 hombres dispuesto a ajustar cuentas.

Jacob decidió adelantar a varios criados con parte de su ganado, como regalo a Esaú, para aplacar su ira y como indemnización por haberle despojado de su primogenitura. A cada rato mandaba unos cuantos sirvientes con regalos para su hermano.

Mientras, se retiró a pedir mi protección. ¡Ahora se acordaba de mí! Me cabreé tanto que bajé a la Tierra en forma humana y me tiré toda la noche luchando con él. No quise abusar, por eso decidí luchar con un cuerpo humano normalito, peso medio, y sin superpoderes. Bueno, al final hice un poco de trampa, porque en un momento dado toqué su cadera y le descoyunté una pierna... ¡Es que si no me ganaba!

Al amanecer ya estaba un poco cansado del juego, así que le dije que me soltara, pero Jacob no quiso hacerlo hasta que yo le bendijera. Le pregunté su nombre y me contestó que se llamaba Jacob. Yo le dije que a partir de ahora se llamaría Israel, que significa «peleó con Dios», «porque has luchado con Dios y con los hombres y has vencido».

Le bendije y me volví al Cielo, que estaba reventado.

Jacob, cojeando, salió indefenso al encuentro con Esaú, y cuando le vio se inclinó siete veces sobre la tierra. Esaú, que también era fan del número siete, salió corriendo a su encuentro y le perdonó, y se reconciliaron, y lloraron abrazados, y por una vez todo fue concordia y armonía. ¡Qué aburridos los finales felices!

Jacob vio que todo había salido bien y, entonces sí, se deshizo de las figuritas de los otros dioses y fue a Betel, donde había soñado con la escalera y me hizo un altar. Vaya tipo, Jacob, digo, Israel.

EL RAPTO DE DINA

¡Vaya, al contar esta historia me olvidaba de una mujer: Dina! ¡Qué raro, yo relegando a una mujer!

Resulta que además del equipo de fútbol masculino, los futuros doce padres de las tribus de Israel, Jacob tuvo también una hija con Lía, llamada Dina.

Fue protagonista de una historia muy bonita que recoge la Biblia. Tras reconciliarse con Esaú, Jacob marchó a un lugar llamado Siquén, con toda su prole. Salió un día su hija Dina a dar una vuelta por el campo y tuvo la mala suerte de encontrarse con el príncipe de la zona, que curiosamente también se llamaba Siquén, y este la violó.

Siguiendo la norma salvaje que yo mismo doy en el libro del Deuteronomio, que establece que el que viole a una mujer puede luego casarse con ella pagando 50 siclos de plata, Siquén le dijo a su padre Jamor que pidiese a Jacob la mano de Dina, pues estaba enamorado de ella. Tan tranquilo, Jamor fue a hablar con Jacob y los del equipo de fútbol y no sólo les propuso que Siquén desposase a Dina, sino que también todos los de su familia desposasen a las hijas de la familia de Jacob y ellos a las suyas, emparentando y compartiendo esa tierra, ya que sus relaciones habían tenido un comienzo tan simpático.

Siquén además decía que estaba dispuesto a pagar la dote y los regalos que fueran con tal de obtener a Dina.

Ya digo que en la Biblia esto era lo corriente y lo que yo mismo establecí. Pero a los hijos de Jacob no les había hecho gracia que Siquén violase a su hermana. Que una cosa son las normas así en general y otra cuando te tocan a la familia.

Así que acordaron engañar a Siquén y su padre Jamor. Les dijeron que no podían aceptar el trato porque ellos eran gente circuncidada, a no ser que ellos se circuncidasen también.

Jamor y su hijo Siquén aceptaron encantados, y no sólo eso, sino que hablaron a los hombres de la ciudad que gobernaban, ordenándoles que se circuncidasen todos, cosa que hicieron sus súbditos. Debió de ser una jornada digna de verse.

Al tercer día, cuando más dolores tenían, dos de los hijos de Jacob (los otros diez se debieron quedar entrenando para el próximo partido), Simeón y Leví, tomaron cada uno su espada y entrando en la ciudad desprevenida mataron a todos los hombres, y pasaron también a cuchillo a Jamor y al violeta de Siquén. Se apoderaron de sus ovejas, vacas y asnos, y se llevaron como botín a todas las mujeres y niños, que en mi libro tienen el mismo valor que los animales domésticos, saqueando lo que había en sus casas.

Entonces Jacob dijo a Simeón y a Leví:

—Me habéis puesto en gran aprieto, haciéndome odioso a los hombres de esta tierra, a los cananeos y a los pereceos. Yo cuento con pocos hombres. Si se unen contra mí, me vencerán y me aniquilarán a mí y a mi familia.

Pero ellos replicaron:

—¿Hubieras preferido que trataran a nuestra hermana como a una prostituta?

No se habían leído la Biblia.

JOSÉ, EL FREUD DE LA BIBLIA

De los doce hijos de Jacob, su favorito con diferencia era José, pues era hijo de su amada Raquel y lo engendró ya de anciano, y ya se sabe que cuando tienes hijos pasados los cien años les coges más cariño que a los demás.

Le daba todos los caprichos, y le regaló una túnica de colores preciosa, mucho mejor que las de sus hermanos, que ya empezaban a mosquearse. Por si fuera poco, a José le encantaba interpretar los sueños. Un día les dijo a sus once hermanos que había soñado que estaban recogiendo gavillas en un campo y que la suya permanecía recta mientras las de sus hermanos se inclinaban ante ella. No le bastaba con ser el favorito, tenía que restregárselo también.

Otro día les contó que había soñado que el sol y la luna y once estrellas, refiriéndose a sus once hermanos, le adoraban.

Aquello ya era demasiado.

Cuenta mi libro que estaban todos los hermanos en el campo con las ovejas, en Siquén, menos José, que se había quedado con su padre Jacob. Se ve en esto que la gente de Siquén no era tan rencorosa como se temía Jacob, porque al poco de la carnicería que habían protagonizado allí ya estaban tan tranquilos otra vez apacentando el rebaño. A lo mejor es que el que escribió esta parte de la Biblia no se acordaba de lo que estaba escrito tres páginas más atrás, no lo sé.

Jacob, por si acaso, no se acercaba por la zona, y decidió enviar a José para que le trajese noticias de sus hermanos.

Estos, al verle llegar, creyeron que era la ocasión de desembarazarse de él. Decidieron tirarlo a un pozo y decirle a su padre que el engreído de José había muerto. Pero justo pasaba por allí una caravana de ismaelitas con sus camellos que iba rumbo a Egipto, y uno de los hermanos, Judá (quedaos con este nombre), que tenía más visión comercial que el resto de la prole, propuso que sería mejor vendérselos como esclavo, cosa que hicieron.

Tras venderlo a la caravana de ismaelitas, sus malvados hermanos mancharon con sangre de un cabrito la famosa túnica de nuestro protagonista y, siguiendo la tradición familiar, engañaron a su propio padre haciéndole creer que su predilecto había muerto.

Nada más llegar a Egipto los ismaelitas vendieron a José a Putifar, ministro del faraón y jefe de la guardia egipcia. Pronto Putifar vio que José era un tipo especial, y muy buen administrador, así que le nombró mayordomo. Su mujer también le admiraba, pero por su aspecto físico, y le perseguía día y noche para que se acostara con ella. Pero José se resistía. Un día, en el forcejeo, José dejó atrás su manto, y la malvada esposa de Putifar se valió de ello para calumniarle y acusarle de haber intentado violarla, lo que dio con los huesos de José en la cárcel. Como vemos, las mujeres siguen quedando de maravilla en mi libro.

En la cárcel pronto destacó José también, y le pusieron al cargo de los demás presos, que tenían que soportar su megalomanía pero por lo demás se entretenían mucho contándole sus sueños, que José interpretaba.

Pasaron dos años en los que José siguió en la prisión, hasta que un día el faraón tuvo un misterioso sueño: en él aparecían siete vacas gordas, que eran devoradas por otras siete vacas flacas. Al poco tuvo otro sueño, donde siete espigas raquíticas y estropeadas devoraban a otras siete bien hermosas.

¿Qué podía significar aquello? ¿Que en la Biblia estaban obsesionados con el número siete? Eso ya los sabíamos, pero el faraón quería más respuestas. Congregó a todos los sabios de la zona y ninguno supo darle una explicación convincente. Entonces el copero se acordó de José, y este fue llamado ante el faraón.

José, que ya estaba pensando en montar una consulta de psicoanalista cuando saliese de la cárcel, le explicó el significado: Se trataba de una cosa de la que se hablaría mucho en el futuro: los ciclos económicos. Primero vendrían siete años de abundancia para Egipto, y después siete de hambre. Ya envalentonado, se puso en plan catedrático de economía y explicó que no había problema, que con elegir a un hombre sabio que se encargase de almacenar un quinto de la cosecha de los años buenos, el Estado de Bienestar egipcio no quebraría. Por supuesto, el sabio elegido fue él, y se convirtió en virrey de Egipto, con despacho, carro oficial y escriba secretario. Incluso le regalaron una mujer, que se llamaba Asenat. Sí, hijos míos, José había pasado de esclavo a virrey, una carrera meteórica en la administración. Historias de esclavos que hacen fortuna y se convierten en hombres poderosos las hay a pares en las civilizaciones antiguas, por otra parte. La de José es otra de ellas.

Llegaron los terribles años del hambre y todos los países estaban pasándolas canutas menos Egipto, gracias a la previsión de José. La Tierra Prometida estaba convertida en un páramo desolador. Ya os dije que no era muy buena, la elegí a voleo poniendo el dedo sobre la bola del mundo. Así que cuando Jacob se enteró de que en Egipto había grano, en vez de quedarse cruzado de brazos rezándome, envió a ese lugar de extraños dioses a sus hijos para comprarlo.

Cuando llegaron, fueron a ver a José, el virrey, y no le reconocieron. En aquellos tiempos nadie reconocía a nadie, ya sabéis. Las familias sobrevivían juntas de milagro. Me los imagino cada mañana encontrándose en la mesa del desayuno y preguntándose: «Tu cara me suena, ¿no vivirás por aquí?».

Pero José, que era un lince interpretando sueños, también era buen fisonomista y sí los reconoció. Él lo tenía más fácil,

eran diez, todos tíos y venían de su tierra. José les estuvo interrogando además, y le contaron que uno de sus hermanos, el
más pequeño, Benjamín, se había quedado con su padre, y que
el otro había muerto en misteriosas circunstancias, je, je. Aquí
hubo guiño, guiño, risitas, carraspeos y otra vez a poner cara
de buenos.

José no estaba para bromas y les encarceló, y les dijo que para
probar la verdad de lo que decían y que no eran espías debían ir
a su tierra y traerle a Benjamín.

Obedecieron los del equipo de fútbol, y José llenó sus sacos
de trigo y metió dinero en ellos, para que cuando lo descubrieran se confundieran aún más y se asustasen, como así sucedió.

Cuando llegaron a su casa, su padre Jacob se negó en redondo
a que entregaran al virrey a su amado hijo Benjamín, que se ve
que ahora era su favorito, y todos decidieron que no volverían
a Egipto. Pero pasó el tiempo y el hambre persistía, y aunque
Jacob quería mucho a Benjamín, más le gustaba comer cada día,
con lo que envió a sus hijos otra vez a la tierra de las pirámides.
Llevaban el dinero de los sacos de vuelta para devolverlo, que
sabían que el virrey no era tonto.

Cuando llegaron, José organizó un banquete, donde sentó a
sus hermanos por orden de edad, como si fueran los Dalton,
y a Benjamín, que era su favorito también, le servía porciones
mayores.

Al día siguiente les dejó marchar por fin, pero escondió una
copa de plata en el saco de Benjamín. De este maquiavélico
modo envió a sus criados en su busca, acusando a sus hermanos de robo, y diciendo que Benjamín tenía que quedarse con
él como su esclavo pero que los demás podían marcharse. Judá
suplicó a José por su hermano pequeño, y en ese instante José se
sintió incapaz de seguir con la farsa. En un momento, digno de
un programa de televisión de esos de sorpresas, hizo salir a sus
criados y reveló a sus hermanos su verdadera identidad. Hubo
lloros, abrazos, te queremos un montón, no nos mates por favor,
te tiramos al pozo sin querer y pelillos a la mar. José les perdonó
porque era megalómano y le gustaba meter cosas en los sacos,

pero no era del todo mala gente. Además con once hermanos podría practicar de sobra sus nuevas ideas de psicoanálisis.

Cuando el faraón se enteró de tan emotivo reencuentro, ordenó a los hermanos de José que fuesen a la Tierra Prometida, ya en horas bajas y no muy deseada, para buscar a su padre Jacob y traerlo a Egipto. Este los acompañó al país de las pirámides sin pensarlo, claro. Eso sí, dejó encargado que luego le enterrasen en Canaán, porque se ve que si bien la zona no era muy buena para vivir, para estar muerto resultaba fetén.

Y allí en Egipto vivieron todos, tan contentos. Me acuerdo de que cuando Herodes me perseguía yo también me refugié allí. No eran tan malos los egipcios, quizá me pasé un poco después matando a todos sus primogénitos.

ONANISMO, PROSTITUCIÓN Y OTRAS COSAS DEL MONTÓN

Otra bella historia es esta que ocurrió al poco de tirar a José al pozo. Judá, que a pesar de no ser el primogénito había obtenido la bendición de su padre Jacob, se separó de sus hermanos y se fue por libre. Tomó por esposa a la hija de un cananeo llamado Sué (mi libro no dice el nombre de ella, para qué) y esta mujer sin nombre le dio tres hijos: Er, Onán y Selá.

Judá eligió una moza para su primogénito Er. Se llamaba Tamar. Pero dice mi libro que Er «ofendió al Señor», no me acuerdo cómo, y me lo cargué. Entonces Judá le dijo a Onán:

—Cásate con la viuda de tu hermano, cumple con ella tu deber de cuñado y dale descendencia a tu hermano.

Esto se lo dijo porque yo había establecido una norma llamada levirato, según la cual si una mujer enviudaba, el hermano del finado debía casarse con ella.

Onán obedeció y se casó, pero tenía otros planes. «Sabiendo que los hijos no serían suyos, cada vez que se unía a la mujer de su hermano derramaba el semen en tierra para no dar hijos a su hermano.» Su conducta me ofendió y lo maté también. Desde entonces su nombre ha dado lugar al término *onanismo*, con lo que podemos decir que se ha convertido en el patrón de los pajilleros.

Judá ya había visto que me había cargado a dos de sus hijos, así que le dijo a Tamar que se quedase mejor como viuda en casa de su padre hasta que se hiciese mayor su hijo Selá; no fuera que yo me lo cargase también.

Pasaron los días y la mujer de Judá, que seguía sin nombre, murió. Subió Judá a Timmá, la tierra donde estaba Tamar, a esquilar su ganado. Cuando se enteró Tamar, que ya se impacientaba porque Selá era bien mayor y ella se estaba quedando para vestir santos, «se disfrazó cubriéndose con un velo» y se sentó a la vera del camino.

Allí se la encontró Judá, que no la reconoció y la tomó por una prostituta. Le propuso acostarse con ella a cambio de un cabrito de su rebaño, y ella le dijo que mientras se lo enviaban se quedaría como prenda su sello, su cordón y el bastón que llevaba en la mano. Eso era como pedirle el DNI de la época, pero Judá aceptó porque estaba más caliente que el palo de un churrero, parece ser.

Se acostaron sin que Judá reconociese a su nuera. Ya sabemos que en la Biblia se debían de acostar de una forma muy rara, porque una vez más allí nadie reconocía a nadie. En eso se parecía a su padre Jacob, que se acostó con Lía pensando que era Raquel. Un sindiós, vaya.

Judá envió después a un amigo con el cabrito, pero este no encontró a Tamar. Le dijeron que en esa zona no había ninguna prostituta. Al enterarse de esto, Judá se preocupó de que fuesen a burlarse de él, pues con el sello, el cordón y el bastón le podrían reconocer.

Unos tres meses después le contaron a Judá que su nuera se había prostituido y se había quedado encinta a causa de su prostitución. Judá, como buen patriarca seguidor de mis preceptos, ordenó que la quemasen. Cuando ya iban a ello Tamar mandó decir a su suegro que estaba embarazada del hombre al que pertenecían el sello, el cordón y el bastón. Había sido espabilada y previsora. Cuando los vio, tras examinarlos con cara de circunstancias, Judá dijo:

—Ella es inocente y yo culpable, pues no le di a mi hijo Selá. Y aclara mi libro: «Y ya no volvió a acostarse con ella». ¡Hombre, no estaba el horno para bollos precisamente!

De acuerdo con mis leyes, tanto Judá como Tamar deberían haber sido castigados con la muerte, pero fíjate, después de matar a Onán y a su hermano por dos tonterías, mi sed de sangre esta vez estaba saciada y no quise matar a nadie más.

Y suegro y nuera fueron padres de dos gemelos, y ya sacaba uno la mano y la partera se la había atado con un hilo rojo para identificarle como primogénito, cuando bajó la mano y salió primero el otro y la comadrona dijo: «¡Vaya brecha que has abierto!». Y le puso por nombre Peres, que significa «brecha». Y según las genealogías del Nuevo Testamento ese Peres sería uno de mis antepasados cuando yo viniese a la Tierra bajo el nombre de Jesús. ¡Menudos antepasados!

Estas cosas contaba el libro del Génesis, mi primer libro y el más divertido.

ÉXODO
O CÓMO TARDAR CUARENTA AÑOS
EN UNA RUTA QUE SE HACE EN DIEZ DÍAS

Éxodo significa «salida», y narra la epopeya de 600.000 personas, sin contar mujeres y niños, que en la Biblia no contaban para nada, dando vueltas durante 40 años por la península del Sinaí. Un acontecimiento que según los arqueólogos e historiadores nunca sucedió. Los egipcios, la potencia del momento, tenían desplegados fuertes y destacamentos por toda la zona, y como eran muy dados a escribir (con tanto escriba egipcio es normal) registraban hasta el movimiento de cada hoja de árbol que se caía. De esta gran masa de gente moviéndose y guerreando de aquí para allá, y realizando milagros asombrosos, ni una palabra.

Pero vayamos a la historia que cuenta mi Biblia, que es la verdad.

Habíamos dejado a los israelitas cómodamente instalados en Egipto. Estaban tan bien que se multiplicaron mucho, y fueron tan numerosos que pronto llenaron toda la región.

Fueron pasando los años, 480 según el Libro de los Reyes, murieron José y todos sus hermanos (ya no aguantaban tanto como Matusalén, y eso que tenían mejor alimentación, ¡qué flojos!) y llegó al poder un rey que no había conocido a José y sus dotes freudianas, y dijo a su pueblo:

—Mirad, el pueblo israelita se ha hecho más numeroso y potente que nosotros. Hay que actuar con cautela para que no sigan multiplicándose, pues si se declara una guerra, se aliarán con nuestros enemigos, lucharán contra nosotros y se marcharán del país.

Así que puso a mi Pueblo Elegido a construir las ciudades de Pitón y Ramesés. ¿Existieron estas dos ciudades realmente fuera de la Biblia? Historiadores y arqueólogos andan de cabeza buscándolas. Algunos dicen que sí, otros que no, otros que sí, pero no en el tiempo ni en la forma que la Biblia describe...

El caso es que en nuestro relato los israelitas andaban muy fastidiados fabricando mortero y ladrillos. Y para colmo, el malvado faraón, que era tan malo que no tenía ni nombre, dio la orden general de arrojar al río a todos los niños hebreos que naciesen. A las niñas las dejaría vivir.

Un hombre de la familia de Leví, uno de los hijos de Jacob, se casó con la hija de otro levita. Ya vimos que les gustaba casarse entre parientes. Por cierto, quedaos con el nombre de esta tribu: levitas. Más adelante iréis viendo cómo son mis preferidos de todo el Pueblo Elegido.

La mujer concibió y dio a luz un hijo muy hermoso, y lo tuvo escondido tres meses, hasta que ya no pudo ocultarlo más. Entonces hizo un cesto, metió allí al niño y lo dejó al lado de los juncos. La hija del faraón bajó a bañarse al río y encontró al niño, y, conmovida, vio que era hebreo.

A continuación, apareció la hermana del niño, que se había quedado escondida a ver qué pasaba, y le preguntó si quería una nodriza hebrea que se lo criase. La princesa aceptó y la muchacha buscó a la propia madre del niño, que lo crio hasta que se hizo grandecito y entonces se lo llevó a la hija del faraón. Esta lo adoptó y le puso por nombre Moisés, que en egipcio significa «engendrado».

Acababa de aparecer en la Biblia el gran Moisés, el más grande entre los profetas, el protagonista de películas como *Los Diez Mandamientos*, el tío más molón de todo el Antiguo Testamento. Lo había hecho a lo grande, en una versión más de la clásica historia del héroe salvado de las aguas cuando era un bebé, un mito muy popular de la Antigüedad, como bien saben por ejemplo los conocedores de la historia del rey sumerio Sargón (2334-2779 a.C.), que fue abandonado en una cestita de juncos en el Éufrates y adoptado también, o los del griego Perseo, que de bebé fue encerrado en un arca de madera y abandonado a la deriva en el mar, pero tuvo la suerte de que las olas le condujesen a la isla de Serifos, donde fue acogido por el hermano del rey. Y muchos otros personajes más, pero no os quiero aburrir.

Moisés pasó su juventud en la casa del faraón, educándose como un egipcio. De hecho, hay gente que dice que Moisés fue egipcio de nacimiento, una especie de príncipe rebelde. Otros, que un caudillo de los hicsos, pueblo que se asentó en el delta del Nilo, la misma zona que los israelitas, y que fue violentamente expulsado. Y muchos otros, que ni siquiera existió.

Lo cierto es que cuenta la Biblia que vivía Moisés tranquilamente en Egipto hasta que un día observó cómo un egipcio maltrataba a un hebreo. «Echó una mirada a su alrededor y, viendo que no había nadie, mató al egipcio y lo enterró en la arena.» Pero su crimen fue descubierto y el faraón ordenó matarle, con lo que nuestro héroe tuvo que exiliarse al país de Madián. Allí tomó por esposa a una mujer llamada Séfora, a la que había defendido galantemente frente a unos pastores que le querían quitar su sitio en un pozo (¡otro que encontró esposa en un pozo!), y tuvieron un hijo llamado Guersón. Estuvo 40 años (para qué cambiar de número, si el 40 nos va bien) por allí llevando una tranquila vida familiar.

Dice mi libro que entonces yo vi la aflicción de mi pueblo y que «el Señor recordó la promesa a Abrahán, Isaac y Jacob. Dios se fijó en los israelitas y comprendió su situación».

Es que en ocasiones soy olvidadizo o me cuesta pillar las cosas a la primera. A veces tardo 40 años, a veces más.

Me puse rápidamente manos a la obra y me aparecí a Moisés. Era un asesino y estaba casado con una madianita, con lo poco que me gustan a mí los matrimonios con extranjeras (ya lo veréis más adelante), pero me pareció un tipo con grandes posibilidades. Sus padres además eran sobrino y tía («Y Amrad tomó por mujer a Jocabed su tía, la cual dio a luz a Aarón y Moisés»), lo cual le daba más morbo a la historia.

Recordé que a Moisés de pequeño le hicieron un *test* de inteligencia, según cuenta la tradición hebrea: le pusieron delante un diamante y un trozo de carbón ardiendo, a ver qué cogía. Pues no sólo tomó el carbón, sino que el muy lumbreras se lo llevó a la boca, quemándose los labios y la lengua, lo que le provocó dificultades en el habla de por vida.

¡Pues no se me ocurrió otra manera de presentarme ante él que en forma de zarza ardiendo! Moisés se cubrió el rostro, porque temía mirarme. ¡Empezamos bien con el héroe, menudo valiente! Para una vez que tenía la ocasión de contemplar mi rostro, va y se tapa. Luego se arrepentiría, y más adelante en otros versículos de la Biblia me pidió que le dejase contemplarme, pero yo sólo le permití observar mi parte trasera, como muy bien reflejó el traviesillo de Miguel Ángel en la bóveda de la Capilla Sixtina, donde me pintó con el culo al aire. Es que es mi lado bueno.

El caso es que me aparecí y le dije que era Dios y que iba a liberar al pueblo de Israel:

—Voy a bajar a librarlo del poder de los egipcios. Lo sacaré de este país y lo llevaré a una tierra nueva y espaciosa, a una tierra que mana leche y miel, a la tierra de los cananeos, hititas, amorreos, pereceos, jeveos y jebuseos.

Si Moisés se hubiese leído la Biblia y fuese un poco más espabilado, me habría contestado que de leche y miel nada, que antiguamente tanto Abrahán como Jacob tuvieron que emigrar a Egipto porque en esos peñascos no crecía nada. Que si quería vender el solar, que timase a otros. Además acababa de nombrar a un montón de pueblos que ya vivían allí, así que ¿para qué quería introducir a otro más?

Pero no, Moisés me dio la razón y únicamente me puso como objeción que no se sentía capacitado para guiar a su pueblo dada su pobre expresión oral. Yo le contesté que no se preocupase, que para eso teníamos a su hermano Aarón, que era un piquito de oro, y le enseñé a realizar un par de trucos: convertir un cayado en serpiente, y meter la mano dentro de la chaqueta y sacarla llena de lepra y luego otra vez curada. Con esos dos numerazos y el piquito de oro de Aarón podría lograr todo lo que quisiera.

Así que Moisés se puso en marcha. En un albergue del camino, sin embargo «[...] el Señor lo atacó, poniéndolo en peligro de muerte. Entonces Séfora, tomando un pedernal afilado, cortó el prepucio de su hijo y lo colocó en las partes de Moisés diciendo:

—Eres mi esposo de sangre.

Entonces el Señor lo dejó. Ella le había llamado esposo de sangre, debido a la circuncisión».

Sí, no me preguntéis por qué lo ataqué, porque ni yo mismo me acuerdo. ¡Casi me lo cargo! Menos mal que Séfora estuvo rápida pedernal en mano y de esa forma tan curiosa lo salvó. Todavía oigo los lloros del chavalín.

Finalmente, Moisés, tras sobrevivir a mi misterioso ataque, se encontró a su hermano Aarón, al que yo había ordenado que saliese a su encuentro, y juntos hicieron el numerito del cayado y la mano leprosa ante los ancianos de Israel y el pueblo, y les convencieron de que les iban a liberar de la esclavitud.

Se fueron Aarón y Moisés a hablar con el faraón. Conocéis muchos nombres de faraones egipcios, ¿verdad? Pues en la Biblia se llama Faraón. Así vale para todos. ¿Cuál podría ser, según la arbitraria y contradictoria datación que ofrece mi libro? Pues unos dicen que Tutmés III, otros que Seti I y otros que Ramsés II. Ya os digo yo que ninguno, que para eso lo sé todo.

Se presentaron ante el que fuera, y trataron de engañarle: «Permítenos hacer una peregrinación de tres días por el desierto para ofrecer sacrificios al Señor, nuestro Dios; de lo contrario nos castigará con enfermedades o guerras».

El faraón no les hizo ni caso, porque se olía que no pensaban volver, y además decidió apretar las tuercas a los israelitas, haciéndoles más dura la tarea. Estos, viendo lo bien que habían ido las gestiones del enviado de Dios, se quejaron a Moisés, y este a mí.

No sabía que yo no quería que las cosas fuesen tan fáciles. Iba a hacer sufrir a mucha gente para hacerme famoso: «Yo haré que se ponga porfiado», «endureceré el corazón de los egipcios» y «me haré famoso a costa de Faraón y de todo su ejército», «yo seré más fuerte que él».

Volví a hablar con Moisés y con Aarón y les pedí que se presentasen otra vez ante el faraón y que le hiciesen el numerito del bastón que se convierte en serpiente.

Allá fue la pareja y el faraón les volvió a recibir. Dicen que los faraones se lo tenían muy creído, pero se ve que este te daba audiencia siempre que quisieras, y rápido. Debía tener una agenda bastante poco complicada. Nada que ver con los mandatarios de hoy en día.

El caso es que se presentaron frente al faraón, le volvieron a soltar el mismo rollo, y Aarón lanzó su cayado, que se convirtió en serpiente. Pero entonces los magos de Egipto lanzaron también sus cayados, en una especie de escena de *Harry Potter*, y ¡también se convirtieron en serpientes! ¡Menos mal que la serpiente de Aarón tenía hambre y se comió a las demás, que si no habría quedado fatal!

El faraón no pareció muy impresionado y siguió sin dejar marchar al pueblo de Israel. Entonces lancé la Primera Plaga. Le dije a Moisés que advirtiese al faraón, y a Aarón le ordené que golpease con su cayado mágico las aguas del Nilo, y estas se convirtieron en sangre. Y no sólo estas, sino todas las aguas de Egipto «hasta en las vasijas de madera y piedra».

Curiosamente, los magos de Egipto también utilizaron sus encantamientos y realizaron el mismo prodigio que Aarón, para no ser menos. Era una forma un tanto rara la que tenían de ayudar a su pueblo. Me imagino al faraón diciéndoles: «¡Muchas gracias, pero no hacía falta!».

Todos los pobres peces murieron, pero el faraón no hizo caso.

Después lancé mi Segunda Plaga. Le dije a Aarón que golpease con su cayado y cubriese de ranas todo Egipto. Y los magos egipcios ¡otra vez hicieron lo mismo! Todo estaba lleno de ranas.

Esto sí afectó al faraón. Se ve que le daban mucho asco las ranas. Le prometió a Moisés que dejaría marchar a su pueblo si acababa con esta plaga. Hice morir a todas las pobres ranas, pero cuando el faraón se vio libre de ellas no cumplió su promesa.

Así que le lancé la Tercera Plaga: mosquitos. Volvió Aarón a utilizar su bastón mágico, que era más poderoso que el del mismísimo Gandalf, y del polvo de la tierra surgió una nube de mosquitos que lo invadió todo. Los magos intentaron hacer lo mismo, pero parece que ese día no habían ido a clase en la escuela de magia, porque no les salió el encantamiento, y le dijeron al faraón: «¡Esto es obra del poder de Dios!».

Se habían convertido al monoteísmo de repente. Pero el faraón, al que ya os dije que yo hacía mantenerse obstinado, no cedía.

Lancé la Cuarta Plaga: tábanos. Pero esta vez me acordé de un detalle. Las plagas también afectaban y hacían sufrir a mi Pueblo Elegido. Así que decidí cubrir de tábanos todo Egipto excepto la región de Gosen, que era donde habitaban los israelitas. Es que cuando me pongo en plan bestia ni pienso.

El faraón volvió a prometer que les dejaría marchar, pero una vez desaparecidos los tábanos incumplió su promesa. No cumplía nada de lo que prometía, se nota que era un político.

Lancé mi Quinta Plaga. Hice perecer a todo el ganado: caballos, asnos, camellos, vacas y ovejas. Si me llegan a pillar los de la protectora de animales a mí también me hubiera crucificado. Eso sí, respeté el ganado de los israelitas, ahora que ya iba con más cuidado. Pero el faraón no hizo caso. Con las ranas y los tábanos al menos había tratado de engañarme, pero ahora ni se inmutaba otra vez.

Y vamos a por la Sexta Plaga. Se presentaron Moisés y Aarón ante el faraón, y, siguiendo mis instrucciones, tomaron ceniza de horno y la esparcieron delante de él, produciendo úlceras y tumores en hombres y animales. Dice mi libro que «los magos no pudieron enfrentarse a Moisés, porque tenían úlceras como los demás egipcios». ¡Menos mal! ¡En su afán imitador habrían producido más úlceras y tumores!

Curiosamente, el faraón cada vez que veía a los dos hermanos terroristas, no les detenía, y les dejaba marchar tan tranquilos para que siguieran lanzando plagas. Y seguía sin ceder, eso sí.

Así que le dije a Moisés: «Levántate mañana temprano, preséntate al faraón y dile: "Esto dice el Señor, Dios de los hebreos:

esta vez voy a desencadenar todas mis plagas contra ti, tus cortesanos y tu pueblo, para que sepas que no hay nadie semejante a mí en toda la Tierra. Porque si yo hubiera desplegado mi poder para herirte a ti y a tu pueblo con la peste, habríais desaparecido de la Tierra. Pero precisamente por esto te he conservado la vida, para que veas mi poder y para hacer famoso mi nombre en todo el mundo"».

Eso le dije, que no le mataba porque lo que quería era hacerme famoso. Hoy me habría hecho youtuber y listo, pero eran otros tiempos.

Y dice mi libro que añadí «pon a buen recaudo tu ganado (¿cuál, si ya lo había exterminado con la plaga anterior?) y cuanto tienes en el campo» porque iba a lanzar una granizada bestial. Y dice la Biblia: «Los cortesanos del faraón que tomaron en serio la amenaza del Señor mandaron poner a salvo siervos y ganados. Pero los que no hicieron caso de la amenaza del Señor dejaron sus siervos y ganados en el campo».

¡Hay que ver cómo es la gente! ¿Habían olvidado que les acababa de mandar seis plagas terribles?

El caso es que envié la granizada (excepto a la región de Gosen), maté un montón de ganado más y arruiné los campos, pero el faraón siguió en sus trece.

Decidí lanzar entonces mi Octava Plaga: las langostas. No las de comer en la marisquería, sino las que vuelan, que eran muy comunes en esa zona.

Le dije a Moisés:

—Preséntate al faraón. Voy a hacer que tanto él como sus cortesanos se muestren inflexibles, y así realizaré en medio de ellos mis prodigios.

Vamos, que se presentaba para nada, sólo para que yo me luciera otra vez. Se plantó ante el faraón, que debía estar de no muy buen humor pero siempre le recibía, y este le dijo que por fin podían ir a dar culto al Señor, como habían pedido. Y les preguntó que quiénes habían de ir. Moisés le contestó que todos, con sus hijos y su ganado incluido. Y claro, el faraón no era tonto, sabía que no pensaban volver como decía Moisés:

—¡Estáis listos si pensáis que voy a dejaros marchar con vuestros pequeños! Algo malo estáis tramando —era un lince el tío, después de ocho plagas—. De ninguna manera. Id tan sólo vosotros, los mayores, como habíais pedido.

Total, que plaga de langosta al canto.

La Novena Plaga fue la de las tinieblas. «Alzó Moisés su mano hacia el cielo y se produjo en las tierras de Egipto una densa tiniebla que duró tres días. No se veían unos a otros; y durante tres días nadie se movió de donde estaba. Sin embargo, los israelitas tuvieron luz en la región donde vivían.»

Fue un eclipse, digamos, parcial. Esta vez parece que la paciencia del sin sangre del faraón sí se vio colmada y le dijo a Moisés que como volviera lo mataría.

Había enviado ya nueve plagas, que hoy algunos tratan de explicar señalando que reproducían fenómenos naturales comunes en Egipto. Incluso hay descreídos que afirman que la zarza ardiendo cuya apariencia tomé cuando me aparecí a Moisés sería una planta de la zona que segrega un aceite que arde por sí mismo con la ayuda del sol. No le deis vueltas, si la Biblia dice que pasaron esas cosas, pasaron porque yo lo quise así, y punto. No le busquéis más explicaciones racionales a los designios divinos.

Y llegó la Décima Plaga, la más cruel. La famosa plaga por la que asesiné a todos los primogénitos egipcios. «También morirán los primogénitos de los animales. Y se oirán gritos tan desgarradores en todo el país de Egipto como no los ha habido ni los habrá jamás.»

Pero antes de eso, llené bien las alforjas de los israelitas: «El Señor dijo a Moisés: "Ordena al pueblo que hombres y mujeres pidan a sus vecinos objetos de plata y oro. Y el Señor hizo que los egipcios se mostraran benévolos con el pueblo; y hasta el mismo Moisés era muy apreciado por los cortesanos del faraón y por el pueblo"».

¡Asombroso! ¿verdad? Les hice a los pobres egipcios un lavado de cerebro y amaban a su aniquilador, que les despojaba ahora de sus riquezas con una especie de impuesto revolucionario de lo más divino.

Y se presentó Moisés ante el faraón y le dijo que iban a morir todos los primogénitos de Egipto, incluido su propio hijo. Y el faraón no le mató, como había dicho (la palabra de este hombre valía menos que un cubito de hielo en el Ártico). Es más: «Salió Moisés muy irritado de la presencia del faraón».

Entonces le dije a Moisés que el día decimocuarto de ese mes cada familia cenase un cordero, el cordero pascual, y con la sangre del animal untase las jambas y el dintel de la puerta.

Llegó la noche señalada y asesiné a todos los primogénitos a excepción de los que tenían su puerta señalada con la sangre del cordero, que eran los israelitas. Es que aunque soy Dios a veces me gusta que me faciliten el trabajo de identificación. Hice una buena escabechina de bebés, incluido el primogénito del faraón, y entonces este ya dejó marchar a mi pueblo. «Salid, y bendecidme a mí también», dijo. ¡Ahora quería bendición!

Fue una jornada memorable, y desde entonces los judíos decidieron conmemorarla cada año con la Fiesta de la Pascua. En realidad, esa fiesta ya existía, era la festividad agrícola más importante, que se celebraba en multitud de culturas, pero mi pueblo quiso dotarla de este significado tan especial. Lo de transformar fiestas paganas en fiestas religiosas es algo que siempre ha funcionado muy bien. Tan bien se dio en este caso que la primitiva celebración agrícola, transformada luego en Pascua Judía acabó siendo la Pascua de Resurrección cristiana, porque os dio por matarme justo cuando aquella se celebraba. Y claro, tuve que resucitar.

ATRAVESANDO EL MAR ¿ROJO?

«Eran unos seiscientos mil los que iban a pie, sin contar a las mujeres y a los niños.» No los llevé por el camino de Filistea, más corto, porque temí que si les atacaban los belicosos filisteos se acobardasen y volviesen sobre sus pasos. Tenía poca fe en mi Pueblo Elegido. Pero como veremos ahora, ellos en mí todavía menos.

Por el día les guiaba en forma de nube, y por la noche me transformaba en una columna de fuego. Éramos como ese grupo de turistas que van detrás del guía con el cartelito.

Pero aquello no era un viaje de placer. Era un viaje promocional. De mi persona, concretamente. Como esos viajes gratuitos donde al final te venden una enciclopedia o una cubertería. «Yo haré que el faraón se obstine y os persiga; me cubriré de gloria a costa del faraón y de todo su ejército, y sabrán los egipcios que yo soy el Señor.»

¡Qué manía les había cogido a los pobres egipcios!

Entonces el faraón salió con todo su ejército y sus carros de guerra (a pesar de que en mi Quinta Plaga había matado a todos los caballos) en persecución de los israelitas, que al ver lo que se les venía encima se llenaron de terror y se volvieron a quejar a Moisés:

—¿No te decíamos que nos dejaras tranquilos sirviendo a los egipcios?

¡Después de mandar diez plagas alucinantes no creían en mí!

Pero se avecinaba mi mayor prodigio, la escena cumbre de la película. Le dije a Gandalf, perdón, Moisés, que extendiese su cayado mágico hacia el mar. Comenzó a soplar un recio viento del este y las aguas se abrieron en dos. Los israelitas pasaron por el medio, y el ejército del faraón les siguió. Empiezo a dudar de cómo construyó pirámides una gente tan obtusa. Porque después de las diez plagas que les había enviado, meterse en semejante ratonera era cuando menos temerario. ¡Pero allá que iban alegremente con el faraón a la cabeza!

Cuando terminó de cruzar mi Pueblo Elegido cerré las aguas sobre los egipcios y murieron absolutamente todos, el faraón incluido. ¿Que ninguna crónica de la época narra que ningún faraón y menos un ejército muriese así? Bueno, eso es porque no se habían leído la Biblia.

En todo caso, a pesar de lo que dice la tradición y las películas, el mar que se divide en dos del que habla mi libro no pudo ser el Mar Rojo, sino el Mar de los Juncos, una zona pantanosa del delta del Nilo, donde «un recio viento del este» que soplase toda la noche podría retirar las aguas. De este modo podría cruzarse a pie, pero los carros quedaban atrapados.

Una vez libres de los molestos egipcios, los israelitas, «en formación militar» marcharon por el desierto, en busca de la Tierra Prometida. Pero casi no tenían agua ni comida, y pronto volvieron a quejarse a Moisés:

—¡Ojalá el Señor nos hubiera hecho morir en Egipto, cuando nos sentábamos junto a las ollas de carne y nos hartábamos de pan!

Había elegido al pueblo más descreído de la Tierra.

Así que hice llover codornices y una cosa parecida a la escarcha que llamaron *Manhu*, que significa «¿qué es esto?», el famoso Maná. «Era parecido a la semilla del cilantro; era blanco y sabía como a torta de miel.» Todas las mañanas cada uno recogía lo necesario para alimentarse; luego, al calentar el sol, se derretía lo que sobraba.

Dicen los entendidos que el maná bíblico seguramente corresponda a una sustancia pegajosa y dulce que segregaban ciertos insectos al chupar la savia de los arbustos de tamarisco, y que posee sabor parecido a la miel. Se encuentra hoy todavía en los valles centrales de la península del Sinaí.

Los israelitas comieron maná durante los 40 años que estuvieron errando por el desierto. «La ración era de unos cuatro kilos.» ¡Madre mía, qué hartura a maná!

De comida iban bien, pero el agua escaseaba. Y los israelitas clamaban:

—¿Por qué nos ha sacado de Egipto para hacernos morir de sed?

Y Moisés me dijo:

—¿Qué voy a hacer con este pueblo? Un poco más y me apedrean.

¡Casi le apedrean! Le dije que reuniese a los ancianos y que delante de todo el pueblo golpease una piedra con el bastón mágico, de modo que brotó agua y todos pudieron beber.

Parecía que todo ya iba bien pero aparecieron los amalecitas, que no veían con buenos ojos la visita de los hebreos, y les atacaron. En mitad de la batalla, Moisés comprobó que si mantenía los brazos en alto ganaba Israel, y si los bajaba, ganaban los amalecitas. Y los mantuvo en alto, pero se cansaba, así que, sentado en una piedra, Aarón y un hombre llamado Jur le sostuvieron los dos brazos hasta la puesta de sol. Y con esa ayuda mágica, Josué, el general del ejército de Israel, en el campo de batalla derrotó a los amalecitas a golpe de espada.

LOS DIEZ MANDAMIENTOS Y ALGUNOS MÁS

A los tres meses de la salida de Egipto, en el monte Sinaí, decidí otorgarle los Diez Mandamientos a mi pueblo. Esos tres meses estuvieron en un vacío legal.

Le dije a Moisés que nadie subiera al monte, y que al que desobedeciera lo apedrearan o asetearan, eso ya como quisieran, que yo siempre he sido partidario del libre albedrío. Iba a otorgaros la ley definitiva, y lo iba a hacer con más secretismo que el mismísimo TTIP.

Sólo por fastidiar, además les ordené a los israelitas que no tuvieran relaciones sexuales y les anuncié que al tercer día yo me manifestaría. Me gusta tomarme tres días, como cuando la Resurrección, porque soy muy de prepararme: una duchita, vas a la peluquería, te pones un poco en forma... que uno es Dios y no puede aparecerse de cualquier manera.

A los tres días, entre truenos y relámpagos, invité a subir a Moisés y estuvimos hablando, aunque no me acuerdo de qué, porque la Biblia no lo especifica. Luego le ordené que bajase y subiese con Aarón, pero que ni a los sacerdotes ni al pueblo se les ocurriese acercarse. Me gusta rodearme de misterio.

Moisés bajó y subió el monte otra vez, a sus más de 80 años. Me imagino que pensaría que ya se me podía haber ocurrido antes lo de llamar a Aarón, que se estaba pegando una buena caminata. Pero los caminos del Señor son inescrutables, y en cuesta.

Una vez arriba les dicté mis famosos Diez Mandamientos, pero luego la Iglesia se inventó uno y lo metió en el lote. ¡Sí, como lo oís! En temas sexuales solamente ordené no cometer adulterio y no codiciar a la mujer o esclava del prójimo, pero luego mi club de fans lo transformó en «No cometerás actos impuros» y puso en mi boca un mandamiento que nunca dicté, el noveno: «No tendrás pensamientos ni deseos impuros», con lo que convirtió en pecado todo lo referente al sexo, no sólo el adulterio. Fantástico, ¿verdad? Lo cierto es que si me disgustara que disfrutaseis no os habría dado los orgasmos. Y si no quisiera que os marturbáseis no os habría colocado los genitales a la altura de las manos.

De todos los preceptos que les otorgué a Moisés y Aarón el más importante sin duda es el de adorarme a mí y a ningún otro dios más. De hecho, si cogéis el fragmento del Éxodo donde los enuncio, veréis que el Primer Mandamiento no es exactamente el mismo del catecismo. En lugar de «Amarás a tu Dios sobre todas las cosas», quise ser más concreto y para que no hubiese lugar a dudas acerca de lo que me estaba refiriendo, dije: «No tendrás otros dioses fuera de mí».

Esa es mi gran preocupación a lo largo de todo el Antiguo Testamento, como iremos viendo. Lo de la libertad de credo no es lo mío. Cuando en 1864 el bueno de Pío IX reunía en su famosa *Syllabus Errorum* los «principales errores de nuestro tiempo» señaló por supuesto como uno de ellos, junto a la libertad de pensamiento, imprenta o conciencia, la libertad de culto, la peor de todas las libertades.

Una vez apuntalado este importante asunto, enuncié el resto de los Mandamientos, que son más bien de relleno para llegar hasta diez, que es un número fetén (por mucho que los judíos observen 613, algunos tan importantes como no comer carne con lácteos, no rasurar el pelo con tiña o «quemar al que haya que quemar»).

Al tener Diez Mandamientos y no sólo el de no adorar a otros dioses, no se me notaba tanto el exceso de egolatría, así que al primero añadí de postre lo de no matar, no robar y todo eso, pero mi Iglesia se dio cuenta de que era paja y lo ha estado incumpliendo a lo largo de toda su historia. Que si las Cruzadas, que si el diezmo, que si la Inquisición, las guerras de religión, los papas adúlteros y corruptos, los curas pederastas (el 6% del total según algunos estudios, echad cuentas)...

El de no matar lo ha incumplido a lo grande, pero es lógico, si en el mismo libro en que os digo esto establezco la muerte para un sinfín de conductas. El Vaticano ha aplicado la pena de muerte hasta el siglo XIX, no la abolió sino hasta 1969 y nunca se ha distinguido por ser un gran crítico con ella, sino todo lo contrario.

Además de los Mandamientos, de los que no hacéis mucho caso (no os culpo, yo tampoco), di muchas más instrucciones a Moisés.

Les proporcioné a mis queridos borreguitos el calendario de festividades, les ordené que no subieran por escalones a mi altar, «para que no se vean tus partes». También les expliqué que si compraban un esclavo hebreo les serviría por seis años, pero al séptimo (mi número favorito junto con el 40) quedaría libre. Y que si uno vendía a su hija como esclava su manumisión (su procedimiento de libertad) no sería como el de los esclavos varones. Y también ese bonito precepto que decía que «el que mate a palos en el acto a su esclavo o a su esclava, será severamente castigado. Pero no será castigado si sobreviven un día o dos, porque son propiedad suya».

También dictaminé que el que maldijese a sus padres debía ser castigado con la muerte, una solución educativa un poco drástica, y que no dejasen con vida a los hechiceros ni a quien tuviera relaciones sexuales con un animal.

Y lo más importante: le dije que si me obedecía siempre, yo exterminaría a todos esos molestos pueblos que habitaban la región: «Si obedeces siempre y haces todo lo que yo te diga, seré enemigo de tus enemigos y opresor de tus opresores; porque mi ángel irá delante de ti y te guiará a la tierra de los amorreos, hititas, pereceos, cananeos, jeveos y jebuseos, a quienes yo exterminaré».

Les ordené que no hiciesen pactos con ellos ni les dejasen vivir en su tierra, no sea que les incitasen a pecar contra mí, dando culto a otros dioses, mi gran preocupación. Exterminio, y punto.

Moisés puso por escrito todas mis palabras, pero no me gustaba su letra, así que volví a ordenarle que subiera otra vez al monte. Y otra vez para arriba. A estas alturas Moisés ya estaba en condiciones de disputar el Iron Man. Una vez arriba, me aparecí en forma de nube durante seis días y al séptimo le llamé y le dije que se adentrase. Permaneció mi profeta en el monte 40 días y 40 noches. Después cuando yo vine a la Tierra en forma de mi hijo Jesús le igualé el récord, pero lo mío tuvo más mérito porque tenía al diablo tentándome al lado.

EL NEGOCIO

En el monte le hablé a Moisés de lo más importante para mí: el culto. El culto a mí, naturalmente. A todos nos gusta que nos digan lo mucho que nos quieren, ¿no? Me tiré diez páginas de la Biblia (y mira que tiene la letra pequeña) indicándole con todo lujo de detalles cómo debía ser el Arca de la Alianza, la mesa, el candelabro, la morada, los tableros de madera, los velos de separación, el altar de los sacrificios, el atrio, el aceite para las lámparas, el efod, el hosen, el manto, la lámina de oro sobre la tiara, los rituales, la forma de hacer los sacrificios, el incienso...

Y por supuesto, lo más importante y necesario para mantener todo el tinglado, los tributos: «Oro, plata y cobre, lana violeta, púrpura y escarlata, lino fino y pelo de cabra, cuero de carnero teñido de rojo, pieles de marsopa, madera de acacia, aceite para la lámpara [...] aromas, ónices y otras piedras para el efod y el hosen».

Para el arca le pedí «una plancha de oro puro de un metro veinticinco de largo y setenta y cinco centímetros de ancho. Haz también dos querubines con oro batido y colócalos a los dos extremos de la plancha». «Aquí me encontraré contigo, y desde el espacio que hay entre los dos querubines, que están sobre el arca del testimonio, te daré todos los preceptos para los israelíes.»

Leyendo esto no me extraña que luego montaseis el Vaticano a todo trapo.

La mesa también «recúbrela de oro puro» le dije a Moisés. «Fabrica platos, copas, vasos y cálices para la libación: hazlos de oro puro.» «Haz un candelabro todo él de oro puro, de oro macizo.»

Para la morada le di unas instrucciones que parecían del catálogo de IKEA: «Pon cincuenta presillas en la primera cortina, y otras cincuenta en la última del segundo cuerpo. Estas presillas se corresponderán entre sí. Enlaza un cuerpo de cortinas con el otro por medio de pasadores, de los cuales harás cincuenta de oro».

Y así con todo. Como ya vimos con Noé, yo soy más de dar las instrucciones y que trabaje otro, que ya curré mucho haciendo el mundo y desde entonces no he dado un palo al agua.

En el monte me mostré también como un gran aficionado a la moda, y le dicté a Moisés unos diseños para la ornamenta de mis sacerdotes de lo más bonitos, aunque no al alcance de todos los bolsillos: «El efod estará hecho de oro y lino fino [...] el hosen [...] engástale cuatro hileras de piedras preciosas: en la primera hilera, un granate, un topacio y un ónice; en la segunda hilera, un rubí, un zafiro y un diamante; en la tercera hilera, una turquesa, un jacinto y una ágata en la tercera hilera; y en la cuarta hilera, un ópalo, un berilo y una amatista».

El manto dispuse que llevase cascabeles de oro, y que Aarón debía llevarlo o de lo contrario «morirá».

No olvidé ningún detalle: «Confecciónales unos calzones de lino, que cubran de la cintura a los muslos, para cubrir sus partes».

Todo de primera calidad y carísimo. ¡Pero se me olvidó mandarle el dinero! ¿Quién iba a pagar todo ese dispendio? Pues está claro, el que paga siempre: ¡el pueblo! Así ha sido siempre y así será, por los siglos de los siglos, amén. Montamos un negocio que no veas con las ofrendas: «Esta es la ofrenda que harás todos los días perpetuamente sobre el altar: dos corderos añales [...] Con el primer cordero ofrecerás cuatro kilos y medio de harina amasada con dos litros de aceite puro, y como libación, dos litros de vino.

»Cuando hagas un censo, cada uno entregará seis gramos de plata. Ni el rico pagará más ni el pobre pagará menos de lo establecido». (No se había inventado la progresividad de los impuestos, y además queríamos llevarnos bien con los ricos, sana costumbre que hemos mantenido hasta el día de hoy.)

¿Este dinero recaudado iría para mejorar las condiciones de vida del pueblo? ¿Educación o sanidad? ¿Obras públicas? ¡No, para mí y para mis sacerdotes!: «Recibirás de los israelitas el dinero de los tributos y los dedicarás al servicio de la tienda del encuentro. Así los israelitas recordarán ante el Señor que sus vidas han sido rescatadas». Es decir, no los liberé gratis, sino que tuvieron que pagar un rescate. Un rescate que nunca se termina de satisfacer.

Eso sí, dispuse que mis sacerdotes fuesen muy limpios: «Se lavarán las manos y los pies para no ser castigados con la muerte».

También dispuse la muerte para el que trabajase en sábado.

Y después de esta charla con Moisés, ya lo tenía todo listo. Acababa de organizar todo el negocio con el que tanto yo como mis sacerdotes viviríamos de lujo durante miles de años a costa del pueblo. ¿Y quiénes serían los sacerdotes? ¡Todo el mundo querría un trabajo así!

Pues no, los sacerdotes serían el hermano de Moisés, Aarón y los hijos de este. El «piquito de oro» de Aarón se lo montó de maravilla. Si es que no hay nada como tener un buen don de palabra.

Con todo organizado, le entregué a Moisés (aunque nadie lo vio, porque yo había prohibido a los israelitas subir al monte) las famosas Tablas de la Ley, «escritas por la mano del mismo Dios». Hoy os habría entregado las tablets de la ley, algo más fácil de llevar, o lo habría subido a la nube y listo.

El pobre Moisés a sus años tenía que bajar el monte cargando ahora con dos pesadas losas a sus espaldas. Le estaba sometiendo a un entrenamiento más duro que el de Uma Thurman en *Kill Bill*. Eso sí, «las losas estaban escritas por las dos caras», para que no tuviese que llevar tanto peso.

Pero claro, Moisés se había tirado 40 días en el monte, y su pueblo lo daba ya por desaparecido. Mientras mi profeta estaba arriba le habían pedido a Aarón que les hiciese una divinidad para adorarla, y este reunió todos los pendientes de oro de la gente y fabricó con ellos un becerro de ese material, al que adoraron. Ahora hacéis lo mismo, pero con un balón, el Balón de Oro.

Acababa de ordenaros que no adoraseis a otros dioses y ya lo estabais incumpliendo. Enfurecido, le dije a Moisés:

—Me estoy dando cuenta de que este pueblo es un pueblo obcecado. Déjame; voy a desahogar mi furor contra ellos y los aniquilaré. A ti, sin embargo, te convertiré en padre de una gran nación.

Es decir, iba a matarlos a todos, cientos de miles de personas, mi Pueblo Elegido. Menos mal que mi profeta tenía más cabeza que yo y me convenció de que no lo hiciese, que no sería muy bueno para mi reputación:

—Vas a permitir que digan los egipcios: «Los sacó con mala intención, para matarlos [...]». Aplaca el ardor de tu ira y arrepiéntete de haber querido hacer el mal a tu pueblo.

Ahí estaba Moisés, un simple humano, dándome lecciones a mí, a Dios. Y lo peor es que llevaba razón. Me recordó que yo le había prometido a Abrahán que multiplicaría su descendencia y les daría a sus descendientes la Tierra Prometida, y con eso ya me convenció del todo.

«Y el Señor se arrepintió del mal que había querido hacer a su pueblo.»

Yo ya estaba más tranquilo, pero cuando Moisés bajó del monte hecho polvo con las tablas a cuestas y vio con sus propios ojos a su pueblo celebrando una fiesta y adorando al becerro de oro también montó en cólera. ¡Tanto paseo monte arriba y monte abajo para nada! Se pilló un cabreo de mil demonios y arrojó las tablas contra el suelo, rompiéndolas en mil pedazos. ¡Las tablas con mi propia letra! Desde entonces decidí no escribir más, y por eso los Evangelios me los escribieron Marcos, Mateo, Lucas y Juan. Con ese acto impulsivo Moisés privó al mundo de comprobar si era cierto que Dios escribe recto con renglones torcidos. Nunca podrá saberse.

En pleno ataque de furia, Moisés «agarró el becerro que habían hecho, y lo quemó en el fuego; lo redujo a cenizas, las mezcló con agua, y obligó a los israelitas a que se lo bebieran».

Y no contento con eso dijo: «"Todo el que esté de parte del Señor, que se pase de mi lado", Y todos los levitas se le unieron».

Como vemos, Moisés y Aarón no estaban solos, tenían a los de su tribu de su parte.

«Él les ordenó:

—Esto dice el Señor, Dios de Israel: Que cada uno se ciña la espada a su costado y recorra el campamento, que lo revise de puerta en puerta y ejecute a los culpables, incluso a su propio hermano, su amigo o pariente.

Los levitas cumplieron la orden de Moisés. Aquel día fueron ejecutados unos tres mil hombres del pueblo».

¡Menuda sangría! Curiosamente, entre esos tres mil no se encontraba Aarón, el fabricante del becerro.

Después de esto le dije a Moisés:

—Ea, márchate... a la Tierra que juré dar a Abrahán... Mandaré mi ángel delante de ti y desalojaré a los cananeos, amorreos, hititas, pereceos, jeveos y jebuseos... Sin embargo, yo no iré contigo, porque sois un pueblo obcecado y acabaría con vosotros en el camino.

Eso les dije, que no les acompañaría, pero dos párrafos después Moisés me volvió a convencer:

—¿Cómo voy a estar seguro de que gozamos de tu protección, yo y tu pueblo, si tú no vienes con nosotros?

Y le hice caso una vez más y decidí marchar con mi pueblo.

Cuando se nos pasó el enfado le dije a Moisés que tallase dos nuevas losas y que sobre ellas escribiría yo otra vez los preceptos. Aunque al final estuve vago y los acabó escribiendo Moisés.

Subió el pobre Moisés con las dos losas a cuestas otra vez al monte y allí establecimos una alianza. Le volví a dictar los Diez Mandamientos y otras cosillas, alguna un poco xenófoba: «No establezcas alianza alguna con los habitantes del país [...] No tomarás de entre sus hijas esposa para tus hijos».

Y volví a asegurarme de recibir buenos tributos, digo, ofrendas: «Todos los primogénitos son míos, por eso separarás del resto de tu ganado los primogénitos machos de la vaca y de la oveja. Al primogénito del asno lo puedes sustituir por un cordero [...] No te presentes ante mí con las manos vacías».

Cuarenta días y cuarenta noches estuvo Moisés otra vez conmigo en el monte y «no tomó alimento alguno ni bebió» durante todo ese tiempo. Dicen que el cuerpo humano no aguanta más de tres o cinco días sin agua, pero yo os digo: ¡Con mi sistema de entrenamiento monte arriba monte abajo Moisés era un superatleta!

Es más, cuando Moisés bajó del monte «su rostro irradiaba luminosidad» y Aarón y los israelitas temían acercarse a él («su rostro era luminoso y temieron acercarse a él»). Por culpa de un error de traducción de San Jerónimo, que entendió «su rostro era cornudo», al pobre Moisés se le representó en numerosas ocasiones con dos cuernos, por ejemplo, en la famosa escultura de Miguel Ángel en Roma. Continuemos:

«Cuando Moisés terminó de hablar con ellos puso sobre su rostro un velo», y cada vez que hablaba conmigo se lo quitaba y luego se lo volvía a poner. Era ya un superhéroe radiactivo enmascarado.

Por fin las cosas iban como Dios manda. Moisés me había convencido de que les perdonase y mi pueblo estaba arrepentido y dispuesto a seguirme. Hoy los judíos lo celebran con el Yom Kippur, el Día de la Expiación, su festividad más sagrada. Durante 24 horas ayunan completamente, no pueden trabajar y se abstienen de bañarse, usar cosméticos, llevar zapatos o prendas de cuero y mantener relaciones sexuales. Ni siquiera pueden lavarse los dientes.

Recuerdo que en 1973 Siria y Egipto quisieron aprovechar este día y atacaron justo en esa fecha a Israel, produciéndose la famosa Guerra de Yom Kippur. Aunque en ayunas, mis muchachos se movilizaron rápido y repelieron el ataque. Esa vez yo no iba al frente del ejército, eso sí. Había demasiadas cámaras.

LEVÍTICO
EL LIBRO DE LAS NORMAS SALVAJES Y ABSURDAS

Con estos episodios nos íbamos entreteniendo, y cuando quisimos ver se nos había acabado el Éxodo y ya estábamos en otro libro, el Levítico. Aquí me dediqué a explicar a mi pueblo con toda minuciosidad y lujo de detalles cómo debían hacerme los sacrificios. Que si el sacrificio de expiación se hace así, que si el de reparación asá, que si el de comunión de esta otra manera...

Me puse tan exigente que llegó un momento en que ya no sabía si estaba en la Biblia o en un famoso *reality* de cocina de esos que tanto os gustan:

«El Señor dijo a Moisés:

—Cuando presentes una ofrenda de pasta cocida en el horno, esta será de flor de harina en roscas sin levadura amasadas con aceite, o tortas sin levadura untadas en aceite.

"Si tu ofrenda es una torta preparada a la plancha, será de flor de harina amasada con aceite, sin levadura. La partirás en trozos, y derramarás aceite encima. Es una ofrenda"».

Importante, sin levadura. Y muy importante, no olvidar la sal:

«Echarás sal a todas las ofrendas. No omitirás nunca en la ofrenda la sal de la alianza de tu Dios. Todas tus ofrendas llevarán sal».

Sí, lo digo tres veces seguidas. Pero es que esas ofrendas se las comían mis sacerdotes y no veas lo que se quejaban cuando a alguien se le olvidaba la sal y la ofrenda quedaba sosa.

Y claro, no sólo de pan vive el hombre. También teníamos ofrendas de «ganado mayor», para las cuales establecí: «Esta será una ley perpetua para vosotros y vuestros descendientes dondequiera que viváis: nunca comeréis la grasa ni la sangre».

Castigados sin comer morcillas. Y continuaba: «Tomarás flor de harina, cuecerás con ella doce tortas de ocho kilos cada una y las colocarás [...] sobre la mesa de oro puro [...] Todos los sábados, sin excepción, pondrás estos panes delante del Señor, en señal de alianza perpetua, de parte de los israelitas. Y serán para Aarón y sus hijos que los comerán en lugar sagrado, porque son algo muy sagrado, que les pertenece de las ofrendas hechas al Señor. Es una ley perpetua».

Como vemos, aunque el pueblo pasaba hambre, los sacerdotes estaban bien alimentados. Teníamos el negocio muy bien organizado, incluso tasábamos a las personas:

«El Señor dijo a Moisés:

—Di a los israelitas: Cuando alguien haga al Señor una promesa ofreciendo una persona, la estimación de su valor será la siguiente: el hombre entre veinte y sesenta años, quinientos gramos de plata, según las pesas del santuario; la mujer trescientos; el joven entre los cinco y veinte años, si es muchacho, doscientos gramos, y si es muchacha, cien; entre un mes y cinco años, si es niño, cincuenta gramos, y treinta gramos de plata si es niña; de sesenta para arriba, el hombre, ciento cincuenta gramos y la mujer, cincuenta».

Eso es lo que valía una persona en la Biblia. Las mujeres, siempre, mucho menos, claro.

Con tanta comida y tanto oro y plata, tan bien vivían mis sacerdotes, y tan estupendamente se lo pasaban, que tuve que prohibirles bajo pena de muerte el consumo de bebidas alcohólicas durante el culto:

«El Señor dijo a Aarón:

—Cuando tú o tus hijos tengáis que entrar en la tienda del encuentro no bebáis vino ni bebidas alcohólicas, no sea que muráis... a fin de que podáis distinguir entre lo sagrado y lo profano, lo puro y lo impuro».

Lo del vino lo cambiamos después, en el Nuevo Testamento. Y, aunque el Vaticano no les deja, yo les ordené que se casaran, pero no con cualquiera: «El Sumo Sacerdote [...] tomará por esposa una mujer virgen. No tomará por mujer a una viuda, ni a una repudiada, ni a una violada, ni a una prostituta, sino a una virgen de su pueblo».

Sin comentarios.

Mis sacerdotes tenían que ser exclusivamente de la tribu de los levitas, la de Moisés y Aarón. Y tenían un buen estatuto laboral:

«El Señor dijo a Moisés:

—Estas son las disposiciones concernientes a los levitas. Entrarán a prestar su servicio en la tienda del encuentro a partir de los veinticinco años, y al cumplir los cincuenta cesarán en sus funciones y en sus servicios activos».

Sí, jubilación a los cincuenta. Pero no es oro todo lo que reluce. Digo esto porque una vez los hijos de Aarón, los sacerdotes Nadab y Abiú, me realizaron un holocausto que no me gustó mucho y mirad lo que pasó: «Tomaron cada uno su incensario, y pusieron en ellos fuego, sobre el cual colocaron incienso, y ofrecieron delante de Jehová fuego extraño, que él nunca les mandó. Y salió fuego de delante de Jehová y los quemó, y murieron delante de Jehová».

Me acuerdo de que Moisés le dijo a su hermano Aarón que ni siquiera guardase luto, no sea que me cabrease todavía más y cayese mi ira sobre toda la congregación.

Las visitas sorpresa no me gustaban. Ordené a Moisés:

—Di a tu hermano Aarón que no debe entrar en cualquier fecha al otro lado del velo, donde se encuentra la plancha de oro que está sobre el arca, no sea que muera, pues yo me muestro en la nube sobre la plancha de oro.

También establecí que no debía ofrecerse sacrificio de la mano de un extranjero. Es más, unas páginas más adelante, en el libro del Deuteronomio, ordené a mi Pueblo Elegido exterminar a todos los pueblos de su alrededor: «Y consumirás a todos los pueblos que te da Jehová tu Dios: no los perdonará tu ojo, ni servirás a sus dioses, porque te será tropiezo. Si te dijeres en tu corazón: Estas naciones son mucho más numerosas que yo: ¿cómo las podré exterminar? No tengas temor de ellas: acuérdate bien de lo que hizo Jehová tu Dios con Faraón y todo Egipto».

Les ordené que cuando se acercasen a una ciudad la sitiasen. Si se rendía, de lujo, sus habitantes les pagarían impuestos y les servirían. Si no, la tomarían mediante la guerra y pasarían a cuchillo a todos los hombres, quedándose con las mujeres, niños y ganado como botín. Y en las ciudades que yo les diese «en herencia» ordené directamente no dejar a nadie con vida, mujeres y niños incluidos, ya fueran heteos, amorreos, cananeos, fereceos, jeveos o jebuseos.

Pero sigamos en el Levítico, que tiene de todo. También les dije:

«El hombre que padezca flujo seminal es impuro [...] Cuando el enfermo esté curado de su flujo [...] tomará dos tórtolas o dos pichones [...] y los entregará al sacerdote».

Respecto de esto, siglos después San Atanasio me saldría un poco rebelde, pues afirmaba con ironía que si las secreciones naturales eran pecado también deberían serlo las secreciones nasales.

No hagáis caso a San Atanasio, y hacédmelo a mí:

«Cuando la mujer tenga la menstruación, permanecerá impura durante siete días. El que la toque quedará impuro hasta la tarde [...] El que toque un objeto cualquiera sobre el cual se haya sentado ella, lavará sus vestidos, se bañará y quedará impuro hasta la tarde [...] Si un hombre se acuesta con ella, contrae la impureza [...] Cuando termine su flujo contará siete días, pasados los cuales quedará pura. El octavo tomará dos tórtolas o dos pichones y los presentará al sacerdote».

Las mujeres, desde lo de Lilit y Eva, no me cayeron bien. Los católicos lo saben y no les dejan ejercer el sacerdocio. Así que en este libro del Levítico establecí que si una mujer paría un varón sería impura una semana, per osi paría una hembra, dos.

Los homosexuales me parecían lo peor:

«No te acostarás con un hombre como se hace con una mujer; es algo horrible».

Y establecí que los excluyesen del pueblo. Vi que eso era demasiado suave y un poco más adelante establecí:

«Si un hombre se acuesta con otro hombre, como se hace

con una mujer, comete una abominación; se los castigará con la muerte».

Tampoco era muy de integrar a la gente con algún problema físico. Para ser sacerdote había que estar más en forma que para entrar en la academia de policía:

«Ninguno de tus descendientes que tenga un defecto corporal podrá presentar a su Dios la ofrenda del pan; ya sea ciego o cojo, con un miembro raquítico o hipertrofiado, lisiado de pies o de manos, jorobado o enano, bisojo o sarnoso, tiñoso o eunuco».

Y si tienes los testículos aplastados no sólo no puedes ser sacerdote, sino que no puedes ni ir a misa:

«El hombre que tenga los testículos aplastados o el pene mutilado no será admitido en la asamblea de Yahvé».

Continuamos:

«Si uno se acuesta con una esclava que pertenece a otro y que aún no ha sido rescatada ni puesta en libertad, será castigado, pero no con la muerte, pues la mujer no era libre. Ofrecerá al Señor [...] un carnero [...] por el pecado cometido y este le será perdonado».

Ya se sabe que una mujer esclava es de categoría inferior que una libre. Y, ¿cómo conseguir un esclavo?:

«Esclavos o esclavas propiamente dichos los compraréis de las naciones vecinas. Podréis adquirirlos también entre los criados que residen con vosotros, entre sus familias y entre los hijos que hayan tenido en vuestra tierra; estos serán vuestra propiedad, y los podréis dejar en herencia a vuestros hijos, para que los posean en propiedad; podéis hacerlos esclavos para siempre, pero a vuestros hermanos israelitas no los tratéis con dureza».

También otorgué normas de estética. Ahora con tanto hipster no sabría ni por dónde empezar:

«No os cortaréis en redondo el pelo de vuestra cabeza ni os afeitaréis los bordes de la barba. No os haréis incisiones en la carne por un muerto, ni tatuajes en la piel».

Y aunque hice el Universo combinando átomos, lo de las mezclas no me gustaba nada, así que establecí:

«Mis estatutos guardarás. No harás ayuntar tu ganado con animales de otra especie; tu campo no sembrarás con mezcla de semillas y no te pondrás vestidos con mezcla de tejidos».

Lo sé, en esto tampoco me habéis hecho caso, pero al menos sabed que con sólo llevar una camiseta mezcla de poliéster y algodón ya estáis pecando.

Y fue en el Levítico donde establecí con detalle la distinción entre animales puros e impuros de la que ya os hablé cuando conté la historia del Arca de Noé. Por cierto, incluí la liebre entre los rumiantes, debí perderme la clase de ciencias naturales aquel día, y también incluí a los murciélagos de forma errónea en el grupo de las aves, cuando es un mamífero.

Dispuse que el blasfemo debía ser apedreado por toda la asamblea hasta la muerte, y para practicar, ese mismo día Moisés y su pueblo apedrearon a uno.

Y en medio de tanta norma salvaje y absurda, en el capítulo 19 versículo 18 dicté mi mandamiento más famoso, que luego todo el mundo atribuye a mi hijo como si se lo hubiera inventado él:

«Amarás a tu prójimo como a ti mismo».

Sí, el *copyright* de esa frase tan «revolucionaria» no es de mi hijo, como todo el mundo repite, sino que figura ya en el Levítico. Es más, ni siquiera es original de mi religión. El brahmanismo, budismo, zoroastrismo... ya la habían pronunciado antes que nosotros.

Además no hice demasiado caso, porque en el Levítico también dicté la famosa ley del talión:

«El que mate a otro hombre será condenado a muerte. El que mate a una bestia, compensará animal por animal. El que hiera a su prójimo será tratado de la misma manera: fractura por fractura, ojo por ojo, diente por diente; recibirá la misma herida que hizo él».

Luego ya en el Nuevo Testamento dije lo de poner la otra mejilla, pero no debió escucharme nadie, porque después organizasteis las Cruzadas y la Inquisición.

Y después de darles todos esos preceptos les amenacé con lo que les pasaría si no me obedecían:

«Si no me obedecéis [...] haré venir sobre vosotros espanto, agotamiento y fiebre, que debilitan los ojos y agotan la vida. Sembraréis en vano, pues vuestros enemigos comerán el fruto. Yo me volveré contra vosotros y seréis vencidos por vuestros enemigos; os dominarán los que os aborrecen y huiréis aunque nadie os persiga».

NÚMEROS
UN LIBRO LLENO DE LETRAS Y DE MUERTOS

Seguíamos dando vueltas por el desierto, y para que no se me perdiera nadie ordené a Moisés que hiciese un censo de todas las tribus de su pueblo. Todas las tribus fueron censadas, menos una, la del propio Moisés y su hermano el Sumo Sacerdote Aarón, la tribu VIP de los levitas: «No registrarás a la tribu de Leví ni la incluirás entre los hijos de Israel, sino que le confiarás el servicio de la tienda del testimonio».

La tienda del testimonio o tienda del encuentro era el lugar sagrado donde estaba mi arca, esa que luego buscaría con tanto ahínco Indiana Jones, y desde la que yo me manifestaba y hablaba a solas con Moisés.

Dispuse que las tribus marchasen por el desierto en escuadrones, como un ejército, cada una detrás de su estandarte, y la de los privilegiados levitas en el medio, el lugar más seguro. Le dije a Moisés:

—Mira, yo he tomado a los levitas de entre los hijos de Israel en sustitución de los primogénitos de los israelitas. Los levitas son pues, míos.

Eran mi ojito derecho. Tanto que dispuse un nuevo impuesto a su favor. No sé si los levitas creían mucho en mí, pero lo cierto es que vivían como Dios.

LA LEY DE LOS CELOS

Todos conocemos casos de personas muy celosas, que siempre andan sospechando de su pareja. En el libro de los Números yo ofrecí la solución a todo esto, sin necesidad de psicólogos ni nada. Y sí, lo habéis adivinado, en este pasaje la mujer tampoco sale muy bien parada:

«El Señor dijo a Moisés:

—Si el marido sospecha algo y llega a sentir celos por ella [...] ofrecerá cinco kilos de harina de cebada [...] el sacerdote llamará a la mujer y la pondrá en presencia del Señor [...] le descubrirá la cabeza y [...] tomando un poco de tierra del suelo [...] la mezclará con agua [...]

»El sacerdote conjurará a la mujer en estos términos: Si no te has acostado con otro hombre, no te has desviado, ni te has deshonrado siendo infiel a tu marido, sea inofensiva para ti el agua amarga de la maldición. Pero si te has deshonrado [...] que se marchite tu fecundidad y se te hinche el vientre [...] La mujer responderá ¡Amén, amén!

»El sacerdote escribirá estas imprecaciones y disolverá el escrito en el agua amarga. Hará beber a la mujer el agua amarga de la maldición hasta que penetre en ella con su amargura; tomará de su mano la ofrenda de celos y después de balancearla en presencia del Señor la dejará sobre el altar; tomará de la ofrenda un puñado como memorial, lo quemará sobre el altar y hará beber el agua a la mujer. Cuando la haya bebido, si realmente se ha deshonrado y ha engañado a su marido, el agua de la maldición se apoderará de ella con toda su amargura, su vientre se hinchará, su fecundidad se marchitará y vendrá a ser objeto de maldición en medio de su pueblo. Si por el contrario no le deshonró y se conserva pura, quedará ilesa y será fecunda».

Para el caso de mujeres que sospechasen del marido no teníamos ley de celos, por supuesto.

Como vimos que estas pruebas eran muy eficaces, mi Iglesia siglos después las fue perfeccionando con las famosas ordalías o Juicios de Dios. Se sumergía a una persona en agua, y si sobrevivía era porque era inocente y yo así lo demostraba. Otras veces se le obligaba a introducir las manos en hierros candentes o colocarlas sobre una hoguera. De ahí viene la expresión «poner la mano en el fuego».

Volviendo a la vida del campamento, a los levitas, mis sacerdotes, les iban muy bien las cosas, pero al pueblo no tanto:

«El pueblo se quejaba amargamente ante el Señor. Cuando el Señor escuchó sus quejas, se enfureció y mandó contra ellos un fuego que devoró uno de los flancos del campamento».

Es que tengo un pronto muy malo. Entonces el pueblo suplicó a Moisés y este me rezó, y yo apagué el incendio.

Con tanta ofrenda de tórtolas, pichones, carneros, chivos y bueyes, a la gente no le quedaba nada que llevarse a la boca y clamaba:

—¡Ojalá tuviéramos carne para comer! ¡Cómo nos acordamos del pescado que comíamos en Egipto de balde, de los pepinos y melones, de los puerros, cebollas y ajos! Ahora languidecemos, pues sólo vemos maná.

Moisés también estaba «muy contrariado» y me decía:

—Si me vas a tratar así, prefiero morir.

Luego se comía un carnero o dos y se le pasaba el disgusto.

Como vi que la gente estaba a punto de la sublevación, le ordené a Moisés que reuniese a los 70 ancianos de Israel y que compartiese con ellos el peso del gobierno. Y a continuación envié un viento que llenó de codornices la tierra, y el pueblo estuvo recogiendo codornices todo el día, toda la noche y todo el día siguiente. Pero... «Todavía tenían la carne en la boca, cuando se encendió la cólera del Señor y los hirió con una gran mortandad. A aquel lugar lo llamaron Quibrot Hatavá, es decir, "Tumba de Avidez", porque allí fueron enterrados los que se dejaron llevar de la avidez».

Os contaré una posible explicación a este episodio: en aquellos tiempos era común que bandadas migratorias de perdices cruzasen el Sinaí. Después de largas jornadas de viaje, sobre todo cuando tenían que volar sobre el mar, se paraban fatigadas a descansar y entonces podían ser fácilmente capturadas. Y si llevas un tiempo sin probar bocado y de pronto te pegas un atracón, puede que no te siente demasiado bien.

Por aquel entonces Aarón y su hermana María murmuraban contra Moisés, a causa de la mujer cusita que este había tomado por esposa. Me sentó muy mal que cuchicheasen contra mi elegido y como castigo le contagié la lepra a María durante siete días. A Aarón no le hice nada. Pudiendo castigar a una mujer...

Si bien no era un juez muy justo, como podéis observar, como guía tampoco era demasiado bueno. Así que le dije a Moisés que enviase exploradores a la tierra de Canaán. Cuando volvieron informaron alarmados que aquella era una tierra en la que manaba leche y miel, pero que ¡allí ya había gente viviendo! Además, esa gente era de gran estatura, «gigantes [...] nosotros a su lado parecíamos saltamontes» y que sus ciudades estaban fuertemente fortificadas.

De inmediato cundió el desánimo entre el pueblo, que se lamentaba una vez más de no haberse quedado en Egipto. Entonces ya me cabrearon del todo:

«El Señor dijo a Moisés:

—¿Hasta cuándo me ultrajará este pueblo? ¿Hasta cuándo se negará a creerme, después de todos los prodigios que he realizado en su presencia? Lo heriré de peste y lo aniquilaré, y luego haré de ti una nación más grande y poderosa que ellos».

Otra vez quería aniquilar a mi Pueblo Elegido. Y otra vez me convenció Moisés de que no lo hiciera, alegando una vez más que quedaría muy mal delante de los egipcios, mi gran preocupación en aquellos tiempos.

Dispuse entonces que les perdonaría, pero que como castigo ninguno de esa generación vería la Tierra Prometida. Por eso les tuve 40 años errando por el desierto.

Y maté a todos los exploradores, a excepción de Josué, al que tenía reservado un futuro brillante.

Así transcurrían los días. La gente muriéndose de hambre, los sacerdotes engordando, yo cargándome paisanos... Un día los israelitas sorprendieron a un hombre recogiendo leña en sábado.

«Lo llevaron a la presencia de Moisés, de Aarón y de toda la comunidad, y quedó detenido mientras se decidía lo que había que hacer con él. El Señor dijo a Moisés:

—Ese hombre debe morir apedreado por la comunidad, fuera del campamento.

Toda la comunidad lo hizo salir del campamento y lo apedreó hasta matarlo, como el Señor había ordenado a Moisés».

En el Nuevo Testamento diría que el sábado fue hecho para el hombre y no el hombre para el sábado. Pero ahora me tomaba todo a rajatabla.

Así marchaban las cosas hasta que a algunos se les encendió una bombilla y hubo una rebelión. Coré, hijo de Yisar, hijo de Queat, hijo de Leví, se ganó a Datán y Abirán, descendientes de Rubén, y se sublevaron contra Moisés y Aarón diciendo:

—¡Ya está bien! Si todos los miembros de la comunidad son santos y el Señor está en medio de ellos, ¿por qué mandáis vosotros solos en toda la asamblea del Señor?

Resultado: Hice que se abriese la tierra y se los tragase, y envié un fuego que devoró 250 hombres que eran partidarios suyos.

Nunca me gustaron los disidentes.

«Al día siguiente, toda la comunidad israelita murmuraba contra Moisés y Aarón diciendo:

—Vosotros habéis aniquilado al pueblo del Señor».

Me lié la manta a la cabeza y me cargué a «catorce mil seiscientos», y no maté más porque Aarón hizo una expiación por la comunidad y eso aplacó mi ira.

Toda la asamblea era un polvorín. Tenía que hacer algo. Le dije a Moisés que mandase a los hijos de Israel traer una vara por cada tribu, y que las depositase en la tienda del encuentro. Y que aquella vara que floreciera mandaría entre las demás. Por supuesto, a la mañana siguiente la vara que floreció fue la de la tribu de los levitas, la de Moisés y Aarón.

Una vez que estaba todo claro nuevamente establecí el diezmo para los levitas: «Yo doy como herencia a los hijos de Leví todos los diezmos de Israel en compensación por todos los servicios que prestan en la tienda del encuentro».

De esos diezmos dispuse que la décima parte fuese para Aarón, que para eso se llevaba esos disgustos.

Con el numerito de las varas pareció calmarse la cosa y prosiguió la marcha. El pueblo ya no se moría sólo de hambre, ahora también otra vez de sed. Así que Moisés golpeó una roca para hacer brotar el líquido elemento, pero la golpeó dos veces, como si yo estuviese sordo, lo cual me enfureció tanto que les dije a él y a Aarón:

—Por no haber creído en mí, por no haber reconocido mi santidad en presencia de los israelitas, no seréis vosotros quienes introduzcan a este pueblo en la tierra que yo les doy.

Sí, sé que suena muy cruel y desproporcionado privar por una tontería a Aarón y a Moisés de entrar en la Tierra Prometida, después de todo lo que habían pasado, pero no tolero que me dejen mal delante de nadie. Los grandes guías del Pueblo Elegido hacia la Tierra Prometida se quedaron sin entrar en ella. Por golpear dos veces una piedra en lugar de una.

Al menos hice brotar el agua.

Después pasamos por la tierra de Edom, pero su rey no nos dejó atravesarla (con buen criterio, la verdad) y tuvimos que rodearla. Ni los matamos ni nada.

Más tarde, como ya me había cansado de Aarón, al pie del monte Hor, en los confines de Edom, dije a Moisés:

—Aarón morirá aquí, no puede entrar en la tierra que yo he dado a los israelitas, porque os rebelasteis contra mí en las aguas de Meribá. Toma a Aarón y a su hijo Eleazar, y subid los tres al monte Hor. Quítale a Aarón sus ornamentos y pónselos a su hijo Eleazar, pues Aarón morirá allí.

Murió Aarón en la cima del monte, y el pueblo le lloró 30 días. Ni siquiera 40, ¡bah!

Continuamos la marcha, pero cuando el rey cananeo de Arad se enteró de que Israel se acercaba a su tierra, los atacó e hizo varios prisioneros.

«Entonces Israel hizo voto al Señor diciendo:

—Si entregas a este pueblo en mis manos, yo consagraré sus ciudades al exterminio.

El Señor lo escuchó y entregó a los cananeos en manos de Israel, que consagró a ellos y sus ciudades al exterminio. Por eso, llamó a aquel lugar Jormá, es decir, "exterminio"».

Y cuando digo exterminio me refiero a eso: exterminio. No es una metáfora. No dejábamos bicho viviente, ya fueran hombres, mujeres, niños o incluso ganado. Pero el Pueblo Elegido seguía quejándose: «¿Por qué nos habéis sacado de Egipto para hacernos morir en este desierto? No hay pan ni agua, y estamos ya hartos de este pan tan liviano».

Entonces les envié serpientes venenosas que les mordieron, para que se quejasen con razón, y murió mucha gente de Israel. Moisés intercedió finalmente por su pueblo y consiguió aplacarme de nuevo. Le indiqué que fabricase una serpiente de bronce y la colocase en un asta, como en la película de *Conan el Bárbaro*, que es una de mis favoritas, y entonces todo aquel que la mirase quedó curado. Los muertos no, claro.

Después de este episodio tan divertido, el pueblo de Israel envió un mensaje a Sijón, rey de los amorreos, pidiéndole permiso para atravesar su territorio. Pero Sijón se negó y les presentó batalla. Israel lo venció a filo de espada y conquistó su territorio, y lo mismo hizo con el territorio de Og, rey de Basán. Mis muchachos no dejaron escapar a nadie con vida.

LA BURRA PARLANTE

Siguieron la marcha y acamparon en los llanos de Moab, al otro lado del Jordán, a la altura de Jericó.

Y se decían los moabitas: «Esta horda va a devorar ahora nuestros contornos, como devora un buey la hierba del campo».

El rey Balac mandó entonces emisarios en busca de un tipo muy famoso y poderoso llamado Balaán, para que maldijese al pueblo de Israel. Pero yo me aparecí a Balaán y le dije que no hiciese eso de ninguna manera, y este me hizo caso y le contestó a los emisarios que no podía maldecir a mi pueblo.

Volvieron a enviar emisarios a Balaán, y entonces yo le dije:

«Ya que esos hombres han venido a llamarte, levántate y vete con ellos, pero haz únicamente lo que yo te diga.

Se levantó Balaán muy temprano, aparejó su burra y se fue con los jefes de Moab. Al verlo ir, se encendió la cólera de Dios, y el ángel del Señor se puso delante de él en el camino para cerrarle el paso».

Sí, amigos, pese a que Balaán no hacía más que lo que yo le había ordenado, de pronto yo había cambiado de idea y estaba enfurecido.

La burra, al ver al ángel con la espada en la mano, se negaba a continuar, pero Balaán, que no veía al ángel, golpeaba una y otra vez al pobre animal para que caminase.

«Entonces el Señor abrió la boca de la burra, que dijo a Balaán:

—¿Qué te he hecho yo para que me pegues por tercera vez?

Balaán respondió:

—Te burlas de mí. Si tuviera a mano una espada, ahora mismo te mataba.

La burra dijo a Balaán:

—¿No soy yo tu burra, que te he servido siempre de cabalgadura hasta hoy? ¿Te he hecho yo alguna vez cosa semejante?

Respondió Balaán:

—No».

Como veis, Balaán le contestó a su burra como si nada, sin extrañarse de que de repente hubiese aprendido a hablar.

Entonces yo le abrí los ojos a Balaán, que vio al ángel, el cual le dijo que gracias a su jumento no le había matado. Balaán respondió:

—¡He pecado! No sabía que eras tú quien me cerraba el paso. Si este viaje te desagrada, ahora mismo me vuelvo.

El ángel del Señor dijo:

—Vete con esos hombres, pero di solamente lo que yo te mandé.

¡Le había dado un buen susto para nada! A veces me gusta gastar bromas. Es la «gracia» de Dios.

Balaán fue con los emisarios hasta donde estaba Balac, y en lugar de maldecir a Israel, me hizo caso y lo bendijo largamente por tres veces. Curiosamente, Balac no le castigó y le dejó marchar con total tranquilidad.

Mientras tanto, el pueblo de Israel no estaba muy por la guerra y se había entregado al desenfreno con las mujeres moabitas, dando culto además a sus dioses. Lo de «haz el amor y no la guerra» no va conmigo, así que le dije a Moisés:

—Reúne a todos los jefes del pueblo y cuélgalos ante el Señor, cara al sol, para que la cólera del Señor se aparte de Israel.

Y así lo ordenó Moisés. En ese momento llegó un israelita trayendo consigo una madianita, a los ojos mismos de Moisés y toda la comunidad. Al verlos, Pinjás, hijo de Eleazar, el nuevo Sumo Sacerdote, se levantó en medio de todos, tomó una lanza y ensartó a la pareja por el bajo vientre como si fuese un pincho moruno.

«Entonces cesó el azote que pesaba sobre los hijos de Israel. Los que habían muerto por el castigo sumaban veinticuatro mil.»

No os preocupéis, si 24.000 os parecen muchos, San Pablo en su Primera Carta a los Corintios los deja en 23.000, algo es algo. Ya que este libro se llama Números, os diré que estos no me cuadran mucho a lo largo de la Biblia, y que contradicciones como esta hay a decenas. Así, repasando algunos pasajes, el edificio que construyó Salomón tendría 2.000 baños según el Libro de los Reyes y 3.000 según el de las Crónicas; cuando el rey David derrotó al rey de Soba capturó 1.700 jinetes (2 Samuel) o 7.000 (2 Crónicas); Joachim se convertiría en rey de Israel con 18 años (Reyes) u 8 (Crónicas) etc...¡Si hasta cuando mi hijo entró en Jerusalén el Domingo de Ramos unos evangelistas dicen que lo hizo montado en un burro y otro que en dos!

Prosigamos.

Le dije a Moisés que me había parecido muy bien lo que había hecho Pinjás, y que yo mismo lo habría hecho también, y le ordené que atacasen a los madianitas, que los habían seducido con malas artes.

Ordené también a Moisés que hiciese otro censo para ver cuántos israelitas me quedaban después de la matanza, y se aprestaron para la guerra.

La batalla fue muy bien y mis chicos pasaron a cuchillo a todos los varones de Madián e incendiaron todas las ciudades. Pero Moisés se encolerizó con sus lugartenientes:

—¿Por qué habéis dejado con vida a las mujeres? Fueron ellas las que [...] sedujeron a los israelitas [...] Matad pues a todos los niños varones y a todas las mujeres que hayan tenido relaciones sexuales con algún hombre.

Los israelitas obedecieron sus órdenes y se repartieron el botín. E hicieron el recuento de bajas entre su ejército, ¡y no habían sufrido ninguna!

A Moisés, del que os confieso que también empezaba a estar un poco harto, le ordené que subiese al monte Abraín, porque iba a permitirle contemplar la Tierra Prometida, pero no entrar en ella, debido a su terrible ofensa cuando los dos golpecitos en la roca del agua. Le dije que tomase a Josué y lo presentase ante el sacerdote Eleazar y toda la comunidad, y fuese delegando en él parte de su autoridad, pues él habría de ser su sucesor.

Los días del glorioso Moisés estaban llegando a su fin, al igual que este libro de Números. Pero todavía le dejé ser protagonista del siguiente libro, el Deuteronomio, el último del Pentateuco.

DEUTERONOMIO
EL TESTAMENTO DE MOISÉS

Mis chicos seguían causando estragos. Derrotaron a Og, rey de Basán, «sin dejar ni un superviviente», conquistando todas sus ciudades, sesenta, sin contar otros muchos pueblos pereceos sin fortificar.

«Las consagramos al exterminio como habíamos hecho con Sijón, rey de Jesbón; consagramos al exterminio ciudades, hombres, mujeres y niños, pero nos quedamos con los ganados y el botín de las ciudades.»

Éramos el terror de la zona. Atila a nuestro lado era una hermanita de la caridad.

Como Moisés ya veía su fin cercano, soltó un rollo muy largo recordando al Pueblo Elegido los preceptos del Señor, los Mandamientos, incluido el de No matarás, aunque aquí ya nos entró la risa a muchos, y alguna que otra cosa. Yo les dije que iría arrojando delante de ellos a las naciones de la zona para que las exterminasen poco a poco, porque si lo hacían de un golpe se multiplicarían contra ellos «las fieras del campo». Tal cual. Es decir, que mientras nos sirviesen de relleno, dejaría vivir a todos esos seres humanos.

Moisés recordó a su pueblo la cantidad de cosas que había hecho por ellos, y cómo había intercedido ante mí muchas veces para que no los matase a todos.

Fue muy gracioso también cuando, después de cargarse a los pueblos vecinos y prohibir el matrimonio con extranjeras, se soltó de repente un «Amad vosotros también al emigrante, ya que emigrantes fuisteis vosotros en el país de Egipto».

A continuación dijo que había que destruir todos los altares y santuarios da las naciones vecinas y que a mí me adorarían en un solo santuario.

El Deuteronomio es un libro que apareció «milagrosamente» en el templo durante el reinado del rey Josías, un monarca dedicado en cuerpo y alma a la unificación religiosa y política del pueblo israelita en torno al templo de Jerusalén, así que no os extrañe que este libro diga estas cosas.

En su discurso, Moisés también dijo que si cualquier familiar, padre, madre, hijo o esposa te incitaba a la idolatría tenías que matarlo. Y que si alguien oía que en una ciudad surgían hombres perversos que incitaban al culto de otros dioses, «pasarás a espada a los habitantes de toda aquella ciudad».

Volvió a insistir con el diezmo, y dijo que a los siete años se perdonarían las deudas, menos al emigrante. A ese, nunca. Recordó que a los hebreos que eran esclavos había que liberarlos al séptimo año, pero que si no querían, entonces «tomarás un punzón y le harás un agujero en la oreja contra la puerta, y así será tu esclavo para siempre. Lo mismo harás con tu esclava».

Recordó también el calendario de fiestas y sobre todo que los levitas eran los elegidos del Señor «de entre todas las tribus» y que cuando alguien ofreciese un sacrificio tendrían derecho a recibir «la espalda, la mandíbula y el cuajar. Le darás, además, las primicias de tu trigo, de tu vino y de tu aceite, y las primicias del esquileo de las ovejas».

Y explicó muy bien lo que había que hacer cuando se quisiese conquistar una ciudad, por si el pueblo lo había olvidado:

«Cuando te acerques a una ciudad para atacarla, primero le harás una propuesta de paz. Si acepta el ofrecimiento y te abre sus puertas, todos sus habitantes te servirán como esclavos en trabajos forzados. Si rechaza el ofrecimiento y rompe las hostilidades, la asediarás. El Señor tu Dios la entregará en tu poder, y pasarás a cuchillo a todos sus varones. Las mujeres, los niños, los ganados y lo que haya en la ciudad, lo tomarás contigo y disfrutarás del botín de tus enemigos, que el Señor tu Dios te haya dado. Así tratarás a las ciudades que están muy distantes de ti y no pertenecen a estas naciones. Pero en las ciudades de estas naciones que el Señor tu Dios te da como heredad no dejarás ni un alma con vida. Consagrarás al exterminio a los hititas, amorreos, cananeos, pereceos, jeveos y jebuseos, como te ha mandado el Señor, tu Dios».

En resumen: Naciones distantes: Pasar a cuchillo a todos los varones y esclavizar mujeres y niños. Naciones cercanas: no dejar ni un alma con vida.

¿Qué pasaba si te enamorabas de una mujer hermosa de entre los enemigos, como en *Romeo y Julieta*?

«Si ves entre los prisioneros una mujer hermosa, te enamoras de ella y deseas hacerla tu esposa, la llevarás a tu casa, se rapará la cabeza y se cortará las uñas, se quitará el vestido de cautiva, se quedará en tu casa y llorará a su padre y a su madre durante un mes. Luego podrás unirte a ella, serás su marido y ella será tu mujer. Si deja de gustarte, le darás la libertad, pero no la venderás por dinero ni sacarás provecho alguno, pues ya la has humillado.»

Seguidamente, Moisés dijo que si alguien tenía un hijo indócil y rebelde que ya no atendía a castigos, lo mejor era llevarle a la plaza pública ante los ancianos y que todo el mundo lo apedrease hasta la muerte.

Dispuso también que si un hombre sospechaba que su mujer no era virgen cuando se casó con ella, podía denunciarla. Le hacían la prueba del pañuelo a la muchacha, y si se demostraba que sí lo era, el hombre pagaba una multa de cien monedas de plata a su padre. Si por el contrario no era virgen... se la apedreaba hasta la muerte.

Estableció el divorcio, pero sólo como un derecho del hombre, claro, y sin ningún tipo de compensación:

«Si un hombre se casa con una mujer pero luego encuentra en ella algo indecente y deja de agradarle, le entregará por escrito un acta de divorcio y la echará de casa».

Sí, hijos míos, en contra de la doctrina de la Iglesia católica, en la Biblia estamos a favor del divorcio. Yo mismo cuando bajé a la Tierra, aunque dije aquello de que «lo que Dios ha unido que no lo separe el hombre» también aprobé esta ley de Moisés, aceptando que el marido repudiase a su mujer «por causa de fornicación».

Pero sigamos en el Deuteronomio.

Asimismo, Moisés determinó que si un hombre se acostaba con una mujer casada debían ser apedreados hasta morir. Menos mal que otra cosa no, pero piedras había unas cuantas en la Tierra Prometida.

Si una mujer era violada, había dos posibles consecuencias. ¿Para el violador? ¡No, para la violada!: Si era violada en el campo, no le pasaba nada, porque «tal vez gritó, pero no había nadie que la socorriera». Si ocurría en la ciudad... sí, lo habéis adivinado: sería apedreada hasta la muerte.

También dijo Moisés que nadie debía acostarse con las mujeres de su padre, «pues violaría sus derechos». Aquí no quiso gastar piedras, porque no estableció castigo.

De hecho, a continuación varió de recurso y optó por el corte carnicero, y además para un caso muy particular:

«Si dos hombres se están pegando, se acerca la mujer de uno de ellos y, para liberar a su marido del que lo golpea, mete la mano y agarra al otro por sus partes, le cortarás a ella la mano sin compasión».

Luego pronunció aquello de «No morirán los padres por culpa de sus hijos, ni los hijos morirán por culpa de sus padres: cada uno morirá por su propio pecado».

¡Pero si, como ya vimos, yo había dicho que castigaría a los hijos por los pecados de los padres! ¡Y hasta la tercera o cuarta generación! Y así lo repetí luego varias veces y lo puse en práctica. ¿Acaso no está pagando toda la humanidad por el pecado de sus padres Adán y Eva? Aquí Moisés estaba un poco despistado. En la Edad Media mi Inquisición lo tenía mucho más claro y castigaba no sólo al hereje, sino también a los hijos de este, a los que inhabilitaba de la «posesión y adquisición de todo género de oficio y beneficio».

Habló también Moisés de la ley del levirato, aquello que os conté de que si el marido de una mujer moría, el hermano de este, su cuñado, debía casarse con ella. Si se negaba:

«La cuñada se acercará a él, y en presencia de los ancianos, le quitará la sandalia del pie, le escupirá en la cara y le responderá:

"Así se hace con el hombre que no quiere reconstruir la casa de su hermano". Y se le llamará en Israel "la casa del descalzo"».

Ya visteis cómo castigué a Onán por no dar descendencia a su difunto hermano.

Luego se tiró mi profeta un buen rato soltando bendiciones y maldiciones, anunció que Josué sería su sucesor y que guiaría al pueblo contra las demás naciones, las cuales yo destruiría, y ambos se presentaron en la tienda del encuentro, donde yo no les animé mucho:

«Estás a punto de reunirte con tus antepasados. Este pueblo me será infiel y dará culto a otros dioses de la tierra en la que vais a entrar. Me abandonará y romperá la alianza que yo he pactado con él. Pero aquel día se encenderá mi cólera contra él, los abandonaré y me esconderé».

Con estas buenas palabras subió Moisés desde los llanos de Moab al monte Nebo, a la cima de Pisga, enfrente de Jericó. Y yo le mostré toda la tierra, «desde Galaad hasta Dan. Todo Neftalí, la tierra de Efraín y Manasés, toda la tierra de Judá hasta el mar Mediterráneo, el Négueb, el distrito del valle de Jericó, la Ciudad de las Palmeras, hasta Segor», y le dije: «Esta es la tierra que prometí a Abrahán, Isaac y Jacob, diciendo: Se la daré a tu descendencia. Te la hago ver con tus ojos, pero no entrarás en ella».

No le había perdonado los dos golpecitos en la roca. Y murió Moisés, el más grande profeta de todos los tiempos. Tenía 120 años. Y termina el Deuteronomio, un libro que junto con los cuatro anteriores la tradición dice que escribió Moisés, pero... ¿cómo relató entonces su propia muerte?

ESCRITOS HISTÓRICOS

JOSUÉ
EL CARNICERO DE DIOS

¡El momento era histórico! ¡Mi pueblo se hallaba por fin ante Canaán, la Tierra Prometida! Atrás quedaban los años de privaciones y esclavitud bajo los egipcios, ahora serían ellos quienes esclavizarían a los cananeos.

Canaán llevaba el nombre de un hijo de Cam, aquel que deshonró a su padre Noé al verle borracho y desnudo, ¿os acordáis? Fue entonces cuando Noé dijo:

—¡Maldito sea Canaán! ¡Sea el último de los esclavos de sus hermanos!

Esta región de nombre maldito era una lengua de tierra entre el río Jordán y el Mar Mediterráneo, situada en un lugar estratégico, al estar rodeada de grandes potencias como Egipto y las naciones de Mesopotamia. Quien controlara esta franja de terreno, por la que pasaban las grandes rutas comerciales, disfrutaría de una gran influencia en toda la zona. Fijaos, bastantes años después, mi hijo Jesús extendería su mensaje desde aquí a todo el mundo. Si hubiese nacido en Nueva Zelanda le hubiese costado bastante más.

Como ya dijimos, muerto Moisés, pasó a liderar al pueblo de Israel en este momento tan crucial el que fuera comandante de su ejército: Josué. No lo elegí por su santidad, sino por su habilidad como estratega y con la espada, que la iba a necesitar. Además, cuando le envié aquella vez dentro del grupo de doce exploradores, fue el único junto a un tal Caleb que me trajo un informe alentador.

Josué significa «el Señor salva», pero lo cierto es que cuando él entraba en una ciudad no se salvaba ni Dios. Mataba a todo el mundo, mujeres y niños incluidos. A los animales también. Exterminio, ¿recordáis?

Las aventuras del libro de Josué comienzan con mi pueblo apostado al otro lado del río Jordán, dispuesto a cruzarlo a los tres días, uno de mis plazos bíblicos favoritos.

Josué envió dos exploradores a la región de Jericó, y resulta que se fueron de putas. Bueno, a lo mejor iban explorar, cualquiera sabe. El caso es que de todos los lugares a los que podían ir, eligieron la casa de una prostituta llamada Rajab para hospedarse.

El rey de Jericó se enteró, se ve que tenía buenos servicios de inteligencia, o que también frecuentaban ese burdel, y mandó decir a Rajab que hiciese salir a los dos hombres de su casa, porque eran espías. Pero Rajab repuso que no lo sabía cuando les dio alojamiento, y que ya se habían ido. Engañó al rey, puesto que los tenía escondidos en la terraza. La policía de Jericó era muy mala registrando las casas.

Rajab no era una mujer muy patriota, porque les dijo a mis exploradores que sabía que yo había entregado esa tierra a los israelitas. Y les animó contándoles que todos los habitantes de la región estaban muertos de pánico después de ver lo que mis chicos les habían hecho a las tribus amorreas del otro lado del Jordán.

Les pidió a cambio de su hospitalidad y su informe que, cuando los israelitas entrasen en la ciudad a cuchillo, respetasen a ella y a su familia. Los dos exploradores se lo prometieron, indicándole que colgase ese día una cinta escarlata de la ventana de la casa para saber que era la suya.

Salieron corriendo por esa misma ventana, y después de pasar tres días en el monte, presentaron a Josué el informe.

Este se animó con las noticias y todo el pueblo se dispuso a cruzar el Jordán. El río estaba en plena crecida, pero después de atravesar el Mar de los Juncos, aquello no era problema. Dispuso Josué que 12 sacerdotes entrasen primero en el río portando el arca, y en cuanto las plantas de sus pies se posaron sobre su cauce, las aguas se abrieron y el pueblo pudo cruzar tranquilamente.

Acamparon en Guilgal, al noreste de Jericó, y depositaron 12 piedras del río en honor al milagro realizado. Entonces yo le dije a Moisés:

«—Hazte cuchillos de pedernal y circuncida de nuevo a los israelitas. —Entonces Josué se hizo cuchillos de pedernal y circuncidó a los israelitas en la Colina de los Prepucios».

«La Colina de los Prepucios», ¿veis qué nombres tan bonitos tiene la Biblia?

Celebraron la Pascua, y justo a partir de ese día dejé de enviarles el maná, puesto que ya no les hacía falta al estar en la tierra que manaba leche y miel.

Llegó el momento de tomar la ciudad de Jericó, una de mis conquistas más famosas. La ciudad estaba fuertemente amurallada. ¿Cómo derribar esos muros? Pues con una gran performance, naturalmente.

Le indiqué a Josué que junto con todos sus soldados diese vueltas alrededor de la ciudad durante seis días, y que siete sacerdotes debían llevar siete trompas delante del arca. Al séptimo día debían tocar esas trompas y todo el pueblo dar un grito de guerra. Y los muros se derrumbarían.

Josué se puso manos a la obra, si bien no me hizo caso en lo de que debían tocar las trompas solamente el último día. Se ve que además de al exterminio, los israelitas eran muy aficionados a la música, porque hicieron sonar las trompas los siete días. Al séptimo profirieron el grito de guerra y ¡las murallas se derrumbaron! O eso, o les abrieron la puerta con tal de que dejasen de tocar, cualquiera sabe.

Los datos arqueológicos dicen que las murallas de Jericó fueron destruidas 300 años antes de los tiempos de Josué, y que cuando su famosa procesión dando vueltas se supone que tuvo lugar la ciudad llevaba ya uno o dos siglos abandonada, pero haced caso a mi libro, que para eso es la Palabra de Dios.

Les ordené que respetasen la casa de la traidora Rajab, y así lo hicieron, y que consagrasen toda la ciudad al exterminio, cosa que también llevaron a cabo: siguiendo mis deseos pasaron a cuchillo a «hombres, mujeres, jóvenes y viejos, bueyes, ovejas y asnos».

Les dije además que no se quedasen con nada del botín, sino que «toda la plata, el oro y los objetos de bronce y de hierro serían consagradas al Señor y entrarían en su tesoro». Me obedecieron. Casi todos.

Este episodio tan bonito sirvió siglos más tarde de inspiración a los cruzados cuando asediaban Jerusalén. No había manera de penetrar en la Ciudad Santa, y la moral de la tropa cristiana decaía. Entonces un cura llamado Pedro Desiderio aseguró haber tenido la visión de un fantasma que le comunicó que debían ayunar durante tres días y luego marchar descalzos en procesión alrededor de las murallas, y que así la ciudad caería en nueve días. Así lo hicieron, haciendo sonar las trompetas como Josué. Era el 8 de julio de 1099. El 15 caía la ciudad. La masacre que llevaron a cabo las tropas cristianas es de las que se recuerdan. Fueron muchas las matanzas que cometieron los cruzados, pasando a cuchillo a numerosas ciudades, como mi buen caudillo Josué, pero en Jerusalén dieron el do de pecho. Cuentan las crónicas que los cadáveres flotaban sobre la sangre, que les llegaba a la altura de las rodillas, y la ciudad era un vertedero de cabezas, manos y pies cortados. No dejaron un musulmán sin matar (se calcula que 70.000) y lo mismo hicieron con los judíos que se refugiaron en la sinagoga, a la que prendieron fuego.

No les culpéis, solamente hacían lo que habían leído en el Antiguo Testamento. Al papa instigador de esta cruzada, Urbano II, le hicimos santo, por supuesto.

Continuemos con la historia de Josué. El siguiente objetivo después de Jericó era una ciudad con un nombre muy apropiado para todo lo que estaba pasando: Ay.

Josué envió exploradores y estos regresaron en plan subidito diciendo que no era necesario que fuese todo el pueblo, que con dos o tres mil hombres bastaría para conquistarla.

Fueron unos 3.000 hombres, pero acabaron huyendo y, eso que solamente les hicieron 36 bajas.

Y ya tenía a Josué quejándoseme como el llorica de Moisés:

—¡Ay, Señor mío! ¿Por qué has hecho pasar el Jordán a este pueblo para entregarlo en manos de los amorreos y hacernos perecer? ¡Ojalá nos hubiésemos quedado al otro lado del Jordán!

¿Hacerlos perecer? ¡Pero si sólo habían tenido 36 bajas de 3.000! Le dije que habían fracasado esta vez debido a que alguien del pueblo había pecado apropiándose de parte de lo consagrado al exterminio. Le indiqué que al día siguiente reuniese a todas las tribus, y yo realizaría un sorteo. Al que le tocase, ese me había desobedecido y debía ser quemado.

El afortunado fue Acán, de la tribu de Judá, que fue apedreado (aunque yo había dicho que solamente quemado, pero un buen apedreamiento era un deporte que gustaba mucho a mis chicos), quemado (¡bien!) y cubierto de piedras (vale).

Una vez resuelto este problema interno, estábamos listos para apoderarnos de la ciudad de Ay.

Esta vez Josué se dejó de tonterías y utilizó a todo su ejército. Empleó un recurso clásico de estrategia: atacó con 5.000 hombres para luego fingir darse a la fuga. Cuando el ejército de Ay salió a campo abierto en su persecución, le salió al encuentro un contingente de 30.000 israelitas que estaban emboscados aguardando. Pasaron a cuchillo hasta al último de los soldados de Ay, y después a todos los habitantes de la ciudad. «El total de hombres y mujeres muertos fue de doce mil; todos los habitantes de Ay.»

Al rey lo colgamos de un árbol, donde estuvo toda la tarde. Luego Josué mandó descolgarlo y tirar el cadáver junto a la puerta de la ciudad, y echaron sobre él un montón de piedras.

Enterados de esto, los gabaonitas, un pueblo de la zona, decidieron recurrir a su astucia y engañaron a los israelitas. Se vistieron con ropa vieja y sandalias remendadas, portando pan duro y hecho migas, y se presentaron ante Josué. Le mintieron diciendo que venían de un país lejano y le pidieron hacer un pacto. Josué, que desconocía que eran sus vecinos, firmó con ellos un tratado de paz, comprometiéndose a respetar sus vidas.

A los tres días se enteró Josué de que le habían engañado. ¡Eran de una nación vecina que vivía en el territorio que yo había asignado a los israelitas! Pero como había hecho un juramento ante mí prometiendo no matarlos, tuvo que respetar su vida. Eso sí, los maldijo y dispuso que a partir de ese día, si bien no podía asesinarlos, al menos los emplearía de por vida como leñadores y aguadores.

Los reyes de la zona estaban muy preocupados. Había un vecino nuevo, Israel, dispuesto a acabar con todos. Y contaba con la ayuda de un dios muy poderoso. O sea, yo. Cinco reyes amorreos hicieron un pacto para defenderse de Israel. Formaron un ejército y atacaron Gabaón, ahora aliada de Israel. Los gabaonitas pidieron ayuda a Josué, y este vaya si se la concedió.

Lanzó un ataque sorpresa a la coalición amorrea, y mientras él utilizaba su espada abajo, yo le ayudaba desde arriba rematando a sus enemigos con una tremenda granizada mientras los pobres huían. «Murieron más por las piedras de granizo que por la espada.» Y no sólo eso, por orden de Josué detuve el sol en el cielo, que tardó un día en ponerse, para que así el ejército israelita tuviese más tiempo para exterminar a sus enemigos.

Bueno, eso dice la Biblia. Otros afirman que lo que habría detenido en todo caso habría sido la Tierra, que es la que se mueve alrededor del sol. Es lo que decía Galileo, al que casi quemamos por ello, pero luego cientos de años después le pedimos perdón. Era un buen tipo, amigo del papa Urbano VIII, con el que gustaba de mantener largas charlas sobre ciencia y arte, y sobre todo se retractó a tiempo, no como otros odiosos herejes de la ralea de Giordano Bruno o Miguel Servet, a los que tuvimos que hacer a la parrilla por cabezotas. ¡Cuánto daño han hecho la ciencia y el libre pensamiento a la religión!

Después de la masacre los cinco reyes se escondieron en una cueva, pero Josué los encontró y los ejecutó personalmente, como yo mando.

Las cosas marchaban realmente bien. Josué conquistó a continuación Maqueda, Libná, Laquis, Eglón y Debir. No dejó un superviviente en ningún sitio.

«Josué conquistó toda la tierra; la región montañosa, el Néqueb, la Sefela y las laderas, derrotando a todos sus reyes. No dejó ni un superviviente, sino que consagró al exterminio todos sus habitantes, como había mandado el Señor.»

Se tomó un respirito, se limpió la sangre y se encaminó con su ejército al norte. Yabín, rey de Jasor, formó una gran coalición de reyes del norte para enfrentarse a Israel. Salieron con sus ejércitos, «una multitud innumerable como la arena de la playa, con muchísimos caballos y carros».

Pero Josué los batió sin dejar un superviviente. Y tomó sus ciudades, donde volvió a pasar a cuchillo a todos los habitantes, sin dejar ni uno.

¡Treintaiún reyes derrotó Josué! Pero por más que mataba y mataba no conseguía exterminar a toda la gente de la zona y tomar toda la tierra de Canaán. Después de muchos años y ríos de sangre, y como ya era viejo, le dije que, aunque quedaban los distritos de los filisteos y otros cuantos, repartiese por fin la Tierra Prometida entre las Doce Tribus de Israel, que ya iría yo expulsando a sus habitantes. Además, estaban los hijos de Josué para continuar la labor de su padre.

Así hizo Josué, fijando los límites territoriales de cada tribu. Después se largó un discurso de despedida recordando a su pueblo que no se mezclase con las naciones vecinas o yo les abandonaría y les castigaría. Murió a la edad de 110 años.

JUECES
SEXO, ANARQUÍA... E IDOLATRÍA

Por fin se encontraba mi pueblo asentado en la tierra que yo había dispuesto para ellos. En teoría todo debía ir estupendamente: mi pueblo en su tierra, protegidos por su Dios y agradecidos... ¡pues ni hablar!

Para empezar, los cananeos no estaban por la labor de extinguirse, y no se dejaban matar, por más que mis chicos les dijesen que era de parte mía. Ellos ya tenían sus dioses, y le habían cogido cariño a su terruño y eso de respirar.

Así que otra vez a guerrear. Una vez más, los israelitas vencieron a los cananeos y pereceos cortándole los pulgares de las manos y los pies a un tal Adonibezec. De tanto matar, intentábamos ser originales para no aburrirnos.

Entramos en Jerusalén, mi futura Ciudad Santa, y como de costumbre pasamos a cuchillo a todos sus habitantes y la incendiamos. Pero por más que lo intentábamos, no siempre vencíamos a nuestros enemigos, pues aunque los israelitas contaban con mi ayuda, sus contrincantes contaban con la de la tecnología: poseían carros y armas de hierro de calidad superior.

Además, después de la generación de Josué, llegó otra que se olvidó de mí y se puso a dar culto a los dioses de las naciones vecinas. Les gustaba muchísimo un dios llamado Baal, y su consorte la diosa Astarté.

En cuanto me descuidaba ya estaban adorándole. Así todo el Antiguo Testamento. Y no sé qué tendrá ese que no tenga yo.

Si mi nombre significa «Yo soy», el de Baal tampoco era mucho más original. Significa «Él». Le consideraban el dios de la lluvia, el trueno, y la fertilidad, y decían que era un dios bondadoso. Se le representaba como un toro, como al maldito becerro de oro. A veces le ponían alas, como a mis ángeles, y otras no.

En Canaán no solía llover desde septiembre hasta abril. Los cananeos, al igual que los griegos con el mito de Perséfone, achacaban los cambios de estación a los conflictos entre los dioses. Si no llovía, era que triunfaba el dios Mot (dios de la muerte y la aridez) sobre Baal, que se veía obligado a retirarse a las profundidades de la tierra. Pero Mot tenía una hermana muy poderosa, la diosa Anat, y cuando esta le vencía posibilitaba la vuelta de Baal y el comienzo de la época lluviosa.

Entonces la unión de Baal y Astarté posibilitaba la fertilidad. A mí esta religión tan feminista en la que una hermana era más poderosa que su hermano, y además el otro dios necesitaba de una diosa no me convencía nada.

Para colmo, en los santuarios de Baal se realizaban ceremonias de fertilidad consistentes en orgías. ¡Una misa debe ser aburrida o no ser!

Por cierto, a Baal también se le llamaba Eloáh, uno de los nombres que yo recibía en el Antiguo Testamento. Y a ver cómo os quedáis con esto: la homóloga romana de la diosa Astarté era Venus, y cuando en el siglo IV los cristianos buscaron en Jerusalén el lugar exacto de mi sepulcro, ¿sabéis dónde lo encontraron? ¡Justo en el mismo lugar del Templo de Venus! ¡Qué casualidad! Tuvieron que destruirlo, claro, y edificar sobre él la Iglesia del Santo Sepulcro, uno de los centros más sagrados y visitados por mis fieles.

Volviendo a la historia que os estaba contando, el caso es que, tras morir Josué, no había nadie en Israel capaz de reemplazarlo como él hizo con Moisés, y mi Pueblo Elegido entró en declive.

Aquello era un caos, la anarquía, un sindiós. Bueno, un sindiós no, porque ya digo que el pueblo de Israel se dio al culto de Baal y Astarté. Y se casaban con gente de las naciones vecinas, cosa que yo, que siempre he defendido la xenofobia, había prohibido. Me enfadé bastante, como es natural:

«La ira del Señor se encendió contra Israel; los entregó en manos de salteadores, que les saquearon, lo dejó vendidos a sus enemigos del contorno y no fueron capaces de resistirlos... Entonces el Señor suscitó jueces que los libraron de las bandas de salteadores. Pero tampoco hacían caso a los jueces. Se prostitu-yeron ante otros dioses y los adoraron».

No había manera. Cada vez que me apiadaba de ellos y les proporcionaba un juez valeroso como Gedeón o Sansón, a los que luego os presentaré, parecía que las cosas se arreglaban por un momento, pero a la mínima volvían a las andadas. Escogí como Pueblo Elegido al más díscolo de la región. En cambio, mis co-legas Baal y Astarté no sufrían estas vicisitudes. ¿Sería mío el problema? No, seguro que no. Yo soy perfecto, y punto.

Como castigo decidí entregar Israel a manos de Cusán Risa-tam, rey de Edom. Ocho años estuvieron en su poder, hasta que me suplicaron y yo suscité un libertador llamado Otoniel, que lu-chó contra Cusán y lo venció. El país estuvo en paz 40 años, justo hasta su muerte.

Después los israelitas estuvieron sometidos 18 años a Eglón, rey de Moab, hasta que yo suscité otro héroe, otro juez. Se lla-maba Ehud, y fue un día a ver al rey y le dijo:

—Tengo que comunicarte un oráculo del Señor.

Y lo apuñaló en el vientre. Echó los cerrojos y salió por la ven-tana. Los servidores del rey, al ver el cerrojo echado, se dijeron:

—Sin duda está haciendo sus necesidades en la sala de verano.

Y esperaron y esperaron hasta que cuando por fin acudieron a ver qué pasaba, hallaron muerto a su señor. Una historia pre-ciosa, ¿verdad?

Ehud inició entonces la guerra, derrotó a Moab y el país estu-vo en paz durante... sí, 40 años.

A Ehud le sucedió Samgar, que mató 600 filisteos con una quijada de buey y también salvó a Israel. Ese récord de filisteos muertos de una tacada lo ostentó muchos años, hasta que se lo arrebató el incomparable Sansón.

DÉBORA, LA JUEZA DE LA BIBLIA

El caso es que, a pesar de lo que acabáis de leer sobre Samgar, mi libro también dice en el párrafo siguiente que cuando murió

Ehud los israelitas me volvieron a ofender y yo les entregué en poder de Yabín, rey cananeo de Jasor.

Para que veáis que no éramos tan machistas, había por aquellos tiempos una jueza llamada Débora. Juzgaba bajo una palmera y los israelitas acudían a ella para solucionar sus litigios.

Un día Débora llamó a un hombre principal llamado Barac y le dijo que reuniese 10.000 hombres y se enfrentase a Sísara, el general de Yabín. Barac le respondió:

—Si vienes conmigo, iré; pero si no vienes, no iré.

Y Débora le contestó llamándole calzonazos, pero no directamente, sino utilizando esta perífrasis:

—Iré contigo, pero ya no será tuya la gloria de esta expedición, porque el Señor entregará a Sísara a manos de una mujer.

Los dos ejércitos se enfrentaron en el monte Tabor, el mismo que elegí después yo en el Nuevo Testamento para mi transfiguración. Por supuesto, el ejército de Sísara fue derrotado y enteramente pasado a cuchillo («no quedó ni uno»), pero Sísara escapó y se refugió en la tienda de una mujer llamada Yael.

No hubo problema. Yael al principio le dio buenas palabras, pero en cuanto el general se descuidó, se acercó sigilosamente hacia él con un martillo y un clavo y «le hundió el clavo en la sien, hasta clavarlo en la tierra».

Perdonad, que cojo aire. Es que este episodio me da un poquito de ansiedad. Por lo del martillo y los clavos. Todavía no lo he superado.

GEDEÓN, EL TOMÁS DEL ANTIGUO TESTAMENTO

Recuerdo que cuando en el Nuevo Testamento resucité y me aparecí a los apóstoles, hubo uno llamado Tomás que seguía sin creer que fuera yo, y le hice meter el dedo en la llaga de mi costado para que por fin creyera.

Pues bien, entre los jueces hubo uno bastante descreído también, que no paraba de pedirme pruebas.

Se llamaba Gedeón, y era el último mono de una familia muy humilde. Por esto él dudaba siempre de que yo le hubiese elegido para liderar a su pueblo.

La alegría tras la victoria ante Sísara y Yabín una vez más había durado poco. Los israelitas habían vuelto a ofenderme dando culto al Baal de las narices y esta vez como castigo yo les había entregado en manos de los madianitas.

Volvieron a clamar y a suplicarme como siempre y decidí enviar un ángel a charlar con Gedeón.

El ángel le dijo que el Señor le había elegido para liberar a su pueblo de los madianitas, pero Gedeón no se lo creía y le pidió una señal. Para demostrárselo, el ángel le hizo un número especial incendiando un cabrito y unos panes. Esa misma noche yo le dije a Gedeón que derribase el altar dedicado a Baal que poseía su padre y talase el árbol sagrado que estaba junto a él. Y que, tomando el toro de siete años que tenía su padre, me erigiese allí un altar y me lo ofreciese en holocausto.

Como no se atrevía a hacerlo a pleno día, Gedeón llevó a cabo todo esto por la noche. Al día siguiente todos los hombres de la ciudad querían matarlo, pero su padre Joás le defendió con este gran argumento:

—¿Os toca a vosotros defender a Baal? ¿Sois vosotros quienes tenéis que salvarlo? El que salga en defensa de Baal morirá antes del amanecer. Si es dios, se defenderá por sí mismo contra el que ha derribado su altar.

Eso dijo, que los dioses se defendiesen a sí mismos. Los hombres de la ciudad le hicieron caso y no mataron a Gedeón. Si el resto de la humanidad le hubiese hecho caso también, nos habríamos ahorrado todas las guerras de religión.

Aún así, los madianitas, los amalecitas y los de orientes se habían aliado y acampado tras cruzar el Jordán. La cosa se ponía fea. Y Gedeón no las tenía todas consigo, así que me puso otra vez a prueba.

Me pidió que le demostrase que quería salvar a Israel diciendo que pondría un vellón de lana al sereno, y que si el rocío se posaba únicamente sobre el vellón, dejando seco el suelo, eso sería la señal de que yo estaba con Israel.

Así lo hice, pero no fue suficiente para ese descreído. Al día siguiente me pidió justo lo contrario: que quedase seco el vellón y el suelo cubierto de rocío.

Como me lo pidió con educación («no te irrites contra mí, si me atrevo a hablarte una vez más») no le maté ni le envié la lepra ni nada de esas cosas que otras veces suelo hacer. Accedí a su petición y quedó seco el vellón y todo el suelo cubierto de rocío.

Entonces ya Gedeón estuvo seguro de que yo estaba de su lado y reunió al ejército israelita. Pero yo vi que los guerreros israelitas eran muchos y le dije:

—Tu gente es demasiado numerosa para que yo les entregue Madián. Israel podría gloriarse ante mí, diciendo: «Mi propia fuerza me ha librado».

No quería que yo hiciese el trabajo y ellos se llevasen la gloria. Ya sabéis que mi reputación es lo que más me importa. Que luego se cachondean de mí los dioses vecinos.

Le indiqué que redujese su ejército, ordenando que todo el que tuviese miedo se volviese. Se marcharon 22.000 y quedaron 10.000. Mi Pueblo Elegido era bastante miedoso. Pero aún así a mí me seguían pareciendo demasiados. Así que le dije que les condujese hasta una fuente donde yo les seleccionaría de esta curiosa manera: los que bebiesen «a lengüetadas, como los perros», se quedarían, y los que se agachasen para beber como las personas se irían.

En total 300 bebieron el agua a lengüetadas, y con esa fuerza de élite me quedé. Sí, 300, como los espartanos de la peli. Otra vez íbamos de sobraditos.

Podíamos correr el riesgo de volver a ser derrotados como aquella vez en que Josué decidió también marchar con una pequeña parte de su ejército, pero esta vez las cosas salieron bien. Gedeón dividió a sus 300 hombres en tres cuerpos, y apostados en los alrededores del campamento madianita, hicieron tocar sus trompetas. «Mientras los trescientos tocaban las trompetas, el Señor hizo que los madianitas se matasen unos a otros en el campamento y que huyeran.»

Gedeón los persiguió ya con toda su tropa y derrotó a todo el ejército enemigo por completo. «Después apresó a los ancianos de Sucot y desgarró sus carnes con espinas y cardos del desierto. Derribó la torre de Penuel y mató a todos los hombres de la ciudad.»

Todo había acabado de maravilla, pero a Gedeón se le ocurrió hacer un efod con el oro del botín, y «todo Israel iba a darle culto, y esto fue la ruina de Gedeón y su familia».

Aún así, la región gozó de paz durante los 40 años que vivió Gedeón. Incluso los israelitas quisieron hacerle rey, pero este se negó, diciendo que no había más rey que Dios. Era republicano. Nuestro héroe tuvo durante este periodo de paz mucho tiempo libre, así que se dedicó a engendrar 70 hijos.

ABIMELEC

Muerto Gedeón, los israelitas volvieron a adorar a Baal, «sin acordarse para nada del Señor su Dios». «Y no demostraron agradecimiento a la familia de Gedeón por todo el bien que había hecho a Israel.»

Pueblo más desagradecido no creo que lo hubiera.

De los 70 hijos de Gedeón, había uno muy espabilado llamado Abimelec (no confundir con el pringao al que vacilaron Abrahán y su familia). Este Abimelec hizo una encuesta entre los nobles de Siquén preguntándoles si preferían que les gobernasen 70 hombres o uno solo. Como salió lo segundo, «contrató a unos cuantos vagos y aventureros» y mató a todos sus hermanos. Con este currículum tan virtuoso, los nobles le proclamaron rey.

Abimelec gobernó durante tres años, pero después «Dios mandó un espíritu de discordia entre Abimelec y los nobles de Siquén». Me aburría y quería acción.

Se sublevaron contra él, y entonces Abimelec tomó la ciudad, mató a sus habitantes, la arrasó y la sembró de sal. También quemó vivos a los 1.500 hombres y mujeres que se habían refugiado en la Torre de Siquem.

Era duro de pelar Abimelec. Pero su fin estaba cercano. Se encontraba un día asediando la torre de Tebes, cuando una mujer lanzó desde arriba una piedra de moler y le rompió la cabeza. Abimelec llamó a su escudero y le dijo:

—Saca la espada y mátame, para que no se diga que me mató una mujer.

Y así lo hizo su escudero, salvándole de tamaña vergüenza bíblica.

Después de Abimelec surgieron otros dos jueces, llamados Tola y Jair, pero la Biblia apenas les presta atención porque eran muy insulsos.

Más tarde fue el tiempo de Jefté, aquel del que ya os hablé cuando os contaba lo del sacrifico de Isaac. En aquellos días mi pueblo ya estaba otra vez adorando a Baal, y los amonitas atacaron Israel. Los amonitas eran descendientes de una de las hijas de Lot, y debido a que les unían lazos familiares, los israelitas tenían prohibido conquistarlos. Pero claro, ahora había que defenderse.

Jefté me prometió que asesinaría a la primera persona que se encontrase al volver a su casa a cambio de que yo le ayudase a derrotar a los amonitas. Y, tras la victoria, la primera persona que se cruzó en su camino «danzando y tocando el pandero» fue... su única y amada hija. Y la tuvo que matar.

Después de Jefté y su triste historia vinieron otros jueces, pero ninguno tan famoso como Sansón.

SANSÓN

Los israelitas habían vuelto a ofenderme con lo de siempre y esta vez yo les había entregado en poder de los filisteos 40 años. Los filisteos era unos tíos tan pesados que acabaron dando nombre a la región de Palestina.

La historia de Sansón es la siguiente. Había un israelita de la tribu de Dan llamado Manoj que tenía una mujer que era estéril, como casi todas las de la Biblia, y cuyo nombre tampoco se digna a dar. Un día se le apareció un ángel a la buena señora y le dijo que tendría un hijo que salvaría a Israel del poder de los filisteos. Le prescribió nada de bebidas alcohólicas ni animales impuros, y lo mismo para su hijo cuando naciera, y sobre todo: «No pasará la navaja sobre su cabeza, porque el niño estará consagrado a Dios».

Sansón creció sano, robusto y melenudo, y ya hecho un hombre, no se le ocurrió otra cosa que enamorase de una filistea.

Sus padres le dijeron que con todas las israelitas que había cómo es que se quería casar con una mujer de esa clase de filisteos incircuncisos, pero es que no sabían que yo «lo había visto dispuesto así, buscando un pretexto contra los filisteos».

Me había cansado de las clásicas batallitas y quería añadirle ahora a la historia unos toques de culebrón a lo *Romeo y Julieta*.

Un día que iba Sansón por unas viñas le salió al paso un cachorro de león rugiendo. Sansón lo desgarró con las manos como si fuese un cabrito. Tiempo después, Sansón pasó por el mismo lugar y vio que en los huesos del león había un enjambre de abejas con miel, sacó el panal y se lo fue comiendo de vuelta a casa.

Llegó el día de la boda y Sansón preparó una fiesta de siete días, como era costumbre entre los jóvenes de la zona. Estos, como le tenían miedo, eligieron 30 mozos para acompañarlo.

Durante el convite, Sansón les propuso un acertijo:

—Del que come salió comida, y del fuerte salió dulzura.

Se apostó 30 piezas de lino fino y 30 vestidos preciosos, y les dio los siete días de la fiesta para adivinarlo.

Los filisteos eran incapaces de encontrar la solución, y propusieron a la mujer de Sansón (cuyo nombre tampoco conocemos) que engañase a su marido y le sonsacase la respuesta. Pero por más que esta le imploraba y le hacía chantaje emocional diciéndole que no la quería nada, este no daba su fuerte brazo a torcer.

Finalmente, tanto imploró ella, que Sansón le reveló la respuesta el séptimo día:

—¿Qué hay más dulce que la miel, y qué hay más fuerte que el león?

A su mujer le faltó tiempo para contárselos a los mozos de su pueblo, los cuales le trasladaron la respuesta a Sansón. Este se cabreó sobremanera y les dijo:

—Si no hubieseis arado con mi novilla, no habríais adivinado mi acertijo.

Entonces «el espíritu del Señor lo invadió, bajó a Ascalón y mató a treinta hombres».

Treinta mozos, treinta piezas de lino, treinta vestidos, treinta hombres. ¿Es que el que redactó esta parte desconocía que mi número favorito es el cuarenta? Al menos tuvo el detalle de revelar el acertijo al séptimo día.

Enfurecido, Sansón regresó a casa de sus padres, y se quedó sin mujer, porque fue entregada a uno de aquellos mozos.

Algún tiempo después se le pasó el enfado y apareció por casa de su suegro con un cabrito y le dijo:

—Vengo a acostarme con mi mujer en la alcoba.

Pero su suegro no le dejó pasar (era valiente el suegro), y le dijo que pensaba que ya no la quería y por eso se la había dado a otro hombre. Pero que si le parecía bien, ahí tenía a la hermana, que era mucho más guapa.

A diferencia de la mayoría de los varones bíblicos, Sansón era un romántico y volvió a encolerizarse. Le contestó diciéndole que a partir de ese momento no se consideraba responsable del daño que pudiese causarle a los filisteos.

Se largó de allí, cazó 300 zorras, les ató unas teas encendidas a las colas y las soltó, incendiando los campos de los filisteos.

Estos se enfadaron también, y los muy salvajes como represalia quemaron a la mujer y su familia. Cuando Sansón se enteró «les asestó golpe tras golpe, causándoles grande estragos». Mi plan diabólico estaba saliendo a la perfección.

Pero los israelitas preferían vivir en paz con sus vecinos filisteos, así que decidieron ir a hablar con Sansón. Sabiendo cómo las gastaba, fueron nada menos que «3.000», por si acaso. Le dijeron:

—¿No sabes que estamos bajo dominio filisteo? ¿Qué nos has hecho?

Le pidieron que se dejase atar para entregarle a los filisteos, y Sansón accedió tras obtener la promesa de que sus compatriotas no iban a matarle. Así atado llegó a la tierra de los filisteos pero cuando vio cómo estos corrían en algazara hacia él, mi espíritu volvió a invadirle, rompió las cuerdas y con una quijada de asno mató a mil hombres, batiendo el récord del mundo, anteriormente en posesión de Samgar con seiscientos.

Después de esto, viendo que era un hombre muy comedido, los israelitas tuvieron a Sansón de juez durante 20 años.

Aunque ahora llevaba la toga, Sansón, con su melena al viento, seguía en plenitud física. Un día fue a Gaza, «vio allí a una prostituta y entró en su casa». Los lugareños le acechaban mientras dormía, prestos a prenderle, pero este se echó una siestecita y cuando se levantó se llevó las puertas de la ciudad al hombro con cerrojo y todo.

Sí, a Sansón, juez de Israel, le gustaba el sexo de pago. Pero, como ya hemos dicho, también tenía su lado romántico, y como yo soy muy travieso, hice que se enamorase de otra filistea, aún más taimada que la anterior. Lo habéis adivinado: la peluquera más famosa de la historia: Dalila.

Los jefes de los filisteos encomendaron a Dalila que adivinase la fuente de la extraordinaria fuerza de Sansón. Este, aunque era juez, no parecía tener muy buena memoria, porque al parecer se olvidó de cómo su primera mujer, otra filistea, le había engañado y, tras varias intentonas y utilizando otra vez el chantaje emocional, Dalila extrajo su secreto: su portentosa fuerza provenía de su cabello, el cual no se había cortado nunca.

Aprovechando que estaba dormido sobre sus rodillas, y a pesar de que en los cuadros siempre la pintan tijera en mano, Dalila llamó a un hombre que fue el encargado de cortar todas y cada una de las siete trenzas de Sansón. No tenía ni seis, ni ocho, ni cuatro. Tenía siete.

Sin su fuerza capilar, Sansón fue rápidamente reducido. Lo encadenaron, le sacaron los ojos y le pusieron a moler en la prisión. Pero los filisteos también tenían bastante mala memoria.

Se olvidaron de volver a raparle el pelo y este iba creciendo poco a poco.

Decidieron ofrecer un sacrificio a su dios Dagón (al menos no adoraban al pelma de Baal) en un acto solemne en el que se congregaron todos sus jefes y unos 3.000 hombres y mujeres del pueblo filisteo. Allí llevaron al pobre Sansón encadenado, y estuvieron un rato divirtiéndose a su costa. Entonces este le pidió al muchacho que le guiaba que le llevase hasta las columnas del edificio, para apoyarse y descansar. Una vez allí, me rezó para que yo le diese fuerzas y gritó:

—¡Muera yo con los filisteos!

Y las sacudió con todas sus fuerzas, derrumbando el edificio sobre su cabeza y sobre las de todos los que estaban allí. «Y los que mató al morir fueron más que los que mató en su vida.»

EL CRIMEN DE GUIBEÁ Y LA GUERRA CIVIL CONTRA BENJAMÍN

A lo largo de la Biblia mi Pueblo Elegido había demostrado su destreza masacrando naciones vecinas. Esta vez iban a matarse entre ellos.

La cosa empezó con un episodio al que ya hicimos referencia al hablar de Sodoma y Gomorra y cómo Lot ofreció a sus vírgenes hijas a la turba de salvajes que quería violar a sus huéspedes. Esta vez la historia se repite, pero con un final más trágico. Un hombre de la tribu de Leví viajaba con su mujer, procedentes de Belén, y no encontraban posada... ¿de qué me sonará a mí esto? Llegaron a una ciudad llamada Guibeá, en la zona de la tribu de Benjamín, y allí un anciano les ofreció su casa. Y por la noche, otra vez sucedió como en Sodoma:

«Los hombres de la ciudad, que eran unos pervertidos, golpearon la puerta y dijeron al anciano:

—Sácanos al hombre que ha entrado en tu casa, para que nos acostemos con él».

El anciano hizo lo que tenía que hacer: ofrecerles a su hija virgen para que abusasen de ella en lugar de aquel pobre hombre, pero no le hacían caso. Así que el levita tomó a su mujer y la sacó, y la maltrataron toda la noche hasta la mañana.

«Al amanecer, la mujer vino a caer a la puerta de la casa donde estaba su marido y allí quedó hasta que fue de día. Su marido se levantó por la mañana, y cuando abrió la puerta de casa para salir y continuar su camino, vio a su concubina caída a la entrada de la casa con las manos en el umbral, y le dijo:

—Levántate, vámonos.

Pero ella no respondió. Entonces la cargó sobre su asno y se puso en camino hacia su casa».

El hombre muy sensible no era. «Cuando llegó a su casa, tomó un cuchillo y partió el cadáver de su concubina en doce trozos, que envió a todo Israel.» Los de Correos de la época debieron flipar.

Entonces todas las tribus de Israel se unieron y solicitaron a la tribu de Benjamín, en cuyo territorio se había cometido el crimen, que les entregase a los culpables. Pero los benjaminitas se negaron. Había comenzado la guerra civil.

Todas las restantes tribus de Israel formaron un único ejército, compuesto por 400.000 hombres. En el lado opuesto, el ejército de la tribu de Benjamín contaba con 25.000, además de los habitantes de Guibeá.

En un primer asalto vencieron sorprendentemente los benjaminitas, que mataron 22.000 del ejército de Israel. Los israelitas me consultaron llorando si debían seguir combatiendo a sus hermanos. Yo les contesté que marchasen contra ellos.

Volvieron a la lucha y esta vez los benjaminitas les causaron 18.000 mil bajas.

Otra vez volvieron llorando a consultarme, y yo les contesté que volviesen a luchar al día siguiente, que ese día yo les entregaría a los de Benjamín en su poder. Hasta entonces les había tenido luchando para nada.

Y así fue. Venció por fin el ejército de los Estados Unidos de Israel:

«Los israelitas se volvieron contra los benjaminitas y pasaron a cuchillo a hombres, animales y a todo lo que encontraron. A todas las ciudades que encontraron las prendieron fuego».

Los israelitas juraron además no dar a ninguna de sus hijas en matrimonio a ningún benjaminita. Sin embargo, pronto sintieron lástima por la suerte de sus hermanos, y se preguntaban cómo harían para dar mujeres a los supervivientes.

Enseguida encontraron la solución. Como habían celebrado una asamblea ante mí, ofreciéndome holocaustos y sacrificios de comunión, se preguntaron:

—¿Hay alguna tribu de Israel que no haya subido a Mispá ante el Señor?

Y cayeron en la cuenta de que los de Jabes de Galaad no habían ido a misa ese día.

Entonces la asamblea envió 12.000 hombres con esta orden:

«Id y pasad a cuchillo a todos los habitantes de Jabes de Galaad, incluidos mujeres y niños. Consagraréis al exterminio a todos los varones y a todas las mujeres casadas, pero dejaréis con vida a las vírgenes».

Encontraron 400 vírgenes, y se las dieron a los benjaminitas, «pero no había bastantes para todos».

Entonces se acordaron de que estaba próxima la fiesta en mi honor que se celebraba todos los años en un santuario llamado Silo. Le dieron este recado a los de Benjamín:

«Id y escondeos entre las viñas. Os quedáis observando, y cuando veáis que las jóvenes de Silo salen a bailar, salís de las viñas, os lleváis cada uno una muchacha de Silo y os volvéis a vuestra tierra. Si luego vienen sus padres o hermanos a quejarse contra vosotros, les diremos: "Perdonadles, pues ni las han raptado como esclavas de guerra, ni vosotros se las habéis dado, porque entonces seríais culpables"».

Asunto solucionado. Como dice la última frase del Libro de los Jueces:

«En aquel tiempo no había rey en Israel, y cada uno hacía lo que le parecía».

PRIMER LIBRO DE SAMUEL
EL ÚLTIMO JUEZ DE ISRAEL

LOS HERMANOS GLOTONES

Samuel, como buen protagonista de la Biblia, era hijo de una mujer estéril. Su padre tenía dos mujeres, una de las cuales, llamada Feniná, era fértil, y se burlaba de la otra, Ana, estéril. Pero tanto me rezó Ana que decidí hacerle madre de un hijo. Le puso por nombre Samuel y en agradecimiento decidió entregarlo a mi servicio una vez lo destetó.

Así que se presentó Ana ante mi templo en Silo, con su correspondiente novillo, su medida de harina y su odre de vino de regalo para mis sacerdotes, y dejó al niño a cargo de uno de ellos llamado Elí.

Los hijos de Elí eran como las hermanastras de la Cenicienta: «eran unos malvados; no respetaban al Señor ni los deberes de los sacerdotes ante el pueblo». Se comían la carne de los sacrificios sin ni siquiera dejar que quemasen la grasa, y eso era un pecado muy gordo. En cuanto me descuidaba ya estaban sus sirvientes con «un tenedor de tres dientes en la mano» dispuestos a meterlo en el puchero y sacar lo que hubiera para sus amos.

Entonces le dije a Elí que aunque le había prometido que su familia estaría siempre en mi presencia, ahora revocaba esa promesa, «porque yo honro a los que me honran, pero los que me desprecian serán despreciados». Luego en el Nuevo Testamento dije aquello tan bonito de amar incluso a los enemigos, pero en el Antiguo tenía peor carácter.

Añadí que como castigo la mayor parte de su familia moriría en la plenitud de la vida, y sus dos hijos glotones, Jofní y Pinjás, lo harían el mismo día.

Más tarde le recordé todo esto a Samuel, quien se lo comunicó a Elí, y lo cumplí. Y entonces todo Israel supo que yo estaba con Samuel, «y su palabra se escuchaba en todo Israel».

EN BUSCA DEL ARCA PERDIDA

¿Cómo cumplí mi amenaza? Por aquel entonces los malvados filisteos se reunieron para atacar a Israel. Se produjo una batalla en la que Israel fue derrotado, muriendo 4.000 hombres.

Entonces mi pueblo cayó en la cuenta de que sería buena idea llevarme al lugar de la batalla para que les ayudase como tantas otras veces. Fueron a Silo a por mi arca y la llevaron al campamento israelita. Cuando el Arca de la Alianza llegó, los israelitas, llenos de confianza, lanzaron el grito de guerra, y los filisteos temblaban, pues sabían que ahora el arca, o sea yo, estaba entre mi pueblo en primera línea de batalla.

Aún así los filisteos fueron al combate, ¡y ganaron! Infringieron una gran derrota a mi pueblo, matando 30.000 hombres. Como yo había anunciado, los dos hijos de Elí murieron y lo peor, ¡el arca fue capturada! ¡Estaba secuestrado por el enemigo!

Cuando Elí oyó que sus hijos habían muerto se llevó un buen disgusto, pero cuando se enteró de lo del arca fue peor: «Cayó de su silla hacia atrás contra la puerta, se desnucó y murió, pues ya era viejo y estaba muy torpe. Había actuado como juez de Israel cuarenta años».

Yo estaba secuestrado por los filisteos, pero tenía un plan. Me llevaron a Asdod, al templo de su dios Dagon, que era la personificación de la abundancia de peces en el mar, ya ves qué chorrada, si yo te multiplico los que quieras. Le pegué un puntapié y al día siguiente los filisteos se lo encontraron caído de bruces. Lo colocaron, pero al día siguiente apareció con la cabeza y las dos manos cortadas. Castigué a los habitantes de Asdod y su comarca con tumores, cundió el pánico y decidieron llevar el arca a Gat.

Volví a llenar a la gente de Gat de tumores, y decidieron llevarla a Ecrón, donde hice lo mismo.

Siete meses estuvo el arca en territorio filisteo. Los sacerdotes de ese pueblo decidieron devolverla a los israelitas, junto con una preciosa ofrenda de reparación consistente en cinco tumores de oro y cinco ratas del mismo metal.

Tomaron dos vacas, las uncieron al carro del arca, y las vacas se fueron derechas a territorio israelita, a Bet-Semes. Sus habitantes se alegraron al ver llegar el arca, e hicieron sacrificios y holocaustos en mi honor. Pero «el Señor castigó a la gente de Bet-Semes porque habían mirado el arca del Señor; hirió a setenta hombres de entre ellos».

Nadie sabía qué hacer conmigo y mi peligrosa arca, hasta que llegaron los israelitas de Quiriat Yearín, que eran algo así como el Señor Lobo de *Pulp Fiction*, y solucionaron el problema. Se la llevaron a su tierra, la pusieron en una casa en una colina y consagraron a un tal Eliezer para que la guardase. Allí estuve 20 años sin molestar a nadie.

SAÚL, EL PRIMER REY

Samuel fue un buen juez de Israel, y bajo su mandato logramos una importante victoria contra los malditos filisteos. Cuando se hizo viejo, nombró jueces a sus hijos, pero resultaron ser unos corruptos. Entonces todos los ancianos de Israel se reunieron con él para pedirle que nombrase un rey, «como se hace en todas las naciones». A Samuel no le hacía ninguna gracia lo de la monarquía, pero yo hablé con él y acabó aceptando la idea.

¿Quién sería el primer rey de mi Pueblo Elegido? ¿Qué extraordinarias cualidades habría de tener? Como no tenía ganas de pensar mucho, eché un vistazo rápido desde el cielo y elegí al más alto, a un tipo llamado Saúl que «sobrepasaba a todos de los hombros para arriba».

Cuenta la Biblia que Samuel decidió reunir a todas las tribus de Israel y decidió echar a suertes el cargo de rey, y que este recayó en Saúl. Y no debía ser muy valiente, porque lo buscaron y no lo encontraron: estaba escondido entre los arbustos.

Lo sacaron y lo nombraron rey, pero claro, «algunos maliciosos dijeron:

—¿Cómo va a salvarnos este?».

Y con razón.

Menudo personaje había elegido como rey. Su popularidad era más baja que la de Neil Armstrong en la Luna. Pero pronto apareció la ocasión para solucionarlo.

Se presentó ante los israelitas de Jabes un tipo llamado Najás, el jefe de unos viejos enemigos, los amonitas, y les propuso un acuerdo de paz muy curioso:

—Haré un pacto con vosotros a condición de sacaros a todos el ojo derecho. Así afrentaré a todo Israel.

Era un cachondo el tío. Los de Jabes le contestaron que les diese unos días para pensar tan magnífica propuesta, se lo contaron al pueblo, y toda la gente se puso a gritar y a llorar. Le tenían mucho cariño a su ojito derecho.

En esto le insuflé mi espíritu a Saúl, se enfureció como yo mando, tomó un par de bueyes, los descuartizó y envió trozos a todo Israel (pobrecitos los de Correos, ya os digo) con este pregón: «Esto le sucederá a los bueyes de todo el que no siga a Saúl y a Samuel».

Como la gente también le tenía mucho cariño a sus bueyes, Saúl consiguió reunir un ejército de 300.000 hombres de Israel y 30.000 de Judá, pues mi pueblo estaba dividido en esos dos reinos, y fue a los amonitas con el cuento de que se rendía. Cuando aparecieron los amonitas los derrotó. «Estuvieron batiendo amonitas hasta la hora de más calor.» Luego ya no, que era muy cansado y no conviene hacer ejercicio bajo el sol. «Los supervivientes se dispersaron hasta el punto de que no quedaron dos juntos.»

Sin embargo, Saúl decidió no pasar a todos a cuchillo, como de costumbre. Dijo:

—En un día como hoy no morirá nadie, porque hoy ha concedido el Señor la victoria a Israel.

En lugar de la carnicería habitual hicieron una gran fiesta. Se me estaban ablandando. Y Samuel dijo al pueblo que fueran a Guilgal a instaurar allí la monarquía, cosa que hicieron, tras renunciar al mando el anciano juez. La popularidad de Saúl en ese momento iba ya por los 3.000 puntos.

Y comenzó a reinar Saúl, dedicándose a la ocupación favorita de los israelitas, que era guerrear contra los pueblos vecinos. Parecía que todo iba bien, pero pronto Saúl me desobedeció y perdió mi favor. Lo hizo por dos veces.

La primera vez se encontraba acampado con su ejército en Guilgal, donde Samuel, que todavía conservaba mucha autoridad, le había dado órdenes de esperar hasta que él llegase. Esperó siete días, pero como Samuel no llegaba y la moral de la tropa empezó a decaer, Saúl decidió realizarme un holocausto, sin sacerdote ni nada. Cuando llegó Samuel y se enteró le reprendió y le dijo que su reinado no se consolidaría y que yo ya me había buscado otro hombre para reinar en Israel.

La segunda vez que me desobedeció fue la siguiente: tras la victoria frente a los amalecitas, Samuel le había ordenado de mi parte (sí, Samuel había entregado en teoría el poder a Saúl pero mandaba mucho, es lo que tiene tener hilo directo con Dios) que exterminase «sin piedad a todos los hombres, mujeres, muchachos y niños de pecho, bueyes y ovejas, camellos y asnos». Saúl pasó a cuchillo a todo el mundo, pero perdonó la vida a Agag, el rey de los amalecitas, y tampoco exterminó lo mejor de su rebaño.

Yo me chivé a Samuel y le dije que fuese a ver a Saúl, que me había desobedecido una vez más y me arrepentía de haberle hecho rey.

Cuando Samuel llegó al campamento Saúl le dijo que había obedecido sus órdenes, pero entonces el exjuez empezó a escuchar los balidos de las ovejas y los mugidos de las vacas, le preguntó al rey y este le reconoció que había dejado vivos algunos animales, los mejores, pero que era para ofrecérmelos en sacrificio.

Samuel le contestó que mejor que ofrecerme sacrificios era obedecer mis mandatos, le dijo que desde ese día yo arrancaba de sus manos el título de rey y, cogiendo a Agag, lo degolló él mismo.

Después se largó y nunca más volvió a ver a Saúl. Una bonita historia que refleja las tensiones Iglesia-monarquía por el poder.

EL GRAN REY DAVID

Llegados a este punto aparece en escena el famoso rey David, el principal monarca de toda la historia de Israel.

Saúl me había salido rana. Es verdad que no me había esforzado mucho en el *casting*, pero para ser el primer rey que elegía, vaya decepción. Ahora debía elegirle sustituto, y tenía que cambiar los criterios de selección.

Revisé en mi base de datos todos los perfiles disponibles. Extranjero, descartado. Mujer, descartada. ¿Estatura? No, ahora no seguiría ese parámetro.

Cuando por fin me decidí por un candidato, le indiqué a Samuel que fuese a Belén, fíjate tú qué casualidad, a la casa de un tal Jesé. Samuel me objetó que si Saúl se enteraba le mataría, pero yo le aconsejé que llevase una ternera como si fuese a hacerme allí un sacrificio y así le engañaríamos, ja, ja, ja.

Así hizo Samuel. Se presentó en casa de Jesé, y cuando este le presentó a sus hijos, quedó impresionado por el porte y la gran estatura de uno de ellos llamado Eliab, y pensó que era el elegido. Pero yo le dije que no, que había cambiado los criterios de selección y ahora me guiaría por el corazón en lugar de por las apariencias. Pasaron los demás chicos pero Samuel vio que ninguno era el que buscaba. Entonces preguntó a Jesé si no tenía más retoños, y este mandó llamar a David, el pequeño de 13 años, que estaba cuidando el rebaño.

No era altísimo (ese soy yo) pero ya dije que ahora miraba el corazón. De todas formas la carrocería es importante: «Era rubio, de hermosos ojos, y de buena presencia». Además era valiente porque cuando cuidaba el ganado si se acercaba algún oso o león se lo cargaba.

Le ordené a Samuel que lo ungiera, porque ese joven era el elegido. Mi espíritu se posó sobre David, y en cambio «un mal espíritu, enviado por el Señor» se apoderó del pobre Saúl. Sus siervos buscaron un hombre tranquilo que supiese tocar el arpa, para hacer más llevaderos los malos momentos del rey, y quiso el destino que el elegido aquí también fuese David. Ya teníamos el culebrón montado.

David era muy bueno tocando el arpa, y cuando Saúl se endemoniaba, el chico le tocaba el instrumento y el rey se calmaba, mejoraba y el mal espíritu se alejaba de él.

Pero David no se hizo famoso por su habilidad con el arpa, sino con la honda. Teníamos otra vez a los malditos filisteos con todo su ejército en pie de guerra, en el valle de Elah (como la película) y de entre sus filas, un gigante de unos tres metros llamado Goliath, que desafiaba al que se atreviese de entre los israelitas a un combate singular. Era un tipo descomunal: su coraza pesaba 55 kilos, y la punta de su lanza siete.

El filisteo repitió su desafío durante... 40, sí, 40 días. Pero ningún israelita se atrevía a hacerle frente. Se ve que se habían leído lo que le pasó a Héctor contra Aquiles cuando la guerra de Troya y tenían miedo. Y eso que Saúl había ofrecido colmar de riquezas a quien lo matase, amén de eximirle de impuestos y ofrecerle la mano de su hija, todo en el mismo lote.

El joven David se ofreció voluntario, pero Saúl lo rechazó porque se trataba solamente de un muchacho. Pero nuestro héroe le convenció diciéndole que había matado osos y leones con sus propias manos. Así que el rey le dejó su propia armadura y allá que fue el jovenzuelo.

Debió ver al filisteo más grande que los osos, porque decidió no acercarse mucho y lanzarle una pedrada en la frente con su honda, que lo dejó en el suelo, no sabemos si muerto o remuerto:

«Lo mató de un golpe, sin empuñar la espada. David fue corriendo hasta donde estaba el filisteo, le sacó la espada de la vaina, lo remató y le cortó la cabeza».

Es decir, lo mató y lo remató. A continuación, los israelitas se echaron sobre los filisteos y procedieron a la habitual escabechina.

David se había convertido en un héroe, y era aclamado por su pueblo, que cantaba: «Saúl mató a mil, David mató a diez mil». Era ahora el favorito de las masas, y eso a Saúl no le hacía ninguna gracia. Y para más inri se había hecho íntimo amigo de su hijo Jonatán. Dice mi libro que «el alma de Jonatán quedó ligada con la de David, y lo amó Jonatán como a sí mismo».

Tenían una relación muy estrecha, sí, muchos dicen que homosexual, pero los judíos y mi Iglesia lo niegan, claro, ¡cómo iba a ser un sodomita el más glorioso rey de la historia de Israel, del que desciende el mismísimo Jesús, o sea, yo mismo! Cuando Jonatán murió, David le lloró diciendo:

—¡Me eras tan querido! Tu amor era para mí más dulce que el amor de las mujeres.

A Saúl no le gustaba nada la relación que tenía con su hijo Jonatán, y así se lo hizo saber a su vástago:

—¡Hijo de la perversa y rebelde!, ¿acaso no sé yo que tú has elegido al hijo de Isaí para confusión tuya, y para confusión de la vergüenza de tu madre?

Para colmo, en cumplimiento de lo prometido, el rey Saúl tenía que entregarle a David la mano de su hija, Mical, que por supuesto estaba enamorada del chico de moda, como todas las jovencitas de Israel. Saúl tuvo una idea. Cuando un joven israelí quería casarse tenía que pagar una dote. Pues bien, a Saúl se le ocurrió la curiosa idea de pedirle a David cien prepucios de filisteos como dote. Se ve que al igual que los indios arrancaban cabelleras, los israelitas cortaban prepucios. Esperaba así Saúl que los filisteos matasen al joven héroe en el intento.

Pero David era una pesadilla para Saúl: no sólo consiguió cien prepucios, ¡sino que regresó con doscientos! El tío iba sobrado.

El odio de Saúl hacia David iba en aumento.

Un día le confesó a su hijo Jonatán que iba a matar a su amiguito, pero este avisó a su querido David, que huyó. Entonces de forma increíble Jonatán convenció a su padre de que David era un buen chico y no debía asesinarle, y este juró respetar su vida.

Así que David volvió a su servicio. Sin embargo, el espíritu malo volvió a entrar en Saúl y un día mientras David le tocaba el arpa intentó clavarle en la pared con la lanza. Pero nuestro rubio protagonista además de ser un guaperas y tener buena puntería tenía superreflejos y lo esquivó y salió huyendo.

Como dice mi libro y refleja de forma muy romántica la historia del arte, David se despidió de su íntimo amigo Jonatán a escondidas entre lágrimas y besos («se besaron y lloraron juntos»), en la escena más tierna de toda la Biblia, e inició su vida como proscrito, perseguido siempre por Saúl. Llegó incluso a vivir en una ciudad filistea, y a punto estuvo de hacer la guerra a los propios israelitas, de no ser porque, una vez ya en el campo de batalla, los filisteos no se fiaron de él y le mandaron volverse a casa con sus hombres.

Un día Saúl entró a hacer sus necesidades en una cueva, y precisamente era en la que estaban escondidos David y sus secuaces. David pudo haberle matado, pero en su lugar prefirió hacerle guerra psicológica cortando un trozo de su manto y enseñándoselo después. Entonces Saúl le reconoció como rey, pero luego se le olvidaría.

En otra ocasión entró también David por la noche en el campamento de Saúl y tomó su lanza y el jarro de agua de su cabecera, y luego los mostró burlándose de su servicio de seguridad. Y Saúl lo bendijo de nuevo y se separaron hasta la próxima enganchada. Así estaban los dos primeros reyes de Israel, jugando al ratón y al gato a lo largo de la Tierra Prometida.

Un día David iba por ahí muerto de hambre y le pidió a un sacerdote que le diese algo de pan. Este le replicó que estaba consagrado, pero David se lo comió igual. No estaba para tonterías religiosas. Este sacerdote, llamado Ajimélec, le dio además la espada de Goliath. Cuando Saúl se enteró mató a Ajimélec y a 85 sacerdotes de propina.

También entregó a la mujer de David, Mical, a otro hombre llamado Paltiel, pero no hubo problema, porque David mientras tanto ya se había casado con una tal Abigail y otra mujer llamada Ajinoán. Era otro como Jacob, que iba bien provisto de esposas. Por cierto, con Abigail le eché un cable, porque cuando la conoció estaba casada pero al ver que había temita con mi héroe me cargué al marido y le dejé el camino libre. Soy un amor.

Entre tanto, Saúl seguía buscando a David para darle muerte. No sólo su servicio de seguridad era muy flojo, el de inteligencia también. David y sus pelagatos encontraban a Saúl todo el tiempo y en cambio el rey, con todos los recursos de un reino a su disposición, era incapaz de dar con el proscrito. En medio de la desesperación, Saúl acudió disfrazado a una nigromante de Endor, algo que estaba penado con la muerte por la ley de Moisés.

Saúl le pidió que invocase al espíritu de Samuel, y este apareció, de mal humor, como siempre:

—¿Por qué me has molestado, invocándome?

Saúl le pidió consejo, y Samuel le recordó que yo le había quitado el reino para dárselo a David y que por no haberme obedecido en su día con el exterminio de los amalecitas yo le entregaría a él y a Israel en poder de los filisteos.

El pobre Saúl no ganaba para sustos.

Y así fue. Mientras David andaba por ahí persiguiendo amalecitas, los filisteos cercaron a Saúl y a sus hijos, y mataron a Jonatán, el gran amigo de David. En medio de la batalla, los arqueros hirieron gravemente al rey Saúl. Entonces el rey pidió a su escudero que lo rematase, pero este se negó, y fue el propio Saúl el que tomó su espada y se dio muerte echándose sobre ella. Los israelitas que estaban al otro lado del valle abandonaron sus ciudades, y los filisteos se establecieron en ellas.

SEGUNDO LIBRO DE SAMUEL
SIGUEN LAS AVENTURAS DE DAVID

Tras conocer la muerte del rey Saúl, David se mudó con sus dos mujeres, Ajinoán y Abigail, a Hebrón, donde fue proclamado rey de Judá. Mientras, en el norte, el poder estaba en manos de un hijo de Saúl, llamado Isbaal. Mi pueblo estaba partido en dos: el reino de Judá al sur, regido por David y el de Israel al norte, a cargo de Isbaal. Y por supuesto, ambos reinos entraron en guerra.

Tras un periodo de enfrentamientos, Abner, comandante de las fuerzas de Isbaal, propuso a David un tratado de paz, y David aceptó entablar conversaciones a cambio de que le trajera a su antigua esposa Mical, «por quien pagué cien prepucios de filisteos», porque se ve que con dos mujeres no tenía bastante. Abner accedió y se la quitó a su marido de entonces, Paltiel, que se quedó llorando.

Pero ya sabéis que yo no soy muy dado a las conversaciones de paz. Por diversos azares del destino, o de la voluntad divina, como prefiráis, Abner fue asesinado por el comandante de David, Joab. Pero eso no fue lo más grave: el rey Isbaal también fue asesinado por dos de sus propios hombres, que le cortaron la cabeza y se la presentaron a David como un trofeo.

A David aquello de que la gente fuese matando reyes le pareció muy mal y en lugar de premiarlos los mató, les cortó las manos y los pies y los colgó.

Eso sí, tenía ya el camino despejado. Vinieron pues todos los ancianos de Israel a Hebrón y lo proclamaron rey de Israel. Tras siete años como rey de Judá, ahora lo era también de Israel. Conquistó Jerusalén y estableció allí la capital. Y la llamó «la ciudad de David», porque podía.

Allí tomó más esposas y concubinas y engendró más hijos e hijas, aparte de los que ya había tenido en Hebrón.

Ya estaba todo correcto otra vez. Mi pueblo en la Tierra Prometida, unidos en un reino unificado y bajo la dirección de un gran rey. ¿Todo? No, faltaba que mi arca estuviese donde le correspondía, en la capital. David ordenó traerla de Quiriat Yearín. La colocaron en un carro llevado por bueyes, pero en el camino, los animales hicieron que se tambalease. Uno de los transportistas, el bueno de Uzá, sujetó mi arca con la mano para que no se cayese. ¿Creéis que le agradecí el detalle? ¡Al contrario! Allí mismo lo herí de muerte, castigándole por su atrevimiento. ¡Mis cosas no se tocan!

«David tuvo miedo del Señor aquel día» y decidió que era mejor no llevar el arca a su palacio, porque era peligrosa. Así que la dejó en casa de un tal Obedeón. Allí estuvo tres meses, hasta que informaron al rey de que no sólo no se había producido ninguna desgracia en casa de Obedeón, sino que este y sus posesiones habían sido bendecidos por mí.

Fueron corriendo a por el arca, que ahora era un chollo, y decidieron llevarla a Jerusalén, pero esta vez sobre unas varas, para evitar accidentes. David tuvo un momento Beyoncé y dice mi libro que iba bailando frenéticamente delante del arca, vestido tan sólo con un efod de lino, lo que no le gustó nada a su mujer Mical, que «sintió desprecio hacia él». Como castigo, la hice estéril.

Una vez en Jerusalén, en un rasgo de humildad impropio de mí, le dije a David a través de mi profeta Natán que no era necesario que me construyese ningún templo, que con la tienda me bastaba, y le prometí que su dinastía y su reino subsistirían para siempre, así como su trono. Siglos después llegarían los asirios y los babilonios, conquistarían Israel y deportarían a mi Pueblo Elegido, pero para entonces ya se me había olvidado la promesa.

Da igual, ahora eran los tiempos gloriosos del gran rey David. La vida transcurría plácidamente entre batallas contra los filisteos y los amonitas, en las que mi pueblo siempre salía victorioso. Una vez que los arameos se atrevieron a ayudar a los amonitas, llegó David con su ejército y se cargó a 40.000 hombres y 700 caballos. No había quien nos tosiera.

Como ya dije, David poseía varias esposas y numerosas concubinas. Pero nunca tenía suficiente. Una tarde, paseando después de la siesta por la terraza del palacio, vio a una mujer bañándose. Era muy bella. Se informó acerca de su identidad y se enteró de que se llamaba Betsabé, pero resultó que ya tenía marido: un tal Urías, que estaba fuera, en la guerra.

Pero eso a David le daba igual. Él no era celoso. Ordenó que se la trajesen y se acostó con ella. Y la chica se quedó embarazada. Entonces David decidió ocultar su adulterio. Mandó llamar a Urías y le ordenó que fuese a su casa con su mujer, para ver si acostándose este con ella le endiñaba la paternidad. Pero algo debió olerse Urías porque decidió quedarse a dormir con los sirvientes en la puerta del palacio y no pisar su hogar. Ni con obsequios ni emborrachándole consiguió David que fuese a su casa. Así que pasó al plan B: ordenó que Urías regresase a la guerra y le pusiesen en primera línea, en el lugar más peligroso, y que allí lo dejasen solo para que lo matasen. Y así fue: el plan salió a la perfección, y cuando le dieron la noticia del fallecimiento del cornudo, el hipócrita de David se hizo el distraído y todo.

Aquello me desagradó profundamente, por lo cual decidí castigar al rey. Y aunque había dicho que no había que castigar a los hijos por los pecados de los padres, esta vez castigué a David con la muerte de su hijo recién nacido de Betsabé. Siete días estuvo el niño enfermito y David implorándome por su vida, pero yo me mantuve firme y maté a la criatura.

La pobre Betsabé estaba desolada. Pero «después David consoló a su mujer, se acostó con ella y ella le dio un hijo, al que llamó Salomón». ¿Os suena?

David tenía más hijos, y alguno no le salió muy bueno. Es el caso de su hijo Amnón, que estaba enamorado de su hermana Tamar, a la cual violó un día.

«Cuando el rey David se enteró de esto, se enfureció; pero no quiso disgustar a su hijo Amnón, a quien amaba por ser su primogénito.»

Tal cual.

SEGUNDO LIBRO DE SAMUEL

Sin embargo, otro hermano de Tamar, llamado Absalón, no fue tan comprensivo con el violador, y un día dio orden a sus hombres de que lo matasen, cosa que hicieron. A consecuencia de esto tuvo que exiliarse tres años, hasta que se reconcilió con su padre.

«No había en todo Israel un hombre tan famoso por su belleza como Absalón. Desde la planta de los pies hasta la coronilla de la cabeza no había defecto en él. Cuando se cortaba el pelo, cosa que hacía una vez al año, pues le pesaba tanto que tenía que cortárselo, el pelo cortado pesaba más de dos kilos.»

Absalón gustaba de hacer justicia con las gentes de Israel, y pronto se ganó su corazón. Y el pueblo empezó a preferirlo a David, el cual tuvo que huir de Jerusalén. Dejó diez concubinas para guardar el palacio, eso sí, por si volvía, encontrarse caliente la cama.

Cuando Absalón entró en Jerusalén le recomendaron que se acostase con las concubinas de su padre, para que quedase constancia del enfrentamiento entre ambos, cosa que el guaperas de Absalón hizo gustoso «a la vista de todo Israel». Fue uno de los primeros espectáculos porno de la historia.

Pero David formó a su ejército, lo puso al mando de su fiel Joab y lo envió a derrotar al rebelde Absalón, ordenando que respetasen la vida de su hijo. El ejército del actor porno fue aniquilado, y este, que iba montado en un mulo, quedó enredado con su hermosa cabellera en unas ramas, de las que quedó colgando. Joab no se lo pensó y lo mató allí mismo de tres flechazos en el corazón. Sus asistentes lo remataron a golpes por si acaso.

Cuando David se enteró de la noticia se lamentó muchísimo, pero ya no había nada que hacer. Regresó a Jerusalén, donde recobró el mando. A las diez concubinas las encerró «hasta el día de su muerte, como si fueran viudas».

Entonces vinieron tres años de hambre seguidos, y David me consultó a qué se debía. Yo le contesté:

—Los crímenes de Saúl y su familia son los culpables, porque él mató a los gabaonitas.

Entendedme, no es que me hubiese vuelto blando de repente, es que los gabaonitas estaban vinculados a los israelitas por un juramento y sin embargo el zopenco de Saúl había intentado exterminarlos. David convocó a los gabaonitas y les preguntó qué podía hacer por ellos, y estos le pidieron que les dejase colgar a siete (otra vez el dichoso número) «hijos de Saúl». Como veis, y al igual que cuando la historia de la hija de Jefté, de vez en cuando no me bastan los animales y necesito algún sacrificio humano, como tantos otros dioses.

David comprendió que así se aplacaría mi disgusto y acabaría el hambre, y sobre todo entendió que así se libraría de la amenaza que siempre supone para un rey la descendencia del monarca que ocupaba anteriormente el trono.

Se puso manos a la obra y les entregó dos hijos y cinco nietos de Saúl y «los colgaron en el monte en presencia del Señor». Sólo salvó de la funesta elección a uno de los hijos de su intimísimo amigo Jonatán, un chico inválido llamado Mefibaal, pues ambos habían jurado velar por la descendencia del otro aquel día triste que se separaron.

Una vez realizados los sacrificios humanos, yo me quedé más tranquilo y el hambre desapareció: «Se hizo todo lo que había mandado el rey, y después de esto Dios tuvo piedad del país».

Y continuó otra vez la plácida vida de mi pueblo, matando filisteos de vez en cuando, en cuya tarea destacaron varios héroes, como otro Isbaal, que mató 800 hombres de una sola vez (quedó a 200 del récord de Sansón), o Eleazar, que «batió a los filisteos hasta que la mano se le hinchó y se le quedó pegada a la espada».

Entonces se me ocurrió decirle a David:

—Anda, haz el censo de Israel y de Judá.

A *priori* esto no entrañaba ningún misterio. Ya en su día le había ordenado a Moisés lo mismo y este obedeció y todos tan contentos. Pues esta vez David también me obedeció, pero hete aquí que ahora decidí castigar a David ¡por realizar ese censo que yo mismo le había ordenado!

A través de mi profeta Gad, le di a elegir entre tres tipos de castigo, como si fuese un concurso:

«—¿Qué prefieres? ¿Que venga un hambre de tres años a tu tierra, que tengas que huir durante tres meses perseguido por tu enemigo, o que haya tres días de peste en tu tierra?

David dijo a Gad:

—Me veo en un gran aprieto. Pero es preferible caer en manos de Dios, cuya misericordia es grande, a caer en manos de los hombres.

Y David eligió la peste».

¡Era como si no supiese cómo las gastaba yo! Resultado, envié la peste y murieron 70.000 hombres del pueblo.

PRIMER LIBRO DE LOS REYES
SALOMÓN Y OTROS CHICOS DEL MONTÓN

Una vez que mi pueblo empezó a gobernarse con reyes, le cogió tanto gusto a la monarquía que el tema dio para dos libros. El primero comienza con el ocaso del rey David: «El rey David era muy viejo y, aunque le tapaban con muchas mantas, no lograba entrar en calor».

Le buscaron una bellísima joven virgen llamada Abisag para que lo calentara, pero el rey no tuvo relaciones con ella. ¡Con lo que había sido nuestro macho alfa!

Al ver al rey David tan debilitado, su hijo primogénito Adonías, apoyado por el poderoso comandante Joab entre otros, consiguió ser proclamado rey.

El profeta Natán fue entonces a ver a Betsabé, la madre de Salomón, que era el favorito de David, para contárselo y recordarle que en su día David había prometido hacer rey a Salomón.

Betsabé fue corriendo a decírselo a David y este proclamó rey a Salomón, y lo sentó en su trono. Entonces a los partidarios de Adonías «les entró miedo» y el propio Adonías, aterrado, hizo prometer al nuevo rey Salomón que no le mataría. Este así lo hizo, poniendo como condición que siempre le fuera leal.

Con todo ya tranquilo, el rey David murió, y fue sepultado en la ciudad de David, qué mejor sitio. «Había reinado en Israel cuarenta años: siete en Hebrón y treinta y tres en Jerusalén.»

SALOMÓN, EL REY SABIO

Una vez muerto David, le duró poco la lealtad a Adonías. Enseguida se le ocurrió la brillante idea de pedirle a Betsabé la mano de Abisag, la que le calentaba el lecho al fallecido monarca, para así lograr influencia en la Corte y forzar sus pretensiones.

Pero el rey Salomón no pasó a la historia por ser tonto precisamente. Se olió al pastel y ejecutó a Adonías, uno de los personajes más lamentables de la Biblia, y también al ahora traidor Joab y a unos cuantos más de sus partidarios.

Como esposa eligió a una hija del faraón, para sellar una alianza entre ambos. A Salomón siempre le gustaron las extranjeras, lo cual fue la causa de la perdición de mi pueblo, pues al final estas inculcaron al libidinoso monarca el culto a sus propios dioses. Llegó a tener 700 esposas y 300 concubinas nada menos.

Pero no adelantemos acontecimientos. Salomón acaba de acceder al trono y de momento nos llevábamos bien. Me aparecí en sueños una noche, y como si fuese el genio de la lámpara de Aladino, le dije:

—Pídeme lo que quieras, que yo te lo daré.

El bueno de Salomón no me pidió ninguna tontería: me solicitó que le diese un corazón sabio para gobernar. Y así lo hice.

Es famoso el episodio en el que se le presentaron dos prostitutas (curiosa la fijación que tiene la Biblia con las mujeres de esta profesión, por cierto, ya veis que aparecen muchísimas), peleándose por un niño, y cómo el rey sabio adivinó cuál era la madre sin necesidad de prueba de ADN ni nada. Ya sabéis, ordenó que partiesen al niño en dos y le diesen la mitad a cada una. Una de las mujeres imploró al monarca que por favor se lo diesen a la otra, pero que no lo mataran. Esa era la madre.

Salomón era un tío listísimo. Sus fans dicen que compuso 5.000 poemas y pronunció más de 3.000 proverbios y que el libro del mismo nombre es obra suya. La tradición también le atribuye participación en el Cantar de los Cantares y el Eclesiastés, y que fue un gran favorecedor de las artes y las ciencias. Entre eso, y atender a sus mil mujeres, no se aburría nunca.

Organizó el reino en 12 distritos, y con la sabiduría que yo le había otorgado, gobernó tan bien que pronto se convirtió en un país de lo más próspero. Según la Biblia, nunca fue tan rico ni floreciente Israel.

Dice mi libro que «Salomón dominaba en todos los reinos, desde el río Éufrates hasta el país de los filisteos y hasta el término de Egipto; todos le pagaban tributo y estuvieron sometidos a él durante toda su vida». Y que tenía «caballerizas para cuatro mil caballos de tiro». (o cuarenta mil según qué parte de la Biblia leas, como ya vimos, un cero más o menos no importa). Los arqueólogos han estado buscando sin éxito estas famosas caballerizas, y ponen en duda los datos bíblicos de la extensión de su reino, bastante más pequeño al parecer, pero eso es porque son unos ateos descreídos.

Salomón, además de su sabiduría, es famoso por haberme construido el templo: el Templo de Salomón. Como os dije antes, yo le había dicho a David que no lo quería, pero con tanto dinero eran buenos tiempos para las obras públicas.

El caso es que Salomón me construyó un templo a todo lujo, con los mejores materiales, como el oro, bronce y cedro. Pero a pesar de tanta pompa, si lo comparas con mis chalets del gótico, tampoco era gran cosa: «Tenía treinta metros de largo, diez de ancho y quince de alto».

Eso sí, había quedado bonito y llevamos allí el arca. Me gustó, así que le hice a Salomón la promesa de que en agradecimiento por haberlo construido, y siempre que cumpliese mis leyes, yo honraría la promesa que le hice a David y habitaría en medio de mi pueblo y no lo abandonaría nunca.

Resultado: el templo fue demolido cuando Jerusalén cayó en el 587 en manos de los babilonios. Fue reconstruido en el 538 a.C., profanado por Antíoco IV Epífanes en 167 a.C., reconstruido por Herodes el Grande el 20 a.C. y finalmente destruido para siempre por los romanos el 70 d.C. Ahora sólo queda el Muro de las Lamentaciones, y porque los romanos quisieron dejarlo en pie como recordatorio para que los judíos no olvidasen nunca su derrota ante la gran Roma.

Con el tiempo, el arca se perdió también. No se sabe si fue destruida por los babilonios o la tiene Indiana Jones en el salón de su casa.

Pero bueno, el caso es que Salomón construyó su templo y lo celebramos a lo grande. «Salomón inmoló veintidós mil bueyes y ciento vente mil ovejas.» ¡Menuda carnicería! No dábamos abasto a matar bichos.

Construyó Salomón también un bonito palacio real a todo lujo, para lo cual contó con la ayuda de Jirán, rey de Tiro, que le había suministrado madera de cedro y de ciprés y oro en abundancia. A cambio, el rey sabio le entregó 20 ciudades en Galilea.

«Jirán salió de Tiro para verlas, pero no le gustaron, y dijo:

—¿Qué ciudades me has dado, hermano?

Y las llamó Tierra de Cabul —es decir, Tierra Baldía—; y así se las llama hoy. Jirán había mandado al rey unos cuatro mil cien kilos de oro.»

Sí que hice listo a Salomón. Le había timado a base de bien.

Era tal la fama de Salomón y su reino que hasta la mismísima reina de Saba se recorrió casi 2.000 kilómetros para visitar al monarca. Vino cargada de regalos: 4.000 kilos de oro, gran cantidad de aromas y piedras preciosas. Y también le puso a prueba con varios enigmas, los cuales resolvió Salomón en un periquete. Mi libro no especifica cuáles, pero seguro que eran dificilísimos.

Todos los reyes de la Tierra querían visitar a Salomón y comprobar su sabiduría y admirar sus insondables riquezas.

«El rey Salomón superó a todos los reyes de la tierra en riqueza y sabiduría.» Si luego los libros de historia han hecho más caso a Alejandro Magno, Genghis Khan o Julio César es un misterio.

Pero no es oro todo lo que reluce. Con tanta sabiduría y tanta riqueza, el estilo de vida del rey sabio se volvió cada vez más ostentoso. Sus proyectos faraónicos originaron una gran carga de impuestos entre el pueblo, además del reclutamiento forzoso de miles de operarios. Los israelitas incluso temieron verse reducidos de nuevo a la esclavitud como cuando estaban en Egipto.

Sin embargo, la gran perdición de Salomón fueron las mujeres. Ya os dije que tuvo 700 esposas y 300 concubinas. Muchas eran extranjeras, y eso que yo había ordenado que los israelitas no se unieran a ellas porque inclinarían su corazón hacia otros dioses. Y eso es lo que pasó. La culpa no fue del pobre Salomón, sino de las mujeres, como siempre en la Biblia:

«Ellas lo pervirtieron, y cuando se hizo viejo desviaron hacia otros dioses su corazón, que ya no perteneció al Señor, como el de su padre David. Dio culto a Astarté, diosa de los sidonios, y a Moloc, el ídolo de los amonitas». Además «erigió un altar a Camós, ídolo de Moab».

Yo me enfadé muchísimo y le ordené que dejase de adorar a esos farsantes, pero no me hizo caso. ¿Dónde estaba la sabiduría que le había otorgado? ¡Le hago rico y así me lo agradece!

«Entonces el Señor dijo a Salomón:

—Por tu mal comportamiento, porque has roto mi alianza y no has guardado mis mandamientos, te quitaré el reino y lo daré a uno de tus servidores. Pero, en atención a tu padre David, no lo haré mientras tú vivas, sino que se lo quitaré a tu hijo. Sin embargo, no le quitaré todo el reino; le dejaré una tribu, en atención a mi siervo David y a Jerusalén, la ciudad que yo elegí.»

Y así fue. Un funcionario real llamado Jeroboam se sublevó contra Salomón. Pero como había prometido, la división del reino no tendría lugar en vida de Salomón. Este buscaba a Jeroboam para matarlo, el cual se tuvo que esconder en Egipto, y allí estuvo hasta la muerte del rey sabio. Salomón reinó durante... sí, 40 años.

LA DIVISIÓN DEL REINO

A la muerte del idólatra Salomón le sucedió su hijo Roboam. Entonces regresó de Egipto Jeroboam, y acudiendo con toda la asamblea de Israel, le dijo al nuevo rey:

—Tu padre nos ha puesto un yugo muy pesado. Aligera tú ahora la dura servidumbre a que nos sometió tu padre y el pesado yugo que nos impuso, y te serviremos.

Roboam les dijo que se retiraran y volviesen a verlo en tres días. Pidió consejo a los ancianos, que habían sido consejeros durante todo el reinado de su padre, y estos le dieron su parecer:

—Si te pones hoy al servicio del pueblo, si aceptas sus propuestas y los tratas afablemente, ellos estarán siempre a tu servicio.

Buen consejo era este, pero Roboam preguntó también a sus jóvenes compañeros, que se habían educado con él y estaban a su servicio, y le propusieron lo contrario, que endureciese su relación con el pueblo.

Y así lo hizo. Cuando al tercer día Jeroboam «y todo el pueblo» se presentó ante él les dijo:

—Mi padre os puso un yugo pesado, pero yo lo haré más pesado; mi padre os azotó con látigo, yo lo haré con escorpiones.

No parecía aquella una campaña electoral adecuada. Resultado: su rival Jeroboam fue proclamado rey de todo Israel. Tan sólo la casa de Judá y la de Benjamín se mantuvieron leales a Roboam, que reunió un ejército de 180.000 guerreros de entre esas dos tribus para hacerle la guerra a las otras diez.

Sin embargo, consumado mi propósito de castigar a Salomón en la persona de su hijo, mi sed de venganza ya estaba colmada y no quise que se iniciase una nueva guerra civil. A través del profeta Samayas le dije a Roboam que no luchase contra sus hermanos, y que hiciese regresar a los soldados a sus casas. Me hizo caso.

Mi Pueblo Elegido estaba ahora dividido en dos reinos. Al norte, bajo el mando de Jeroboam, el reino de Israel, con diez tribus, que estableció su capital en Siquén, aunque luego la trasladó a Samaria. Como el templo se había quedado en Jerusalén, rápidamente elevaron dos altares con sendos becerros de oro en Dan y Betel, y numerosos santuarios en los altozanos, nombrando sacerdotes de entre la gente del pueblo que no pertenecía a la tribu de Leví. ¡Terrible!

En el sur, con las tribus de Judá y Benjamín, bajo el reinado de Roboam y con capital en Jerusalén, el reino de Judá.

Se habían terminado los grandes tiempos del rey Salomón. A partir de aquí las cosas irían bastante a peor.

A mí no me hacía ninguna gracia lo que estaba pasando en el norte. Así que un día le envié a Jeroboam un profeta procedente de Judá para reprenderle y anunciarle que en el futuro llegaría un rey estupendo llamado Josías (un rey muy importante en la Biblia, no en vano parte sustancial de ella se redactó durante su reinado) que inmolaría sobre él a todos los sacerdotes de los altozanos.

Y la vida continuaba. Aunque yo había dispuesto que ambos reyes no se hiciesen la guerra, unos párrafos más adelante se me olvidó, porque mi libro dice que «Roboam y Jeroboam siempre estuvieron en guerra».

Por si esto fuera poco, el pueblo de Judá tampoco me tenía muy satisfecho. También construyeron santuarios en los altozanos y estelas y postes sagrados en toda colina elevada o bajo todo árbol frondoso, lo mismo que hacían los adoradores del maldito Baal. La gente practicaba la prostitución sagrada e imitaron todas las abominaciones de los pueblos vecinos.

Dejé de la mano de Dios a esos pecadores y el año quinto del reinado de Roboam, Sesac, rey de Egipto, atacó Jerusalén y saqueó los tesoros del templo y del palacio real.

Y se fueron sucediendo los reyes en el norte y en el sur. Los del sur a veces eran buenos y a veces malos. Los del norte, malos sin excepción. Que para eso esta historia la escribieron los del sur.

ELÍAS

Si hay un profeta en el Antiguo Testamento a la altura del mismísimo Moisés ese es Elías. No en vano, cuando en el Nuevo me transfiguré en el monte Tabor ante algunos de mis discípulos, lo hice acompañado de Moisés y de Elías. Y cuando en la mismísima cruz clamaba a mi Padre, algunos decían que estaba llamando a este profeta. Además, le regalé un carro tuneado con fuego para subir a los cielos, la envidia de todos mis ángeles.

Eran los tiempos del rey Ajab, en el reino del norte, Israel. «Ajab ofendió con su conducta al Señor más que todos sus predecesores.»

La culpa no era suya, sino de una mujer (¡otra vez las mujeres!), la malvada Jezabel, su esposa, hija del rey de los sidonios, la más pérfida de toda la Biblia. Le convenció para que se alejara de mí y diese culto al maldito Baal y a la diosa Astarté. ¡Le construyó a Baal incluso un altar en Samaria!

Ya sabéis cómo me pongo. Decidí castigar a Israel, y ya que les gustaba tanto adorar a esos dioses de la fertilidad, les envié una terrible sequía para que se enterasen de quién mandaba.

Se plantó Elías de forma valiente ante el rey Ajab y le dijo:

—Vive el Señor Dios de Israel, a quien sirvo, que en los próximos dos años no habrá lluvia ni rocío si yo no lo ordeno.

Ajab no le hizo ni caso, y Elías, siguiendo mis indicaciones, se marchó a esconderse al torrente Querit. Yo le dije que tendría agua bebiendo del mismo torrente, y le enviaba cada día unos cuervos que le traían pan. Era una dieta un poco aburrida, pero mejor que la de la mayoría del pueblo del Israel, que con la sequía empezó a pasar hambre.

Sin embargo, se me fue la mano con el castigo y sequé el mismo torrente Querit, el que daba de beber a mi profeta. Cuando me di cuenta, le indique a Elías que se fuese a vivir a Sarepta de Sidón, que yo ordenaría a una viuda de allí que lo alimentase. Le buscaba criada y todo, no podía quejarse.

Estuvo un tiempo viviendo con la viuda y su hijo, y yo hacía que nunca se les acabase la harina ni el aceite. Incluso un día el hijo se murió y Elías lo resucitó. ¡Milagrazo! Ya os dije que Elías no era un cualquiera.

Mientras tanto, la maléfica Jezabel se dedicaba a buscar a mis profetas y matarlos. Pasados tres años desde que llegó a casa de la viuda, le dije a Elías que iba a hacer llover por fin, y que se presentase ante el rey Ajab.

Hay que reconocer que Elías tenía valor, porque se presentó ante el rey y le retó. Convocó a todo el pueblo de Israel en el monte Carmelo, sí, el de los monjes carmelitas, y desafió a 450 profetas de Baal.

Los profetas por un lado, y él por otro (pues sólo quedaba él de entre los míos), tenían que presentar un sacrificio con un novillo, pero no podían encender el fuego, sino que este habría de llegar a través de la invocación de los dioses. El sacrificio que ardiera sería el del verdadero Dios.

Comenzaron los profetas de Baal a invocar a su dios, pero el fuego no llegaba.

«Al mediodía, Elías se puso a burlarse de ellos y les decía:

—¡Gritad más fuerte! Baal es dios, pero quizás esté ocupado con negocios y problemas, o esté de viaje; tal vez esté dormido y se despertará.»

Así era Elías, hacía bromas con otras religiones. ¡Seguro que con Mahoma no tenía huevos! Si hubiese nacido en el siglo XX habría sido un tuitero de esos que se mofa de las respetables creencias de los demás. Habría creado una cuenta de Baaltuitero o algo parecido.

Los profetas de Baal continuaban invocándole sin éxito. Supongo que este dios tendría mejores cosas que hacer que quemar un novillo. Seguramente estaría fornicando por ahí con Astarté y otras diosas.

Elías formó su altar con 12 piedras, una por cada tribu de Israel, dispuso la leña y el novillo y ordenó llenar cuatro cántaros de agua y derramarla sobre la madera. «El agua corría en torno al altar hasta llenar la zanja.»

Entonces me invocó y yo hice bajar el fuego, que consumió el holocausto. ¡Había inventado la gasolina el muy pillín!

Al ver esto, el pueblo se postró en tierra exclamando: «El Señor es Dios! ¡El Señor es Dios!».

Elías aprovechó aquel momento de popularidad y ordenó que arrestaran a los 450 profetas de Baal, y los hizo degollar. Si vais a una iglesia y veis un cuadro representando un tío con una espada de fuego, ese es Elías.

Complacido, puse fin a la sequía y comenzó a llover.

Ajab le contó a su mujer Jezabel lo que Elías había hecho y cómo había pasado a filo de espada a todos los profetas de Baal. Entonces Jezabel envío a mi profeta este mensaje:

—¡Que los dioses me castiguen si mañana a estas horas no estás tú tan muerto como ellos!

Mucha teatralidad, pero la verdad es que no entiendo esta manía de los malos de avisar siempre a los buenos. Así es normal que se frustren siempre sus planes.

Elías lógicamente puso pies en polvorosa, y estuvo caminando 40 días y 40 noches hasta el monte Horeb. Cuarenta, sí.

Allí estaba nuestro profeta, un poco deprimido porque había visto que mucho fueguecito, pero de los profetas de Dios sólo quedaba él y encima estaba en busca y captura. Así que me aparecí para animarle y le encomendé una nueva misión:

«—Anda, regresa por el camino del desierto a Damasco, y a tu llegada unge a Jazael como rey de Siria; a Jehú, hijo de Namsí como rey de Israel; y a Eliseo, hijo de Safat, de Abelmejolá, como profeta sucesor tuyo».

El pobre Elías, que estaba harto de andar, alucinaba. Fue por eso por lo que le acabé regalando un carro de fuego, para que no tuviese que ir caminando a todas partes. Y añadí:

«—Al que escape de la espada de Jazael lo matará Jehú, y al que escape de la espada de Jehú lo matará Eliseo. Dejaré con vida en Israel a siete mil; aquellos cuyas rodillas no se han doblado ante Baal y cuyos labios no lo han besado».

Iba a realizar una buena escabechina, porque de todo el reino del norte sólo iban a quedar con vida 7.000 israelitas.

Marchó Elías y encontró a Eliseo, que era un joven que estaba arando, al que echó encima su manto, como señal de padrinazgo. Y Eliseo se consagró a su servicio, y formaron con más gente un grupo de profetas para instruirles en los secretos de la religión.

Un día, «uno del grupo de los profetas dijo a un compañero suyo, por orden del Señor:

—Golpéame.

Este se negó, y el otro le dijo:

—Por haber desobedecido la voz del Señor te matará un león apenas te separes de mí.

Y apenas se separaron, un león lo mató.

Encontró luego a otro hombre y le dijo:

—Golpéame.

Y aquel hombre lo golpeó hasta dejarlo baldado».

Con estas cosas se entretenían.

Después de esto, sucedió que un tal Nabot tenía una viña pegando al palacio real, y el rey Ajab, con una educación y unos miramientos con un simple plebeyo desconocidos para la época, le dijo:

—Cédeme tu viña para hacer una huerta, pues está contigua a mi palacio. En su lugar te daré un huerto mejor o, si lo prefieres, su valor en dinero.

Es decir, una expropiación con todo en regla y con una buena indemnización. Pues hete aquí que el tal Nabot se puso chulo y contestó al rey:

—¡Líbreme el Señor de darte la heredad de mis antepasados!

El pobre Ajab regresó triste al palacio tras la respuesta de Nabot, se acostó, se volvió contra la pared y no quiso comer. ¡Menudo monarca!

Pero ahí estaba Jezabel, que era la que llevaba los pantalones en la Corte, sin ni siquiera haberse estos inventado, y le preguntó qué le pasaba. Cuando Ajab le contó el motivo, su mujer le dijo:

—Eres tú realmente el rey de Israel? Levántate, come y no te preocupes. Yo te daré la viña de Nabot, el israelita.

Le faltó decirle: «Ay, mi niño, mi pequeñín, mi tesoro».

Jezabel escribió un par de cartas y Nabot acabó muerto a pedradas acusado de blasfemia y maldecir al monarca. Y la viña fue para el rey.

A mí ese episodio no me gustó y le dije a Elías:

—Ve al encuentro de Ajab… Le dirás: «Esto dice el Señor: Has asesinado y encima expropias».

Sí, amigos, lo de asesinar a veces me parecía mal. Y lo de expropiar, peor. Yo era más de dejar actuar a la mano invisible del mercado. Es verdad que las primeras comunidades de cristianos eran comunistas, pero en el Antiguo Testamento yo era más de derechas que Margaret Thatcher.

Y le dije a Elías que comunicase al rey que en el mismo lugar donde los perros habían lamido la sangre de Nabot, lamerían también la suya. Sí, reconozco que no le encomendaba encargos fáciles al bueno de Elías.

Mi profeta le soltó el comunicado al rey, y este, en lugar de matarle, como era un flojo, rasgó sus vestiduras, se vistió de sayal y ayunó en señal de penitencia. Entonces le dije a Elías que por haberse humillado ante mí no castigaría al rey en vida, sino que obraría de mi forma favorita: castigaría a su hijo.

Entre tanto, se produjo un momento de hermandad entre los dos reinos.

El rey Josafat de Judá vino a visitar a Ajab, y acordaron luchar codo a codo para recuperar Ramot de Galaad de manos del rey de Siria. A lo largo de los años alguna vez más colaborarían Israel y Judá. Como le dijo Josafat al rey de Israel:

—Tú y yo, tu pueblo y el mío, tu caballería y la mía somos una misma cosa.

SEGUNDO LIBRO DE LOS REYES
LA TRAGEDIA

Resulta que se me olvidó la promesa que le hice a Ajab de no castigarle en vida y murió el buen hombre en la guerra contra el rey de Siria. «Los perros lamieron la sangre del rey y las prostitutas se lavaron con ella, según las palabras del Señor.» ¡Qué obsesión con las prostitutas!

Le sucedió en el trono su hijo Ocozías, que también se dio a la idolatría como todos los reyes de Israel. Era otro maldito fan de Baal.

Un día no sé qué estaría haciendo Ocozías, que se cayó desde una ventana del piso superior de su palacio en Samaria, y quedó malherido. Entonces envió mensajeros con el encargo de consultar a Baalzebub, dios de Ecrón, preguntando si se iba a curar o no. Baalzebub era una versión de Baal que significa «Señor de las moscas», como la novela de William Golding. En el Nuevo Testamento aparece como Belcebú, el príncipe de los demonios nada menos.

Por el camino les salió al paso Elías que les dijo:

—¿Es que no hay Dios en Israel para que vayáis a consultar a Baalzebub, dios de Ecrón? Por eso, así dice el Señor: «No volverás a levantarte de la cama en que estás; morirás sin remedio».

Los mensajeros volvieron junto al rey y le transmitieron las palabras de mi profeta. A Ocozías no le sentaron muy bien lógicamente y envió un destacamento de 50 soldados a arrestarle.

Cuando llegaron donde estaba Elías, este me invocó y bajó un fuego del cielo y nos cargamos a los 50. De nuevo envió Ocozías otro capitán al mando de otros 50 soldados y los volvimos a hacer a la brasa. Y otra vez envió otro capitán con otros 50, se ve que le sobraban los hombres. El capitán rogó a Elías que respetase sus vidas, y entonces yo le dije a mi profeta que fuese con ellos hasta donde estaba el rey, que no le pasaría nada. Se lo podría

SEGUNDO LIBRO DE LOS REYES

haber dicho antes y habría ahorrado cien vidas, pero ¿qué son cien vidas para mí, un tipo que ha exterminado millones?

Elías repitió su fatal augurio ante el rey, el cual efectivamente murió. Como no tuvo hijos, le sucedió en el trono su hermano Jorán.

ELISEO

El tiempo del gran Elías ya estaba cumplido. Era un secreto a voces:

«El grupo de los profetas que residía en Betel salió al encuentro de Eliseo. Le dijeron:

—¿Sabes que el Señor va a arrebatarte hoy a tu maestro?

Eliseo les contestó:

—Claro que lo sé; ¡callad!

Llegaron a Jericó, y el grupo de los profetas que residía en Jericó se acercó a Eliseo. Le dijeron:

—¿Sabes que el Señor va a arrebatarte hoy a tu maestro?

Eliseo les dijo:

—Claro que lo sé; ¡callad!».

Hay que ver cómo les gustaba restregárselo. Se fueron Elías y Eliseo a dar una vuelta, seguidos a cierta distancia por 50 profetas cotillas, profeta arriba, profeta abajo. Llegaron el maestro y el pequeño saltamontes a la orilla del río Jordán, y golpeando Elías con su manto las aguas, las separó en dos y cruzaron tranquilamente. No iba a ser él menos que Moisés, que separó las aguas del Mar Rojo. Entonces Eliseo le pidió que le diese en herencia dos tercios de su espíritu, y Elías le prometió que si le veía «cuando fuese arrebatado» así sería, de lo contrario no. El asunto iba ganando emoción, y por fin llegó el gran momento:

«Mientras iban caminando y hablando, un carro de fuego con caballos de fuego se interpuso entre los dos, y Elías fue arrebatado en un torbellino hacia el cielo».

Como os dije, con todo lo que le había hecho caminar en vida al pobre hombre, qué menos que mandarle un taxi para que subiera a verme.

Al subir al taxi, a Elías se le cayó el manto milagroso, que fue recogido por Eliseo. Tocando las aguas con él las separó, y así el grupo de profetas comprobó que era su sucesor.

Aunque el número del carro-taxi había sido espectacular, no se fiaban de que le hubiese puesto suficiente gasolina, y dijeron a Eliseo:

—Mira, entre tus siervos hay cincuenta hombres robustos; permite que vayan a buscar a tu maestro, no sea que el espíritu del Señor que lo arrebató lo haya dejado caer en algún monte o en algún valle.

Se pensaban que yo iba dejando a mis profetas tirados por ahí. Se pusieron a buscarlo, pero no lo encontraron porque me lo había llevado al Cielo. Y Eliseo tuvo su momento de gloria:

—¿No os dije que no fuerais?

Eliseo era ahora mi profeta. Empezó a hacer muchos milagritos: sanó las aguas de la ciudad, eliminó el veneno de una olla... al principio parecía de Inspección de Sanidad. A una viuda que no tenía dinero le multiplicó tanto aceite que puso un negocio. Incluso un día me hizo la competencia y dio de comer a 100 personas con 20 panes. Es verdad que el récord lo tengo yo, que para eso soy Dios: con 5 panes di de comer a 5.000 personas, o bien con 7 a 4.000, eso ya según el pasaje del Evangelio que más os guste.

Pero el milagro más bonito de Eliseo fue el siguiente:

«De Jericó, Eliseo fue a Betel. Según iba por el camino, unos chiquillos salieron de la ciudad y se pusieron a hacerle burla. Le decían:

—¡Sube, calvo! ¡Sube, calvo!

Él se volvió, los miró y los maldijo en el nombre del Señor. Entonces salieron del monte dos osas y despedazaron a cuarenta y dos de aquellos chiquillos».

La verdad, dudo mucho que os lean alguna vez este pasaje en misa.

A diferencia de Elías, Eliseo se llevaba bien con el poder, y daba muy buenos consejos al rey. Cuando el monarca de Moab se cansó de pagar tributo a los israelitas y se rebeló, Eliseo asesoró al rey Jorán de esta manera:

«Así dice el Señor: [...] Demoleréis todas las ciudades amuralladas y las demás ciudades importantes, talaréis todos los árboles frutales, cegaréis todos los manantiales de agua y llenaréis de piedra toda tierra fértil».

Condenaba al hambre y la desesperación a una nación entera, pero no era la mía, ja, ja, ja. A mí sólo me importaban los israelitas, y no demasiado.

Eliseo era un hombre importante. Un día una mujer distinguida le insistió muchísimo en invitarle a comer. Eliseo aceptó y a cambio, al ver que la pobre tenía un marido viejo y no tenía hijos, le prometió que el año próximo tendría uno. No sabemos si se lo hizo el propio Eliseo o el Espíritu Santo, pero el caso es que al año siguiente la mujer dio a luz a ese niño. Pero el bebé murió, y tuvo que ir Eliseo y resucitarle. «El niño estornudó siete veces y abrió los ojos.» No una ni ocho, siete, número bíblico fetén, el número que más veces sale en la Biblia.

A este niño le fue mejor que a otro que aparece en este Segundo Libro de los Reyes. «Hubo una gran hambre en Samaria» y mirad qué cosa tan truculenta:

«Y le dijo el rey: "¿Qué tienes?". Ella respondió: "Esta mujer me dijo: 'Da acá tu hijo, y comámoslo hoy, y mañana comeremos el mío'".

Cocimos, pues, a mi hijo, y lo comimos. El día siguiente yo le dije: "Da acá tu hijo, y comámoslo". Mas ella ha escondido a su hijo».

¿Cómo se os ha quedado el cuerpo?

Como ya os digo, Eliseo no se codeaba con cualquiera. Un día le curó la lepra a Naamán, poderoso general del ejército del rey. Eliseo no aceptó ningún regalo a cambio, y eso le pareció un desperdicio a su criado Guejarí, el cual fue detrás del general a ver si sacaba algo. Cuando Eliseo se enteró le dijo:

—La lepra de Naamán pasará a ti y a tu descendencia para siempre.

¡Cómo las gastaba Eliseo! Me encantaba, había cogido a la primera el concepto de la «gracia» de Dios.

Y así transcurría la vida de este profeta. Que si encuentro un hacha perdida en un río, que si dejo ciegos a un montón de sirios para que no ataquen a Israel, que si anuncio a Jazael que va a ser el futuro rey de Siria y se cumple... siempre entre reyes y generales y grandes operaciones de Estado. Era lo que hoy llamaríamos un «fontanero» de la política.

JEHÚ TOMA EL MANDO

Un día Jehú, al que nos habíamos referido páginas atrás, tramó una conspiración y asesinó al rey de Israel, y tomó el poder. De propina además mató al rey de Judá que también se llamaba Ocozías.

Asimismo, asesinó a la malvada Jezabel, a la que tiraron por la ventana y cuyo cadáver se comieron los perros. Y mató también al resto de la familia de Ajab, y los hermanos de Ocozías, rey de Judá.

Como vemos, Jehú era un poco psicópata, pero hizo una cosa buena además de cargarse a Jezabel: extirpó el culto del maldito Baal en Jerusalén, pasando a filo de espada a todos los que profesaban esta religión. Eso sí, se olvidó de desterrar el dichoso culto a los becerros de oro, así que no me dejó contento del todo.

¡LLEGAN LOS ASIRIOS!

Fueron pasando los años y los reyes, y mi pueblo seguía sin hacerme ni caso. Especialmente los del reino del norte, Israel. Y así llegamos a los tiempos del rey Oseas, también en Israel.

Por aquel entonces había surgido una gran potencia llamada Asiria, y los israelitas se vieron obligados a ofrecerles vasallaje y pagarles tributo. El rey Oseas decidió dejar de pagarlo y envió mensajeros al rey de Egipto para unirse contra los asirios, pero fue sorprendido y se desató la desgracia. Decidí abandonar a mi pueblo pecador a su suerte.

El rey de Asiria invadió Israel, y conquistó la capital, Samaria, llevándose cautivos a los israelitas. Trajo gentes de pueblos extranjeros y con ellos repobló Israel, en sustitución de mi Pueblo Elegido. Esas gentes dieron culto a sus propios dioses: Sucot Benot, Nergal, Asimá, Nibjáz y Tartac...

Las diez tribus israelitas del norte se dispersaron por la faz de la Tierra. Era el fin del reino del norte, Israel. Corría el año 720 antes de mí.

Tan sólo quedaba ya el reino del sur, Judá, con sus dos tribus. Pero eran también unos pecadores.

Es verdad que tuvieron un rey virtuoso, Ezequías, y eso fue lo que los salvó de momento. Ezequías suprimió los malditos santuarios de los altozanos, arrancó los postes sagrados y deshizo la serpiente de bronce hecha por Moisés, a la que los israelitas daban culto también. Mi Pueblo Elegido adoraba cualquier cosa que le pusieran delante, menos a mí.

Ezequías guardó mis Mandamientos, y gracias a eso «triunfó en todas sus empresas», se rebeló contra el rey de Asiria y no le estuvo sometido, y derrotó a los filisteos.

Restauró el templo, eliminando de él los símbolos de idolatría, reformó el sacerdocio, volvió a celebrar la Pascua, reforzó las defensas de Judá y construyó un túnel para traer agua a Jerusalén.

Pero toda esta piedad religiosa no fue suficiente. Con el Imperio asirio no podía ni Dios. Asiria atacó de nuevo y conquistó varias ciudades de su reino, y amenazó de nuevo Jerusalén.

«El rey de Asiria exigió a Ezequías, rey de Judá, diez mil kilos de plata y mil de oro. Ezequías entregó toda la plata que había en el templo del Señor y en el tesoro del palacio real; desguarneció las puertas del templo del Señor y los marcos que él mismo había recubierto de oro, y se lo entregó al rey de Asiria.»

¡Me habían dejado la casa como un solar!

Sin embargo, a los asirios esto no les pareció suficiente y enviaron su ejército a asediar a Jerusalén. El copero mayor asirio, algo así como su ministro de asuntos exteriores, se burlaba de mí y amenazaba a mi pueblo.

Ya sabéis que no me gusta nada que se rían de mí y pongan en duda mi poder. Era el momento de la aparición de otro de mis grandes profetas: Isaías.

El rey, desesperado, consultó a este nuevo servidor mío, e Isaías le dijo que estuviese tranquilo, que yo me encargaría de los asirios.

Y así fue. Envié un ángel al campamento asirio «e hirió a ciento ochenta y cinco mil hombres. Cuando se levantaron por la mañana, no había más que cadáveres». El rey de Asiria volvió a su capital, Nínive, y allí encontró la muerte a manos de sus propios hijos.

Conmigo bromas, las justas.

Pero poco dura la alegría en casa del pobre. El rey de Babilonia, la otra potencia de la zona, envió emisarios a saludar al rey, que estaba convaleciente por aquel tiempo y echaron un ojo a lo que quedaba del tesoro del palacio.

Entonces Isaías dijo al rey:

—Escucha la palabra del Señor: Vendrán días en que será llevado a Babilonia todo lo que hay en tu palacio, todo lo que atesoraron tus antepasados hasta el día de hoy. No quedará nada, dice el Señor. Y tomarán también a tus hijos, para emplearlos como criados en el palacio del rey de Babilonia.

¡Pobre Ezequías! Hacía todo lo que yo le ordenaba, y aún así no ganaba para disgustos. De todas formas me porté bien con él, porque estando ya moribundo, acudió a Isaías y este le curó invocando mi nombre y utilizando una cataplasma de higos secos. Y así vivió un poco más.

A Ezequías le sucedió su hijo Manasés, que debió pensar que de perdidos al río y me ofendió cometiendo toda clase de maldades. Instauró de nuevo el culto a Baal y Astarté, quemó a su hijo y se dio a la magia y los encantamientos, instituyendo nigromantes y adivinos.

Dice mi libro que «derramó ríos de sangre inocente hasta anegar Jerusalén de punta a punta». Le sucedió su hijo Amón, que también se portó muy mal, y después de este por fin llegó uno muy bueno, el maravilloso rey Josías.

Hemos llegado al estupendo rey Josías, un rey muy importante porque en torno a su reinado se escribió el Deuteronomio y se fue dando forma al Pentateuco, la parte nuclear del Antiguo Testamento, sus cinco primeros libros, la Torá de los judíos: Génesis, Éxodo, Números, Levítico y Deuteronomio.

Dicen las malas lenguas que no fue el famoso profeta Moisés el que escribió estos cinco libros tan importantes, como afirmaban los Santos Padres, sino que se trató de un equipo de escribas y funcionarios de la Corte del reino de Judá, que mucho después recopilaron diversos textos y tradiciones orales de carácter legendario, poético, legal e incluso histórico en ocasiones.

Estad bien atentos a esto que os voy a contar a continuación porque es la clave de todo el Antiguo Testamento:

Dicha obra fue llevada a cabo en gran parte bajo el periodo de la monarquía tardía del reino de Judá, a la que pertenece el rey Josías, muchos siglos después de la supuesta existencia de Moisés y de las fechas que señala la Biblia para los hechos que se relatan.

Dicen esas víboras que se escribió esta saga épica para legitimar la ansiada unión política y religiosa de mi pueblo, que en esa época estaba dividido en dos reinos. Se buscaba unir a las tribus del reino del norte (reino de Israel propiamente dicho) y las del sur (reino de Judá) con una capital y un único templo dedicado a un único Dios situados en la sureña Jerusalén, prohibiendo el culto en los santuarios locales, como remacha una y otra vez mi texto sagrado.

En la Biblia se habla siempre bastante mal del reino de norte, diciendo que era el más pobre (justo lo contrario a la verdad) y desgraciado por culpa de haberse entregado sus pecadores reyes al culto de dioses extranjeros.

No es casualidad que mi texto sagrado narre cómo el gran Jacob dispuso en su testamento que su hijo Judá (el reino del Sur) reinaría sobre todos sus demás hermanos, las once tribus restantes.

Y cuando vimos la historia del gran rey David, el más importante de toda la Biblia, constatamos que por supuesto lo fue primero del sur, y luego ya de un Israel unificado, fijando la capital en Jerusalén, la sede del templo, y yo mismo cuando vine al mundo tuve buen cuidado de hacerlo «bajo la estirpe de David».

Al reunir las tradiciones que componen el Pentateuco (que los expertos agrupan en cuatro fuentes) los diversos recopiladores también aprovecharon para difamar a sus vecinos del este, los moabitas y amonitas, con aquella historia tan bonita que ya contamos y que narra cómo estas dos naciones provienen de los dos hijos que las hijas de Lot tuvieron a consecuencia de fornicar con su borracho padre. A los edomitas y arameos los despachaban haciéndolos descender del hermano pringao que se queda sin bendición (Esaú) y el facineroso timador timado de Labán, respectivamente.

Y ya dijimos que los ismaelitas, padres de las naciones árabes, provenían de Ismael, hijo de una esclava, y excluido de la Alianza.

La desaparición del reino norteño de Israel en 720 a.C. hizo posible la ilusión de describir a los israelitas como un solo pueblo, con Judá como su columna vertebral. Y a ello que se dedicaron con todas sus ganas los mejores literatos y recopiladores de historias del reino. Había que reforzar el papel del Reino de Judá, de sus reyes como Josías o Ezequías, y de su capital Jerusalén, ahora que pretendían regir los destinos de todo el pueblo hebreo, tanto de sus gentes del sur como del norte.

El objetivo era inventar un glorioso pasado ideal en el que su reino era fantástico, por supuesto mucho más importante que el del norte, y justificar que el culto y su negocio y el poder político asociado a él debía concentrarse en un único templo situado en su capital. Lo hicieron tan bien que hoy millones de personas al leer la Biblia creen que están leyendo un libro de historia en lugar de un libro de historias.

Según cuenta la Biblia, Josías fue un gran tipo que acabó con el culto de los dioses paganos y exterminó a todos los nigromantes y adivinos. «Derribó la casa de la prostitución sagrada, que estaba contigua al templo [...] profanó el crematorio del valle de Ben Hinón, para que nadie pasase a sus hijos por el fuego en honor a Moloc» y muchas cosas más.

«No hubo tal rey antes que él que se convirtiese a Jehová de todo su corazón [...] ni después de él nació otro tal» dice la Biblia.

Cuentan las Sagradas Escrituras que durante su reinado se produjo un gran descubrimiento: «el libro de la ley», nada más y nada menos que el Deuteronomio. Como dijimos, lo encontraron justo en el templo, mira qué casualidad. Gracias a ese providencial descubrimiento el rey Josías realizó una profunda reforma religiosa y mi Pueblo Elegido volvió a cumplir mis Mandamientos.

Sin embargo, a pesar de lo bueno que fue Josías, yo seguía enfadadísimo por las tropelías de su padre Manasés, y a través de mi profetisa Hulda (una mujer profetisa, se ve que me había despistado) le dije que yo traería la desgracia sobre Judá. En consideración a Josías no lo haría mientras él viviera, eso sí.

Por cierto, tuvo una muerte bastante tonta. En aquellos tiempos Babilonia reforzaba su poder, a la par que el Imperio asirio se desintegraba. El faraón de Egipto, Necao, acudía al encuentro del rey asirio para aliarse contra los babilonios. Mira que le avisó el faraón a Josías que yo había dispuesto que no se interpusiese en su camino o le destruiría. Pues el rey no le hizo ni caso y salió a interceptar las tropas egipcias. Y claro, por ir contra mis designios, un arquero le clavó una flecha y lo mató.

¿Qué se le habría perdido contra los egipcios?

¡LOS BABILONIOS! ¡EL DESASTRE TOTAL!

Después de Josías vinieron cuatro reyes que se dedicaron a ofenderme de nuevo, y yo me iba calentando cada vez más. Mi pueblo pronto iba a quedar totalmente abandonado a su suerte.

El Imperio babilónico era cada vez más fuerte, y el rey de Egipto «no volvió a salir más de su tierra, porque el rey de Babilonia había tomado todas sus posesiones desde el torrente de Egipto hasta el río Éufrates».

Eran los nuevos amos de la región.

Al rey de entonces en Judá, Sedecías, no se le ocurrió otra cosa que rebelarse contra los babilonios, que según cuenta la Biblia ya habían tomado Jerusalén en tiempos de su padre Jeconías y deportado a toda la población, a excepción de los más pobres, amén de haberse llevado los tesoros del templo y el palacio real.

Nabucodonosor, el poderoso rey de Babilonia, se presentó con todo su ejército ante Jerusalén, la asedió durante dos años, y la conquistó de nuevo. Esta vez los babilonios se emplearon a fondo. Nabucodonosor apresó al rey Sedecías, mandó degollar a sus hijos en su presencia, le sacó los ojos y le llevó cautivo a Babilonia.

Incendió mi templo (yo estaba en el Cielo, de vacaciones), el palacio y todas las casas de Jerusalén, demolió sus murallas y se llevó cautivos al resto de supervivientes que quedaban. Sólo dejó alguna gente del pueblo para el cultivo de los campos. Era el año 587 antes de mí. Mi Pueblo Elegido, abandonado por mí, había sido derrotado y deportado lejos de la Tierra Prometida. Parecía que todo había terminado.

LIBROS DE LAS CRÓNICAS

Pues así estaban las cosas. La historia de mi Pueblo Elegido había acabado en una completa tragedia, un fiasco total. Sí, sé que estáis acostumbrados a los finales felices, pero a veces la realidad es tozuda. ¿Y qué hacemos cuando no nos gusta la realidad presente? Pues soñamos con un futuro mejor, o nos recreamos en la dulce y tramposa melancolía añorando tiempos pasados.

Y eso es lo que hizo mi pueblo en esos momentos de desesperanza: recrear los gloriosos tiempos del rey David y el rey Salomón, los mejores de su historia. A eso se dedican los dos libros de las Crónicas, llamados también de un nombre muy raro: Paralipómenos, que según el diccionario de la Real Academia significa: «Suplemento o adición a algún escrito».

Los libros de las Crónicas son un rollo por dos motivos:

1. Porque en verdad originariamente eran físicamente un único rollo, que luego fue dividido en dos por cuestiones prácticas. Incluso se dice que pertenecían a una misma obra que englobaba también el libro de Esdras y el de Nehemías.

2. Porque narran lo mismo que ya os he contado antes en los libros de Samuel y Reyes. Bueno, lo mismo exactamente, no. Se dedican a hacer un lavado de imagen de David y Salomón, obviando aquellos aspectos de sus biografías menos favorecedores.

En los libros de Crónicas se narra de nuevo la vida de David y Salomón, pero no se cuenta nada del adulterio de David, la violación de Tamar, el asesinato de Amnón y la rebelión de su hijo Absalón. Tampoco nos dicen que Salomón adoró a otros dioses en su vejez, ni que tuvo todas esas mujeres extranjeras, y contiene exageraciones como cuando habla del asesinato de 7.000 aurigas en lugar de los 700 de que habla Samuel.

Estos libros prestan mucha atención a los asuntos religiosos, como la construcción del templo, diciendo ahora que David lo dejó prácticamente proyectado; al culto, a los levitas, y a los reyes que se portaron bien conmigo, como Ezequías y Josías, por supuesto. De los reyes pecadores y las gentes del reino del norte de Israel apenas dice nada, ¿para qué? Esos eran un mal ejemplo.

También se le va la mano al autor al hablar de ejércitos fabulosos de 400.000 hombres en Judá y 800.000 en Israel, pero bueno, ahora cuando hay una manifestación en cualquier plaza decís que hay dos millones y tampoco pasa nada. Y estáis ya en el siglo XXI.

Mi pueblo había caído en desgracia por no haberme obedecido. Pues bien, con estos libros se trataba de volverlos al buen camino. Algo especialmente relevante en el momento en que se redactaron las Crónicas, después del famoso edicto de Ciro.

Los tiempos del imperio de Babilonia habían pasado y Ciro era el rey de Persia, la nueva potencia. El malvado Imperio babilónico había caído en manos de los persas, y se había convertido en una provincia o satrapía más de sus dominios. Y Ciro era un tipo fantástico: estaba a favor de la libertad religiosa. Él adoraba a muchos dioses, y le parecía bien que cada uno rindiese culto al que quisiera. Y además permitía a la gente deportada volver a sus países. Era un amor.

Este rey defensor de la multiculturalidad permitió a los israelitas regresar a su tierra, y adorarme otra vez en Jerusalén.

Así termina el segundo libro de Crónicas:

«Edicto de Ciro:

El año primero de Ciro, rey de Persia, en cumplimiento de la profecía de Jeremías, el Señor despertó el espíritu de Ciro, rey de Persia, que publicó de palabra y por escrito por todo su reino este edicto:

»Así dice Ciro, rey de Persia: El Señor, Dios del cielo, me ha dado todos los reinos de la tierra y me ha encomendado construirle un templo en Jerusalén de Judá. Los que de entre vosotros pertenezcan a su pueblo, que vuelvan, y que el Señor su Dios esté con ellos.

Dicen que corría el año 538 antes de mí.

Y por eso, después de casi 50 años de cautiverio en Babilonia, al regresar ahora a su lugar de origen, mi Pueblo Elegido necesitaba recordar su pasado, y qué mejor que estos dos libros, que incluyen una extensa genealogía, para hacerlo. Eso sí, utilizando la memoria selectiva. Lo que no les gustó, lo quitaron.

ESDRAS
EL TERROR DE LOS MATRIMONIOS

Como hemos dicho, casi 50 años estuvo el pueblo de Judá cautivo en Babilonia. Fueron tiempos de gran tribulación. Pero llegó el bendito rey Ciro, fundador del Imperio persa y permitió que los judíos regresasen a Jerusalén, y dice mi libro que además les ordenó que me construyesen de nuevo un templo. Y además les devolvió todo lo que Nabucodonosor se había llevado de él. Casualmente, el encargado de entregar esos objetos sagrados se llamaba Mitrídates, que significa, «dado por Mitra». Mitra era un dios de origen persa y del que hablaremos en el Nuevo Testamento, porque dicen las malas lenguas que mi hijo le copió multitud de cosas.

Iban cargados hasta los topes. Mi libro hace inventario y todo: «Este es el inventario: treinta copas de oro, mil copas de plata, veintinueve cuchillos sagrados, treinta vasos de oro, cuatrocientos diez vasos de plata y mil objetos accesorios de diversas clases».

No quería que faltase ni una cuchara. Además, «los jefes de familia de Judá y Benjamín, los sacerdotes y levitas» hicieron una colecta entre sus vecinos, que entregaron «plata, oro, bienes, ganado, objetos preciosos y otros donativos voluntarios».

Con todo este tesoro, unas 50.000 personas de mi Pueblo Elegido regresaron a Jerusalén.

Cuando llegaron a su añorada capital, en el año 538 antes de mí, y bajo la dirección de los levitas, que ya sabemos que eran mis elegidos entre los elegidos, me erigieron un altar y comenzaron a ofrecerme holocaustos. Mi pueblo y yo volvíamos a llevarnos bien.

Y por supuesto, empezaron a construir mi templo de nuevo, destruido por los babilonios. Entonces aparecieron en escena los descendientes del reino del norte, que habían sido asentados también allí por «Asaradón, rey de Asiria» hacía algún tiempo, y les solicitaron que les permitiesen ayudarles en las obras, pues «también nosotros adoramos, como vosotros, al mismo Dios».

¿Qué hicieron los de Judá? ¿Se alegraron de la propuesta de sus hermanos? ¿Celebraron la llegada de nueva ayuda? Pues no:

—No edificaremos juntos un templo a nuestro Dios; conforme a la orden de Ciro, rey de Persia, lo edificaremos nosotros solos en honor del Señor, Dios de Israel.

Y claro, a los de Samaria les sentó mal, y empezaron a conspirar para hacer fracasar la nueva edificación.

«Sobornaron contra ellos a algunos consejeros para hacer fracasar su proyecto y se mantuvieron en esta actitud durante todo el reinado de Ciro, rey de Persia, hasta el reinado de Darío, rey de Persia».

No me extraña que luego cuando bajé a la Tierra en el Nuevo Testamento comprobase lo mal que se llevaban judíos y samaritanos.

Tras muchas dificultades y algún otro *lapsus* histórico que contiene este libro, como situar al rey Darío después del rey Artajerjes (el que escribió esta historia no se sabía muy bien la tabla de los reyes persas), «en el año sexto del reinado de Darío» terminaron por fin la construcción del templo.

Después de esto celebraron la Pascua, y desaparece Darío y, dando un salto en el tiempo de 80 años, aparece de nuevo el rey persa Artajerjes, y el protagonista del libro, Esdras.

Artajerjes ordena a Esdras, un escriba y sacerdote judío, que vaya a supervisar cómo van las cosas en Jerusalén y Judá, y que le acompañen «todos mis súbditos israelitas, también los sacerdotes y levitas».

Le suministró cuantiosas riquezas y le indicó que una vez en su destino debía nombrar jueces y magistrados, y que por descontado todas las personas adscritas al templo estarían exentas de pagar tributos. Una teocracia preciosa.

Llegó el bueno de Esdras con toda su gente a Jerusalén, y se quedó aterrado con la perversión que descubrió: ¡muchos judíos se habían casado con extranjeras! ¡Con lo prohibidísimo que yo se lo tenía! Que luego esas víboras les inducían con sus malas artes a adorar a sus dioses foráneos y olvidarse de mí.

Esdras se rasgó las vestiduras, se rapó los cabellos y la barba y se quedó desolado. Pero pronto reaccionó. Después de pasarse toda una noche «sin comer ni beber» (a lo mejor es que estaba durmiendo) dictó un bando ordenando que todo aquel que estuviese casado con una extranjera y no la echase de casa junto a sus hijos sería excluido del pueblo y sus bienes confiscados. ¡Bien hecho!

Eligió una serie de colaboradores que investigaron e hicieron una «lista de los interesados». Y procedió. Esto hoy lo llamáis *limpieza étnica.*

Es palabra de Dios.

NEHEMÍAS
EL BRAZO FUERTE DE LA LEY

En el mismo tiempo que Esdras vivía en Persia un judío llamado Nehemías. Tenía un puestazo: era el copero del rey Artajerjes. Los coperos reales de entonces no eran simples camareros como los de ahora, sino que disfrutaban de gran poder e influencia y realizaban importantes labores diplomáticas.

Nehemías estaba muy apenado por la situación de su pueblo, y solicitó al rey ir a Judá a reconstruir Jerusalén.

Cuando Nehemías llegó a Jerusalén, se convirtió en gobernador de Judá y organizó la reconstrucción de la muralla de la ciudad, encargando a cada familia un tramo. Pero a los de los pueblos vecinos no les gustó nada la idea. Al igual que Esdras tuvo que hacer frente a la oposición de los samaritanos, Nehemías tuvo que vérselas con un tal Tobías, con otro tipo llamado Sambalat, con los árabes, con los amonitas y con mucha gente más. Pero poco a poco la construcción de la muralla fue avanzando.

A la amenaza exterior, Nehemías tuvo que sumar el descontento entre su gente. A causa de los impuestos reales (ya dijimos que mis chicos habían vuelto a su tierra, pero eran súbditos de los persas), la gente estaba muy empobrecida, hasta el punto de que algunos israelitas se veían obligados a entregar como esclavos a sus hijos a otros israelitas. Y ya sabéis que a mí la esclavitud me parecía bien, excepto en el caso de que se produjese entre los miembros de mi Pueblo Elegido. Así que Nehemías reunió a la gente en asamblea y, adelantándose al padrenuestro, les dijo: «¡Perdonemos todos las deudas!...» Toda la asamblea respondió: «¡Amén!».

Nehemías presumía de que nunca había reclamado sus honorarios de gobernador ni su provisión de comida, a pesar de que cada día sentaba a 150 judíos en su mesa. ¿Cómo lo hacía entonces? ¿Multiplicaba también los panes y los peces? No lo sabemos, mi libro no dice nada, se trata de uno de los primeros milagros económicos de la historia.

Por fin quedó la muralla terminada, y todos los pueblos vecinos se maravillaron y vieron que en la obra estaba mi mano. Entonces Nehemías realizó un censo, y yo no le castigué como hice con David aquella vez que le envié la peste. Otra vez me volvían a gustar los censos.

A Nehemías le salieron «cuarenta y dos mil trescientas sesenta personas, sin contar a los siervos y las siervas, que sumaban siete mil trescientos treinta y siete [...] setecientos treinta y seis caballos, doscientos cuarenta y cinco mulos, cuatrocientos treinta y cinco camellos y seis mil setecientos veinte asnos».

El personal adscrito al templo resultó ser de 392 privilegiados.

Para celebrar lo bien que había quedado el recuento «los cabezas de familia aportaron veinte mil monedas de oro y mil doscientos kilos de plata». Que los milagros económicos no se sostienen solos.

Entonces el sacerdote Esdras, el del libro anterior, que dicen que también escribió este, hizo una lectura pública de la ley. El pueblo reconoció públicamente sus pecados, me adoraron rostro en tierra, y establecieron una nueva alianza conmigo, otra más.

Se comprometieron a guardar mis Mandamientos, y, lo más importante, a entregar cada uno cuatro gramos de plata al año para el sostenimiento del templo. Establecieron que los afortunados levitas se quedarían con el diezmo de la producción del suelo, y que llevarían la décima parte de ese diezmo al templo, a la sala del tesoro, donde se guardan «las ofrendas del trigo, del vino y del aceite».

La gente era más pobre que las ratas, pero, como siempre, en el templo nunca faltaba de nada.

Una vez contados, los israelitas se repartieron por todas las ciudades de Judá. En Jerusalén se establecieron descendientes de Judá y Benjamín, mis dos tribus favoritas, curiosamente, las que escriben casi todo mi libro.

Y por supuesto «decidieron excluir de Israel a todos los extranjeros».

Y Nehemías, una vez todo en orden, regresó a la Corte de Artajerjes, satisfecho, no sin antes inaugurar con gran pompa las murallas, que ya sabemos que a todo gobernante le gusta más una inauguración que a un niño un caramelo.

Al cabo de un tiempo, Nehemías regresó a Jerusalén a ver cómo estaban las cosas, y ¡oh, horror! ¡Habían profanado mi templo reservándole una sala al mismísimo Tobías, el cabecilla que les estuvo hostigando en el pasado! ¡Y no se habían vuelto a entregar a los levitas las porciones a ellos asignadas! ¿De qué iban a vivir estos pobres parásitos? Se habían tenido que ir cada uno a su pueblo a trabajar.

Nehemías se puso firme, arrojó fuera todos los muebles de Tobías, purificó el templo y restituyó a los levitas en sus puestos. Se dio cuenta también de que mi pueblo profanaba el sábado intercambiando mercancías con oriundos de Tiro, y ordenó que ese día se cerrasen a cal y canto las puertas de la ciudad.

Y lo peor de todo, al igual que Esdras, ¡descubrió que había judíos que se habían casado con extranjeras! ¡Incluso uno de los hijos del Sumo Sacerdote era yerno del maldito Sambalat, uno de los saboteadores que os comenté!

Esto dice Nehemías:

«Yo los reprendí, los maldije, mandé azotar a muchos de ellos, hice que les raparan la cabeza y les hice jurar en el nombre de Dios que no se casarían ni ellos ni sus hijos ni sus hijas con extranjeros [...] Acuérdate de mí, Dios mío, para mi bien».

RUT
MOABITA PERO EJEMPLAR

Pero no todas las mujeres extranjeras eran malas, siempre estaba la excepción que confirma la regla. Esa excepción se llamaba Rut, y vivió muchos años atrás, durante el periodo de los Jueces. Voy a contaros su historia.

Érase una vez (sí, lo narro como un cuento, pues esto es lo que es el libro de Rut, un cuento que se contaban los israelitas durante la etapa posterior al cautiverio babilónico) un hombre llamado Elimélec, que debido a una de tantas hambrunas que asoló mi Tierra Prometida, esa donde «manaba leche y miel», se vio obligado a partir de Belén (para ser un pueblucho hay que ver la cantidad de cosas que pasaban allí) al país de Moab.

El hombre estaba casado con una mujer también de Belén llamada Noemí, y tenían dos hijos, que se casaron con dos mujeres moabitas: Rut y Orfá.

Quiso la desgracia que al cabo de diez años de llegar a Moab, muriesen tanto el marido como los dos hijos de Noemí. La hambruna en Palestina había pasado, y Noemí decidió regresar a su tierra. A sus nueras les dijo que se quedasen en Moab, pues:

—¿A qué vais a venir conmigo? ¿Creéis que aún puedo tener hijos que lleguen a casarse con vosotras?

Orfá se despidió de su suegra, pero Rut le contestó:

—No insistas...donde tú vayas, yo iré. Donde tú mueras, moriré allí y allí me enterrarán.

¡Para que luego digan que las suegras y las nueras se llevan mal! Desde luego, el de Rut fue un gran ejemplo de fidelidad.

Llegaron a Belén, y era el tiempo de la siega de la cebada. Afortunadamente, Noemí tenía un pariente muy rico llamado Booz. Este le permitió a Rut espigar detrás de sus segadores, y al enterarse de su historia y lo bien que se había portado con Noemí, la trató muy bien, incluso les dijo a sus segadores que dejasen caer espigas de sus manojos para que Rut los recogiese.

Noemí se puso muy contenta al ver lo bien que se llevaba su nuera con su pariente Booz, que además tenía derecho de levirato sobre ellas, y un día le dio unos consejillos:

—Hija mía, he pensado en tu felicidad. Booz, con cuyos segadores has estado, es pariente nuestro. Mira, esta tarde limpia su era. Arréglate, ponte los mejores vestidos y vete a la era, pero no dejes que él te vea hasta que haya terminado de comer y de beber. Cuando se haya acostado, fíjate bien dónde duerme; luego vas, destapas sus pies y te acuestas; él te indicará lo que debes hacer.

No se andaba con tonterías la suegra. Rut hizo lo que Noemí le indicó, y cuando Booz se despertó sobresaltado con la nueva inquilina en su cama, le dijo que este gesto de fidelidad le gustaba «todavía más que el primero», pero que había otro pariente más próximo, y que tenía que ver si este quería «hacer uso de su derecho». «Si no, te prometo que lo haré yo», añadió.

Booz fue a hablar con ese pariente, y le dijo que le vendía un campo, pero que ese campo venía con Rut incluida, con la que habría de casarse si lo quería. Ya sabéis que en la Biblia la mujer no es más que una mercancía.

El pariente no quiso, porque no quería perjudicar a sus herederos, y Booz se casó con Rut, la moabita. Si lo llegan a pillar Esdras o Nehemías lo crujen a host... perdón, no quería decir eso.

Y Rut y Booz fueron felices y comieron perdices. Y tuvieron un hijo llamado Obed. Fue el padre de Jesé, padre del mítico rey David. Sí, amigos, el mismísimo rey David, del que yo mismo desciendo, era de origen extranjero. Pasa hasta en las mejores familias.

TOBÍAS
ÁNGELES Y DEMONIOS

Otra bonita historia y que dio lugar a otro libro de la Biblia es la de Tobías. El malo del libro de Nehemías, no, otro.

Érase una vez un hombre muy piadoso llamado Tobit. Era el modelo de israelita fiel a mis Mandamientos, y una bellísima persona que ayudaba siempre a los demás. Como premio, un día que estaba acostado junto a una tapia, le cayeron unos excrementos de unos pájaros en los ojos y se quedó ciego.

Tenía Tobit un hijo llamado Tobías, al que, como buen padre, le indicó que no se casase con una extranjera, sino con alguien de su familia. Por la divina ley del levirato, era el pariente más próximo de una mujer rica y hermosa llamada Sara. En principio esto parecía un planazo, pero había un pequeño inconveniente: Sara se había casado anteriormente siete veces y los siete maridos habían muerto, debido a que un demonio llamado Asmodeo estaba enamorado de ella y se los cargaba antes de que pudiesen tener relaciones con esta mujer.

Por suerte para Tobías, le salió al encuentro el ángel Rafael, del que se hizo amigo sin saber de quién se trataba, pues había bajado de incógnito. A partir de ese día Rafael le acompañaba y le aconsejaba, era un maravilloso Ángel de la Guarda. El ángel le animó a casarse con Sara, pues, como le dijo, si su padre «la casara con otro, se haría reo de muerte según la ley de Moisés».

Tobías no se fiaba, debido a los antecedentes tan luctuosos de la muchacha. Pero mi ángel lo tenía todo bajo control: unos días antes habían pescado un enorme pez en el río, y Rafael le indicó que cuando llegasen a la casa de la chica y entrase en la cámara nupcial tomase una parte del hígado del pez y su corazón y lo pusiese en las brasas del incienso. No parecía la mejor forma de aromatizar una boda, la verdad.

Llegó el día del casorio, y cuando entraron los novios en la cámara nupcial, hizo Tobías lo que el ángel le ordenó. A Sara no le dio tiempo a protestar por el pestazo: «El olor del pez se esparció y el demonio salió corriendo por los aires hacia las regiones de Egipto. Rafael salió al instante tras él, lo ató de pies y manos y lo encadenó allí».

Para ser un demonio, un habitante del Infierno, Asmodeo era muy sensible a los olores.

Los novios salieron de la cámara, porque allí no había quién aguantara, y sin cura ni nada, rezando simplemente una bonita oración, se casaron ellos mismos.

Mientras, el padre de la novia se levantó, llamó a los criados y comenzaron a cavar una fosa pensando: «No sea que haya muerto, y seamos objeto de burla e irrisión».

Es que eso de que se te muera el yerno y no tengas ni una triste fosa preparada siempre ha sido motivo de gran escarnio.

Después mandó a una criada a ver si Tobías seguía vivo, y cuando comprobó que sí, me bendijo y comenzaron los festejos de la boda.

Pero para que la historia tuviese un completo final feliz, faltaba sanar al padre de Tobías. Mi ángel Rafael, que además era curandero, le dijo a Tobías que untase los ojos de su padre con la hiel del pez. «La medicina contraerá y disolverá las manchas blancas de sus ojos y así tu padre recobrará la vista», le explicó en plan catedrático de medicina.

Y así fue, y finalmente Rafael les mostró su verdadera identidad, y una vez todo en orden, desapareció.

175

JUDIT
EL FIN JUSTIFICA LOS MEDIOS

«En el año duodécimo del reinado de Nabucodonosor, que reinaba sobre los asirios en Nínive [...]» Así empieza el libro de Judit, es decir, mal, porque como bien recordaréis, Nabucodonosor no fue rey de Asiria, sino de Babilonia, y Nínive había sido destruida con anterioridad a él.

Da igual, este libro es otro de esos relatos ejemplares, como los de Rut y Tobías, bellas historias con moraleja destinadas al consumo interno de mi Pueblo Elegido durante los tiempos de dificultad.

Cuenta el libro de Judit que, en aquellos tiempos, el ejército de Nabucodonosor, comandando por su general Holofernes, había puesto asedio a la ciudad israelita de Betulia, una ciudad que por cierto ha sido imposible de identificar, así como otros lugares que nombra el relato.

Los tuvieron cercados 34 días, que no llegaron a 40 como a mí me gusta, porque los israelitas se quedaron sin agua. Estaban en una situación desesperada. El pueblo protestaba y decía que yo me había olvidado de ellos, y pedía a sus líderes que se rindiesen al ejército de Holofernes. Pero Ozías, que mandaba en la ciudad, les pidió que esperasen cinco días (así la suma le salía ya a 40), y si yo en ese tiempo no hacía nada, se entregarían.

Había sido interpelado por mi pueblo, tenía que actuar. Ya sabéis que no me gusta que se dude de mí. Iba a destruir al ejército enemigo, y además de la manera más humillante que había en el Antiguo Testamento: a manos de una mujer.

Vivía por aquel tiempo en Bethulia una hermosa y rica viuda llamada Judit, que significa «la judía». Judit, con ese nombre, era la encarnación de todas las virtudes de mi pueblo: mortificaba su cuerpo y vestía de luto, ayunaba, y «tenía una bella figura y era atractiva».

La piadosa Judit habló con los ancianos de la ciudad y les recriminó haberme puesto a prueba. Les dijo que no tenían derecho a ponerme plazos, y que yo ayudaría a mi pueblo cuando me diera la gana. ¡Qué bien me conocía esa mujer!

Ozías le contestó que le parecía muy bien lo que le había dicho, pero que se estaban muriendo de sed y que a ver si, ya que me conocía tanto, me podía pedir que hiciese llover para que tuviesen agua.

Pero a Judit se le ocurrió una idea mejor. Como no debía ver muchas nubes en el cielo, decidió trazar su propio plan. Que lo de rezar está muy bien, pero lo de «quien quiera peces que se moje el culo» también es una verdad universal.

«Se quitó el vestido penitencial que llevaba puesto y dejó los vestidos de viuda. Se bañó, se perfumó, se peinó, adornó su cabeza con una diadema y se vistió de fiesta.»

Le abrieron la puerta de la ciudad, le desearon suerte, y marchó al encuentro del ejército sitiador, acompañada de su criada. Pronto las interceptó una avanzadilla y, al ver a la señora tan ricamente engalanada, las llevaron a la tienda de Holofernes.

La noticia de la llegada de Judit originó un gran revuelo en el campamento, y los soldados asirios (o babilonios, qué más da) se las prometían muy felices para cuando conquistasen la ciudad, al ver lo bellas que eran las israelitas.

Holofernes quedó inmediatamente prendado de su belleza, y Judit lo engatusó con su elegancia y elocuencia. Incluso dio unos cuantos vivas a Nabucodonosor para mostrar su lealtad a los sitiadores. El general estaba encantado. Le prometió que residiría en la propia casa del rey y que sería famosa en toda la tierra. Y así, flirteando, pasó tres días y tres noches Judit en el campamento. Incluso le dejaban salir de vez en cuando con su criada a rezar.

Al cuarto día, Holofernes, que debía ser un caballero de esos que no hay en la Biblia, porque todavía no se había acostado con ella, decidió ofrecer un banquete con comida y bebida en abundancia, sin invitar a sus oficiales, solamente a sus servidores y a Judit y su criada.

Así le dijo a su eunuco Baogas, su mayordomo:

—Anda, vete y convence a esa mujer hebrea que está a tu cargo para que venga a comer y a beber con nosotros. Porque sería vergonzoso dejar marchar a una mujer como esa sin haberme acostado con ella. Si no la conquisto, se va a reír de mí.

Estuvieron toda la noche comiendo y bebiendo, si bien Judit, como era una buena judía y no quería contaminarse con alimentos prohibidos por mí, tomó sólo lo que su criada le había preparado.

Cuando se hizo tarde, salieron todos los siervos, y quedaron solos en la tienda Judit y Holofernes. Pero el general estaba completamente borracho y se quedó dormido. Fue entonces cuando Judit aprovechó, me rezó una breve oración para que la infundiese valor, tomó el alfanje de Holofernes, y agarrándole por la cabellera, le asestó dos tajos con todas sus fuerzas y le cortó la cabeza.

Judit abandonó rápidamente la tienda, entregó la cabeza a su criada, que la metió en la alforja de las provisiones, como si vinieran de la compra, y, aprovechando que tenían permiso para salir a rezar, atravesaron tranquilamente el campamento y huyeron, regresando a Betulia con su preciado trofeo.

Al entrar mi heroína en la ciudad todos la recibieron con alegría, y más cuando les enseñó el recuerdo que se había traído. Eso sí, les juró que no se había acostado con el general. Una cosa es ser una asesina y otra, una fresca.

Entonces les dijo a sus conciudadanos que tomasen las armas al despuntar el alba y saliesen a atacar a los «asirios» (o babilonios, qué más da), y que así estos acudirían corriendo a la tienda de Holofernes y al verlo muerto, huirían.

Y así fue. Todo el ejército enemigo, presa del pánico, huyó en desbandada, y el ejército israelita lo persiguió y aniquiló.

Judit se convirtió en una celebridad, «fue muy famosa en todo el país». Tuvo muchos pretendientes, pero no quiso casarse con ninguno. Se hizo vieja en la casa de su difunto, y llegó a cumplir 105 años. Los israelitas guardaron luto durante siete días en su honor.

«Mientras vivió Judit y durante mucho tiempo después de su muerte, nadie volvió a atemorizar a los israelitas.»

Lástima que no sepamos si eso fue en tiempos de los asirios o de los babilonios.

ESTER
EL DULCE SABOR DE LA VENGANZA

El libro de Ester es muy curioso, porque es, junto al Cantar de los Cantares, el único de toda la Biblia que no me nombra. No se decía la palabra *Dios* ni una vez. Menos mal que lo solucionaron con añadidos posteriores que acabaron colando en las traducciones siguientes al griego y el latín.

La historia de Ester es una historia digna de *Las Mil y una Noches*. Érase una vez, años después del edicto del rey persa Ciro, aquel que permitió a los israelitas volver a sus tierras, otro rey persa llamado Asuero, el cual no vienen en ningún libro de historia y los estudiosos identifican con Jerjes I.

Su imperio se extendía por 127 provincias, desde la India hasta Etiopía, y para mostrar su esplendor invitó a todos los gobernadores y miembros de la nobleza a varios festejos en su palacio, los cuales duraron más que una boda gitana: 180 días.

Organizó un banquete de siete días, y a la vez la reina Vasti, su mujer, celebró otro para las mujeres. Al séptimo día, Asuero, alegre por el vino, mandó llamar a la reina para que todos los invitados admirasen su belleza, ya que era muy hermosa. Pero la reina le salió respondona y se negó a acudir.

El rey se enfadó sobremanera y pidió consejo a los primeros cargos del reino, los cuales le advirtieron que la conducta de la dama era muy mal ejemplo, y que se corría el peligro de que sus propias esposas la imitaran.

Por tanto, el rey decidió retirarle a Vasti el título de reina y sacó la plaza a concurso. Le buscaron por todo el reino jóvenes vírgenes y hermosas, y la ganadora del *casting* fue una preciosa muchacha judía, cómo no, llamada Hedasá.

Hedasá había sido criada por su primo, un recto judío llamado Mardoqueo, «varón ilustre de la Corte», el cual le aconsejó que no dijera nada acerca de su raza u origen. Le cambiaron el nombre a Ester y punto. Da igual, hay un consenso entre los estudiosos bíblicos en que toda esta historia del libro de Ester es inventada (todavía más que el resto de mi libro). El nombre de Mardoqueo viene del dios babilónico Marduk; el de Ester, de su también prima la diosa Isthar, y Vasti es el nombre de otra diosa elamita. Me llenan la Biblia de dioses paganos y no me entero.

Prosigamos:

«Cuando una muchacha terminaba la preparación de doce meses, tal como establecía el reglamento de las mujeres, pasaba a presencia del rey Asuero. El tratamiento de belleza consistía en seis meses a base de aceite de mirra y otros seis con perfumes y cremas de belleza».

Cuando el rey la vio tan reluciente quedó prendado de ella, se convirtió en la favorita de su harén y la nombró reina.

Un día que Mardoqueo estaba sentado a la puerta del palacio real, descubrió que dos eunucos descontentos conspiraban para dar muerte al rey. Informó a Ester y esta al rey de parte de Mardoqueo. Y los malvados eunucos (ya sabéis que en la Biblia no nos gusta este tipo de gente, ya os dije que ni siquiera les dejamos ir a misa) fueron colgados y el rey salvó su vida.

Pasado algún tiempo, el rey elevó al poder a un tal Amán, de nombre sospechosamente parecido al dios elamita Hammán. Por orden del rey, todos los servidores se arrodillaron ante él, menos Mardoqueo.

Se pilló tal rebote Amán que decidió no sólo ejecutar a Mardoqueo, sino exterminar a todo el pueblo judío. Solicitó al rey que le permitiera acabar con todos los hebreos, y el rey se lo concedió. Es verdad que esto no cuadra con la política tolerante de los persas hacia los pueblos y religiones sometidos a su control, pero si la Biblia lo dice, será verdad.

Celebraron un sorteo llamado *pur*, que significa «suerte», para ver qué día realizaban la matanza, y salió «el día trece del duodécimo mes», cosa que no me extraña porque el 13 siempre fue un número de muy mala suerte.

Cuando Mardoqueo se enteró de esto se rasgó las vestiduras, y dio aviso a la reina Ester para que hablase con el rey y lo impidiera. Pero Ester le contestó que hacía ya un mes que el rey no la llamaba, y que todo el mundo sabía que quien osase mostrarse en su presencia sin haber sido requerido por el monarca sería reo de muerte. Mardoqueo le contestó que la iba a matar de todos modos, porque ella también era judía, y eso sí convenció a nuestra protagonista.

Ester fue a ver al rey y este la recibió diciéndole que la norma que decretaba la muerte para las visitas inesperadas era para los demás, que ella era la reina, que había que aclararlo todo, hay que ver.

Ester le pidió entonces que le acompañase al día siguiente a un banquete que había preparado, al que asistiría el malvado Amán.

Amán se las prometía muy felices, incluso había preparado ya una horca para Mardoqueo, para colgarlo el mismo día del banquete.

Pero aquella noche el rey no concilió bien el sueño y ordenó que le trajesen algo de lectura aburrida. Le llevaron el libro de los Anales o Crónicas, y allí constaba que Mardoqueo le había salvado la vida. Preguntó qué recompensa le habían dado por ello, y le contestaron que nada. Entonces ordenó a Amán que vistiese a Mardoqueo con ricas ropas y lo paseasen a caballo, para que todo el mundo viese que se le concedía un alto honor. Y Amán, humillado, lo tuvo que hacer.

Llegó el momento del banquete, y, cuando estaban todos los invitados sentados a la mesa, el rey, al ver triste a Ester, le preguntó el motivo de su pesar:

—¿Cuál es tu petición, reina Ester? Se te dará todo. ¿Qué deseas? Te daré incluso la mitad de mi reino.

Entonces Ester le contó que estaba muy triste porque su pueblo iba a ser exterminado.

El rey Asuero se ve que era muy olvidadizo, porque, si antes no se acordaba de que Mardoqueo le había salvado la vida y tuvo que recordarlo gracias al libro, ahora desconocía que él mismo había dado la orden de exterminio de un pueblo entero y le preguntó a Ester:

—¿Quién es? ¿Dónde está el que intenta hacer eso?

Y Ester tuvo que recordarle que el instigador de semejante crimen estaba sentado ahí mismo: era el pérfido Amán.

Sin pensárselo mucho, el rey mandó que ahorcasen a Amán, cosa que hicieron en la misma horca que este había preparado para Mardoqueo.

Además, dio orden de que no se exterminase a los judíos. No sólo eso, les permitió tomarse la justicia por su mano y vengarse de los que les habían querido matar:

«Nadie les opuso resistencia, porque la población entera les tenía pánico [...] Los judíos pasaron a cuchillo a todos sus enemigos, matándolos y exterminándolos; hicieron de ellos lo que quisieron».

Se cargaron «setenta y cinco mil adversarios», amén de ahorcar a los diez hijos de Amán.

Y como estaban muy contentos, celebraron la fiesta de los Purim. Este nombre viene de Pur, «suerte», y ahora los judíos celebraban precisamente eso, que había cambiado la suerte. Donde las dan, las toman.

LIBROS DE LOS MACABEOS (I Y II)
LA REBELIÓN

Pero dejémonos de cuentos y volvamos a la historia de mi Pueblo Elegido. Hemos llegado a los libros de los Macabeos, que no forman parte de la Biblia hebrea y son considerados apócrifos por los protestantes. A veces pasan estas cosillas con mis memorias.

Ya vimos cómo, tras caer en manos de los babilonios, vinieron después los persas. Pues bien, los persas fueron después derrotados por el gran Alejandro Magno, macedonio ilustre que dominó medio mundo, extendiendo la influencia griega durante miles de kilómetros. A su muerte, sus sucesores se repartieron el imperio, quedando la Tierra Prometida en manos de la dinastía seleúcida, que extendió la cultura helena entre mi pueblo. De todas formas, los judíos gozaban de cierta libertad religiosa, justo lo que ellos negaban a otros pueblos.

Hasta que en el 175 antes de mí llegó al poder Antíoco IV Epífanes, también conocido como Antíoco «el Loco».

Antíoco decretó que todos sus súbditos sustituyesen sus tradiciones por las griegas. Le vendió el cargo de Sumo Sacerdote a un tal Jasón, que impuso el modo de vida griego a los judíos. Pasaron del culto a Dios, al culto al cuerpo, vuestra religión actual, y, aunque todavía no estaba de moda la fiebre de los *runners*, fijaos lo que ocurrió:

«Se atrevió a poner un gimnasio al pie de la ciudadela y obligó a llevar un sombrero llamado petaso a los jóvenes distinguidos. El estilo de vida griego y las costumbres extranjeras se impusieron, debido al impío y falso sacerdote Jasón, hasta tal punto que los sacerdotes no se ocupaban del servicio del altar, sino que despreciaban el templo; no se preocupaban de los sacrificios y se apresuraban a tomar parte en las exhibiciones deportivas contrarias a la ley, tales como el lanzamiento de disco».

Eran los tiempos de los Juegos Olímpicos. Ahora en lugar de rezar, le había dado a todo el mundo por hacer deporte. Y para colmo, totalmente desnudos. Como a los judíos les daba algo de vergüenza, «se restituyeron los prepucios», es decir, ¡se colocaban prepucios falsos para ocultar la circuncisión!

Como todo es susceptible de empeorar, el sacerdote Jasón fue suplantado por otro tipo peor llamado Menelao, que «consiguió que lo nombrara Sumo Sacerdote, ofreciendo unos nueve mil kilos de plata más que Jasón».

Ahí ya fue el acabose. «El templo se vio lleno de lujuria y de orgías de los paganos, que banqueteaban allí con las prostitutas y fornicaban con las mujeres en los atrios sagrados, llenándolo todo de objetos prohibidos.»

Instalaron una estatua de Zeus en el templo (hay quien dice que mi imagen actual, con barba y pelo largos es una copia del *look* de este dios griego), con lo cual mis celos ya no podían ser mayores, y realizaban procesiones en las fiestas de Dioniso, otro del que dicen que me he copiado, ya lo veremos luego, donde todos llevaban coronas de hiedra.

Hubo algunas luchas violentas por el poder entre Jasón y Menelao, y el rey tuvo que intervenir para poner paz, matando a «cuarenta mil en tres días» y vendiendo a otros tantos como esclavos.

Algunos judíos no se querían someter al modo de vida griega, y fueron torturados y ejecutados. Se estaba preparando el clima para una revuelta popular.

La chispa que encendió la mecha fue la siguiente: los comisionados del rey paseaban una estatua de Zeus por los pueblos, obligando a la gente a que la adorase. En un pueblo, mientras todos los vecinos obedecían y rendían culto a ese impostor, un hombre llamado Matanías y sus hijos se resistieron. Matanías alzó la voz y proclamó que era fiel a la antigua alianza conmigo y que no adoraría a ningún otro dios. Le quedó precioso el discurso, pero nada más terminar, un judío se acercó al altar de Zeus y le ofreció un sacrificio. Entonces Matanías ardió de cólera y mató al judío y a los comisionados del rey, llamó a la rebelión

LA BIBLIA SEGÚN DIOS

y se retiró a los montes seguido de sus hijos y todo aquel que quiso acompañarle. Había nacido la Guerra de los Macabeos.

Muchos de los partidarios de Matanías se refugiaron en cuevas, pero un ejército numeroso salió en su búsqueda, y, con muy mala idea, les atacaron justo el día sagrado, un sábado. Los judíos prefirieron morir antes que vulnerar mi ley luchando un sábado, y fueron masacrados como corderos. Murieron todos con sus mujeres y sus hijos, unas mil personas.

Cuando Matanías, que estaba en otro lugar, se enteró, decidió que estaba muy bien lo de respetar el sábado, pero que a partir de ahora lucharían también ese día porque de lo contrario no quedaría un solo judío para cumplir mis Mandamientos.

Macabeo significa «martillo», y eso es lo que ellos iban a ser: martillo de herejes y paganos:

«Matanías y los suyos recorrieron el país destruyendo altares paganos, circuncidaban a la fuerza a todos los israelitas que estaban sin circuncidar en el territorio de Israel, y perseguían con saña a sus orgullosos enemigos».

Me imagino a un judío sin circuncidar viendo aparecer a Matanías y sus chicos con el cuchillo oxidado en las manos. No debía ser una visión muy agradable.

A la muerte de Matanías, su valeroso hijo Judas tomó su relevo. Era un gran guerrero, y fue él el que recibió el sobrenombre de Macabeo por su fiereza y determinación y que luego identificaría a toda la dinastía. Consiguió muchas victorias, y conquistó Jerusalén.

Reconstruyó las murallas y purificó el templo, construyendo un nuevo altar y dedicándolo de nuevo a mi culto. Quemaron incienso y encendieron las lámparas. Fue algo muy hermoso. Desde entonces, los judíos de todo el mundo lo celebran con la fiesta de la Janucá.

Pero por desgracia, las tropas de Antíoco pronto contraatacaron y derrotaron a los rebeldes, matando a Judas Macabeo.

A Judas le sucedió su hermano Jonatán como líder de los rebeldes, pero en lugar de iniciar una nueva guerra Jonatán decidió usar la política. Hizo un pacto con uno de los dos generales griegos que luchaban por el control del gobierno seleúcida en ese momento. Astutamente, apoyó al más débil de los dos y a cambio logró que lo nombraran gobernador de Judea y Sumo Sacerdote.

Jonatán fue asesinado y le sucedió Simón, único hijo superviviente de Matanías. Simón negoció la exención completa de impuestos a los seleúcidas y la independencia de los judíos, que lo recompensaron nombrándole rey y Sumo Sacerdote hereditario. Algunos judíos devotos se disgustaron porque Simón no pertenecía al linaje de Sadoc, la familia sacerdotal dominante que descendía del sacerdote del rey David, pero se tuvieron que aguantar. Era la primera vez en muchísimos años que mi pueblo volvía a ser libre y no tenía que estar sometido a ninguna potencia extranjera, y había sido gracias a la lucha y la inteligencia política de los Macabeos.

Se supone que ahora ya iba a ir todo bien por fin, una vez recobrada la soberanía después de tantos años de sufrimiento. Pues no. Como ahora no tenían enemigo externo, mis chicos empezaron a pelearse entre ellos. Simón fue asesinado y le sucedió su hijo, Juan Hircano, en medio de una gran tensión.

Los seguidores de la dinastía de Sadoc, conocidos como saduceos, se enfrentaron a los de otra corriente religiosa, los fariseos. ¿Os suenan? Pronto el conflicto desembocó en guerra civil.

En estas aparecieron los romanos, que en el 64 antes de mí habían depuesto al último rey seleúcida y convertido Siria en una provincia suya, y lo tuvieron chupado para hacerse con el control de Judea muy poco después.

La independencia les había durado muy poco a mis muchachos. Maldita sea: asirios, babilonios, persas, griegos... y ahora romanos. A lo mejor eran buenos tipos. Cuando bajé a comprobarlo, me crucificaron.

ESCRITOS PROFÉTICOS

ISAÍAS
¿EL QUE ME ANUNCIÓ?

Isaías tiene un libro bien largo en la Biblia. No en vano es uno de los principales profetas, y el más citado en el Nuevo Testamento. Fue un tipo curioso: estuvo «tres años desnudo y descalzo», se casó con una profetisa, y la tradición judía dice que murió aserrado, lo cual es bastante lógico si tenemos en cuenta que una parte de su libro se llama «Oráculos contra las naciones», donde no para de hacerse enemigos. Que si «Contra Asiria», que si «Contra Filistea», que si «Contra Etiopía», «Contra Egipto», «Damasco desaparecerá», «Lamentación por Moab», «Caída de Babilonia», «Contra Tiro y Sidón»...

Lo que os digo, muy diplomático no era, o eran, porque los expertos dicen que el libro de Isaías fue escrito por tres personas y no por una.

En cualquier caso, Isaías es famosísimo porque dicen que profetizó mi nacimiento y mi pasión y muerte.

Esto señala mi evangelista Mateo:

«Todo esto sucedió para que se cumpliera lo que había anunciado el Señor por el profeta:

La virgen concebirá y dará a luz un hijo, a quien pondrán por nombre Emmanuel. (Que significa: Dios con nosotros.)»

Y es verdad, Isaías había escrito:

«Mirad, la joven está encinta y da a luz un hijo, a quien pone el nombre de Emmanuel».

¡Vaya, os habéis dado cuenta! Isaías no habla de ninguna virgen, sino de una «joven». Efectivamente, Isaías utilizó la palabra hebrea *almah*, que significa «joven, muchacha pura, doncella», que es algo muy parecido, pero no empleó la palabra específica para designar a una virgen: *bethullah*. Y lo hace a propósito, pues, al igual que los otros profetas, Isaías esperaba que el Mesías descendiese por vía paterna de la tribu de Judá, la de David, la fetén.

Pero yo quería nacer de una virgen, como mis colegas los dioses solares, que estaban de moda en mi época, y cuando se tradujo el texto de Isaías al griego por los chicos de la Septuaginta (siglos II y III antes de mí), sabiamente escogieron la palabra griega *parthenos* que se entendió como virgen. Y a partir de entonces todo el mundo esperó una virgen, incluido el propio Mateo, que como el resto de los evangelistas, conoció el Antiguo Testamento en esta versión griega y no en la original en hebreo.

Es decir, que mi madre es virgen por culpa de una mala traducción.

Curiosamente, cuando cogemos por lo general una Biblia, el texto de Mateo cita a Isaías hablando de una virgen, pero en la misma Biblia, el de Isaías sigue hablando de una joven. Misterio.

De todas formas, cualquiera que se lea el libro de Isaías puede ver que el nacimiento de ese niño no se refería a mí, sino que era una señal mostrada al rey de Judá Ajaz. Además, cuando vine a la Tierra, mi padre no me puso Emmanuel, sino Jesús, que le gustaba más. Se ve que no había leído a Isaías.

Otra conocida profecía de este buen hombre es aquella en que anunciaba que saldría «un renuevo del tronco de Jesé» que reuniría «a los dispersos de Israel» y «los desperdigados de Judá», y así juntos marcharían «contra los filisteos de occidente y juntos saquearán a los habitantes de oriente». Esta es su famosa profecía de la llegada del Mesías, un mesías guerrero que establecería de nuevo el dominio de Israel sobre las naciones de alrededor. Después han querido ver a mi hijo Jesús como ese mesías anunciado por Isaías, pero que en lugar de ser un rey al servicio de Israel para machacar a los pueblos vecinos sería el redentor de los pecados de la humanidad. ¡Hasta se inventaron los evangelistas dos genealogías (una chapuza, por cierto, lo veremos más adelante) para hacerme descender del tal Jesé! ¡Tenéis cada cosa!

Y para finalizar, la otra gran profecía del libro de Isaías es la de mi pasión y muerte, en la que habla de un siervo sufriente que «como cordero llevado al matadero» cargaba con los pecados de muchos y les llevaría la salvación. Muchos creen que ese siervo se refiere a mí. Sin embargo, unos versículos antes el propio Isaías escribió:

«Me dijo: "Tú eres mi siervo, Israel, y estoy orgulloso de ti"».

Así que mucha gente, entre ella los rabinos judíos, que se pasan el día entero estudiando los textos sagrados, dice que con la mención al siervo se refería al pueblo de Israel, protagonista del libro de Isaías, y hay quien opina que incluso podría ser el mismo profeta. O uno que pasaba por allí, vaya usted a saber. De verdad, no me extraña que lo aserraran, este tío te vuelve la cabeza loca.

JEREMÍAS
EL CENIZO

A lo largo de mi libro desfilan un montón de profetas. Casi todos eran pájaros de mal agüero a los que les gustaba llamar la atención profetizando desgracias, pero ninguno tan cenizo como Jeremías.

Jeremías vivió en los tiempos del rey Josías y los cuatro reyes que le sucedieron y se pasaba el tiempo diciendo que había que llevarse bien con los babilonios y hacer lo que estos dijeran porque de lo contrario arrasarían Jerusalén. Los gobernantes judíos no le hicieron caso, y al final Jeremías tuvo razón y eso es lo que pasó.

Tanto insistía Jeremías en que había que colaborar con los babilonios que sus paisanos le acusaron de traidor, y a punto estuvieron de lincharlo en una ocasión. No le dejaban ni salir de la ciudad, no fuera que se pasase al enemigo. Otro día que les tenía hartos con tanto mal augurio le pusieron en el cepo a ver si se relajaba. Le tuvieron preso también en una mazmorra, en una cisterna fangosa y en el patio de la guardia de palacio.

Pero el muy pesado no se callaba. Aparte de, como buen profeta que se precie, lanzar sus oráculos contra las naciones, a sus paisanos les decía en mi nombre cosas tan bonitas como esta:

«Les haré comer la carne de sus hijos y de sus hijas, y se devorarán unos a otros en la angustia del asedio».

Y claro, a la gente no le hacía gracia. Le dictó sus profecías a su secretario Baruc, y en cuanto se enteraron, los judíos se las quemaron. Era un continuo dolor de cabeza, la murga que no cesa.

Incluso a mí me daba la paliza en sus famosas «confesiones»:

«Tú, Señor, eres inocente,
cuando pleiteo contigo.

Sin embargo, quiero discutir este caso:
¿Por qué prosperan los impíos,
y viven tranquilos los traidores?».

¡Menuda preguntita!

Para compensar tanta pesadez y tanto mal presagio, además de profetizar la caída de Jerusalén en manos de los babilonios, auguró que Babilonia también acabaría siendo destruida, y que la cautividad de los judíos bajo su yugo sería de 70 años, no para siempre. Al final fueron menos de 50, pero bueno, 70 es un número mucho más bíblico.

Cuando los babilonios tomaron Jerusalén, liberaron a Jeremías, que estaba preso, y se lo llevaron a vivir con ellos, y claro, muchos dijeron que esa era la prueba de que era un colaboracionista y un traidor. En su tiempo tuvo muy mala fama entre los suyos, y fue ya después de muerto cuando las siguientes generaciones empezaron a apreciarle. Porque no le tuvieron que aguantar, claro.

BARUC
¿APÓCRIFO?

A continuación del libro de Jeremías encontramos en la Biblia el libro de su fiel escriba Baruc, un tipo que llegó a ser arrestado cuando se atrevió a leer en voz alta las profecías de su maestro.

El libro de Baruc es considerado apócrifo por los judíos y los protestantes, debido a que carecemos del original en hebreo. Los católicos y ortodoxos no son tan quisquillosos y lo incluyen en sus biblias.

En él, el fiel escriba insiste en las mismas ideas que su maestro. Los israelitas habían caído en manos de los babilonios, pero no por culpa mía, sino como castigo por sus pecados. Baruc dice que «el Señor tiene razón en todo lo que nos ha mandado». Incluso cosas como esta:

«Nunca ocurrió bajo el cielo nada semejante a lo que él hizo en Jerusalén, tal y como está escrito en la ley de Moisés: que llegaríamos a comer la carne de nuestros propios hijos e hijas».

¡Qué manía con el canibalismo!

CARTA DE JEREMÍAS
EL QUE SE CARGÓ LA SEMANA SANTA

Es la primera carta que aparece en la Biblia. Luego le iríamos cogiendo el gusto y llegarían un montón de San Pablo sobre todo, entre otros.

Este texto es todo un alegato contra la idolatría, referida a los dioses babilónicos. Lo malo es que también puede aplicarse a cualquier imagen que veáis en una iglesia. No tiene desperdicio:

«La lengua de esos dioses es obra de un artesano, y ellos mismos están recubiertos de oro y plata; así que son falsos y no pueden hablar. Se fabrican coronas de oro para adornar la cabeza de esos dioses, como si se tratara de una joven a quien le gusta presumir [...] Los adornan también con vestidos como si fueran hombres: pero son simples dioses de plata, oro y madera que no pueden librarse ni de la herrumbre ni de la carcoma. Están vestidos de púrpura, pero hay que limpiarles el polvo del templo que se acumula en su cara [...] Les encienden más luces de las que necesitarían para ellos mismos, y sin embargo esos dioses no pueden ver ninguna [...] Sus caras están ennegrecidas por el humo del templo [...] El oro que los recubre es para embellecerlos; pero si alguien no lo limpiara quedaría sin brillo [...] A precios carísimos fueron comprados, aunque no hay en ellos soplo de vida. Como no tienen pies, son llevados a hombros, mostrando así ante los hombres su deshonra. Y quedan también en vergüenza sus servidores, al ver que si esos dioses caen por tierra, necesitan ayuda para poder levantarse.

»Han sido modelados por artesanos y orfebres, y no son más que lo que sus autores quieren que sean. Sus mismos artífices no viven mucho tiempo: ¿Cómo van a ser dioses lo que ellos fabrican?...

¡El maldito Jeremías se acababa de cargar las procesiones de Semana Santa!

Y para colmo, su carta termina con una frase atea a más no poder:

«Lo que de veras vale es el hombre recto, que nada tiene que ver con los ídolos; él no quedará confundido».

EZEQUIEL
EL INVENTOR DE LA PERFORMANCE

Ezequiel es el más misterioso de los profetas de todo el Antiguo Testamento. Para empezar, durante muchos años fue un profeta que no hablaba, porque yo le había pegado la lengua al paladar. Os cuento su historia.

Eran los tiempos inmediatamente posteriores a la caída de Jerusalén en manos de los babilonios, y Ezequiel pertenecía a los primeros judíos deportados a Babilonia, los cuales no se llevaban demasiado bien con los que se quedaron en su tierra. Quizá les tenían envidia.

Estaba un día tan tranquilo, cuando, no sabemos si había fumado lo mismo que Juan el del Apocalipsis, pero el caso es que tuvo una visión alucinante, que en el futuro sería conocida con el nombre no menos alucinante de Tetramorfos, y que también aparece en ese libro.

Ezequiel vio en el centro de un viento huracanado y un gran fuego una figura de cuatro seres parecidos a hombres. Cada uno tenía cuatro caras y cuatro alas y debajo de las alas tenían manos humanas. Las cabezas de los cuatro por delante tenían aspecto de persona, por la derecha de león, por la izquierda de toro y por detrás de águila. Al andar, no se volvían de espaldas, sino que todos ellos caminaban de frente.

Al lado de cada de uno de los seres había una rueda, que se movía cuando estos lo hacían.

Impresionante, ¿eh? Las malas lenguas dicen que Ezequiel se sirvió de imágenes muy antiguas, inspirándose en los serafines de Isaías y en las figuras aladas bifrontes y tetrafrontes de los templos babilónicos y asirios, amén de las famosas ruedas solares.

El caso es que sobre todo eso vio una plataforma, y sobre esa plataforma, me vio a mí. Sí, era la primera vez que yo permitía a alguien que me contemplase por entero y de frente. ¡Exclusiva! Como recordaréis, ni siquiera a Moisés le permití ver mi parte frontal, y sólo le dejé echar un vistazo y de pasada a mi retaguardia.

Pero esta vez estaba menos tímido y me aparecí en todo mi esplendor. Esta es la descripción que Ezequiel hizo de mí, parezco un extraterrestre:

«Sobre esta especie de trono apareció una figura de aspecto humano. Desde lo que parecían sus caderas para arriba era semejante a un metal brillante, y desde sus caderas para abajo tenía aspecto de fuego. El resplandor que rodeaba a esta figura era semejante al arco iris que aparece en las nubes en un día de lluvia. Era la apariencia visible de la gloria del Señor. Cuando la vi, caí rostro en tierra, y oí una voz que me hablaba».

Le dije:

—Hijo de hombre, yo te envío a los israelitas, a ese pueblo rebelde [...] les hablarás de mi parte, te escuchen o no.

Alargué mi mano y le tendí un libro enrollado, «escrito por el anverso y el reverso», para ahorrar papel. No era un libro muy comercial: «Contenía lamentaciones, gemidos y amenazas».

Le dije:

—Hijo de hombre, come este libro y ve luego a hablar al pueblo de Israel.

Ezequiel se lo comió sin echarle sal ni nada («me supo dulce como la miel», dijo) y ese fue el primer volcado de datos de la historia, sin necesidad de Wifi ni nada. Sí, hay quien dice que la Iglesia está contra la cultura, pero como veis, somos gente que nos comemos los libros.

A continuación, para darle más emoción y dificultad al asunto, le enmudecí pegándole la lengua al paladar. Le dejé mudo durante siete años, pero a cambio le di unas ideas muy buenas, con lo que entre los dos inventamos la performance.

La primera que hicimos fue con un ladrillo. Ezequiel tomó un ladrillo y grabó la ciudad de Jerusalén. Le dije:

—Diseña un asedio, levanta torres de asalto contra ella, haz trincheras, instala campamentos, pon arietes alrededor.

Nos quedó una maqueta preciosa. Eso sí, hubo una parte que no nos la curramos nada. Le dije:

—Toma una plancha de hierro y ponla como muro entre ti y la ciudad; mírala fijamente —en esto consistía la performance—; va a ser sitiada, tú la sitiarás. Es una señal para el pueblo de Israel.

Todo al detalle con sus torres, trincheras, arietes... y luego la parte más importante la solucioné con una plancha de hierro.

Después de esto, se me ocurrió una segunda performance, mucho mejor, que luego inspiraría la famosa encamada por la paz de John Lenon y Yoko Ono.

Le dije que se acostase sobre su lado izquierdo y que estuviese así 390 días, uno por cada año de los pecados de Israel. Y cuando acabase, en lugar de hacer estiramientos, debía acostarse del lado derecho otros 40 días, uno por cada año de los pecados de Judá, que ya os dije que se portaba algo mejor.

Como no le veía muy convencido, le dije:

—Yo te ataré con cuerdas, y no podrás darte la vuelta de un lado al otro, hasta que se cumplan los días del asedio.

Ahí me tenéis, todo un Dios haciendo nudos marineros.

Para que no se muriera de hambre durante todo ese tiempo, le dije que tomase trigo, cebada, lentejas, mijo y espelta y lo echase todo en un recipiente y lo cocinase, y cada día a la misma hora comiese 250 gramos. Le indiqué también que debía tomar un litro de agua al día, y añadí:

—Comerás una torta de cebada, que cuecerás a la vista de todos, sobre excrementos humanos.

Ezequiel protestó en este punto, y entonces concedí:

—En lugar de excrementos humanos te permito usar boñigas de vaca para que cuezas tu pan sobre ellas.

Asunto arreglado.

La tercera performance fue también bastante llamativa. Le ordené que se rapase la cabeza con una espada, y dividiese el pelo cortado en tres partes. Una la quemaría al fuego, otra la esparciría en medio de la ciudad y la otra al viento. Y unos cuantos pelos los ataría al borde de su manto.

Le indiqué que cuando recuperase el habla debía dar estas buenas noticias a sus antiguos paisanos de Jerusalén, los que todavía no habían sido desterrados y de momento permanecían allí, pecando a mansalva y adorando al maldito Baal y compañía:

«Los padres se comerán a sus hijos, y los hijos a sus padres».

¡Y venga con el canibalismo! Y continué con las buenas noticias:

«Una tercera parte de los tuyos morirá de peste y se consumirá de hambre, otra tercera parte caerá a cuchillo en tus alrededores, a la otra la esparciré yo a todos los vientos y desenvainaré la espada tras ellas. Desahogaré mi ira, saciaré en ellos mi indignación y, cuando desahogue contra ellos mi ira, sabrán que yo, el Señor, hablaba en serio».

Sí, hijos míos, tenía planeado que el nuevo Pueblo de Dios saldría de los deportados, y no de los impíos de Jerusalén. O al menos eso dice el libro de Ezequiel, que para eso lo había escrito él, que era de los deportados.

Todas estas cosas y algunas más les dijo Ezequiel a sus compañeros del exilio cuando recuperó el habla, después de siete años de silencio forzoso. Por supuesto, además de las maldiciones contra Jerusalén, no faltaron las admoniciones contra las demás naciones, incluso contra las profetisas, que se ve que no le gustaban, a diferencia de Isaías, que estuvo casado con una.

Cuando por fin soltó su lengua no paró de hablar, soltando alegorías, parábolas y elegías, y profetizó la destrucción de Tiro, que era algo que se llevaba mucho por aquel entonces.

Ezequiel profetizó también una gran victoria contra un tal Gog, del país de Magog, que nadie sabe ni quién es ni dónde está, y que también aparece en el Apocalipsis. Tuvo además una visión muy gore de unos huesos secos que se llenaban de tendones, músculos y les crecía la carne y se cubrían de piel. Se convertían en personas, una inmensa muchedumbre, el renacido pueblo de Israel.

Un día le conté una historia sobre dos hermanas, una de las cuales era Samaria y la otra Jerusalén. Ambas me tenían muy disgustado pues se habían prostituido con los egipcios, que debían ser unos fuera de serie en la cama puesto que tenían «sexo de asnos y esperma de caballos», y con muchos otros pueblos. Me puse erótico-festivo y le narré cómo los egipcios se habían acostado con la primera, llamada Oholá, «manoseando sus pechos virginales y derramando en ella sus impurezas». Sí, hijos míos, como veis, en la Biblia también aparecen bukkakes.

La segunda, de nombre Oholibá, «se prostituyó más que su hermana» aún, mejor no sigo con el tema.

Esas cosillas le contaba a mi profeta, al que un buen día le anuncié que me iba a cargar a su mujer, así porque sí:

—Hijo de hombre, voy a quitarte de repente a la que hace tus delicias: pero tú no te lamentes, no llores, no viertas lágrimas. Suspira en silencio, no hagas luto.

Y la maté. A Ezequiel no debió importarle mucho porque no dijo nada. Profetizó en cambio con todo detalle cómo sería el nuevo templo, con sus volúmenes y medidas, un templo perfecto. Eso sí, el que se construyó después no tenía mucho que ver. Hasta dijo cómo iban a ser las puertas y la nueva muralla de Jerusalén. Lástima que esta vez no hizo ninguna maqueta. Quizá así habría coincidido algo.

DANIEL
EL DE LOS LEONES

Daniel es el último de los denominados «profetas mayores», grupo selecto del que forma parte junto a Isaías, Jeremías y Ezequiel.

Eran los tiempos del rey babilonio Nabucodonosor, que sale en la Biblia casi más que yo. Nabucodonosor, Nabuco para los amigos y los amantes de la ópera, había ordenado seleccionar a jóvenes de familias nobles de Jerusalén, «sin ningún defecto físico, de buen parecer, bien instruidos, cultos, inteligentes y aptos para servir en el palacio real» para llevarlos a Babilonia y enseñarles la lengua, la cultura y las costumbres babilónicas.

Entre estos jóvenes tan selectos estaban Daniel y sus amigos Ananías, Misael y Azarías, a los que les cambiaron hasta el nombre. Ahora se llamarían Baltasar, Sidrac, Misac y Abdénago.

En Babilonia les educaron a conciencia, pero aún así no conseguían que comiesen los alimentos que se servían en el palacio. Los muchachos seguían siendo fieles al mandato judío de no tomar alimentos prohibidos.

El jefe del personal del palacio le suplicaba a Daniel que por favor comiesen de todo, que se iban a quedar muy flacos y por su culpa el rey le iba a cortar la cabeza. Pero Daniel le solicitó que les dejasen diez días y comparase entonces su rostro y su aspecto con el de los jóvenes que comían de todo, y cuando pasó ese tiempo el jefe comprobó que la dieta de Daniel y sus amigos debía ser buena, porque tenían mejor pinta que el resto.

«Así que el inspector les retiró su ración de comida y de vino y les daba sólo legumbres.»

Fue el primer gran triunfo del veganismo.

Una vez terminado su periodo de instrucción, los cuatro jóvenes fueron presentados al rey Nabucodonosor, y «no encontró ni uno mejor», así que los admitió a su servicio. «Y los halló diez veces mejor preparados que todos los adivinos y magos de todo su reino». Los judíos siempre eran los más listos y los más guapos de la Biblia. Por algo la escribieron ellos.

Pronto tuvo ocasión de demostrar sus grandes dotes Daniel. Fue una historia muy parecida a la de José, el intérprete de sueños. Pero esta vez Daniel le superó, porque no sólo interpretó el sueño, sino que lo adivinó.

En efecto, Nabucodonosor tuvo un sueño que le dejó muy preocupado y no podía dormir. Convocó a todos sus magos y adivinos, y les pidió que adivinasen su sueño y lo interpretasen. Ahí les pilló, porque una cosa es inventarse una interpretación, y otra, adivinar el sueño mismo. Los adivinos le pidieron que les relatase el sueño, pero el rey se negó. ¡Vaya mierda de adivinos!, debió pensar.

Le dijeron que no había hombre en el mundo capaz de adivinar una cosa así, pero Nabucodonosor no estaba para tretas, y ordenó ejecutar a todos los sabios y adivinos de Babilonia. Daniel y sus amigos estaban incluidos en esa orden.

Cuando Daniel se enteró de todo esto, solicitó audiencia al rey y le pidió algo de tiempo para averiguar y descifrar el sueño.

El profeta y sus amigos me rezaron, y yo le revelé el sueño y su significado en una visión nocturna. Mi chico fue a ver al rey y le contó lo que yo le había revelado: Nabucodonosor había soñado con una enorme estatua, de extraordinario esplendor y terrible aspecto. La cabeza era de oro puro, el pecho y los brazos de plata, el vientre y los lomos de bronce, las piernas eran de hierro y lo más importante, los pies eran parte de hierro pero parte de arcilla también. Sí, amigos, había soñado con un gigante con pies de barro.

Daniel le explicó que esto significaba que habría cuatro imperios, y que cada uno dominaría al anterior. Esto suele interpretarse en relación con los imperios que dominaron a mi Pueblo Elegido: babilonio, persa, grecomacedonio y romano (los asirios habían dominado al reino del norte, ese no importaba, ya os dije que la historia la contaban los del sur). También hay quien señala que serían los caldeos, medos, persas y grecomacedonios, puesto que los romanos todavía no habían llegado cuando se escribió este libro.

Os contaré un secreto: Daniel jugaba con ventaja al hacer esta profecía, porque su libro no fue escrito en la fecha en que se narran los hechos, sino mucho después, durante el levantamiento macabeo contra los grecomacedonios, para animar a los judíos perseguidos y fortalecerlos en la fe. ¡Hasta el mismísimo Antíoco IV Epífanes (de la época del levantamiento macabeo) sale en el libro de Daniel!

En todo caso, cuenta el libro de Daniel que Nabucodonosor quedó muy impresionado, y me reconoció como «el Dios de los dioses». Y, al igual que José, este nuevo intérprete de sueños se vio recompensado por el rey, que le hizo toda clase de regalos y le nombró gobernador de toda la provincia de Babilonia, y jefe supremo de todos los sabios. Y además enchufó a sus tres amigos, ya que a petición suya fueron nombrados intendentes reales.

Todo iba sobre ruedas para Daniel y su pandilla, pero pronto la cosa se torció. A Nabucodonosor enseguida se le olvidó su fervor hacia mí (no le culpo, en Babilonia tenían más de 2.500 dioses, y era difícil acordarse de todos) y un día construyó una estatua de oro de 30 metros y ordenó a todos los gobernantes de su reino que se postrasen ante ella.

Daniel y sus amigos no lo hicieron, y fueron denunciados ante el rey. Este mandó llamar a Sidrac, Misac y Abdénago, los tres amigos de Daniel y les amenazó con arrojarles a un horno ardiente, pero ellos seguían en sus trece.

Encendieron el horno con una temperatura «siete veces más de lo normal» (al menos utilizaban el siete estos paganos) y los lanzaron adentro, pero ellos se pusieron a rezarme y Nabucodonosor quedó estupefacto cuando miró y vio a los tres de paseo tranquilamente, inmunes al fuego y el abrasante calor como la mismísima Khalesi de *Juego de Tronos*, y acompañados de otra figura desconocida con «el aspecto de un dios».

Efectivamente, hacía tiempo que no iba a la sauna y aquel día estuve un rato de charla con los tres amigos. Sauna, veganismo, así logré el tipazo que luzco luego en la cruz.

Y Nabucodonosor volvió a quedar tan impresionado que mandó sacarlos de allí. Cuando vio que estaban intactos, ordenó que todo el que hablase mal de mí fuera cortado en pedazos y su casa derribada, «porque no hay otro dios que pueda salvar como este». «Y el rey hizo prosperar a Sidrac, Misac y Abdénago en la provincia de Babilonia.»

Daniel no sabemos dónde estaría en este episodio, porque se fue de rositas desde el principio.

Pasó el tiempo y el rey seguía con sus sueños raros. Esta vez soñó con un gran árbol que era cortado y un santo que bajaba del cielo y decía que la mente humana de ese árbol se trastornaría y adquiriría instintos de bestia, y viviría siete años así.

Rápidamente llamó a Daniel para que se lo interpretara. Este sueño era pan comido. El árbol era el rey. Le dijo Daniel:

—Te expulsarán de entre los hombres, y vivirás como las bestias del campo... vivirás así durante siete años.

Y efectivamente, aunque ningún documento persa ni ningún libro de historia lo recoja, la Biblia dice que Nabucodonosor perdió su reino por siete años, en los que fue expulsado de los hombres y vivió solo en el campo como una bestia, y «le creció el pelo hasta asemejarse a las plumas del águila, y también las uñas igual que las de las aves rapaces».

Transcurrido este tiempo, fue a la peluquería, se cortó el pelo, se hizo la pedicura y recuperó su reino.

Pasaron los años, y la siguiente aventura de Daniel que narra mi libro tuvo lugar durante un banquete del rey Baltasar, que la Biblia dice que era hijo de Nabucodonosor y último rey de Babilonia, pero los libros de historia señalan que era hijo de Nabonido, y que fue este el último monarca de ese imperio. Vosotros veréis a quién preferís creer, si a unos libros escritos por hombres falibles, o al mío, que está escrito por el mismísimo Dios.

Estaba de banquete Baltasar con sus nobles, y no se le ocurrió otra cosa mejor que utilizar de vajilla las copas de oro y plata que se habían traído del templo de Jerusalén. Inmediatamente aparecieron unos dedos espectrales que escribieron un mensaje en la pared.

Nadie sabía qué carajo ponía, y fueron a llamar una vez más a Daniel. Para él fue facilísimo una vez más el asunto. El mensaje estaba escrito en arameo, y decía: «contado, pesado y dividido». Daniel le dio la buena noticia: como castigo a haber usado la vajilla del templo, su reino sería dividido y caería en manos de los medos y los persas.

Baltasar quedó agradecido y todo, porque, en lugar de matar al mensajero, como se solía hacer en la Antigüedad, le nombró tercer mandatario del reino. Fue su último decreto, porque esa misma noche fue asesinado.

Y dice la Biblia que la profecía de Daniel se cumplió, «y Darío el medo, que tenía sesenta y dos años, se apoderó del reino».

No busquéis a ese tal Darío el Medo en los libros de historia, porque sencillamente no aparece. A veces los historiadores son olvidadizos. Fijaos si son despistados, que dicen que el Imperio babilónico cayó a manos de Ciro, y no del Darío el Medo este.

El caso es que ahora llegamos al momento estrella del libro de Daniel. El tal rey Darío el Medo nombró 120 sátrapas para gobernar el reino, y por encima de estos, a tres supervisores, uno de ellos, Daniel.

Como era tan listo, que siempre sabía más que los demás y tenía una solución para todo, le tenían mucha envidia, y urdieron un plan contra él: presentaron al rey un decreto mediante el cual todo aquel que en el espacio de 30 días dirigiese alguna oración a cualquier hombre o dios sería arrojado a los leones. El rey la firmó. Sí, amigos, aunque tenían cientos de dioses, ese mes decidieron ser ateos, sólo para acabar con Daniel.

Como suponían, Daniel no obedeció el decreto, y fue sorprendido rezándome, como hacía siempre. Fueron al rey con el cuento, y, aunque este intentó salvarlo, tuvo que hacer cumplir la ley, y Daniel fue arrojado al foso de los leones.

Pero no hubo problema. Se ve que los leones también eran veganos porque cuando el rey fue corriendo a la mañana siguiente a ver cómo estaba Daniel, se lo encontró sin un rasguño.

Daniel le contó que un ángel había cerrado la boca de los leones, porque su Dios, o sea, yo, sabía que era inocente y no tenía nada contra el rey. Entonces el soberano le sacó del foso y arrojó en su lugar «a aquellos hombres que habían calumniado a Daniel, ellos, sus mujeres y sus hijos. Y aún no habían tocado el fondo del foso cuando los leones se abalanzaron sobre ellos y trituraron todos sus huesos».

Daniel siguió prosperando en la Corte, y no sabemos si en su dieta vegana abusaba de las setas, porque tenía de vez en cuando unas visiones muy alucinógenas. Tan pronto se le aparecían bestias mezcla de unos animales con otros, como carneros y machos cabríos con cuernos kilométricos que se expandían por los cuatro puntos cardinales. Yo creo que pasaba mucha hambre.

Este profeta también es conocido por su famosa profecía de las 70 semanas, donde según algunos, y con unos cálculos muy originales, anunció la fecha de mi venida.

El libro de Daniel termina con tres relatos muy al estilo Sherlock Holmes.

El primero es la historia de Susana. Este relato, de origen semítico y en principio ajeno al libro, pero que luego se incorporó, narra cómo Daniel salvó a una buena muchacha de una falsa acusación por parte de dos viejos verdes que intentaron abusar de ella.

La segunda historia de nuestro Sherlock transcurre ya en Babilonia, en tiempos del rey Ciro, y cuenta cómo Daniel desenmascaró a los sacerdotes de un falso dios llamado Bel, demostrando que por la noche eran ellos y sus familias y no el falso dios quienes se comían los manjares que le ofrecían como ofrenda.

La tercera y última historia es la de Daniel y el dragón, aunque también podría llamarse la de «Daniel y los leones, vis», porque ofrece otra versión de la famosa escena con los felinos.

Una vez más, Daniel salió ileso. Durante los seis días que pasó en el foso los leones pasaron mucha hambre, pero mi profeta estuvo bien servido. Envié un ángel a otro profeta llamado Habacuc, que estaba en Judea y acababa de preparar un guiso estupendo. Me llegaba el olorcillo hasta el cielo. Lo que viene a continuación es un poco surrealista:

«El ángel del Señor dijo a Habacuc:

—Lleva a Babilonia esa comida que has preparado y dásela a Daniel, que está en el foso de los leones.

Habacuc respondió:

—Señor, no he visto jamás Babilonia, y tampoco conozco el foso.

Entonces el ángel del Señor lo agarró por la cabeza, con el ímpetu de su espíritu lo llevó hasta Babilonia sujeto por los cabellos y lo colocó junto al foso».

Acabábamos de inventar el servicio de comida a domicilio. Daniel comió encantado, y yo devolví en un abrir y cerrar de ojos a Habacuc a su lugar.

Pasados los siete días (¡siete!) el rey vino a llorar a Daniel, y al encontrarlo vivo gritó con todas sus fuerzas:

—Grande eres tú, Señor, Dios de Daniel, y no hay otro Dios fuera de ti.

Mandó sacar del foso a Daniel y metió allí a los que habían querido matarlo, los cuales fueron devorados al instante por las fieras.

OSEAS
EL RICHARD GERE DE LA BIBLIA

Oseas, aparte de tener un nombre tan pijo, fue uno de los profetas menores. Los profetas menores son doce, como mis apóstoles, y como las Doce Tribus de Israel, y se llaman así no porque fueran más pequeños, sino porque sus escritos son más breves. Todos ellos se agruparon en la Biblia hebrea en un mismo rollo llamado Testamento de los Doce. Ellos fueron: Oseas, Joel, Amós, Abdías, Jonás, Miqueas, Nahum, Habacuc, Sofonías, Hageo, Zacarías y Malaquías.

Oseas era un tipo que vivía en el reino del norte, Israel, en los tiempos anteriores a su caída bajo el Imperio asirio (720 antes de mí, recordad).

Estaba tan tranquilo, y tal como nos cuenta el mismo Oseas, le sorprendí un día con esta orden:

—Cásate con una prostituta, y engendra hijos de prostitución, porque esta tierra se ha entregado a la prostitución y se ha apartado del Señor.

Sí, hijos míos, eso le ordené. Ya os digo que la obsesión de la Biblia con las prostitutas es digna de estudio. El caso es que, antes de que se rodase *Pretty Woman*, ya había adelantado yo el guion en el libro de Oseas.

Mi profeta me obedeció y se casó con una ramera llamada Gomer, que le dio un hijo, al que indiqué que pusiese por nombre Jezrael, pues le dije que «rompería el arco de Israel en el valle de Jezrael», es decir, que acabaría con el reino de Israel.

Oseas no me dijo nada, pero no debía estar muy contento teniendo que casarse con una prostituta y encima que su hijo llevase un nombre asociado a la futura destrucción de su pueblo, que yo le acababa de revelar. Seguro que en su aldea le miraban raro.

211

Al menos se lo pasaba bien con Gomer y esta pronto quedó embarazada de nuevo y dio a luz a una hija, a la que ordené que pusieran de nombre «No-compadecida», explicándole que era porque no me compadecería más de Israel y sí en cambio de Judá.

Otra vez Oseas no objetó nada, pero supongo que no debía estar dando saltos de alegría. Y la pobre niña cuando fuese al colegio y pasasen lista, tampoco. Por mucho menos de eso se han provocado terribles traumas infantiles. Entre su nombrecito y la profesión de su madre la pobre no lo debería llevar nada bien.

Volvió a concebir Gomer, y dio a luz a un hijo, al que por supuesto también bauticé: le puse otro nombre aún peor: «No-mi-pueblo», y les dije a los felices papás que ellos ya no eran mi pueblo ni yo su Dios.

Llegados a este punto, Oseas debía pensar que era el profeta más pringado de toda la Biblia, pero no me rechistó. Siguió con su vida, dándole al tema con Gomer, y llevando a sus pobres hijos al colegio y al psicólogo.

Al final me dio un poco de penilla y para consolarle le auguré que, a pesar de todo, los israelitas acabarían siendo tantos como la arena del mar, esas cosas que digo yo. Y para que terminara de animarse, volví a hablarle otro día y le dije que buscase otra mujer:

—Anda otra vez y ama a una mujer querida por su esposo y sin embargo adúltera. Porque también el Señor ama a los hijos de Israel, aunque ellos se vuelven a otros dioses y gustan de las tortas de uva.

Sí, ahí estaba yo, el mismísimo Dios, incitando a un pobre hombre a cometer adulterio, el peor de los pecados del Antiguo Testamento. Un pecado castigado con la lapidación. Y Oseas, que en ese momento ya debía pensar que yo era un auténtico depravado, tal y como cuenta en su libro, me obedeció:

«Yo la adquirí por quince monedas de plata y por una carga y media de cebada».

¡Le salió baratísima! A mí Judas me vendió por el doble.

Pero no, no penséis que me había vuelto loco. Todo esto lo hacía para simbolizar que ahora Israel era una ramera que me ponía los cuernos con otros dioses, y que por eso la iba a destruir e iba a caer en manos de los asirios, como así ocurrió.

JOEL
EL PROFETA DEL ESPÍRITU SANTO
(OS VAIS A ENTERAR)

Del profeta Joel sabemos muy poco, solamente que debió vivir en Judá. Unos dicen que antes del famoso exilio a Babilonia, otros que después.

En sus predicas invita mi pueblo a la penitencia, porque dice que yo soy «lento a la ira» y «clemente y misericordioso». Se ve que, como muchos de vosotros, tampoco se había leído el Antiguo Testamento.

El momento estrella de la profecía de Joel, citada por el mismísimo San Pedro en Hechos de los Apóstoles es el anuncio de la llegada del Espíritu Santo, ¡la paloma!, que, por cierto, no venía en son de paz:

Después de esto,
yo derramaré mi espíritu
sobre todo hombre.
Vuestros hijos e hijas profetizarán,
vuestros ancianos tendrán sueños,
y vuestros jóvenes, visiones.
Y hasta los siervos y las siervas
derramaré mi espíritu en aquellos días.
Y haré prodigios
en el Cielo y en la Tierra,
sangre y fuego y columnas de humo;
el sol se cambiará en tinieblas
y la luna en sangre,
al acercarse el día del Señor,
grande y terrible.

AMOS
¡ARRIBA LOS POBRES DEL MUNDO!

Si hay un profeta que se preocupó de denunciar las injusticias de los poderosos sobre los débiles, ese fue Amós, autor del libro profético más antiguo de toda la Biblia.

Amós era un pastor y productor de higos que vivía en Judá, al que yo envié a profetizar al vecino reino del norte, Israel. Eran los tiempos del próspero reinado de Jeroboam II (782-753 antes de mí), e Israel vivía una rara etapa de paz, seguridad y florecimiento económico y cultural.

Sin embargo, ocurría como ahora, que en medio del crecimiento de la economía y el desarrollo de la sociedad, unos tenían mucho y otros muy poco, y allá que fue Amós a denunciarlo.

Tras lanzar como buen profeta sus oráculos contra las naciones, anunciando toda clase de males a Damasco, Filistea, Fenicia, Edom, Amón, Moab, Judá incluso, y por supuesto la norteña Israel, con la que se extiende un buen rato, se adelantó varios siglos a Marx y sólo le faltó cantar la «Internacional»:

Porque venden al inocente por dinero
y al pobre por un par de sandalias;
porque aplastan contra el polvo
de la tierra a los humildes
y no hacen justicia a los indefensos.

En aquella época Israel me adoraba con gran pompa y boato, y Amós denunció lo vacío de ese culto superficial, que no servía de nada si luego no había justicia y reinaba el derecho.

Apartad de mí
el ruido de vuestros cánticos,

no quiero oír más
el son de vuestras arpas.
Haced que el derecho fluya como agua
y la justicia como río inagotable.

Y claro, esto a la Conferencia Episcopal de la época no le gustó nada de nada. Amós estaba ya incordiando mucho, así que Amasías, sacerdote de Betel, le acusó de conspirar contra el rey y lo expulsó a Judá.

Allí volvió mi profeta, ya con la misión cumplida, y no se supo más de sus andanzas.

ABDÍAS
EL VAGO QUE ESCRIBIÓ DOS PÁGINAS

Abdías es el profeta que más merecido se tiene el título de menor. Escribió el libro más corto de la Biblia, con sólo 21 versículos. Y los dedica a maldecir al pueblo vecino de Edom.

Los habitantes de Judá tenían mucha manía a los de Edom ya desde el Génesis. ¿Os acordáis del relato de Jacob y Esaú, cuando la lucha por la primogenitura, el plato de lentejas y todo eso? Pues ya os he dicho que Esaú, el pringao de la película, es el antecesor de Edom, y Jacob, el protagonista y favorito mío, de Judá.

Después cuenta la Biblia que en el Éxodo los edomitas no dejaron atravesar sus tierras a Moisés y su gente, pero lo más grave, como recalca Abdías, es que cuando Nabucodonosor conquistó Jerusalén, lo hizo con el apoyo y el regocijo de estos malvados.

Por eso Abdías tomó la pluma y sentenció que yo haría de Edom «el más pequeño y despreciable entre las naciones», y que cuando llegase el famoso «día del Señor» y juzgase a las naciones, no quedaría «ningún superviviente en la descendencia de Esaú».

En resumen: sí, edomitas, os ha hecho mucha gracia ver cómo hemos caído en manos de los babilonios, pero quien ríe al último ríe mejor y nuestro Dios, del que somos su Pueblo Elegido, os destruirá y matará a todos.

JONÁS
EL DE LA BALLENA

Jonás como profeta dejaba mucho que desear, pero también tuvo su libro. Incluso se hizo famoso.

A Jonás le ordené un día que se fuese a Nínive, la capital de Asiria, a profetizar su destrucción. Debió pensar que a los habitantes de Nínive no les iba a hacer mucha gracia su visita con tan grata noticia, por lo que cogió un barco y se largó 3.500 kilómetros en dirección contraria, a Tarsis, lugar que hoy muchos identifican con la Península Ibérica.

El muy iluso pensaba que así escaparía de mí, pero enseguida originé una terrible tempestad que amenazó con hacer zozobrar la embarcación. El resto de marineros invocaban cada uno a su dios, mientras Jonás ¡dormía profundamente! Hay que reconocer que era un tío tranquilo.

Le despertaron y echaron a suertes para saber quién era el culpable de la tormenta, y le tocó a él precisamente. Les contó que era hebreo, y que me había desobedecido, y les pidió de forma generosa que le tirasen por la borda para apaciguarme. A pesar de adorar a otros dioses, los marineros eran buena gente, y se negaron y continuaron remando, pero por más que remaban yo provocaba que el mar se embraveciese cada vez más y no alcanzasen la orilla. Al comprobar que iban a perecer, arrojaron a Jonás al mar, y un enorme pez se lo tragó. Si con ropa o sin ropa, no lo sabemos, pero os aseguro que hasta eso fue objeto de debate entre los antiguos. En esas cosas se entretenían los primeros Padres de la Iglesia.

Tres días estuvo Jonás dentro del pez. No sólo no se murió, sino que me rezaba y todo, y supongo que incluso se pegó alguna siesta. Como le vi arrepentido, hice que el pez le vomitase en tierra firme, al tercer día. ¡Ahora que recuerdo, yo también resucité al tercer día, qué coincidencia!

Por segunda vez le ordené que fuese a Nínive, y esta vez me obedeció. Soy muy persuasivo cuando quiero. Allí estuvo un día entero anunciando que la ciudad sería destruida dentro del plazo bíblico por excelencia: 40 días.

Los ninivitas, aunque eran unos paganos enemigos de Israel, a la que acabaron sometiendo como ya os he contado, esta vez extrañamente decidieron creer en mí y ayunaron y se vistieron de sayal en muestra de arrepentimiento.

Al ver cómo se habían convertido, decidí perdonar la ciudad, y por una vez no procedí a la matanza habitual.

Entonces Jonás se enfadó mucho conmigo. Dice la Biblia que «se sintió muy contrariado» y «se encaró con el Señor».

Era un tío muy tranquilo, pero tenía su carácter. Le había sentado mal que le hiciese pasar por tantas penalidades para luego nada. «Por algo me apresuré a huir a Tarsis», me decía. Yo le respondí:

—¿Te parece bien enfadarte de esta manera?

Le hablaba como a un niño, porque en el fondo, sois todos hijos míos.

Jonás se construyó una choza, y «se sentó a su sombra, para ver qué suerte corría la ciudad». Me conocía y le extrañaba que no aniquilase a todo el mundo como de costumbre. Viendo mis antecedentes, cualquiera habría apostado 100 contra 1 a que destruiría Nínive con todos sus habitantes dentro.

Dice la Biblia que yo hice que creciese una planta de ricino por encima de su cabeza para darle sombra. Una cosa bastante absurda, porque ya tenía una choza, pero bueno, debía ser de cristal.

«Pero al día siguiente, al rayar el alba, Dios mandó un gusano, que dañó el ricino, y este se secó. Al salir el sol, Dios envió un viento solano abrasador. El sol caía sobre la cabeza de Jonás y, a punto de desvanecerse, se deseó la muerte.»

Mira que era vago Jonás, con tal de no levantarse a buscar una sombra era capaz de morir. Entonces le pregunté de nuevo si le parecía bien enfadarse por ese ricino, y él me contestó:

—Sí, me parece bien enfadarme hasta la muerte.

¡Mira que era testarudo! ¡No sé por qué le nombraría profeta, a veces tengo un ojo! Como cuando nombré a Judas apóstol...

Le contesté que si él sentía compasión por una simple planta de ricino, cuánto más no sentiría yo compasión de Nínive, una ciudad «en la que hay más de ciento veinte mil personas que aún no distinguen entre el bien y el mal, y una gran cantidad de animales».

Yo, que como habéis visto, destruía naciones enteras sin pestañear, ¡iba ahora de bueno! Y no destruí Nínive. Jonás alucinaba.

MIQUEAS
EL QUE PREDIJO QUE YO NACERÍA EN BELÉN,
AUNQUE NO FUE ASÍ

El profeta Miqueas fue un hombre de campo al que, igual que Lutero cuando visitó Roma, no le gustó nada lo que vio en la gran capital religiosa de entonces, Jerusalén.

Miqueas denunció la corrupción moral que allí imperaba, donde los ricos oprimían a los débiles y los sacerdotes y profetas eran unos vividores.

> Mientras les dan para comer
> hablan de paz,
> pero a quien no les llena el estómago
> le declaran la guerra santa.

Vio el negocio que tenían montado mis representantes y no se lio a latigazos como yo, pero lo condenó enérgicamente:

> Sus jueces se dejan sobornar
> sus sacerdotes enseñan a sueldo
> sus profetas vaticinan por dinero.

Miqueas y yo gastamos saliva inútilmente. Hoy los cardenales viven rodeados de sirvientes en palacios y áticos de 700 metros cuadrados.

Como en el caso de Isaías, el fragmento estrella del libro de este profeta es aquel en que supuestamente anuncia mi llegada al mundo, y además ofrece el lugar exacto, Belén:

> En cuanto a ti, Belén Efrata
> la más pequeña entre los clanes de Judá,
> de ti sacaré al que ha de ser
> soberano de Israel.

Os voy a contar un secreto, yo no nací en Belén, como enseña oficialmente la Iglesia, sino en Nazaret. Por algo me llamaban «Jesús de Nazaret». Y no lo digo yo, lo dice la mayoría de los estudiosos bíblicos.

Si un par de evangelistas citan a Belén es porque se esperaba que el Mesías de Israel fuese originario del mismo lugar donde había nacido el famoso e idealizado rey David. Miqueas además habla de Belén como símbolo de un lugar minúsculo, una aldea, más que un lugar concreto, en contraposición con la capital que tanto detestaba. Y, de todas formas, tampoco demostró ser un profeta muy fiable, porque añadió a continuación:

Porque cuando Asiria
invada nuestra tierra
y pise nuestras fronteras
él será quien nos libere.

Llegó Asiria y ese libertador no llegó. Después de Asiria llegó Babilonia, y tampoco. Luego Persia, después Grecia y la Guerra de los Macabeos. Más tarde Roma. Y yo acabé crucificado.

NAHUM
EL QUE ME DEFINIÓ

«El Señor es un Dios celoso y vengador;
el Señor es vengador, su ira es terrible.
El Señor se venga de sus adversarios,
guarda rencor contra sus enemigos.»

Este tipo sí me conocía bien, clavó mi personalidad. Aparte de esto, Nahum se destacó por profetizar de nuevo contra Nínive y los asirios, anunciando cómo yo la iba a destruir por completo. Se tiró así todo su libro. Sí, es verdad que yo le había dicho a Jonás que iba a perdonar a esa ciudad, pero eso fue 150 años antes, y ya se me había olvidado. Ya sabéis que tengo mala memoria. Al tener que estar pendiente de todo se me llena el disco duro y tengo que hacer borrados de vez en cuando.

HABACUC
EL PROFETA QUE HABLABA DE LA DROGA

Habíamos visto ya a un tal Habacuc volando por los aires en el libro de Daniel para llevarle un guiso con panecillos al foso de los leones, inventando así el servicio de comida a domicilio.

La tradición dice que ese Habacuc es el mismo que el de este libro que lleva su nombre, pero parece ser que este último vivió cien años antes que el profeta volador.

No sabemos en qué clase de ambientes se movía, o si alguna vez le echaron «droja» en el Colacao, pero a veces decía unas cosas muy raras:

> ¡Ay del que hace beber a su prójimo,
> mezcla droga y lo emborracha
> Para ver sus vergüenzas!
> te has saciado de ignominia,
> y no de gloria.
> ¿Por qué no bebes tú
> y enseñas el prepucio?

Un profeta que hablaba de enseñar el prepucio, era muy especial este Habacuc.

SOFONÍAS
«DIES IRAE»

Como os supongo gente culta y de gran formación, estoy seguro de que habréis oído hablar del famoso himno «Dies irae», composición musical del siglo XIII que se estuvo usando en la misa de Requiem del rito romano hasta finales del siglo XX.

Pues bien, este himno tiene su origen en el libro de Sofonías, concretamente en estos versículos:

Día de ira será aquel,
día de angustia y de desgracia,
día de desastre y desolación,
día de tinieblas y de oscuridad,
día de nubes y negros nubarrones.

Efectivamente, Sofonías es el profeta de la ira de Dios. El comienzo de su libro es muy clarificador:

Voy a barrerlo todo
de la superficie de la Tierra
oráculo del Señor.
Barreré hombres y ganados,
barreré aves del cielo y peces del mar.

Una vez más, un profeta que avisa de que estoy muy cabreado y voy a matar a todo el mundo. Podía haber aparecido alguno anunciando los números de la lotería, pero no.

Y Sofonías sigue con lo mismo de siempre: que va a venir «el Día del Señor», que no es el domingo, sino el día en que aniquilaré a las naciones enemigas de Israel, con mención especial para los pobres etíopes («seréis atravesados por mi espada»), asirios, con Nínive otra vez en el punto de mira («hará de Nínive una desolación») y moabitas y amonitas, de los que anuncia que van a quedar como Sodoma y Gomorra.

AGEO
EL JUBILADO QUE IBA A VER LAS OBRAS

Hay quien dice que en una obra hacen falta al menos cuatro personas, uno que trabaje y tres que miren. Entre esos tres seguro que estaba Ageo.

Ageo, junto a Zacarías y Malaquías, son los últimos tres profetas menores, y pertenecen ya a la época posterior al destierro babilónico.

Tras el bendito edicto de Ciro, muchos judíos habían vuelto a Judea, y habían comenzado la reconstrucción del templo. Pero debido a la escasez de medios y la hostilidad de los samaritanos, como sabéis, los trabajos se interrumpieron. Aquí es donde aparece Ageo, animando siempre a que se retomen esos trabajos, porque, aunque no lo diga la Biblia, a él lo que más le gustaba era sentarse de buena mañana a ver obras. No existían las estaciones de Renfe, donde ir a contemplar el paso de los trenes, otra de las aficiones favoritas de los jubilados.

Así que Ageo empezó a decir a mi pueblo:

—¿Pensáis acaso que sí es tiempo de que vosotros habitéis en casas confortables, mientras la casa del Señor está en ruinas?

Y les decía que si no llovía y el campo no daba nada era porque yo estaba enfadado porque no me construían la casa.

Al final se puso tan pesado que convenció a Zorobabel, el gobernador de Judá, y se retomaron los trabajos. «Ánimo, pueblo de toda la tierra, oráculo del Señor; manos a la obra, que yo estoy con vosotros», exhortaba. Pero no cogía un ladrillo, no.

ZACARÍAS
DOS EN UNO

Se habla unánimemente de un «Primer Zacarías» y un «Segundo Zacarías», porque todos los que han estudiado la Biblia coinciden en que, aunque englobados en un mismo libro, son dos profetas diferentes.

El primero tenía unas visiones muy extrañas. Sospecho que le ocurría lo que denunciaba Habacuc, que le echaban «droja» en el Colacao. Tan pronto se le aparecía un hombre que decía que iba a medir Jerusalén entera con un cordel, como Josué escoltado por un ángel y el mismísimo Satán.

Pero mi visión favorita de Zacarías es esta:

«Vi un libro volando. El ángel me preguntó:

—¿Qué ves?

Respondí:

—Un libro volando que tiene diez metros de largo por cinco de ancho».

¡Toma exactitud! Y por cierto, vaya libraco. No se había inventado el e-book.

El segundo Zacarías es muy famoso porque es muy citado por los evangelistas en el Nuevo Testamento. Mateo dice que yo entré en Jerusalén montado en una borrica para que se cumpliera la palabra de este profeta cuando dice:

Salta de alegría, Sión,
Lanza gritos de júbilo, Jerusalén,
Porque se acerca tu rey,
Justo y victorioso,
Humilde y montado en un asno,
En un joven borriquillo.

Lo malo es que no parece referirse a mí porque un poco más abajo Zacarías dice no sé qué de unos griegos, que ya no estaban de moda cuando llegué yo:

Movilizaré a tus habitantes, Sión,
contra los habitantes de Grecia.
y te blandiré como espada de valiente.
El Señor se hará visible sobre ellos.

También es muy famosa la cita neotestamentaria de Zacarías donde dice «mirarán a quien traspasaron», y oye, a mí me clavaron una lanza. Sí, ya sé que en la Biblia raro es el tipo que no acaba traspasado por una flecha, espada, lanza o lo que sea, ¡pero se refería a mí! ¡Creedme! ¿Cuándo os he mentido yo?

Otra profecía suya que aparece en el Nuevo Testamento es aquella en la que cuenta el profeta que le pagan 30 monedas de plata y yo le digo que ese es el precio en que me han tasado. ¡Justo lo mismo que cobró Judas!

Esta profecía tan fetén la recoge también Mateo, pero ¡haciendo referencia a Jeremías, que no abre la boca sobre el tema! ¡Menudo lío, por Dios, digo, por mí!

¡Un evangelista citando mal a un profeta! Pero ¿cómo puede ser esto? ¡Esto es un sindiós!

Pues muy fácil. Como hemos visto, ni siquiera era la primera vez que Mateo la liaba parda. Estaba tan obsesionado por hacer cumplir las profecías del Antiguo Testamento en el Nuevo que el pobre a veces se confundía.

Ya hemos hablado de cómo Mateo cambió la expresión «mujer joven» de Isaías por «virgen», con las consecuencias que esto ha tenido, que ahora adoráis más a mi madre que a mí.

También se empeñó en hacerme nacer en Belén, para que se cumpliese la profecía del libro de Miqueas, cuando no me cansaré de repetiros que ¡yo soy de Nazaret!

No contento con eso, es el único evangelista que se inventa el viaje desde Belén a Egipto, con mi madre que acababa de dar a luz, para que al volver, una vez muerto Herodes, se cumpliese la profecía de Oseas:

«De Egipto llamé a mi hijo».

Y tiene más, tiene más... Pero dejemos a Mateo, y vamos con esta perla final que suelta el bueno de Zacarías:

«Y este será el azote con el que el Señor castigará a todos los pueblos que lucharon contra Jerusalén: hará que se pudran estando aún con vida, se les pudrirán los ojos en sus órbitas y la lengua en su boca».

¡Qué desagradable puedo llegar a ser a veces!

MALAQUÍAS
EL MENSAJERO

Malaquías es el último de los profetas menores. Tan menor es, que ni siquiera existió. ¿Cómo? Pues bien, quiero decir con esto que el libro de Malaquías es una colección de oráculos proféticos de autor anónimo que fueron reunidos bajo este nombre. De hecho, Malaquías significa «mensajero».

Algunos de los primeros Padres de la Iglesia, como Clemente Alejandrino u Orígenes, al no tener datos sobre el autor del libro llegaron a tomarlo incluso como un ser celestial. De hecho, el nombre de Malaquías es traducido en la versión griega como «Ángel del Señor».

Pero no. Mis ángeles tenían mucha pluma, pero no escribían.

Este supuesto profeta introdujo una novedad, que sería luego muy citada en el Nuevo Testamento: haciendo honor a su nombre, habló de un mensajero:

—Mirad, yo envío mi mensajero a preparar el camino delante de mí.

Por supuesto, los evangelistas corrieron después a identificar a ese famoso mensajero precursor con mi primo Juan Bautista, pero el final del libro de Malaquías no deja lugar a dudas. Cuando hablaba del mensajero se refería a Elías, el del carro tuneado:

«Yo os enviaré al profeta Elías antes de que llegue el día del Señor, grande y terrible».

Tan es así que los mormones se inventaron que Elías se apareció a su fundador, Joseph Smith, el 3 de abril de 1836, cumpliéndose así la profecía de Malaquías.

Por cierto, tanto corrió Mateo a la hora de citar la famosa frase del mensajero que se la atribuyó a ¡Isaías! ¡Ay, Mateo, que te voy a suspender en teología!

OTROS ESCRITOS

ESCRITOS POÉTICOS

LIBRO DE LOS SALMOS
MIS *GREATEST HITS*

El Libro de los Salmos o Salterio es el más largo de la Biblia, porque reúne toda mi discografía, y fui casi tan prolífico como Bob Dylan. En total reúne 150 salmos, que son poemas a los que se acompaña con música.

Bien es verdad que no todo eran temas originales: algunos eran versiones. Os explico: los salmos eran un tipo de poemas muy comunes en la literatura asiria y babilónica. Algunos de los que recoge mi libro son adaptaciones de otros más antiguos propios de estas culturas. Yo les daba un tono religioso, claro está, más o menos lo que hicimos tras el Concilio Vaticano II cuando nos apropiamos de los éxitos de la música pop de los sesenta y las convertimos en canciones de misa.

El Libro de los Salmos es como una antología que reúne himnos, lamentaciones, súplicas, acciones de gracias, cánticos de Sion, cantos reales, de profecía, de maldición, textos didácticos... yo era como David Bowie, no me gustaba repetirme.

La tradición atribuye la autoría de los salmos a otro David, el rey David. Ya sabéis que a mi monarca predilecto le encantaba tocar la lira y acordaos de cuando se puso a bailar delante del arca semidesnudo y su mujer le tuvo que llamar la atención.

Sin embargo, aunque David era un viejo rockero, se considera que los salmos son producto de varios autores: más que nada porque si miramos el *copyright* en 73 pone que son de David, en doce de un tal Asaf, once de los hijos de Coré, otros de unos tipos llamados Hemán y Atán... Incluso hay alguno de Salomón y del mismísimo Moisés.

En realidad, todos son obra mía, y estos tipos sólo me hicieron los arreglos.

Algunos *singles* fueron citados en el Nuevo Testamento, como el titulado «Dios mío, ¿por qué me has abandonado?», que fue rescatado cómo no por Mateo, el aficionado a las citas del Antiguo, colocándolo como mis últimas palabras en la cruz antes de morir. ¡Para cancioncitas estaba yo!

Lucas en cambio señala que lo último que dije antes de expirar fue el título de otro temazo: «En tus manos encomiendo mi espíritu».

Menos mal que no me pusieron a cantar la Macarena.

Eso sí, mucho peor es el Salmo contenido en 137:9, que, refiriéndose a los babilonios, que tenían cautivo a mi pueblo, dice:

«Bienaventurado será el que tome y estrelle tus pequeños contra las piedras».

¡Pero qué manía tengo de matar niños!

CANTAR DE LOS CANTARES
EL LIBRO ERÓTICO DE LA BIBLIA

Mucha gente se sorprende al encontrar en mitad de la Biblia un libro que no contiene ni una sola referencia religiosa o moral. No habla de mí para nada. Simplemente reúne una serie de poemas sobre un pastor y su amada, los cuales se buscan, se piropean, se encuentran, se pierden y vuelven a encontrarse. Durante varias páginas se dedican a cantar las excelencias el uno del otro.

Es claro que se encontraban en la primera fase del enamoramiento, esa en que la química lo inunda todo y os ponéis de lo más tontito. Luego os conocéis un poco más y se os pasa.

Ante el estupor que causaba la inclusión de este libro en el canon, muchos trataron de interpretarlo en clave alegórica, afirmando que yo era el amado y la amada mi pueblo o la Iglesia, lo que se terciara en ese momento.

Hoy en día predomina la interpretación llamada naturalista, que defiende que se trata simplemente de lo que se ve: poesía amorosa. Por cierto, el bueno de Fray Luis de León se pasó cinco años en la cárcel por traducir esta obra.

Como en el caso de otros libros, se atribuyó su autoría a Salomón (ese sí que debe estar forrado con los derechos de autor), dado que el propio Cantar así lo afirma, pero la realidad es que analizando el texto y sus influencias lingüísticas se deduce claramente que fue escrito muchos años después, alrededor del siglo III antes de mí.

Son unas páginas muy románticas ya desde el principio:

«Que me bese con besos de su boca.
Son mejores que el vino tus amores,
exquisito el olor de tus perfumes».

Luego la cosa se va calentando...

«Mientras el rey se halla en su diván,
mi nardo exhala su fragancia.
Mi amado es para mí una bolsita de mirra
que descansa entre mis pechos».

Se calienta un poco más...

«Como manzano entre árboles silvestres,
es mi amado entre los jóvenes.
Me gusta sentarme a su sombra,
paladear el exquisito sabor de sus frutos».

Incluso se acerca al porno:

«Mi amado metió la mano
por la hendidura de la puerta;
al oírle, se estremecieron mis entrañas.
Me levanté para abrir a mi amado,
y mis manos gotearon mirra,
mirra exquisita mis dedos,
en la manilla de la cerradura».

Hemos hablado de que incluye muchos piropos. Algunos son bien extraños:

«Tus dientes, un rebaño de ovejas
que suben del baño recién esquiladas».

Mejor no probéis a decir esto hoy en día. A no ser que queráis morir vírgenes como mi madre. O esto otro:

«Yo te comparo a la yegua
de la carroza del faraón».

Una última cuestión: ¿por qué utilizarán fragmentos de este libro en la Misa de María Magdalena?

LAMENTACIONES
LLORAR Y LLORAR

Es el libro que más penilla me da de toda la Biblia. Os sitúo en la época en que se escribió: justo después de la caída y destrucción de Jerusalén a manos de los babilonios, acaecida en el 587 antes de mí. El desastre total.

El templo había sido destruido, las murallas, los palacios, todo, y la población sometida al invasor. Mi Pueblo Elegido no daba crédito: había sido abandonado y castigado por su dios protector. No había nada que hacer, solamente lamentarse. Y eso es lo que hicieron, lamentarse en un libro entero.

En un principio se consideró a Jeremías como su autor, porque de tanto profetizar la destrucción de Jerusalén se había creado fama de agorero y ya se había puesto muy lastimero antes en sus «confesiones».

Pero no, Jeremías no es su autor, como se desprende de las profundas diferencias formales entre su libro y este otro. Una vez más, sabemos que está inspirado por mí, pero desconocemos quién lo escribió.

Su autor no para de enumerar desgracias, y volvía a incidir en que las madres se estaban comiendo a sus hijos, a ver si me ablandaba, pero ni con esas:

«Manos tiernas de mujer han cocido a sus propios hijos,
Y se los comen mientras se derrumba la capital de mi pueblo».

Se pensaban que me iban a conmover con unos cuantos niños en pepitoria. A mí, que había exterminado a la humanidad entera con un diluvio. Yo, que había asesinado a todos los primogénitos de los egipcios en sus cunitas. Iban listos.

ESCRITOS SAPIENCIALES

JOB
MI APUESTA CON EL DIABLO

Seguro que alguna vez habéis oído la expresión «tienes más paciencia que el santo Job». Y es que el pobre Job es el personaje más pringado de toda la Biblia, y mira que hay unos cuantos. Y todo porque un buen día a Satán se le ocurrió hacerme una visita para tentarme y caí en el pecadillo de la vanidad.

Estaba yo tan tranquilo en el Cielo y...

«Un día en que los hijos de Dios asistían a la audiencia del Señor, se presentó también entre ellos Satán».

Lo que estáis leyendo. Aparecieron un día mis hijos, que venían de vez en cuando a verme, y entre ellos se vino Satán, que debía estar aburrido en el Infierno, a pesar de que dicen que allí se encuentra la gente más divertida. Lo que no entiendo es cómo burló los sistemas celestiales de seguridad, porque yo le había expulsado en el principio de mi libro. Luego coloqué de portero a San Pedro y ya no he tenido más sustos.

Mantuvimos una charla informal:

«Y el Señor preguntó a Satán:
—¿De dónde vienes?».

Yo lo sé todo, soy omnisciente, pero a veces me gusta hacerme el tonto.

—De recorrer la tierra y darme una vuelta por ella.

Me respondió lo que responden siempre los adolescentes rebeldes a sus padres, cuando estos les preguntan que de dónde vienen y ellos se evaden contestando: De dar una vuelta.

Entonces le dije:

—¿Te has fijado en mi siervo Job? No hay en la tierra nadie como él; es un hombre íntegro y recto que teme a Dios y se guarda del mal.

Y como Satán siempre está malmetiendo, me contestó:

—¿Crees que Job teme a Dios desinteresadamente? ¿Acaso no lo rodeas con tu protección, a él, a su familia y a sus propiedades? Bendices cuanto hace y sus rebaños llenan el país. Pero extiende tu mano y quítale todo lo que tiene. Verás cómo te maldice en tu propia cara.

¡Ya me había picado! Como tengo que demostrar siempre que soy el mejor, no podía tolerar que Satán pusiese en duda que mi siervo era tan fabuloso por amor a mí y no por interés. Así que le dije:

—Puedes disponer de todos sus bienes, pero a él no lo toques.

El pobre Job estaba abajo ajeno a lo que se le venía encima. Por obra de Satán llegaron los sabeos y mataron a todos sus siervos. Sí, los pobres perecieron sin comerlo ni beberlo. Después de esto «cayó un rayo del cielo y abrasó a ovejas y pastores». Los criados fueron asesinados también, y un fuerte viento derribó la casa de los hijos e hijas de Job matándolos.

Pero Job se lo tomó bastante bien. Hizo penitencia y dijo:

—Desnudo salí del vientre de mi madre, y desnudo volveré allí. El Señor me lo dio, el Señor me lo quitó.

Daba gusto con mi Job. Iba ganando la apuesta.

Pero «llegó el día en que los hijos de Dios tenían que asistir a la audiencia del Señor. Se presentó entre ellos Satán».

Sí, otra vez teníamos reunión familiar. Y otra vez apareció Satán, que entraba en el Cielo como Pedro por su casa.

«Y el Señor preguntó a Satán:

—¿De dónde vienes?

Respondió Satán:

—De recorrer la tierra y darme una vuelta por ella.»

Siempre teníamos la misma conversación.

El caso es que saqué pecho con la conducta de mi querido Job, el cual, a pesar de todas las desgracias que habían caído sobre él y los suyos, me seguía siendo fiel. Pero Satán se las sabe todas. Me dijo:

—Extiende tu mano y daña sus huesos y su carne. Verás entonces cómo te maldice en tu propia cara.

Me daba como cosilla hacerle daño a mi querido Job, y le dije a Satán que se encargase él del trabajo sucio:

—Lo dejo en tus manos, pero respeta su vida.

Entonces Satán «hirió a Job con una llaga maligna desde la planta de los pies hasta la coronilla». ¡Menuda faena! Pero este tomó un cascote para rascarse y siguió tan tranquilo, sentado entre cenizas. Y no me maldecía. Su mujer le dijo:

—¿Todavía perseveras en tu rectitud? ¡Maldice a Dios y muérete!

¡Menudo apoyo! ¡Pero Job le contestó:

—Hablas como una mujer estúpida. Si se acepta de Dios el bien, ¿no habremos de aceptar también el mal?

Y siguió fiel a mí.

Pero todo cambió el día que vinieron a verle tres amigos. Se llamaban Elifaz, Bildad y Sofar. Cuando vieron el estado en que se encontraba el antes próspero y saludable Job, prorrumpieron en gritos y lamentos, se sentaron en el suelo junto a él, «y estuvieron así siete días y siete noches, sin dirigirle la palabra, pues veían que su dolor era muy grande».

Vienen a verte los amigos y se tiran a tu lado siete días sin dirigirte la palabra. Lo normal. Por fin Job se decidió a romper el hielo, y cuando lo hizo no paró. Se le había acabado su famosa santa paciencia y se tiró todo el libro quejándose de su suerte. Y aunque sus tres amigos rompieron también su silencio y le decían que debía aceptarla como un designio divino, Job no paraba de lamentarse. Sus primeras palabras, después de los siete días, fueron:

—Desaparezca el día en que nací.

Con eso os digo todo.

Sus amigos intentaban consolarle, pero él seguía:

«Pues todo da lo mismo, y me atrevo a decir:
Dios trata igual al inocente que al culpable.
Si una catástrofe siembra la muerte de improviso,

él se ríe de la angustia de los inocentes;
deja el país en poder del malvado,
venda los ojos de los jueces.
Y si no es Dios, ¿quién lo hace?».

¡No sólo renegaba de mí! ¡Estaba ya directamente coqueteando con el nihilismo y el ateísmo!

«Sin embargo, hablaré sin temor ante él,
porque yo no me siento culpable.»

Job estaba ya tan puteado que había perdido el temor a mí y me desafiaba. Total, ya no podía ir a peor. ¿Qué iba a hacer yo, castigarle? ¡Si ya lo estaba haciendo!
Así que continuaba:

«¿Acaso te complace oprimirme?...
¿Acaso tus ojos son humanos
y miras como los hombres?...».

Sus tres amigos le escuchaban escandalizados, y se decían:
—¿No habrá respuesta para este charlatán?
Sí, le insultaban. Y trataban de defenderme, pero sus argumentos no eran muy convincentes y Job no cejaba en su larga queja. Es más, negaba incluso la existencia de otra vida tras la muerte:

«Pero el hombre, cuando muere, queda inerte.
¿A dónde va cuando expira?
Podrán agotarse las aguas de los mares,
y quedarse secos los ríos,
pero el hombre que yace muerto no se levantará jamás,
se gastarán los cielos y no despertará,
no volverá a levantarse de su sueño».

Mi libro no dice nada, pero Satán debía estar tronchándose de risa en el Infierno. Job me estaba poniendo a caldo.

Su amigo Elifaz le decía:

«Tú destruyes la religión
¿Por qué vuelves tu rencor contra Dios y profieres tales palabras?»

Y trataba en vano de hacerle volver al redil. Pero Job se revolvía:

«He oído muchas cosas como esas;
vosotros en lugar de consolar, atormentáis.
¿No acabarán esas palabras vacías?».

¡Palabras vacías! Nadie se había atrevido en toda la Biblia a definir así a la religión. Y por más que sus amigos siguieron intentando que volviese a confiar y creer en mí, fue en vano.

Se terminó el diálogo de Job y sus amigos y yo tuvimos que añadir unas páginas para que esto no quedase así. En efecto, todos los estudiosos concluyen que «El monólogo de Elihu», que viene a continuación, es un añadido posterior.

¿Quién era Elihu? Elihu era el supertertuliano. El que todo lo sabe. Los amigos de Job no habían logrado convencerle, pero entonces llegó él. «Se indignó contra Job, porque estaba convencido de su inocencia frente a Dios, y contra los tres amigos, porque no habían encontrado respuesta adecuada y habían dejado a Dios como culpable.»

Lo que en un principio debía ser un libro sagrado más se había convertido en un magnífico tratado de ateísmo dentro de la Biblia. Y eso no podía ser.

Elihu hizo lo que todo supertertuliano debe hacer. Le dijo a Job:

«Respóndeme, si puedes,
prepárate para defenderte».

Pero luego no le dejó hablar, porque no hay una sola palabra del anteriormente locuaz Job en toda esta parte.

Elihu soltó básicamente el mismo rollo con los mismos argumentos que los tres amigos diciendo que «Dios paga a cada cual según sus obras, lo retribuye según su conducta».

Para soltar este argumento ya rebatido por Job no hacía falta que hubiese venido, pero así son los tertulianos, y mucho más los supertertulianos. Lo importante no es lo que digas, sino el aplomo y la convicción con que lo hagas. Tú sabes más que nadie, y punto.

A continuación se puso a hablar de que en invierno nevaba y hacía frío, y a hacerse el supertertuliano listillo una vez más:

«¿Sabes acaso cómo Dios dirige todo,
y hace brillar en su nube el relámpago?
¿Sabes cómo están suspendidas las nubes...?
¿Puedes desplegar con él la bóveda del cielo
sólida como espejo de metal fundido?».

Eso decía, que el cielo era sólido como el metal. Pero en este punto Job debía haberse marchado, porque se acabó el monólogo y, como os digo, ni aparece.

Entonces me vi en la obligación de defenderme a mí mismo, sin intermediarios, y bajé a hablar con Job.

Utilicé la vía argumental de la última parte del discurso de Elihu, tratando de apabullarle con mis conocimientos pseudocientíficos:

«¿Dónde estabas tú cuando afiancé la Tierra?
Habla si es que sabes tanto.
¿Sabes tú quién fijó su tamaño
y midió sus dimensiones?...
¿Quién encerró con doble puerta el mar...?
¿Por dónde se difunde la luz,
por dónde se expande el viento solano?
¿Tiene padre la lluvia?
¿Quién engendra las gotas de rocío?
¿De qué seno procede el hielo?...

Si eres valiente, prepárate.
Yo te preguntaré y tú responderás».

Abusando de que por aquel entonces la física no estaba tan desarrollada como ahora, que tenéis respuesta a todas esas preguntas y muchas más que le formulé al pobre Job, le sometí a un implacable examen de Ciencias Naturales.

Y como todavía no habíais hecho grandes descubrimientos, le vacilé también con su desconocimiento de los confines terrestres:

«¿Has llegado hasta las fuentes de los mares?
¿Has pisado en las honduras del abismo?...
¿Has abarcado la anchura de la tierra?».

Ahora no es que hayáis abarcado la Tierra, es que ya la contempláis desde el espacio. Incluso os permitís darme lecciones vosotros a mí, diciendo que no es plana ni el sol gira alrededor de ella. ¡Habrase visto!

Afortunadamente, eran otros tiempos y los conocimientos científicos de Job eran bastante escasos. ¡Hasta le colé que los unicornios existían! Sí, hijos míos, en el libro de Job 39:9 yo hablo de un unicornio, que sabiamente desde la versión de la Biblia Reina-Valera de 1960 se tradujo como búfalo, para no dar pie a cachondeo.

El pobre Job, que estaba física y moralmente destrozado, y había aguantado ya la chapa de sus tres amigos y el supertertuliano, finalmente me dio la razón como a los tontos, para que me callara y le dejara tranquilo:

«Hablé a la ligera, ¿qué puedo responderte?
No diré una palabra más.
Hablé una vez, pero no volveré a hacerlo;
dos veces, pero no insistiré».

Pero yo no me quedé muy convencido y seguía erre que erre:

«Intentas decir que soy injusto?
¿Vas a condenarme a mí para darte la razón?
¿Eres tan fuerte como Dios?
¿Truenas con voz como la suya?»

Le estaba machacando psicológicamente, hasta que claudicase. No todos los días baja Dios a debatir con uno. Y puedo llegar a ser realmente cansino y exasperante, dispongo de todo el tiempo del mundo, la eternidad.

A continuación, me puse a desvariar un poco y a decirle que había unas bestias magníficas que yo había creado, obras maestras mías, que sólo yo podía derrotar: Behemot y Leviatán. No os asustéis, son el hipopótamo y el cocodrilo.

Así que ya, por fin, Job claudicó y reconoció que había hablado «insensatamente, de maravillas que me superan y que ignoro». Y sentenció: «Por eso me retracto y me arrepiento, cubierto de polvo y ceniza».

Entonces yo me di por satisfecho.

A continuación eché la bronca a Elifaz y los otros dos por no haber convencido a Job y haberme hecho bajar, y les ordené que me realizasen un sacrificio, que es algo que siempre me calma un poco. Del supertertuliano no comenté nada, porque ya digo que es un añadido posterior. Dicen las malas lenguas que el propio Libro de Job es una versión de otras obras egipcias y mesopotámicas, como una conocida curiosamente con el nombre de «el Job sumerio», fruto de una antigua leyenda oriental.

Sea como fuere, una vez demostrado que YO TENÍA RAZÓN, devolví a Job su antigua prosperidad, duplicando sus bienes. A sus hijos y criados no los quise resucitar, pero le di otros nuevos. ¡Sois tan reemplazables!

Y vivió Job 140 años. Aquí le tengo, dándome la razón en todo lo que os estoy contando. Por si acaso.

PROVERBIOS
LOS TUITS DE LA BIBLIA

Llevaba ya escritos muchos libros de la Biblia y mi Pueblo Elegido seguía sin hacerme ni caso. Entonces decidí meterme a tuitero. Problema: me había adelantado en el tiempo y Twitter no existía. Pero yo lo intenté, con el Libro de los Proverbios, un texto lleno de perlitas de sabiduría, muchas de las cuales caben en un tuit, y te sobran caracteres.

Por ejemplo:

«Más vale fama que riqueza, buena reputación que fama y oro».

Tuitazo. O este otro:

«Si eres humilde y temes al Señor, tendrás riquezas, vida y honor».

¡Hasta rimaba!

Empecé a soltar frases llenas de sabiduría como estas, y me senté a esperar la lluvia de favs y rts. ¡Pero nada! El maldito Jack Dorsey ni siquiera había nacido.

Tenía muy buenas fuentes de inspiración, no en vano hay quien acusa al Libro de los Proverbios de copiar a la Instrucción de Amenemope egipcia. Pero no coseché nada de éxito, tuve que esperar al siglo XXI para convertirme en tuitstar. Y eso que daba muy buenos consejos sentimentales:

«No desees en tu corazón su hermosura,
ni dejes que te atrapen sus miradas.
Pues con la prostituta basta una hogaza de pan,
pero la casada va a la caza de un buen partido».

Pero ya digo, ni caso. Ni atribuyendo falsamente su autoría al mismísimo Salomón logré abrirme camino como *influencer*. Eran tiempos difíciles para ir de listo: todo Oriente estaba plagado de escritos sapienciales similares, unos copiándose, digo, inspirándose en otros, y había mucha competencia. Y encima Palestina estaba situada a modo de puente entre Egipto y Mesopotomia, así que mi Pueblo Elegido tenía muchos «consejos sabios» donde elegir.

ECLESIASTÉS
EL LIBRO DE LAS CITAS

Mucha gente se sorprende de que este libro esté incluido en la Biblia. De todos los que componen el texto sagrado es el más humano, y por tanto el más citado.

Seguro que a todos os suenan frases como «no hay nada nuevo bajo el sol», «más vale maña que fuerza», «vanidad de vanidades», «todos los ríos van a dar al mar», «cualquier tiempo pasado fue mejor», «todo tiene su momento y cada cosa su tiempo bajo el cielo» o «mientras hay vida hay esperanza».

Pues todas ellas están sacadas de aquí, de las sabias palabras de un tal Qohélet («hombre de la asamblea»), que es como dice llamarse el desconocido autor, cuyo nombre ha sido traducido como Eclesiastés, dando título al libro.

Este pequeño libro ofrece nada más y menos que la respuesta a la pregunta del millón: ¿Cuál es el sentido de la vida?

Qohélet nos dice que fue rey de Israel, y que tuvo de todo, y nada le satisfizo.

«Yo, Qohélet, fui rey de Israel en Jerusalén, y me dediqué a buscar e investigar con sabiduría todo lo que se hace bajo el cielo.»

Y concluyó que todo era en vano:

«Vanidad de vanidades; todo es vanidad. ¿Qué provecho saca el hombre de todos los afanes que persigue bajo el sol?».

Hagamos lo que hagamos, siempre es lo mismo:

«Una generación pasa, otra generación viene, y la tierra permanece siempre [...] nada hay nuevo bajo el sol».

El conocimiento no trae la felicidad:

«Me he aplicado a distinguir sabiduría y ciencia, de locura y necedad; y he concluido que también eso es caza de viento, porque donde abunda la sabiduría, abunda el sufrimiento, y a más ciencia, más dolor».

Los placeres tampoco son el camino, según Qohélet:

«Entonces me dije: Prueba la alegría y busca el placer. Pero resulta que también esto es vanidad».

Las riquezas, menos:

«Emprendí grandes obras [...] compré siervos [...] acumulé plata y oro y tesoros [...] y concluí que todo es vanidad».

A veces parecía Schopenhauer, de lo pesimista que se ponía:

«Aborrecí la vida [...] Pues, ¿qué le queda al hombre de todos los trabajos y afanes que persiguió bajo el sol? Todos sus días son sufrimiento, disgusto sus fatigas, y ni de noche descansa. También esto es vanidad».

Qohélet creía en mí, pero no en la otra vida después de la muerte, como casi todos los judíos del Antiguo Testamento, por otra parte:

«Reflexioné sobre los hombres: Dios los prueba para demostrar que, en sí mismo son como animales. Porque una misma es la suerte de los hombres y la de los animales; la muerte de unos es como la de los otros, ambos tienen un mismo hálito vital, sin que el hombre aventaje al animal, pues todo es vanidad. Todos van al mismo lugar: todos vienen del polvo y vuelven al polvo. ¿Quién sabe si el espíritu del hombre sube arriba y el espíritu del animal baja al fondo de la tierra?».

¡Otro fan de Darwin, como Job, que decía que el hombre y el animal tenían un mismo destino! Sí, hijos míos, los judíos del Antiguo Testamento creían que ellos eran el Pueblo Elegido y que yo vendría en el terrible «Día del Señor» a derrotar para siempre a sus enemigos e instaurar el reinado glorioso de Israel ¡en la Tierra, no en el Cielo!

Y continúa:

«Así que comprendí que la única felicidad del hombre consiste en disfrutar de lo que hace, porque esa es su recompensa. Pues, ¿quién le traerá a ver lo que suceda después de él?».

¡Ese es el sentido de la vida! *¡Carpe Diem!* Aprovechar el presente, porque el futuro después de la muerte nadie lo sabe.

Qohélet se adelantó a Paulo Coelho con eso de las frasecitas tan ideales para los powerpoints y mensaje en cadena:

«En los días de felicidad, sé feliz; en los días malos, reflexiona».

Su filosofía es vive y deja vivir, y no te agobies mucho, que te va a dar igual, que vas a palmar. Y reflexionar, ya sabéis, un rato solamente:

«No seas justo en exceso, ni te hagas demasiado sabio. ¿Para qué darte un mal rato? No seas malvado en exceso, ni seas insensato. ¿Para qué morir antes de tu hora? Mantén el equilibrio entre ambas cosas».

El equilibrio. En el punto medio está la virtud.

Los sabelotodo que abundan hoy en día en todas las cadenas de radio y televisión no le habrían gustado mucho:

«Hablar demasiado aumenta la vanidad, y no se saca ningún provecho».

Y menos los que enseguida montan el número:

«No te irrites con facilidad, porque la ira habita en el necio».

La religiosidad, tiene que ser «moderada» también:

«No se precipite tu boca ni se apresure tu mente cuando lleves un asunto ante Dios, porque Dios está en el cielo y tú en la tierra».

¡Este sí que me conocía bien! Sabía perfectamente que todas vuestras oraciones van directas a mi carpeta de spam.

En cuanto a las relaciones, era partidario de que mejor acompañado que solo, por razones térmicas:

«Mejor son dos que uno, pues juntos obtienen mejores resultados en sus afanes. Porque si caen, uno levantará al otro... si dos se acuestan, se calientan, pero uno solo, ¿cómo se calentará?».

Aunque su concepto de la mujer no era muy bueno. En esto sí se parecía a todos los autores bíblicos:

«Por más que busqué no encontré; entre mil se puede encontrar un hombre cabal, pero mujer cabal, ni una entre todas».

Y de nuevo al igual que Job, se quejaba de que el malvado y el injusto corrían la misma o mejor suerte que el justo:

«Se da otro sinsentido en la tierra: que hay justos que sufren lo que merecen los malvados, y malvados que disfrutan lo que corresponde a los justos».

Y en su tiempo, como ahora, los que estaban más arriba eran muchas veces los más mediocres:

«Hay un mal que he observado bajo el sol, un error propio de gobernantes: mientras el necio está encumbrado en altos puestos, los que valen están postrados en la humillación».

¡Basta darse una vuelta por el Consejo de Administración de cualquier empresa para comprobarlo! ¡Por no hablar de los Consejos de Ministros!

Y tras todo esto, ¡atended! Esta es «la recompensa del hombre», el camino a la felicidad. ¡Por haber cogido este libro entre tus manos es tuyo, querido lector!:

«Anda, come tu pan con alegría y bebe con buen ánimo tu vino, porque Dios ha aceptado tus obras. Lleva siempre vestidos blancos y que no falte el perfume en tu cabeza. Disfruta con la mujer que amas todos los días de la vida fugaz que te han dado bajo el sol, porque esa es tu recompensa en la vida por los trabajos en que te afanas bajo el sol. Todo lo que encuentres a mano, hazlo con empeño, porque no hay obra, ni razón, ni ciencia, ni sabiduría al abismo donde vas».

SABIDURÍA
BUSCANDO LA INMORTALIDAD

Después de un libro tan sabio como el Eclesiastés, curiosamente viene otro que se autotitula «Sabiduría», para no quedarse atrás. Y por supuesto, como otros libros sapienciales, también presenta al rey Salomón como su autor. Problemilla: Sabiduría fue escrito cientos de años después de la época del famoso rey, entre el 150 y el 30 antes de mí. Un poco más, y lo escribe mi hijo Jesucristo. Pero Chuchi no redactó ningún libro, era muy vago a la hora de coger la pluma. Para eso ya teníamos a nuestros cuatro negros, los evangelistas.

La ventaja de esta fecha de composición tardía es que la cultura griega ya había impregnado la vida de los judíos y las ideas de Platón habían enriquecido mi doctrina.

¿Os acordáis del famoso mito de la caverna del sabio filósofo? Es ese que explica que las ideas tienen una existencia absoluta y separada de los hombres, y que vosotros solamente percibís su sombra, su reflejo.

El Libro de la Sabiduría habla de «la justicia», que es inmortal, y concede la inmortalidad a quienes la practican, es decir, los justos.

Se prepara así el camino a la teoría de la resurrección, pues mi hijo estaba a punto de aparecer. «Dios creó al hombre para la inmortalidad» dice este libro. Como veis, no dábamos puntada sin hilo.

ECLESIÁSTICO
EL LIBRO DE MI TOCAYO

Esta vez, a diferencia de tantos otros libros de la Biblia, la autoría de esta obra no fue atribuida a Salomón porque, más que nada, es el único libro del Antiguo Testamento que lleva la firma de su autor, que además es tocayo de mi hijo: Jesús, hijo de Sirac, de Eleazar, el jerosilimita, que debió ser un profesor que vivió en Jerusalén en torno al 190 antes de mí.

Se llama Eclesiástico por el abundantísimo uso que se hizo de él en las asambleas cultuales (ekklesia) de los primeros siglos cristianos.

Y es que en este libro el viejo profesor da muy útiles consejos a sus alumnos para ser buenos y seguir mis caminos.

«Un amigo fiel es apoyo seguro, el que lo encuentra, encuentra un tesoro.»

Eso es, quien tiene un amigo, tiene un tesoro. Y sobre la gente tóxica, dice con muy buen criterio:

«No andes con el necio;
guárdate de él para evitar disgustos
y para no mancharte con su trato;
apártate de él y encontrarás reposo».

Como buen texto bíblico, es machista, eso sí:

«Don del Señor es la mujer callada,
no tiene precio la bien educada».

O:

«Vale más maldad de hombre que bondad de mujer,
una mujer puede ser causa de la mayor vergüenza».

Y señala eso tan conocido de que «por la mujer comenzó el pecado, y por culpa de ella morimos todos», y añade:

«Toda maldad es poca junto a la de la mujer;
caiga sobre ella la suerte del pecador».

Fijaos si son malas, que a lo largo de la historia tuvimos que quemar a decenas de miles de ellas ¡por brujas!
Sobre la brecha salarial ya ni hablamos:

«Es ignominioso, infamante y vergonzoso,
que una mujer mantenga a su marido».

Los criterios educativos del Eclesiástico tampoco son homologables hoy en día:

«Túndele las espaldas mientras es niño,
para que no se haga díscolo y te desobedezca».

Este libro da muy buenos consejos sobre cómo tratar a tus esclavos:

«Haz trabajar a tu siervo y estarás tranquilo.
Déjalo desocupado, y buscará la libertad.
Yugo y bridas doblegan el cuello,
Al mal criado mano dura y castigo...
Y si no obedece, mételo en el cepo».

En cuanto a temas más espirituales, como ya hemos dicho, la mayoría de los judíos del Antiguo Testamento, con la excepción del autor de Sabiduría, muy helenizado (como lo estaría luego San Pablo), no creían en el Más Allá, y Jesús, hijo de Sirac, sigue la corriente general. Cuando le dedica un apartado a la muerte, la ve como el final, no como un paso a la otra vida. Pero no le preocupaba:

«No temas por estar sentenciado a muerte;
recuerda a los que te precedieron y te seguirán.
Es el destino que el Señor ha impuesto a todo bicho viviente».

Eso es, «a todo bicho viviente». Al igual que Job y el Eclesiastés, el Eclesiástico dice que a la hora de vuestra cita con la parca no os diferenciáis en nada con los animales.

Pero tranquilos, que no cunda el pánico. Habiendo vino, todo está arreglado, porque: «¿Qué es la vida si falta el vino?».

Ya sabéis lo importante que es el vino en mi religión, tanto que es mi sangre, como veréis en la segunda parte de mis memorias, también conocidas como «Nuevo Testamento».

NUEVO TESTAMENTO

LOS CUATRO EVANGELIOS. MI VIDA

Los años, los lustros y los siglos se sucedían y nada parecía ir bien. Resolví pararme y pensar. Recapitulé: Al principio estaba solo pero me aburría. Decidí crear a los ángeles, pero pronto buena parte de ellos se rebelaron y se largaron con el maldito Satán. Después creé al hombre y la mujer y a las primeras de cambio me desobedecieron y tuve que expulsarles del Paraíso y condenarles a la mortalidad. Sus descendientes se convirtieron en un hatajo de malvados y tuve que exterminar a toda la humanidad con el Diluvio. Pero la generación que vino después resultó incluso peor que la primera.

Me decanté entonces por ser menos ambicioso y en lugar de tratar de salvar a todo el género humano me conformé con elegir a un pueblo, el Pueblo Elegido, y redimir solamente a este, haciéndole prevalecer sobre las demás naciones. Les saqué de la esclavitud en Egipto y les di la Tierra Prometida, pero a cambio los muy desagradecidos decidieron adorar a otros dioses.

Por más castigos y profetas que les envié siguieron sin hacerme caso. Y así dejé que fueran conquistados y dominados por los asirios primero, y después los babilonios, que destruyeron la mismísima Jerusalén con su templo incluido, condenándoles al destierro.

A estos les sucedieron los persas y más tarde los griegos, que instalaron a Zeus en mi templo reconstruido, y, tras el breve periodo de independencia macabea, los romanos.

Así estaban las cosas. Ya no sabía qué hacer. Nos reunimos mis tres personas y realizamos una *brainstorming*. De las muchas ideas alocadas que parimos, que darían para otro libro, elegimos una como la mejor, la más justa y necesaria, yo diría que inevitable: como dueño y fundador de la Tierra, tenía que bajar personalmente a ver la obra.

Es a pie de calle como se solucionan los problemas. El Espíritu Santo se escaqueó, ¡menudo pájaro!, y mi Padre alegó que estaba jubilado. Me tocó bajar a mí, Jesús, el hijo.

Eso sí, le exigí que al menos me permitiese tener alcohol siempre a mano, lo cual me otorgó con mi poder conversor del agua en vino, y una vida extra por si mis criaturas, de las que no me fiaba mucho, me mataban.

También me otorgó la capacidad de caminar sobre las aguas, que realmente tampoco sirve para mucho, salvo para impresionar a los colegas, lo mismo que lo de curar gente o resucitarla y expulsar demonios. Pero lo que más útil me resultó fue la capacidad multiplicar comida, ¡legiones de hambrientos me siguieron a todas partes, convirtiéndome en un ídolo de masas!

Por aquel tiempo los judíos andaban muy descontentos con su triste situación, siempre sometidos a la potencia extranjera de turno, y ansiaban un mesías. Unos decían que sería un líder político, otros que un rey, algunos que un líder militar y otros tantos apostaban por un sacerdote.

Los profetas habían estado anunciando la llegada de ese mesías y el terrible Día del Señor en el que Israel se impondría a las demás naciones y se las haría pagar todas juntas, pero hacía ya cuatro siglos desde la aparición de Malaquías, el último profeta, y nada de nada.

Había mucho falso profeta y mucho falso mesías, y la gente enseguida se emocionaba, pero pronto se descubría su falsedad y volvían a la melancolía.

Hasta que aparecí yo. Es una historia tan grande que la contaron cuatro narradores distintos: Marcos, Mateo, Lucas y Juan, los evangelistas. La tradición cristiana dice que Marcos fue secretario de Pedro, que Mateo y Juan eran los apóstoles y Lucas el médico y discípulo de Pablo. Las malas lenguas dicen que no se sabe quién o quiénes escribieron los evangelios, que por cierto fueron redactados bastantes años después de mi muerte (entre el 70 y el 100 después de mí, aproximadamente). Quizá podamos concederle a la autoría de Lucas el beneficio de la duda.

Lo que está claro es que no eran de Palestina, porque meten unos gazapos en geografía importantes. Así, por ejemplo, Marcos dice que el mar de Galilea está en medio de la Decápolis, cuando no es cierto, y Juan afirma erróneamente que Betsaida está en Galilea.

Los evangelios de Marcos, Mateo y Lucas se llaman sinópticos, porque pueden ser leídos en paralelo, al ser versiones distintas de una misma tradición. Años después Juan escribió el suyo, el último, muy diferente de los otros tres, a su bola, con un rollo más teológico y creativo, pero teniendo en cuenta que es un tipo al que se le ocurrió el Apocalipsis, me parece lo normal.

Cuatro personas contando la misma historia, la «buena noticia», que es lo que significa *evangelio*. Y había más evangelios, los famosos apócrifos, pero este número está bien, porque ya decía San Irineo en su obra *Contra las herejías* que debían ser cuatro porque «vivimos en cuatro zonas del mundo y cuatro son los vientos principales». Si hubiesen sido cinco, seguramente le habría añadido el apócrifo Evangelio según Tomás, que muchos estudiosos sitúan a la altura de los otros cuatro. Y si seis, el Evangelio de los Hebreos, que fue citado por Padres de la Iglesia tan importantes como Jerónimo, Orígenes o Clemente, y donde se dice que el Espíritu Santo es mi madre. Y así podríamos ir sumando números... El propio Lucas cuenta nada más empezar el suyo que «antes ya muchos han tratado de poner en orden la historia».

Y no sólo había más evangelios, sino otras Cartas distintas de las que recoge el Nuevo Testamento, y otros Hechos de los Apóstoles y muchos más Apocalipsis.

Sé que un tema que os encanta es discutir cuándo y quién decidió cuáles tenían que ser los libros del Nuevo Testamento. No voy a escribir un tratado aquí de cómo se formó el canon, que tuvo lugar de forma gradual y con no pocas discusiones, pero sí señalaré que no fue hasta más de 300 años después de mi muerte (367) cuando alguien señaló de forma oficial qué textos debían incluirse en él. Fue un santo, claro, el todopoderoso San

Atanasio, obispo de Alejandría, que dirigió una carta a todas las iglesias egipcias bajo su jurisdicción estableciendo qué libros habían de ser los buenos e insistiendo en que no se leyeran los demás. Dijo que esos libros eran los «canonizados», y de ahí viene la palabra que tanto os gusta: *canon*.

Los sínodos de Hipona (393) y Cartago (397), bajo la dirección de San Agustín, el más ilustre de los Padres de la Iglesia, refrendaron el canon, pero no fue afirmado de forma dogmática sino hasta el Concilio de Trento, el 8 de abril de 1546, un día en que el Espíritu Santo tuvo que afinar bien para iluminar a sus eminencias, porque hubo una votación y no todo el mundo pensaba lo mismo: 24 a favor, 15 en contra y 16 abstenciones. Y esto en cuanto a la Iglesia católica, que luego tendrían sus deliberaciones el resto de los credos cristianos.

Mejor hagamos caso a San Atanasio y vamos a ceñirnos a la Biblia, que recoge cuatro biografías mías, y punto.

Es una pena que de unos libros tan importantes, que cuentan la historia de un dios que baja a la Tierra, no os hayan llegado los manuscritos originales. Lo que tenéis son copias de copias de otras copias, alteradas por los escribas, unas veces sin darse cuenta y otras de forma intencionada. Orígenes, uno de los primeros y más importantes Padres de la Iglesia, se quejaba de esto en el siglo III, en referencia a las copias de los evangelios de las que él disponía:

«Las diferencias entre los manuscritos se han vuelto muy grandes, ya sea por negligencia de algunos copistas o por la audacia perversa de otros; o bien se despreocupan de comprobar lo que han transcrito, o bien, al realizar la comprobación, añaden u omiten según les place».

El propio Apocalipsis termina con la amenaza de mis plagas a todo aquel que añada o suprima algo al texto.

Estas variaciones entre un manuscrito y otro debido a alteraciones producidas por los copistas se denominan *variantes textuales* y hoy los expertos andan ya por el medio millón. Algunas son relativas a puntos insustanciales, pero muchas otras, como la famosa «Coma Joánica» afectan a aspectos tan importantes como la Santísima Trinidad.

Da igual, al final todo se reduce a una cuestión de fe. Y la fe es ciega, más que nada porque si viese lo que hemos montado a partir de un pesebre saldría corriendo. Además todo el mundo sabe que si repites una mentira mil veces se convierte en verdad. Y si continúas 2.000 años se convierte en religión.

Aparte de distar bastante de lo que fue escrito originariamente, los cuatro evangelios se contradicen todo el tiempo, por ejemplo, cuando narran la parte más importante, la de mi resurrección (perdón por el *spoiler*), así que voy a ser yo ahora el que, aprovechando este libro, os cuente cómo sucedió todo. Comencemos.

MI PRIMO JUAN

Por supuesto, el rey de los judíos y redentor de la humanidad (así mataba dos pájaros de un tiro, ya que bajaba me ocuparía de los dos asuntos) no podía aparecer de cualquier manera. Necesitaba un heraldo que anunciase al mundo mi venida, alguien que me precediera y abriese el camino, un gran profeta.

Había una vez un feliz matrimonio... bueno, no era muy feliz, porque ya eran ancianos y no tenían hijos, dado que la mujer, Isabel, como la mitad de las protagonistas femeninas de la Biblia, sí, lo habéis adivinado, era estéril.

En una sociedad en la que el papel de la mujer se reducía exclusivamente a la maternidad, para ella esto era «un motivo de vergüenza». Por cierto, las estériles siempre eran ellas, qué curioso. ¡Claro, todavía no se habían inventado esas pruebas tan chulas que te miden la calidad y cantidad del esperma, que ves a los renacuajos ahí como asustados!

Ella era de alto linaje, descendía nada más y nada menos que del mismísimo Aarón, el hermano de Moisés y primer Sumo Sacerdote. Su marido, Zacarías, era sacerdote del templo además. No iba a hacer que mi profeta naciese de cualquiera.

Estando Zacarías en el templo, se le apareció mi ángel San Gabriel con un recado de mi parte: Isabel daría a luz un hijo al que llamarían Juan, que sería «grande ante el Señor» e iría delante mío «para preparar al Señor un pueblo bien dispuesto». Muy bien no lo hizo, porque me acabaron crucificando.

Zacarías se sorprendió mucho con el mensaje del ángel, y le replicó:

—¿Cómo sabré que va a suceder así? Porque yo soy viejo y mi mujer avanzada en años.

Era muy elegante Zacarías: se llamaba viejo a sí mismo, pero con su mujer tenía cuidado y la definía como «avanzada en años».

A San Gabriel no le hizo gracia que Zacarías pusiese en duda su palabra y le contestó que a causa de ello se quedaría mudo hasta que el hijo naciera y así «se verifiquen estas cosas». Tenía su orgullito (pecado capital) herido mi ángel. ¡Menudo es!

Y así sucedió. El pobre Zacarías se quedó mudo (no sabemos si del susto), y su mujer concibió milagrosamente. Estaba tan contenta, y decía:

—Al hacer esto conmigo, el Señor ha borrado mi vergüenza ante los hombres.

Cuando Isabel estaba embarazada de seis meses fue a visitarle su prima, María, que también estaba embarazada, de mí, para ser más concretos. ¡Mi madre!

Fue un encuentro mítico. Eran unas primas muy raras, porque se hablaban con oraciones de misa. Isabel saludó a mi mamá rezando el Ave María:

—Bendita tú eres entre todas las mujeres, y bendito el fruto de tu vientre.

Y mi madre le respondió rezando el Magnificat:

—Proclama mi alma la grandeza del Señor, y se alegra mi espíritu en Dios mi Salvador.

¡Cuánta formalidad! Hoy se habrían enviado un par de whatsapp con unos emoticonos de bebés en algún grupo de madres y listo.

Al oír a su tita María, mi primo Juan saltó de alegría en el vientre de su madre. Estuvimos tres meses con ellos, y luego volvimos a casa.

Llegó el momento tan esperado y nació Juan. Al octavo día fueron a circuncidarlo y a ponerle el nombre. La familia quería llamarle Zacarías, como su padre, pero su madre dijo que no, que se llamaría Juan, para gran sorpresa de los presentes. Dijeron entonces a Zacarías, que como buen varón era el que tenía la última palabra, y este, que seguía mudo, escribió en una tablilla: «Juan es su nombre».

De pronto recuperó el habla, se llenó del Espíritu Santo, que andaba por allí, y se puso a profetizar, diciendo que Juan sería el profeta del Altísimo y que iría delante de mí preparando mis caminos. Todo ello lo dijo entonando un salmo de alabanza que hoy conocemos como Benedictus. Ya os digo que esta gente hablaba todo el rato con oraciones de misa.

Juan creció y cuando se hizo mayor se fue a preparar esos caminos... pero escogió un destino muy poco transitado: el desierto. Poca labor comercial me iba a hacer allí. Algunos dicen que pudo haberse ido a vivir a Qumrán, donde sería influido por la secta de los esenios, gran parte de cuyo mensaje compartía. Continuaremos con Juan un poco más adelante, porque me vais a perdonar, pero estoy a punto de nacer.

AVE, MARÍA

Había llegado el momento de aparecer en la Tierra. Podía haberme presentado directamente desde el Cielo, sin necesidad de tener una madre o un padre, pero quería ser exactamente como uno de vosotros. Quería empatizar.

Hasta ese momento os había observado desde la distancia, pero ahora quería meterme en vuestra piel. Eso implicaba elegir una madre y un padre. Como padre ya tenía, es decir, yo mismo, sólo me faltaba escoger a la muchacha que habría de ser mi mamá. ¡Qué nervios! De todas las mujeres del mundo podía seleccionar a la quisiera. O crearla. Al final decidí no gastar más recursos y disponer de entre lo que ya había.

Mi madre tenía que ser la mejor del mundo. ¿Cómo elegir a una de entre mil millones? Muy fácil: mi madre sería la única persona de la Tierra completamente pura, es decir, nacida sin la lacra del pecado original.

Como sabéis, el pecadillo de la manzana de Adán y Eva se fue transmitiendo de generación en generación entre vosotros, y todavía sigue. Algunos hasta fundan empresas tecnológicas y les ponen el logo con ese fruto y un mordisco, por si fuera poco. Tú, amado lector, o lectora, naciste con ese pecado también. Es como un veneno que yo os inoculo para haceros pagar después por la cura, o por los curas.

Pues bien, mi madre había nacido sin pecado original. La única de toda la humanidad. ¿Cómo los sabemos? Porque es dogma de fe: el dogma de la Inmaculada Concepción. ¿Qué es un dogma? Un dogma es algo que te tienes que creer porque sí, y punto.

Debo deciros que durante casi 2.000 años los católicos vivieron sin tan importante dogma. No fue sino hasta el 8 de diciembre de 1854 cuando el papa Pío IX, en su bula «Ineffabilis Deus» lo proclamó. Gracias a eso muchos tenéis vacaciones el Día de la Inmaculada.

De forma curiosa, tras la proclamación del dogma ese año, mi madre se animó a bajar a la Tierra a dar las gracias, y se multiplicaron las apariciones marianas por todas partes. La más famosa fue la de la Virgen de Lourdes, en 1858, que en su discurso ante la joven Bernadette, hizo hincapié en que quería que le llamasen «la Inmaculada Concepción», para que quedase bien claro el asunto.

Mi madre es muy dogmática. Aparte del dogma de la Inmaculada Concepción es protagonista del dogma de la Madre de Dios. Os lo cuento también porque no tiene desperdicio e ilustra muy bien cómo se conforman las creencias:

Concilio de Efeso, allá por el 431. División total entre los cristianos. Unos, capitaneados por Cirilo, patriarca de Alejandría e inductor de la muerte de Hipatia, defendían que mi madre era «la madre de Dios» (Theotokos) y otros, bajo la dirección de Nestorio, que ponía el acento en la humanidad del hijo, se oponían y defendían que sólo era «la madre de Cristo» (Christotokos). Es que por aquel entonces os hacíais mucho lío con lo de la Santísima Trinidad, y cada uno opinaba una cosa. Muchos decían que el Hijo era un simple hombre, ¿tú te crees?

El enfrentamiento era enconado, y el emperador romano Teodosio tuvo que tomar cartas en el asunto y convocar un concilio. ¿Qué hacía un emperador, autoridad civil, decidiendo en asuntos religiosos? Pues no lo sé, pero era la costumbre. Supongo que velar por la unidad y la paz en el imperio. Lo mismo que su antecesor Constantino cuando convocó el polémico Concilio de Nicea de 325, que decidió el Credo nada menos.

El caso es que, en el de Éfeso, tras un montón de irregularidades, sobre las que no me voy a extender, porque me importan un comino vuestras estúpidas rencillas y maniobras, y tras el soborno de Cirilo a las autoridades imperiales, este se llevó el gato al agua y mi madre fue considerada con todos los honores como madre de Dios. La doctrina de Cirilo quedó como la oficial, y la de Nestorio fue declarada herejía (nestorianismo). Amén.

Por cierto, he comentado que el triunfador de este concilio, Cirilo (que luego fue hecho santo), indujo a sus seguidores a acabar con la vida de una gran mujer, Hipatia, la famosa filósofa y maestra. Era tan querida y valorada Hipatia y fue su linchamiento y asesinato un hecho tan cruel y lamentable que originó un auténtico mito en torno a esta gran amante de las ciencias. La Iglesia hizo lo que siempre hacía con los mitos paganos: cristianizarlos. Se inventó la figura de Santa Catalina de Alejandría, una santa que nunca existió, adornándola de una historia similar y atribuyéndole los atributos de Hipatia, sólo que esta vez los malos en lugar de los cristianos de Cirilo eran los romanos, con el mismísimo emperador Majencio a la cabeza. Es una historia tan poco veraz que hasta mi Iglesia ha acabado poniéndola en duda y hoy considera el culto a esta santa como algo opcional, ¿qué os parece?

Pero volvamos a la vida de mi madre, que como os he dicho, es una persona muy dogmática. Además del dogma de la Inmaculada Concepción y el de la Madre de Dios, tiene también el de su Virginidad Perpetua (antes, durante y después de mi nacimiento, no me digáis que no es milagroso) y el dogma de su Asunción en cuerpo y alma a los Cielos, que es de hace nada, de 1950, y ha sido hasta ahora la única vez que el pontífice se ha arriesgado a hacer uso de su Infalibilidad Papal. Mucho dogma les pareció a los protestantes, que no creen ninguno de los cuatro y los muy desaboríos no adoran a mi madre. Peor para ellos.

El dogma de la virginidad, del que ya hablamos en el libro de Isaías con la errónea traducción de «mujer joven» por «virgen», siempre fue un tema que ocasionó encendidos debates, porque claro, el evangelio se refiere a mí como «primogénito», y no sólo eso, sino que incluso habla de mis hermanos y ofrece sus nombres: Santiago (que luego fue el líder de la Iglesia de Jerusalén), José, Judas y Simón. Y también dice que tengo «hermanas», pero de estas no ofrece los nombres porque al fin y al cabo no son más que mujeres.

La Iglesia ortodoxa dice que se trataría de hijos de un matrimonio anterior de José, pero en tal caso la Biblia debería haberse referido a ellos como hermanastros, y si tan importante era la virginidad de María habría recalcado este hecho al nombrarlos, y así os habría ahorrado mucha confusión. La Iglesia católica también se defiende como gato panza arriba y alega que en realidad eran mis primos, pero la palabra que recoge el Nuevo Testamento es clara: *adelphoi*, «hermanos», y no *anepsoi*, «primos». Yo era hijo de una familia numerosa, como la mayoría de las de la época.

En realidad, los primeros cristianos no estaban preocupados por la anatomía íntima de mi madre, e incluso el evangelio de Mateo dice que mis padres tuvieron relaciones sexuales después de nacer yo: «Pero no la conoció hasta después del Nacimiento de Jesús».

Conocer, en la Biblia, es copular, ya lo sabéis. Pues nada, se reunieron unos cuantos obispos, que son gente muy entendida en temas sexuales y ginecológicos, en el Concilio de Letrán, en el 649, y decretaron que el virgo de mi madre permaneció, permanece y permanecerá por siempre intacto. Porque sí. Dogma. Que la madre de uno es una santa, por Dios.

Regresemos al relato de los evangelios. Había elegido ya a mi madre. Se trataba de María, una joven que vivía en la aldea galilea de Nazaret, prometida, y esto es muy importante, con un hombre llamado José, de la mismísima estirpe de David. Ya que podía elegir, qué menos que ser familia del más famoso y querido rey de los judíos. Además, me había tirado toda la Biblia anunciando que el Mesías sería de la casa de David.

Al igual que cuando su prima Isabel, envié a mi ángel mensajero Gabriel a darle la noticia a María. Crucé los dedos para que no dejase mudo a José, mi padre, como había hecho con Zacarías.

Se le apareció Gabriel y le dijo:

—Dios te salve, María, llena eres de gracia, el Señor es contigo.

Se le había pegado la manía de hablar con oraciones de misa. Es más, le saludó a la usanza romana («Salve, que quiere decir, Ave»), y eso que María era hebrea. A lo mejor lo hizo pensando en que los posibles lectores del evangelio serían romanos. Lo suyo es que le hubiese saludado diciendo Shalom!, sobre todo teniendo en cuenta el poco aprecio que sentían los judíos por sus opresores del imperio.

Y siguió:

No temas, María, pues Dios te ha concedido su favor. Concebirás y darás a luz un hijo, al que pondrás por nombre Jesús.

Se había olvidado de que el profeta Isaías había dicho que me llamaría Emmanuel, y con ese nombre me quedé. No te puedes fiar del servicio.

Es muy gracioso cómo lo cuenta Mateo:

—[...] y le pondrás por nombre Jesús, porque él salvará al pueblo de los pecados.

Todo esto sucedió para que se cumpliera lo que había anunciado el Señor por el profeta:

«La virgen concebirá y dará a luz un hijo, a quien pondrán por nombre Emmanuel (que significa Dios con nosotros)».

Ya veis, el bueno de Mateo dice que como el profeta había dicho que me llamaría Emmanuel me pusieron por nombre Jesús. Estupendo. Mi ángel continuó diciéndole a una perpleja María:

—El será grande, será llamado Hijo del Altísimo; el Señor Dios le dará el trono de David, su padre, reinará sobre la estirpe de Jacob por siempre y su reino no tendrá fin.

Mi madre estaba asombradísima. ¡Se había quedado embarazada del aire! Pues, como le dijo al ángel:

—¿Cómo será esto, si yo no tengo relaciones con ningún hombre?

Al pobre San José, el pagafantas de la Biblia, lo tenía a dieta. Irónicamente, hoy celebráis el Día del Padre en su santo. ¡Al menos el niño venía con un pan bajo el brazo! ¡Rey nada menos!

El ángel le aclaró que era cosa de Dios, y que el Espíritu Santo vendría sobre ella y «el Altísimo te cubrirá con su sombra».

Dicen los malditos ateos que esto de la paloma no es más que una copia más de los mitos antiguos. ¿No engendró Zeus al héroe Perseo cayendo en forma de lluvia sobre su madre? ¿No violó a Leda tomando la forma de un cisne? Según algunas leyendas esta después puso dos huevos de los que nacieron sus dos hijos: Pólux y Helena, la de Troya.

¿No habían nacido muchos héroes y dioses de la Antigüedad de una virgen? Hasta dos pipiolos como Rómulo y Remo lo habían hecho. Pues yo no iba a ser menos. Si eres alguien extraordinario tienes que serlo desde que te engendran.

No sabemos si mi madre quedó muy convencida, pero a ver quién es la valiente que le dice que no a Dios, así que contestó con la oración del Angelus:

—He aquí la esclava del Señor, hágase en mí según tu palabra.

¿No os parece una historia preciosa? ¡Pues luego vinieron los judíos diciendo en su Talmud que mi madre me engendró con un soldado romano que encima se llamaba Pantera! Que no cunda el pánico, eso son maledicencias de los que me crucificaron. Resulta que virgen en griego se dice *parthenos*, nombre muy parecido, y les dio por hacer la gracieta con el juego de palabras y decir que yo habían nacido de un Pantera, una virgen al fin y al cabo. Mi madre es una santa y mucho cuidadito con meterse con ella, que en España tiene la medalla al mérito policial.

Así que ya sabéis, nací de una virgen. Desde entonces, la virginidad fue una cosa muy ensalzada por la Iglesia, algo un poco contradictorio con lo de «creced y multiplicaos», pero qué más da.

MI NACIMIENTO

Mi nacimiento fue muy especial, por muchos motivos. Para empezar, nací al menos cuatro años antes de mí. ¿Cómo?, os preguntareis. Pues muy fácil, para Dios no hay nada imposible.

Hijos míos, tengo que haceros una gran revelación: no nací en el año 1.

La Biblia cuenta que mi nacimiento tuvo lugar durante el reinado de Herodes el Grande. Pues bien, Herodes el Grande murió el año 4 antes de mí. Así que como muy tarde yo tuve que nacer en esa fecha.

Por supuesto, tampoco nací el 25 de diciembre, como ya sabréis. Simplemente aprovechamos que esa fecha era un día de fiesta principal en el Imperio romano porque era cuando se celebraba el solsticio de invierno con la festividad del Sol Invictus. Ese día es cuando el astro rey alcanza el punto más lejano al sur del Ecuador, y se entendía como la renovación del sol todos los años. ¿Qué es mi muerte y resurrección sino lo mismo? Como un ave fénix, resurjo de mis cenizas. Y es que lo de adorar a los astros y las estaciones es todo un clásico.

Las malas lenguas dicen que el 25 de diciembre se celebraba el cumpleaños de muchos otros dioses solares. La verdad es que no estoy seguro, eso sí, de si cumpliremos años o no el mismo día, pero todos son más viejos que yo. Uno de ellos, sorprendentemente muy parecido a mí, y varios siglos anterior, es Mitra.

Este falso dios nació también un 25 de diciembre en una cueva, y fueron a verle unos pastores. Si yo soy el cordero que se ofrece en sacrificio, él sacrificó un toro. A Mitra se le llamaba «el buen pastor» y «redentor», como a mí, y sus seguidores celebraban una eucaristía en la que se decía: «El que no coma de mi cuerpo ni beba de mi sangre de suerte que sea uno conmigo y yo con él, no se salvará». A diferencia de los judíos, que santificaban el sábado, el mitraísmo santificaba el domingo, que dedicaba a la adoración del sol, el Sunday (*sun day*, el día del sol). Luminosamente, hoy los cristianos también santifican ese día.

Y al parecer dice que vendrá en el fin de los tiempos a juzgaros a todos. Aquí hay un conflicto de jurisdicciones, porque yo también tengo previsto mi Juicio Final para esa fecha. ¡Cuántas coincidencias!

Menos mal que hubo Padres de la Iglesia como San Justino Mártir (principios del siglo III) que en su diálogo con Trifón rebatía a este con el argumento de que las similitudes entre mi figura y la de Mitra y otros personajes como Dioniso (otro que resucitó y convertía el agua en vino), Heracles o Asclepio eran ¡obra del demonio! Y asunto solucionado. Esto decía San Justino sobre la similitud entre mi eucaristía y la de Mitra:

«Los malvados demonios, imitándolo, enseñaron a hacer eso mismo en los misterios de Mitra, pues ya sabéis o podéis aprender que en sus ritos de iniciación se sirve pan y una copa de agua con ciertas invocaciones».

«Nosotros no enseñamos lo mismo que los demás, sino que los demás enseñan lo nuestro», se quejaba Justino ante las enormes coincidencias entre las enseñanzas cristianas y los misterios paganos, que sin embargo ¡eran anteriores a mi religión!

La religión de Mitra estaba muy extendida en el Imperio romano, algunos dicen que era la principal, y las malas lenguas afirman que yo superpuse la mía sobre ella. Como sois gente muy culta, todos sabréis que mi religión fue legalizada en el Imperio romano con el emperador Constantino. Este emperador, como todos los anteriores, era el sacerdote supremo del culto de Mitra, y trató de armonizar ambas religiones, entre otras cosas, haciendo coincidir nuestros cumpleaños. Cuando poco después otro emperador, Juliano el Apóstata renegó del cristianismo, ¿sabéis qué religión abrazó? El mitraísmo.

Finalmente, tras hacernos con el control del Imperio romano y convertirnos en su religión oficial (año 380), los cristianos solucionamos el problema prohibiendo el culto de Mitra en el año 391. Y aquí paz y después gloria.

Volviendo al tema de mi nacimiento, es todo muy confuso. No me extraña que de mis cuatro evangelistas, dos ni se ocupen de él, y comiencen su evangelio cuando ya soy un hombre hecho y derecho, y los otros dos que sí lo hacen, Lucas y Mateo, se contradigan todo el tiempo.

Mateo nos cuenta que el ángel se apareció a José, el cual había pensado repudiar a mi madre en secreto, pero fue convencido de lo contrario por mi mensajero. Lucas en cambio dice que el ángel se apareció a María. Según Mateo nací en una casa, en cambio Lucas afirma que fue en un pesebre. Según Mateo me visitaron los Reyes Magos, Lucas, por el contrario, obvia a tan importantes personajes, y afirma que fueron unos pastores.

Dice la Biblia que por culpa de un maldito censo mis progenitores tuvieron que recorrer un montón de kilómetros para empadronarse en Belén, de donde era originario mi padre. Si hoy en día la gente se empadrona donde vive, que es lo lógico, fijaos si no sería absurdo en los tiempos de mi nacimiento, con lo atrasados que estaban los transportes.

¿Te imaginas que eres un pobre ciudadano de Nazaret y te llega un papel, o papiro del ayuntamiento que te dice que tienes que coger el burro y a tu mujer embarazada e irte a hacer el papeleo a la otra punta del país?

Pues no. Eso no se produjo, la costumbre romana era como la de hoy, que cada uno se empadronaba y pagaba impuestos donde vivía. Pero la Biblia dice que mis padres tuvieron que ir a Belén, porque algún profeta estaba empeñado en que yo nacería en la tierra del rey David, y así tuvo que ser.

Era muy importante que yo descendiese del rey. Por eso Mateo y Lucas (ya os digo que Juan y Marcos pasan de todo esto) publican cada uno una genealogía donde lo demuestran. La de Mateo llega hasta Abraham, y la de Lucas hasta el mismísimo Dios, o sea, yo.

Lo malo es que lo hacen por la vía de San José, y ya sabéis que mi padre fue el Espíritu Santo.

Además las dos genealogías se contradicen entre sí, y con el Antiguo Testamento. Ya desde el principio la fastidian, no se ponen de acuerdo ni con el nombre de mi abuelo: Mateo dice que se llama Jacob, y Lucas, que Elí. Para Lucas, de Abraham a Jesús hay 56 generaciones, en Mateo 42. Ya el emperador Juliano se burlaba de esto: «Pero ni siquiera el invento lo habéis hecho con habilidad, puesto que Mateo y Lucas se contradicen en la genealogía de Jesús».

Sigamos. Según Lucas, nací en el pesebre (no dice nada de la mula y el buey, como ya recordó el papa Benedicto XVI para gran desconsuelo de belenistas) y a los ocho días me circuncidaron. Gracias a eso comenzó siglos más tarde la devoción por mi santo prepucio. Como lo oís. Por ejemplo, en el siglo XVII la famosa monja sor Agnes Blannbekin aseguraba que en sus trances místicos se le aparecía, materializándose en su boca y haciéndole gozar hasta el paroxismo con su sabor dulce y carnoso.

Santa Catalina de Siena, patrona de Italia y doctora de la Iglesia, se empeñó en que un día contrajo matrimonio conmigo y que yo le entregaba el anillo de casamiento hecho con la piel de mi prepucio. Decía que lo llevaba en el dedo, y cuando murió, ese dedo se convirtió en una valiosa reliquia.

Dicen que había más de 20 santos prepucios circulando por ahí. En Calcata (Italia) lo sacaban incluso de procesión, hasta que algún desalmado lo robó en 1983. Otros dicen que subió al cielo y es uno de los anillos de Saturno.

El santo prepucio es una de tantas reliquias absurdas que pueblan las iglesias y catedrales de la cristiandad. Tenemos de todo: una pluma del arcángel San Gabriel, un relicario con los rayos de la estrella de Belén, mis santos pañales, mi cordón umbilical (hay tres distintos, uno en la iglesia de Santa María de Popolo, y otros dos en San Martino y Chalons), gotas de leche de mi madre, gotas de mi sangre (si vais a Brujas pasaos a verlas), más de 10 coronas de espinas, 64 de mis dientes de leche, 460 monedas de las 30 con que Judas me traicionó, la cola del burro que monté al entrar en Jerusalén... y hasta suspiros de San José y estornudos del Espíritu Santo embotellados. Cualquier excusa es buena a la hora de atraer el negocio de los peregrinos y las donaciones.

Continuemos con mi historia. Como cualquier judío, mis padres esperaron los 33 días de purificación de mi madre y me llevaron a Jerusalén, a presentarme ante el templo. Allí María y José ofrecieron «dos tórtolas o pichones», que era lo que ofrendaban los pobres.

La historia de Mateo es mucho más emocionante. Nada de ir a la capital, ¡allí me habría matado Herodes!

Mateo no dice nada de ningún censo ni de ningún viaje desde Nazaret. Cuenta que nací tranquilamente en Belén, sin pesebre ni nada. Se supone que vivíamos allí.

En el relato de Lucas, un ángel primero, y luego «una multitud del ejército celestial», se aparecía a unos pastores y les decían que viniesen a adorarme, que nos iba a quedar un belén precioso. En el de Mateo, unos «sabios de Oriente», o «magos de Oriente», según la Biblia que leáis, conocidos hoy por «los tres Reyes Magos», se presentaron en Jerusalén ante el rey Herodes y le preguntaron inoportunamente:

—¿Dónde está el rey de los judíos que acaba de nacer? Hemos visto su estrella en el oriente y venimos a adorarlo.

Serían sabios, pero eran unos bocazas. Y si no eran sabios y eran magos, que sepáis que según mi Antiguo Testamento eran unos pecadores merecedores de la muerte, que es la pena que destinaba yo a los «encantadores y hechiceros».

Herodes se mosqueó mucho y preguntó a sus consejeros dónde tenía que nacer ese que le iba a quitar el puesto, y le contestaron que para que se cumpliese lo que había anunciado el profeta, que era algo que le gustaba mucho a Mateo, tenía que ser en Belén.

Entonces el rey, que se ve que andaba mal de personal, encargó a los Reyes Magos que fuesen a Belén y le informasen cuando naciese el Mesías.

Ellos se pusieron en camino, y una estrella, que ningún historiador judío o romano de la época vio, les guio y se paró con una precisión alucinante justo encima de donde estaba yo recién nacido. ¡Mucho mejor que Google Maps!

Los nacimientos de los dioses y héroes de la Antigüedad siempre han estado rodeados de grandes prodigios, así que no iba yo a ser menos. Si Alejandro, Augusto, Buda o Krishna habían tenido su estrella, yo también tendría la mía. Y la puse de bombilla en el portal.

Hay quien ha dicho que la famosa estrella podría tratarse del cometa *Halley*, pero no puede ser, porque el papa Calixto III lo excomulgó (¡al cometa, sí!) pensando que su aparición era un signo de la ira de Dios porque los turcos se habían apoderado de Constantinopla. Además, el cometa pasó cerca de la Tierra en el 12 antes de mí, así que ya os digo que lo descartéis como vela para la tarta de mi cumpleaños.

Los Reyes Magos me ofrecieron oro, incienso y mirra. Hay que tener mala leche para regalarle incienso y mirra a un recién nacido. Sobre todo mirra, que se utilizaba para embalsamar los cadáveres.

El motivo de tan extraña elección se debe a que estos tres regalos simbolizan respectivamente la realeza, el sacerdocio y la muerte. Con esta ofrenda tan peculiar los magos de Oriente querían significar que yo sería el Rey de Reyes, el Sumo Sacerdote (el único que podía ofrendar el incienso era el sacerdote) y algo no tan estupendo: que pronto moriría por vuestros pecadillos.

Como me regalaron tres cosas, establecisteis que los Reyes Magos eran tres. Sois así de simples. Y decidisteis que el portador de la mirra, la mala noticia de la muerte, sería el negro, por supuesto. Sin embargo, durante muchas épocas se consideró que estos personajes tan entrañables eran 6, 12 o incluso 72. Hoy los armenios todavía consideran que eran 12, como los apóstoles. Y cada uno tiene su nombre. Mucho mejor, así os traerán más regalos.

La Biblia no dice nada de que fueran reyes, eso también os lo inventasteis después, en un alarde muy poco republicano. Lo principal es que eran unos tíos muy importantes de Oriente, probablemente de Babilonia, la que nos conquistó, que vinieron a reconocer mi superioridad. Si a Salomón le habían venido a visitar mandatarios y sabios extranjeros y hasta la reina de Saba, no iba a ser yo menos. Y la prueba de que todo esto es verdad es que se pueden venerar sus santos cráneos en la catedral de Colonia, donde fueron a parar después de que en el siglo IV Santa Elena, la madre del emperador Constantino, el que legalizó el cristianismo, mira tú qué casualidad, y patrona de los arqueólogos, los encontrara. Si vais con vuestros hijos mejor decidles que se queden a la puerta.

Sea como fuere, vinieron los tres Reyes Magos, me adoraron y, en lugar de avisar a Herodes, no le dijeron nada y se volvieron a su tierra por otro camino. Herodes, viéndose burlado, se pilló un cabreo monumental. Ni con una estrella gigante señalando el sitio había sido capaz de adivinar dónde estaba yo. Es más, con enviar un par de espías detrás de los Reyes Magos habría averiguado fácilmente mi paradero. Como era un poco bruto, y dado que estábamos en el evangelio de Mateo, el fan de las profecías del Antiguo Testamento, decidió matar a todos los niños menores de dos años de Belén y su término, para que se cumpliese la predicción de Jeremías:

«Se ha escuchado en Ramá un clamor
de mucho llanto y lamento:
es Raquel que llora por sus hijos,
y no quiere consolarse
porque ya no existen».

Mateo era capaz de cargarse un montón de niños con tal de ver cumplida una profecía del Antiguo Testamento. Y todo porque había una leyenda que situaba la tumba de Raquel en Belén. Además, así se establecía un paralelismo con Moisés, que también sobrevivió a una matanza infantil.

Hay quien dice que todo es una copia de la leyenda relativa al nacimiento de Krishna (3228 antes de mí), según la cual un sabio avisó al malvado rey Kamsa de Mathura de que había nacido un niño que habría de matarle y, al desconocer su paradero, decretó la muerte de todos los menores de dos años de Mathura.

Afortunadamente, ningún historiador de la época, ni siquiera Flavio Josefo, que documentó minuciosamente todas las fechorías de Herodes, narra que sucediese algo parecido.

El ángel se apareció otra vez a José y le dijo que huyese porque Herodes quería matar a su hijo. ¿A dónde le indicó que huyese? Pues a donde siempre: a Egipto. Además, así se cumplía la profecía de Oseas: «Cuando Israel era muchacho yo lo amé, y de Egipto llamé a mi hijo».

Pues vale. Se ve que al igual que Moisés, tenía que venir de Egipto yo también.

Estuvimos una temporada en el país de las pirámides y cuando murió Herodes, el ángel se le apareció de nuevo a mi padre para informarle del deceso y le anunció que ya podía volver a Israel. Pero reinaba en Judea Arquelao, hijo de Herodes, por lo que, en lugar de volver a Belén, que estaba muy cerca de la capital, dice Mateo que «avisado en sueños» (el ángel tuvo que volver para actualizar su mensaje) «se retiró a la región de Galilea y se estableció en un pueblo llamado Nazaret. De esta manera se cumplió lo anunciado por los profetas: que sería llamado nazareno».

Es decir, según Mateo, y a diferencia de lo que cuenta Lucas, mi familia no vivía en Nazaret antes de mi nacimiento, sino que se estableció allí después huyendo del hijo de Herodes. Y por supuesto, para que se cumpliese una profecía.

NIÑO PRODIGIO

Dicen que la infancia es la etapa más importante en la formación del carácter de una persona. Pues bien, la Biblia apenas cuenta nada de la mía, ni de mi adolescencia y juventud.

Tan sólo narra un episodio de cuando tenía 12 años y para colmo la mayoría de los especialistas dicen que se trata de un añadido posterior al evangelio de Lucas, pues está escrito en un griego demasiado puro.

Era la fiesta de la Pascua, esa que celebra la salida de los israelitas de Egipto, y yo acudía con mis padres a Jerusalén. Cuando terminó la fiesta, mis padres se unieron a la caravana de regreso, pero yo me quedé en la ciudad.

«Estos creían que iba en la comitiva, y al terminar la primera jornada lo buscaron entre los parientes y conocidos.»

¡No se enteraron de que faltaba hasta que pasó un día! No se puede decir que cuidaran mucho de mí. Volvieron a Jerusalén y me encontraron en el templo, dando lecciones a los doctores. Jugaba con ventaja, era Dios. Me sabía el Antiguo Testamento mejor que nadie.

MI BAUTIZO

A diferencia de ahora, que a casi todos os bautizan de recién nacidos, porque luego de mayores ya no os dejáis, yo me bauticé cuando era todo un hombre, al estilo de los anabaptistas. De hecho, en los comienzos del cristianismo y hasta comienzos de la Edad Media la gente seguiría bautizándose bien mayor porque, como decía Tertuliano, uno de los grandes Padres de la Iglesia: «Que sean cristianos cuando sean capaces de conocer a Cristo».

Me enteré de que mi primo Juan, que estaba de profeta en el desierto, se dedicaba a bautizar en el Río Jordán y me fui para allá. Esto de bautizarse era muy común en muchos cultos, porque siempre se consideró y se considera que el agua tiene poder purificador, pero la ventaja de ser familia es que me daría cita enseguida y no me cobraría nada.

Sin embargo, no te puedes fiar de nadie. Nada más verme se puso a dar excusas:

—Yo necesito ser bautizado por ti, ¿y tú vienes a mí?

Al final le dije que se dejase de tonterías y me bautizó. ¡El agua del Jordán estaba helada! Desde entonces decidí caminar sobre las aguas en lugar de sumergirme en ellas.

Dice la Biblia que, al salir del agua, «los cielos fueron abiertos» y una paloma se posó sobre mi cabeza. Eso de que un pájaro viniese a posarse en la cabeza de uno era un clásico en la Antigüedad, como símbolo de que aquella persona era elegida rey. Pero no, en este caso no era un símbolo, era el Espíritu Santo, que se unía a la fiesta, y la voz de mi Padre clamó desde el Cielo:

—Este es mi hijo Hijo amado, en quien tengo complacencia.

Había venido toda mi familia al bautizo, las tres personas, y habíamos montado un numerazo, tan chulo que lo recogen los cuatro evangelistas. Ni uno se lo deja en el tintero, a diferencia de muchos otros sucesos de mi vida. Eso sí, mientras Marcos dice que el Espíritu Santo penetró en mí durante el bautismo, Mateo defiende que fue desde el mismo momento de mi concepción.

Sea como fuere, el día de mi bautismo fue un día importantísimo. Por eso me extraña mucho que luego mi primo Juan, después de tirarse toda la vida predicando que detrás de él vendría otro del que no era digno de «desatarle la correa de las sandalias» y ser protagonista de un momento tan espectacular, con apertura de cielos incluida, no se acordara de que yo era el Mesías:

«Y al oír Juan, en la cárcel, los hechos de Cristo, le envió dos de sus discípulos, para preguntarle: "¿Eres tú el que ha de venir, o esperaremos a otro?"».

No sé por qué dijo esta tontería, que recogen los evangelios de Lucas y Mateo, porque en el evangelio de Juan (el otro Juan, el evangelista, no el Bautista) lo tenía bien claro:

«Yo he visto que el Espíritu bajaba desde el cielo como una paloma y permanecía sobre él [...] Y como lo he visto, doy testimonio de que él es el hijo de Dios».

Juan el Bautista predicaba en el desierto, y tenía una legión de seguidores. Muchos consideraban que él era el Mesías, creencia que siguen manteniendo hoy los mandeístas. Si leéis los Hechos de los Apóstoles, veréis cómo existía cierta rivalidad entre sus seguidores y los míos, y mucha gente andaba despistada sobre quién de los dos era el Elegido. Cuentan por ejemplo cómo San Pablo coincidió en Efeso con Apolo, no el dios, sino un «varón elocuente», famoso predicador judío que «sólo conocía el bautismo de Juan», y que después se haría cristiano. El mismísimo Herodes decía en el evangelio de Lucas que Juan había «resucitado de entre los muertos», ¡madre mía! Y si ya dijimos que la fecha de mi nacimiento estaba relacionada con el solsticio de invierno (en el hemisferio norte), el santo de Juan y su fiesta lo están con el de verano (en el mismo hemisferio, invierno en el sur).

Juan me estaba haciendo sombra, y ya sabéis cómo soluciono yo estas cosas. Alguien iba a morir, y no iba a ser yo todavía.

Como siempre, le eché la culpa a una mujer, bueno, a dos, mejor. En aquellos tiempos reinaba Herodes Antipas, hijo de Herodes el Grande, el de la matanza de los inocentes. Se había liado con la esposa de su hermanastro Herodes Filipo, una mujer llamada Herodías... Todo el mundo se llamaba Herodes en aquella familia.

Juan censuró a Herodes su actitud adúltera, y a Herodías no le sentó nada bien, con lo que pidió a su amante que lo ejecutara. Pero la fama de Juan era grande, y Herodes, temiendo revueltas, se contentó con encarcelarle.

Sin embargo, en la fiesta de cumpleaños de Herodes, Salomé, la hija de Herodías, le obsequió con un baile tan espectacular que este quedó tontito perdido y le prometió que como premio le concedería lo que quisiera. Herodías vio que era su momento y le dijo a su hija que le pidiese la cabeza del Bautista en una bandeja, y así fue. Mi primo fue ejecutado.

DE TENTACIONES EN EL DESIERTO

De Juan y otros profetas había aprendido que quien se retiraba al desierto se volvía muy popular. Así que, antes de comenzar mi ministerio público, decidí pasar una temporada allí.

Cuenta la Biblia que después de 40 días en que no comí nada, «al final sintió hambre». Vamos a ver, al final no, ya desde el primer día a la hora de la cena tenía un hambre que no veas, que yo siempre he sido de buen comer, pero aguanté como un campeón. Ahora vosotros ayunáis algo en la Cuaresma, en recuerdo a esos días que pasé con el estómago vacío, pero nada en comparación con la gazuza que pasé yo en el maldito desierto.

Decidí pasar 40 días allí para simbolizar los 40 años que pasó el pueblo de Israel en el Sinaí. Y, al igual que mi pueblo, durante ese periodo pasé por dificultades que pusieron a prueba mi fe.

Resulta que mi Padre no daba señales de vida, y quien apareció fue el maldito diablo.

Como vio que estaba muerto de hambre, me tentó diciendo:

—Si eres hijo de Dios, di a esta piedra que se convierta en pan.

A mí el pan nunca me llamó la atención, así que le respondí: «No sólo de pan vive el hombre».

Al ver que no le hacía caso, me llevó a un lugar muy alto y me mostró todos los reinos de la Tierra, y me dijo que si me postraba ante él todo eso sería mío. Era un poco lerdo, ¿no sabía que la propiedad entera del mundo ya era mía?

Le dije que mejor me adorase él a mí: «Está escrito: Adorarás al Señor tu Dios, y sólo a él darás culto».

Entonces me tentó por tercera vez: me llevó a Jerusalén, me puso en el alero del templo y me retó a que le demostrase que era hijo de Dios tirándome, que si realmente lo era vendrían los ángeles a sujetarme.

Yo lo que tenía eran ganas de comerme un buen chuletón, y no de hacer *puenting*, así que decidí despedirle diciéndole: «Está escrito: No tentarás al Señor, tu Dios».

Pilló la indirecta y desapareció.

Lo de irse de retiro y ser tentado allí por un demonio siempre ha sido algo muy popular en diversas religiones y mitologías. Hércules fue tentado y conducido a un alto desde donde le fueron mostrados los dominios de un rey. Zaratustra, otro de los que dicen que me copio, hizo algo parecido, y Buda también fue tentado por el demonio, el cual le prometió como a mí que le haría emperador del mundo si renunciaba a llevar una vida religiosa. ¡Qué pesados los demonios, parecen comerciales de telefonía!

LAS BODAS DE CANÁ, ¡MI PRIMER MILAGRO!

Regresé del desierto con un hambre de mil demonios, nunca mejor dicho, así que me puse muy contento cuando poco después me dijo mi madre que nos habían invitado a una boda: me iba a hartar a comer.

Mis evangelistas no dicen nada, pero me puse hasta arriba, aún a riesgo de caer en el pecado de la gula. En un momento del banquete, me dijo mi progenitora muy preocupada:

—No les queda vino.

Como si yo tuviese una bodega o algo. Hasta ese momento no había realizado ni un solo milagro. Al menos que lo registre la Biblia. Así que le contesté de bastante mala manera:

—Mujer, no intervengas en mi vida, mi hora aún no ha llegado.

Eso le dije, que no se metiera en mi vida, pero mi madre no me hizo ni caso:

«La madre de Jesús dijo entonces a los que estaban sirviendo:

—Haced lo que él os diga».

Tuve que obedecer, que para eso era un buen hijo, un santo. Así que mi primer milagro en la Tierra no fue acabar con la pobreza en el mundo, o lograr la paz o curar las enfermedades: fue suministrar vino a los invitados de una boda, que, como me dijo el maestresala, ya estaban borrachos: «Los invitados ya han bebido bastante».

«Había allí seis tinajas de piedra [...] de unos ochenta o cien litros cada una.»

Ordené que las llenasen de agua y la convertí en vino: ¡600 litros! La cogorza que cogió aquella gente todavía se recuerda en la región.

Y encima de la mejor calidad. El maestresala me felicitó:

«Todo el mundo sirve al principio el vino de mejor calidad, y cuando los invitados ya han bebido bastante, se saca el más corriente. Tú, en cambio, has reservado el de mejor calidad para última hora».

Hay quien afirma que yo soy un imitador de Dionisos, el dios griego del vino, otro que transformaba también el agua en tan alcohólico elemento, algo que se celebraba el 6 de enero, día en que también llegó a celebrarse por la Iglesia este milagro de las bodas de Caná. Es más, a Dioniso le llamaban «la vid», y Juan dice de mí en su evangelio que yo soy «la verdadera vid», para que no hubiese dudas de quién era el impostor.

En cualquier caso, el vino es algo muy importante en mi religión, ya os he dicho que no en vano mi sangre es vino, o el vino es mi sangre. Tomad y bebed.

MIS PRIMEROS DISCÍPULOS

No les he nombrado, pero tal y como registra la Biblia, a esta boda ya fui con mis primeros colegas. A dos de ellos los conocí porque eran discípulos de mi primo el Bautista, y un día se vinieron conmigo. Uno se llamaba Andrés, y me llevó hasta su hermano, que se llamaba Simón. Entonces yo le dije:

—Tú eres Simón, hijo de Juan; en adelante te llamarás Cefas, es decir, Pedro.

¡Vaya lío de nombres! Daba igual, ¡se supone que yo me tenía que haber llamado Emmanuel y al final me llamé Jesús!

Eran humildes pescadores, gente muy sencilla. Podía haber elegido a grandes doctores de la Ley, pero, al igual que mi madre, que siempre se aparece a pastores y analfabetos y nunca a catedráticos de física, yo prefería rodearme del pueblo llano. Es más fácil de convencer.

Yo mismo, en el evangelio de Mateo, le digo a mi Padre:

«Yo te bendigo Padre, Señor del Cielo y de la Tierra, porque has escondido estas cosas a los sabios e inteligentes, y se las has revelado a la gente sencilla».

Les dije que les haría pescadores de hombres, y por favor, aunque al final me los llevé al huerto (de los Olivos), no toméis esta frase con ninguna connotación erótica. Todo el mundo sabe que en la Iglesia odiamos a los gays.

Según los evangelios sinópticos los encontré en Galilea, después de la encarcelación de Juan el Bautista. Según el evangelio de Juan, en Judea, antes.

El caso es que mis amigos me adoraban. Y no porque fuera Dios, sino porque todo el mundo quiere tener un colega que convierta el agua en vino. Gracias a eso me salían seguidores por todas partes. Además, un día que estaba Pedro con sus compañeros Santiago y Juan, en el mar de Galilea y no habían pescado nada en toda la noche, les dije que remasen un poco más adentro y echasen las redes, y tuvieron una pesca descomunal. Era un chollo ser amigo de Dios.

LA SAMARITANA

Ya os conté antes que los judíos no se llevaban muy bien con los samaritanos. Es más, los consideraban impuros porque habían adorado a cinco dioses extranjeros, y porque su lugar de culto no era el templo de Jerusalén, como Dios manda, sino el monte Garizín, entre otras muchas cosas.

Los judíos no pisaban suelo samaritano, y siempre rodeaban esta región por el este, porque consideraban que entrar allí era contaminarse. Si viajaban a través de Samaria tenían luego que purificarse.

Pues bien, un día que, según el evangelio de Juan, yo venía de Judea camino de Galilea (ya os digo que Juan va a su aire y hasta me inventa un recorrido diferente de los otros tres evangelistas) y no tenía muchas ganas de andar, me adentré en la pecadora Samaria.

Era mediodía y hacía un calor terrible. Mis discípulos habían ido al pueblo a comprar alimentos, y yo, «fatigado por la caminata», me acerqué a un pozo en busca de agua. Además, en los pozos bíblicos siempre se liga, no en vano allí encontró Isaac a su futura esposa Rebeca y Moisés conoció a su mujer Séfora. Cuando llegué, una mujer se acercó al pozo.

Yo iba de sobrado y sin presentarme ni nada lo primero que le dije fue:

—Dame de beber.

Pero ella no me hizo ni caso y me replicó:

—¿Cómo es que tú, siendo judío te atreves a pedirme agua a mí, que soy samaritana? (Es de advertir que los judíos y los samaritanos no se trataban.)

Entonces le tuve que poner en su sitio y soltar eso de «usted no sabe con quién está hablando»:

—Si conocieras el don de Dios y quién es el que te pide de beber, sin duda que tú misma me pedirías a mí y yo te daría agua viva.

Y le demostré que era un gran profeta adivinándole que había tenido cinco maridos, que simbolizan los cinco dioses extranjeros que su pueblo adoró, y le leí la cartilla:

—Vosotros, los samaritanos, no sabéis lo que adoráis; nosotros sabemos lo que adoramos, porque la salvación viene de los judíos.

Ella cambió de actitud, y pensando que era un profeta, me dijo:

—Yo sé que el Mesías, es decir, el Cristo, está a punto de llegar; cuando él venga nos lo explicará todo.

Entonces yo le dije:

—Soy yo, el que está hablando contigo.

La mujer se quedó alucinada, y fue corriendo al pueblo, a avisar a sus paisanos de que había llegado el Mesías. Me quedé con ellos «dos días», y dice la Biblia que «fueron muchos más los que creyeron en él». Lo que no sé es cómo no logré convencer a todos. Bueno, sí, es que con este tema de los samaritanos me contradigo muchísimo.

En el evangelio de Mateo les dije a mis discípulos que no les evangelizasen: «A estos doce envió Jesús, y les dio instrucciones diciendo: Por camino de gentiles no vayáis, y en ciudad de samaritanos no entréis. Sino id antes a las ovejas perdidas de la casa de Israel».

Es decir, que predicasen sólo a los judíos. Sin embargo, yo mismo prediqué en Samaria (famosa además es mi parábola de «El buen samaritano») y también tuve contacto con los gentiles.

Asimismo, en otras partes de la Biblia señalo que hay que predicar «a todas las naciones del mundo». Es más, en cierta ocasión vino un centurión romano, es decir, un gentil, a pedirme que curase a un siervo suyo, y no sólo le ayudé, sino que le puse de ejemplo ante mis paisanos diciendo: «En nadie de Israel he visto tanta fe».

Es que fijaos lo que me había dicho el centurión:

—Señor, no te molestes, no soy digno de que entres bajo mi techo [...] pero di la palabra, y mi siervo será sano.

Esta frase es un clásico de esos que repetís como papagayos en la misa.

Después en los Hechos de los Apóstoles, cuando yo ya no estaba, mi propio apóstol Felipe predicó en Samaria y Pedro y Juan oraron allí y el Espíritu Santo cayó sobre esas gentes. Y además cuando llegó Pablo, el fundador del cristianismo, también conocido como «el apóstol de los gentiles» proclamó mi palabra a todos los habitantes de la Tierra, y no sólo a los judíos.

En verdad os digo: si puedes extender tu empresa a todos los países y convertirla en una multinacional, ¿por qué no hacerlo?

DE MILAGROS EN CAFARNAÚM

Pero vayamos por orden. Había llamado ya a mis primeros discípulos, y me encontraba en Cafarnaúm, una bonita ciudad a la orilla del mar de Galilea a donde me fui a vivir. Allí podía practicar mi deporte favorito todos los días, caminar sobre las aguas. Sí, yo inventé el surf.

Me había independizado de mis padres y me había ido a vivir con los colegas. Teníamos todo el vino que queríamos y tal y como dice la Biblia, nos seguían un montón de mujeres, mis *groupies*, algunas bastante pecadoras, por cierto. Todo iba viento en popa. Me alegraba de haber bajado a la Tierra, me había convertido en una especie de rockstar y era fantástico.

Había comenzado mi misión, aquello para lo que había venido al mundo: anunciar la llegada del Reino de Dios.

Comencé a predicar en la sinagoga de Cafarnaúm, y obtuve un gran éxito. La gente se admiraba de mi sabiduría y mi forma de explicar las cosas pues enseñaba «con autoridad y no como los maestros de la ley».

Un día apareció en la sinagoga un hombre poseído por un demonio, que hablando por su boca comenzó a interpelarme:

—¿Qué tenemos que ver contigo, Jesús Nazareno? ¿Has venido a destruirnos? Sé quién eres: ¡el Santo de Dios!

Era muy pronto para desvelar mi verdadera identidad, así que le ordené que se callara:

—¡Cállate y sal de ese hombre!

Y al punto el demonio abandonó su cuerpo, y todos se maravillaron. Las noticias sobre mi poder y mis enseñanzas se extendieron de todas formas rápidamente por toda la región de Galilea y cada vez venía más gente.

En una ocasión curé a la suegra de Pedro, que estaba enferma, y aunque la Biblia no lo dice, creo que a mi discípulo no le hizo mucha gracia.

Iba por ahí curando enfermos y expulsando demonios, y a estos no les dejaba hablar, «pues sabían quién era».

Y cada vez me seguían más fans. Empecé a ser más famoso que los Beatles, y estaba un poco agobiado. Un día me retiré yo solo a orar y enseguida vino Pedro a decirme que la multitud quería verme. Era algo inaguantable ya, así que decidí reunir a mis discípulos y largarnos a predicar por los pueblos vecinos, y dice la Biblia que «marchó a predicar en las sinagogas de toda Galilea, y echaba a los demonios».

En una de las aldeas próximas a Cafarnaúm, me salió al paso un leproso, suplicándome que le curase. Así lo hice, pero le pedí por favor que no se lo contase a nadie. Sin embargo, tan pronto como se fue se puso como loco a divulgar lo ocurrido, de modo que empezaron a seguirme tantas personas que ya no podía entrar en ninguna ciudad. Tenía que quedarme fuera, en lugares despoblados, y la gente acudía a verme de todas partes.

Así soy yo: contagio la lepra a toda la humanidad y no pasa nada. Curo un solo leproso y quedo como Dios.

EL SERMÓN DE LA MONTAÑA

Me acordé de que Moisés se había subido a una montaña para dar la Ley a su pueblo, y yo decidí hacer lo mismo. Si quería que me prestasen la misma atención que a él y considerasen mi palabra igual de válida que la suya, tenía que seguir sus pasos.

En un alarde de originalidad, lo llamé «el Sermón de la montaña». Lucas dice que fue en un llano, pero Mateo señala que fue un monte, así que hagamos caso a Mateo esta vez.

Desde allí arriba, con una inmensa multitud a mis pies, comencé mi *speech* con las Bienaventuranzas. La gente llevaba unas vidas miserables, por lo que, para ganármela, comencé a decir eso de «bienaventurados los pobres», «bienaventurados los que lloran» y que era una suerte tener hambre y sed de justicia, y que lo fetén era ser manso y pobre de espíritu. Por fin esas humildes e ignorantes personas se sentían importantes. Fue un discurso memorable, la base de mi doctrina.

Esto de tener a la plebe contenta de ser pobre le pareció de perlas a los poderosos de todos los tiempos, que siempre han visto la religión como un fabuloso instrumento para que no se les desmandase el rebaño. Es mucho mejor que un pobre o hambriento se sienta «bienaventurado» por ello a que trate de rebelarse y buscar una solución a las injusticias sociales. Yo sólo soy marxista de Groucho Marx, pero hay que reconocer que su primo Karl lo clavó cuando definió la religión como «el opio del pueblo».

El Sermón de la montaña contiene más cosas que las famosas Bienaventuranzas. Le dije también a esas gentes sencillas, analfabetas todas, que yo no venía a abolir la ley de Moisés y los profetas, y que «hasta la más pequeña letra de la ley estará vigente hasta que todo se cumpla». Más tarde eso me lo saltaría, como cuando enuncié aquello de que no estaba hecho el hombre para el sábado, sino el sábado para el hombre, cabreando bastante a los fariseos.

Es más, allí mismo en el monte les cambié la Ley:

«Habéis oído que se dijo: Ojo por ojo y diente por diente. Pero yo os digo que no hagáis frente al que os hace mal; al contrario, a quien abofetea en la mejilla derecha, preséntale también la otra».

Hice un poco la pelota a mi auditorio, que es algo que siempre funciona, diciéndoles que ellos eran la sal del mundo y la luz de la tierra, pero para que no se me vinieran muy arriba, les dejé bien claro que, aunque me rodeara de pecadoras, en temas de sexo no era nada liberal, y que el que se casase «con una separada, comete adulterio». Es más, «todo aquel que mira con malos deseos a una mujer ya ha cometido adulterio», les dije, añadiendo: «Si tu ojo derecho es ocasión de pecado para ti, arráncatelo y arrójalo lejos de ti». Hubo un padre de la Iglesia muy famoso llamado Orígenes, que leyó esto y otra frase donde decía «Hay eunucos que a sí mismos se hicieron eunucos por causa del reino de los Cielos», y se lo tomó tan al pie de la letra que se castró cuando era joven, decisión de la que más tarde se arrepentiría. ¡Locurillas de juventud!

En ese mismo sermón aproveché y les expliqué cómo tenían que rezar. Les dije que no tenían que utilizar «palabras vanas» como los paganos, y les enseñé el Padrenuestro. Lástima que luego os diera por rezarlos de veinte en veinte en lugar de pensando el significado de lo que decís. Además, os dije que no rezaseis «como los hipócritas, a quienes gusta orar de pie en las sinagogas y en las esquinas de las plazas para que los vea la gente» sino de esta otra manera: «Entra en tu habitación, cierra la puerta y ora a tu Padre, que está en lo secreto». Tampoco me habéis hecho caso en esto, hoy organizáis unas misas y unos rezos multitudinarios en las plazas de mucho cuidado. Los actos del papa parecen un concierto de los Rolling Stone.

También os dije ese día: «No juzguéis, para que Dios no os juzgue» y después fundasteis la Inquisición. Y señalé que no se podía servir a Dios y al dinero, pero ahí Pedro debía estar distraído, porque luego fundó el Vaticano, con su polémico banco y todo.

DELEGO MIS SUPERPODERES.
LOS DOCE APÓSTOLES Y LOS SETENTA Y DOS

Proseguí mi gira por los pueblos de Galilea sanando lisiados, ciegos, sordos y enfermos de todo tipo, ahorrándole un gran gasto a la Seguridad Social romana.

También expulsaba muchos demonios, pero era muy cansado, nunca se acababan, por lo que decidí buscarme ayudantes.

En aquel momento me seguían muchos discípulos, y decidí elegir 12 de entre ellos, que serían mis apóstoles, una categoría superior, una especie de «discípulos premium». Les concedí el poder de sanar enfermos y expulsar demonios y así me descargué del engorroso trabajo de andar batallando con esos personajillos de película de terror. Yo era Dios, no podía pasarme la vida emulando al cura de *El Exorcista*. Encima los fariseos iban diciendo que yo expulsaba los demonios «por el poder de Beelzebul, príncipe de los demonios». ¡Lo que me faltaba, que la gente pensase que yo era un criado del maldito Belcebú!

Elegí 12 porque 12 fueron los hijos de Jacob y 12 las tribus de Israel. Y 12 los signos del Zodíaco, los Titanes y los dioses del Olimpo griegos, los trabajos de Hércules o los Caballeros de la mesa redonda del rey Arturo, por poner algunos ejemplos. El 12 es el número solar por excelencia, y yo soy un dios solar. Dicen que mis colegas solares Horus y Mitra también tuvieron 12 discípulos.

Mis 12 elegidos fueron:

• Simón, al que llamé Cefas, Pedro, y que luego me negó tres veces. No sé por qué le haría jefe de mi Iglesia, no me extraña que sus sucesores me salieran como me salieron la mayoría.

• Santiago el Mayor y Juan el Evangelista, hijos de Zebedeo, junto a Pedro mis tres mejores colegas. Eran llamados bonaerges, «Hijos del Trueno».

• Andrés, hermano de Pedro, y exdiscípulo de mi primo el Bautista.

• Mateo, que era recaudador de impuestos y nos arreglaba los temas con la Hacienda romana, y además dicen que escribió el evangelio que lleva su nombre.

• Simón el cananeo, también llamado el Zelote, porque dicen que era miembro de los zelotes, facción violenta contra los romanos.

• Tomás, famoso por su escepticismo y por andar siempre metiendo el dedo en la llaga.

• Judas Iscariote, del que prefiero ni hablar, porque me traicionó. No me extraña, su apodo significa «sicario», «asesino».

• Judas Tadeo, el Judas bueno.

• Santiago el menor y Felipe de Betsaida, dos que ni fu ni fa.

• Bartolomé, otro que igual.

Estos fueron los 12 elegidos. Cuando Judas se suicidó (perdón por el *spoiler*) tras traicionarme, los otros 11 eligieron de sustituto a un tal Matías, del que no se acuerda nadie.

Como veis, tenía en mi banda a un asesino, un Zelote y dos hijos del trueno. Normal que me colgaran por alborotador.

Además de mis 12 apóstoles, como había mucho trabajo, elegí a 72 discípulos a los que también otorgué los mismos superpoderes, y los envié de dos en dos a visitar los pueblos, como si fuesen mormones o testigos de Jehová. Les dije que no molestaran mucho, que si les recibían bien en el pueblo, estupendo, pero que si no, se sacudiesen el polvo de las sandalias y ya me ocuparía yo después en el Día del Juicio de esas poblaciones como hice con Sodoma y Gomorra.

Había bajado a realizar un lavado de imagen para parecer menos cruel y exterminador, pero a veces me venían ramalazos del Antiguo Testamento.

Elegí 72 porque según la Biblia ese era el número de las naciones de la Tierra, todas ellas descendientes de los hijos de Noé. Si hubiese existido la Wikipedia en aquellos tiempos me habría dado cuenta de que eran unas cuantas más. También decidí escoger a 72 porque un número parecido fueron los ancianos que ayudaban a Moisés a gobernar a su pueblo, y ya os he dicho que yo era muy fan de este profeta y trataba de imitarle en todo.

Un día me vino Juan y me dijo:

«—Maestro, hemos visto a uno que expulsaba demonios en tu nombre y se lo hemos prohibido, porque no es de nuestro grupo.

Jesús replicó:

—No se lo prohibáis, porque nadie que haga un milagro en mi nombre puede luego hablar mal de mí. Pues el que no está contra nosotros, está a favor nuestro».

Sí, amigos, había algunos cazafantasmas descontrolados, gente que ni yo mismo sabía de dónde había salido ni cómo ni con qué poder expulsaban a los demonios, pero a mí me parecía bien, al fin y al cabo nos ahorraban trabajo.

MAGDALENA

Fue en aquella época cuando conocí a María Magdalena, una de las personas fundamentales de mi vida, de mi muerte y de mi resurrección. De mi vida, porque era una de las mujeres que me acompañaba a todas partes; de mi muerte, porque junto a mi madre y mi querido Juan fue la que permaneció fiel y estuvo al pie de la cruz; y de mi resurrección, porque fue la primera testigo de tan extraordinario acontecimiento.

La Biblia dice que era una de las mujeres que «iban con él» y una de «otras muchas que le asistían con sus bienes». Sí, suena un poco feo, pero yo vivía de las mujeres.

Magdalena, que se llamaba así porque era de Magdala, una población de la ribera del Mar de Galilea, era una chica muy leal, pero en el pasado había tenido un carácter un poco difícil, debido a que, como dice mi libro, yo le «había expulsado siete demonios». ¡Siete! No uno, ni dos, ¡siete! ¡Madre mía!

Supongo que ahora mismo estaréis deseando que os responda a la gran pregunta: ¿Era mi novia?

Pues os vais a quedar con las ganas, me vais a permitir que me guarde algún secreto para mí. El evangelio apócrifo de Felipe dice textualmente:

«La compañera del [Salvador es] María Magdalena. El [Salvador] la amaba más que a todos los discípulos y la besaba frecuentemente en [...]. Los demás discípulos dijeron: "¿Por qué la amas más que a nosotros?" El Salvador respondió y les dijo: "¿Por qué no os amo a vosotros como a ella?"»

De forma muy discreta el manuscrito deja un hueco justo a la hora de indicar dónde la besaba. ¡Pues yo tampoco os lo voy a decir, cotillas!

Magda tiene además su propio evangelio, el evangelio de María Magdalena, un texto muy cortito donde Pedro se muestra todo el tiempo celosísimo de que yo le hubiese revelado mis enseñanzas más secretas a una mujer.

Yo sólo digo que estuvo en los momentos más importantes de mi existencia y que es la mujer que, después de mi madre, más veces aparece en el Nuevo Testamento, vosotros sacad vuestras propias conclusiones, que para eso os di un cerebro, creo.

Lo que sí quiero dejar claro es que no era puta. Que ya está harta la pobre de esa mala fama, y eso que es una santa, pero santa de santoral.

Ese malentendido es culpa de una homilía del papa Gregorio Magno (siglo VI) en la que la relaciona con una mujer «pecadora pública» de un pasaje del evangelio de Lucas que arrepentida me unge los pies con perfume. A partir de aquí la Iglesia representó a Magdalena como una penitente (por ejemplo, en la maravillosa escultura de Donatello que se puede admirar en Florencia) hasta que en 1969 Pablo VI por fin decidió rehabilitar su memoria y quitarle este apelativo de «penitente» y en la fiesta de su santo dejó de leerse el pasaje de la «pecadora pública» arrepentida.

Son cosas que pasan cuando tu religión la lleva un club dirigido exclusivamente por hombres.

LE INTRODUZCO EL DEMONIO A UNOS CERDOS

Menos mal que había bajado a echar un vistazo a la Tierra, porque estaba infestada de demonios. Desde arriba no lo parecía, pero cuando bajé no daba abasto. Por más que mis discípulos y yo nos empleábamos a fondo, no dejaban de aparecer ejemplos de posesión infernal por todas partes. Después con el desarrollo de la medicina se han reducido mucho, y ahora diríais que son casos de epilepsia y enfermedades de esas, pero os juro que en mis tiempos parecían demonios.

Empecé a pensar que a lo mejor era cosa de esa zona, y les ordené a mis discípulos que cogiésemos una barca y navegásemos hasta la otra orilla del Mar de Galilea.

Nos subimos y pronto vino una tempestad que amenazó con hacer zozobrar la embarcación, pero, al igual que Jonás, mientras mis discípulos gritaban aterrados, yo dormía plácidamente.

No sabían qué hacer, pero al final me despertaron, y, como si fuese el mismísimo Poseidón, hice el milagro de detener la tempestad y calmar las aguas, y además les recriminé que hubiesen sido tan gallinas: «¿Por qué sois tan miedosos?».

Luego recordé que yo podía resucitar y ellos no, y lo comprendí.

Llegamos a la orilla, y mi gozo en un pozo: nada más aparcar la barca nos encontramos con otro endemoniado. Bueno, según el evangelio de Marcos y el de Lucas era uno, pero según el de Mateo, dos. Como no quiero exagerar, pongamos uno.

Para colmo me pongo a hablar con el demonio, le pregunto su nombre y me dice que no es uno solo, que son muchos, ¡que se llaman Legión! En esta orilla ni siquiera respetaban la regla de un hombre, un demonio.

Me dieron ganas de coger la barca y volverme por donde había venido. Los demonios, que ya se habían enterado de que yo había expulsado a muchos de sus compañeros y los había dejado en el paro, me suplicaron que por favor les permitiese entrar dentro de una piara de cerdos que hozaban casualmente por allí.

Resulta que esa parte del Mar de Galilea era un territorio gentil donde se criaban cerdos, animales que los judíos consideraban impuros. Así que yo se los permití, y se introdujeron dentro de nada más y nada menos que «dos mil cerdos», los cuales se lanzaron por un precipicio y se ahogaron.

Claro, a los porquerizos eso no les hizo ninguna gracia: ¡menuda ruina! Salieron corriendo y lo contaron por la ciudad y los caseríos, y vino «toda la gente de la comarca» a pedirme que por favor me «alejara de ellos».

El hombre antes endemoniado, que ahora se encontraba perfectamente, me pidió venir conmigo, pero yo no tenía ganas de recordar tremenda metedura de pata y le dije que se quedase por allí y fuese a su ciudad a contar su experiencia.

Cogimos la barca y nos dimos media vuelta. La habíamos liado parda. Esa pobre gente estuvo sin comer jamón una buena temporada.

PRACTICANDO LA RESURRECCIÓN

Cuando llegamos a la orilla ya estaba allí esperándome mi multitud de fans. Eran más si cabe que antes. La fama de mis milagros se extendía como la pólvora y todos venían a pedirme cosas. De entre toda la gente sólo hice caso a un hombre llamado Jairo, y porque era uno de los jefes de la sinagoga, a ver si luego no me iban a dejar predicar allí. Me contó que su hija estaba agonizando, según el evangelio de Marcos, o muerta, según el de Mateo (detalle sin importancia).

Estuviera ya fiambre o no la muchacha, me dirigí con él hacia su casa, pero a duras penas logré avanzar. La multitud me estrujaba, aquello parecía el metro en hora punta. En un momento dado, sin que yo la viera, se acercó por detrás una mujer que padecía hemorragias desde hacía 12 años, tocó mi manto con gran fe, y al instante se curó. Ya me quitaban los milagros hasta sin mi permiso. Pero, como si de una peli de *Star Wars* se tratase, yo noté que parte de «la Fuerza» me había abandonado:

«Jesús se dio cuenta en seguida de la fuerza que había salido de él, se volvió en medio de la gente y preguntó:

—¿Quién ha tocado mi ropa?

Sus discípulos le replicaron:

—Ves que la gente te está estrujando ¿y preguntas quién te ha tocado?».

Pero yo miraba alrededor «a ver si descubría a la que lo había hecho». Mi omnisapiencia me estaba fallando. La mujer, entonces, asustada y temblorosa, se acercó, se postró y me contó la verdad. Yo me quedé más tranquilo y le dije que su fe le había salvado y que fuera en paz.

Todavía estaba hablando con la buena mujer cuando llegaron unos emisarios de la casa de Jairo y, según el evangelio de Marcos, nos comunicaron que su hija había muerto. Yo les contesté que no se preocuparan, hacían un mundo de nada:

«—¿Por qué alborotáis y lloráis? La niña no ha muerto; está dormida.

Pero ellos se burlaban de él».

No paraba de hacer milagros, incluso sin querer, y se burlaban de mí. No había quién entendiera a esa gente. De todas formas, me acordé de que me iban a crucificar un día y no había practicado la resurrección, así que aquí tenía una buena oportunidad. Si Elías había resucitado al hijo de la viuda, no debía ser muy difícil. Tomé de la mano a la niña, y adopté un tono ceremonioso. Aunque la mayor parte del Nuevo Testamento está escrito en griego, hasta Marcos se pone serio y recoge mis palabras en arameo:

«—Talitha kum (que significa: "Niña, a ti hablo, levántate").

La niña se levantó al instante y echó a andar, pues tenía doce años.

Ellos se quedaron atónitos. Y él les insistió mucho en que nadie se enterase de aquello, y les dijo que dieran de comer a la niña».

Sí, fue un poco absurdo pedirles que no lo contaran, con toda la multitud siguiéndome a todas partes, pero a veces peco de inocente. Lo importante es que el ensayo de resurrección había salido bien.

Vais a alucinar, pero a pesar de toda esa fama, que ya estaba empezando a ser insoportable, al sábado siguiente la gente empezó a dudar de mí y me quisieron tirar por un precipicio.

Os cuento. Ese sábado fui a la sinagoga de Nazaret, mi ciudad, y por fin me dejé de secretismos y decidí revelar mi identidad. Cogí el libro de Isaías, y empecé a leer:

«El espíritu del Señor está sobre mí,
porque me ha ungido para anunciar
la buena noticia a los pobres;
me ha enviado a proclamar
la liberación a los cautivos
y dar vista a los ciegos,
a libertar a los oprimidos
y a proclamar
un año de gracia del Señor».

Cuando terminé, todos los ojos estaban clavados en mí. Entonces solté la bomba:

—Hoy se ha cumplido el pasaje de la Escritura que acabáis de escuchar.

¡Se armó la marimorena! Enseguida empezaron a decir:

—¿No es este el carpintero, el hijo de María, el hermano de Santiago, de José, de Judas y de Simón? ¿No están sus hermanas aquí entre nosotros?

Sí, como ya os dije, mi madre no es que no fuera virgen, es que había tenido familia numerosa. Todo el pueblo conocía a mis hermanos. Por cierto, ellos también andaban por allí, habían venido corriendo a ver en qué lío me estaba metiendo y me estaban esperando fuera muy preocupados:

«Aún estaba Jesús hablando a la gente, cuando llegaron su madre y sus hermanos. Se habían quedado fuera y trataban de hablar con él».

A pesar de que se supone que a mi madre se le había aparecido un ángel, había concebido siendo virgen, y había asistido a

LOS CUATRO EVANGELIOS. MI VIDA

mi milagrosa conversión del agua en vino en la boda de Canaá, que además fue a petición suya, no le resultaban suficientes todas esas pruebas y, como mis hermanos, pensaba que yo sólo era un loco:

«Sus parientes, al enterarse, fueron para llevárselo, pues decían que estaba trastornado».

Menos mal que no existían los psiquiátricos, porque mi madre y mis hermanos me habrían internado en uno. Nadie creía en mí, ni mi familia, ni la muchedumbre ante la que predicaba. Pero yo les contesté:

—Un profeta sólo es despreciado en su tierra, entre sus parientes y en su casa.

¡Se enfadaron muchísimo! ¡Y menos mal que les había dicho que era sólo un profeta, como dicen otras religiones de mí, que si les llego a decir que era Dios!

«Al oír esto todos los que estaban en la sinagoga se llenaron de indignación; se levantaron, lo echaron fuera de la ciudad y lo llevaron hasta un precipicio del monte sobre el que se asentaba su ciudad, con ánimo de despeñarlo. Pero él, abriéndose paso entre ellos se marchó.»

La Biblia no especifica cómo logré zafarme de ellos, pero os aseguro que si no llega a ser por mis superpoderes me matan. Y eso que allí no me funcionaban bien, mirad lo que dice mi libro:

«Y no pudo hacer allí ningún milagro, tan sólo curó unos pocos enfermos, imponiéndoles las manos. Y estaba sorprendido de su falta de fe».

Mis paisanos ya se conocían mis trucos, necesitaba nuevos crédulos a los cuales embaucar. Tuve que largarme de Nazaret y volví a mi piso de soltero de Cafarnaúm.

MULTIPLICANDO PANES Y PECES

Por aquellos días había enviado a los apóstoles a una misión de predicación y cuando volvieron estaban muertos de hambre, porque se habían afanado tanto en la labor que «no tenían tiempo ni para comer».

Decidimos coger la barca y retirarnos a un lugar solitario para reponer fuerzas y descansar, pero cuando llegamos a ese sitio la gente nos había seguido la pista y había una muchedumbre esperándonos.

Tuve que estar un buen rato curando enfermos y predicando y cuando se empezó a hacer tarde, mis discípulos me dijeron:

—El lugar está despoblado y ya es muy tarde. Despídelos para que vayan a los caseríos y aldeas del contorno y se compren algo de comer.

Yo creo que los que querían comer eran ellos, y ponían de escusa a esa gente, pero de pronto comprendí que se me acababa de presentar una oportunidad para quedar como Dios. Me acordé de que Moisés había alimentado a sus seguidores con el maná y después lo estuvieron recordando generaciones y generaciones, y no quise ser menos.

Tomé todo el alimento que tenían mis discípulos, que eran solamente cinco panes y dos peces y, al ver a aquellas gentes «como ovejas sin pastor», les pedí que se sentaran todos en «grupos sobre la hierba verde», como los borregos, y multipliqué milagrosamente la comida. Con cinco panes y dos peces alimenté a 5.000 personas, y sobraron 12 canastos y todo. Y aunque 12 sea un número bíblico, no me lo estoy inventando, palabrita del Niño Jesús. Acababa de batir ampliamente el récord de Eliseo, que alimentó a 100 personas con 20 panes.

Tan alto puse el récord que ni yo mismo fui capaz de igualarlo la siguiente vez, en la que, teniendo más panes, siete, y varios pececillos, solamente fui capaz de alimentar a 4.000 personas, 1.000 por debajo de mi registro anterior. Menos mal que una vez más Mateo abrillantó los milagros que narraba Marcos y añadió: «sin contar a las mujeres y los niños», con lo que conseguí de nuevo el récord. Sí, Mateo siempre me daba mucho lustre.

Hablando de peces, todo el mundo sabe que el pez y no la cruz fue el símbolo de mi religión al principio. También lo fue de las religiones de Venus y Apolo, mi competencia en la pescadería.

CAMINANDO SOBRE LAS AGUAS

Una vez que todos estábamos con el estómago lleno, ordené a mis discípulos que tomasen la barca y se fueran delante de mí a la otra orilla, mientras yo despedía a la gente. Cuando se fue hasta el último borrego, digo, persona, subí al monte a orar a solas. Necesitaba algo de tranquilidad.

Estuve orando un rato y decidí terminar el día haciendo un poco de surf, caminando sobre las aguas hasta la barca de mis apóstoles. «El viento era contrario» y había muy buenas olas. Cuando llegué hasta la barca mis apóstoles se asustaron muchísimo y decían:

«—Es un fantasma.

Y se pusieron a gritar de miedo».

Ya os dije que eran unos gallinas. Sólo Pedro era un poco más valiente y me dijo:

—Señor, si eres tú, mándame ir hacia ti sobre las aguas.

Yo alucinaba con mis muchachos. Me habían visto expulsar demonios, curar enfermos, ¡me acaban de ver montar una panadería para 5.000 personas!, es más, les había otorgado poderes de curar enfermos y expulsar demonios ellos mismos, y ahora porque me veían practicando surf dudaban de mí y se asustaban. ¿Acaso no sabían que Buda también había caminado sobre las aguas del Ganges?

Le dije a Pedro que viniese hacia mí, y le di unas clases intensivas. Al principio lo hizo bien, y andando sobre las aguas venía hacia mí, pero «al ver la violencia del viento se asustó», perdió la confianza y empezó a hundirse. ¡Principiantes!

Tuve que tenderle la mano y salvarle, reprendiéndole:

—¡Hombre de poca fe! ¿Por qué has dudado?

Cuentan que cuando Buda caminó sobre las aguas también tuvo que hacer lo mismo con un discípulo suyo. En fin. Subimos a la barca y ellos me dijeron:

—Verdaderamente eres hijo de Dios.

Parecía que mis apóstoles ya se iban enterando de la película, pero un día se me ocurrió preguntarles:

—¿Quién decís que soy yo?

Y unos decían que Elías, otros que ¡Juan el Bautista, mi primo! Yo me desesperaba con esos cabezas de adoquín. Tan sólo Pedro dijo:

—Tú eres el Mesías, el hijo de Dios vivo.

Me emocioné muchísimo, y dicen que fue en ese momento cuando le nombré base de mi Iglesia («tú eres Pedro, y sobre esta piedra edificaré mi Iglesia») y le dije que todo lo que atase en la Tierra, quedaría atado en el Cielo, y todo lo que desatase, lo mismo.

Acababa de crear la Iglesia. Y de nombrar al primer papa, aunque luego todos los listados antiguos de papas de la Iglesia digan que el primero fue un tal Lino, y Pedro no figure en ninguna parte. No me extraña, ¿os creéis que este momento tan importante sólo lo recoge un evangelio, el de Mateo? Ni siquiera Marcos, supuesto secretario de Pedro, da fe de tan importante acontecimiento. ¡Vaya desastre de secretario! ¡Nombran a su jefe presidente de una multinacional y ni lo registra!

Y para colmo dicen que este fragmento de Mateo es un añadido posterior, algo que se inventaron en Roma para justificar el chiringuito. La verdad es que yo predicaba que el fin del mundo iba a llegar durante esa misma generación, así que, ¿para qué iba a fundar una Iglesia?

Por cierto, me quejo de Pedro, pero los papas que vinieron después no fueron mucho mejores. Sergio III, por ejemplo, fue conocido como «esclavo de todos los vicios» y llegó al cargo tras asesinar a su predecesor, León V, otra joyita con la que el papado había iniciado su etapa denominada «pornocracia» o siglo oscuro, por la influencia de las amantes en las decisiones de los pontífices. Bonifacio VIII masacró la ciudad italiana de Palestrina y encarceló de por vida al papa anterior. Bajo el pontificado de Sixto IV, Roma entera era un lupanar, y llegó a recaudar un impuesto de la prostitución. Incluso cobraba a los sacerdotes por tener amantes. Julio III se enamoró de un mendigo y le nombró cardenal a la edad de 17 años. Juan X le superó y nombró arzobispo de Reims a un niño de 5.

Juan XII, «el Papa Forniciario», fue nombrado papa con 18 primaveras, y entre sus muchas barbaridades amputó la nariz y orejas de un alto funcionario palatino. Claro que Adriano III también le sacó los ojos a otro y le hicimos santo. ¿Y qué me decís de Benedicto IX, papa en tres ocasiones y que vendió el papado en dos de ellas?

Inocencio IV aprobó en su bula «Ad Extirpanda» el uso de la tortura para obtener la confesión de los reos, y Urbano II cuando el Sínodo de Melfi (1089) ordenó la esclavitud para las esposas de los sacerdotes y que sus hijos fueran abandonados.

Y estos son sólo algunos nombres y algunas de sus múltiples fechorías.

Los papas no eran muy diferentes de los emperadores romanos (de hecho, estos últimos también ostentaron hasta el 382 el título de *Pontifex Maximus*, Sumo Pontífice), no muy distintos de un Nerón o un Calígula, con sus orgías, sus pecados de pedofilia, sus hijos ilegítimos, sus abusos sexuales, su nepotismo, sus asesinatos y sus corrupciones. Líderes religiosos en teoría, políticos en la práctica, personas como otras cualquiera. En una ocasión llegamos a tener a tres papas enfrentados entre sí, con eso os digo todo.

Aunque la empresa ha santificado 80, los primeros 35 en bloque, hubo muchos más malos que buenos. De hecho, a Juan XXIII se le conocía como «el Papa Bueno», cuando eso debería haber sido la norma y no la excepción.

Mi favorito es el papa León X (1513-1521), por su famosa frase: «Desde tiempos inmemoriales es sabido cuán provechosa nos ha resultado esta fábula de Jesucristo». Eso es sinceridad y lo demás son tonterías.

A Pedro le dije que sobre él edificaría mi Iglesia, lo que no indiqué es dónde. Cuando quise ver la habían instalado en Roma y se habían apropiado de todos los territorios circundantes, gracias a una famosa falsificación: la «Donación de Constantino». Este es un documento que se sacó de la manga la curia romana, según el cual el emperador Constantino había donado a esta sagrada institución no sólo la ciudad de Roma y sus alrededores, sino que le otorgaba poderes de decisión política sobre los territorios italianos y resto del Imperio romano de Occidente. Como somos unos expertos en jugar con la buena fe de la gente, fue tenido por cierto hasta que ya en el Renacimiento el humanista italiano Lorenzo Valla demostró que era un engaño, puesto que incorporaba elementos lingüísticos desconocidos en la época en que supuestamente se redactó. Daba igual, la propiedad ya era nuestra, y gracias a eso hoy tenemos el Estado Vaticano.

ME LARGO A TIERRA DE GENTILES

La gente de mi región, Galilea, me tenía frito. No hacían más que seguirme para que les curase esta o aquella dolencia, o para que les expulsase algún estúpido demonio, o por ver si les caía algo de comida multiplicada, pero no se enteraban de la Palabra de Dios. No sé si era por mi manía de hablarles en parábolas, que no me explicaba bien, o porque esa masa analfabeta no daba más de sí, pero no comprendían nada de nada.

Ni mis apóstoles, que estaban todo el día conmigo y eran testigos de todos mis milagros, se enteraban de la misa la media. Fijaos si eran obtusos que un día les dije:

—Tened mucho cuidado con la levadura de los fariseos y saduceos.

Ellos comentaban entre sí:

—Lo dice porque no hemos traído pan.

¡No pillaban una metáfora ni a tiros! Les tuve que aclarar que no me refería al pan, que de eso ya teníamos mucho, sino a las enseñanzas de esos estirados.

Precisamente un día vino un grupito de fariseos a buscarme las cosquillas. Me dijeron:

—¿Cómo es que tus discípulos no observan la tradición de nuestros antepasados? ¿Por qué no se lavan las manos para comer?

Es verdad que un poco guarretes sí eran. Pero les defendí:

—¿Y cómo es que vosotros desobedecéis el mandato de Dios para seguir vuestra tradición?... ¡Hipócritas!... Escuchad atentamente, lo que entra por la boca no mancha al hombre; lo que sale de la boca, eso es lo que mancha.

¡Fue un zasca épico! Les dejé planchadísimos, sin saber qué decir, y se fueron con el rabo entre las piernas.

Mis discípulos me contaron luego que los fariseos estaban ofendidísimos. Eran gente peligrosa, así que decidí poner tierra de por medio. Como estaba harto de los galileos, decidí cambiar de aires y largarme a tierra de gentiles, es decir, los paganos, y me marché con mis muchachos a la costa, a Tiro y Sidón, que me habían dicho que eran dos ciudades muy prósperas y una zona donde se pillaban muy buenas olas.

Es verdad que mi Padre celestial era contrario al contacto con extranjeros. Ya sabéis que se tiró todo el Antiguo Testamento prohibiendo tal contacto y los matrimonios mixtos, porque en cuanto el Pueblo Elegido se relacionaba con la gente de otras naciones se olvidaba de él y adoraba a los otros dioses, pero yo estaba harto de todo y atravesaba mi etapa rebelde, así que me fui para allá.

Me terminó de convencer una mujer cananea que me salió al encuentro nada más llegar. Al verme, se puso a gritar:

«—Ten piedad de mí, Señor, hijo de David; mi hija vive maltratada por un demonio.

Jesús no le respondió nada».

Yo pasé de ella, porque estaba ya en tierra de gentiles, de vacaciones, y además no quería ofender a mi Padre haciendo milagros allí. Pero mis discípulos se acercaron y me dijeron:

—Atiéndela, porque viene gritando detrás de nosotros.

Traducido: «Mira, hazle caso un momento, que nos tiene hartos». Yo respondí:

«—Dios me ha enviado sólo a las ovejas perdidas del pueblo de Israel.

Pero ella fue, se postró ante Jesús y le suplicó:

—¡Señor, socórreme!».

Pero no me ablandaba:

«Él respondió:

—No está bien tomar el pan de los hijos para echárselo a los perrillos».

Los hijos eran los judíos, el Pueblo Elegido, las personas de primera categoría. Los perrillos, el resto del género humano. Pero la mujer me dijo algo que cambió mi forma de pensar. ¡Convenció a Dios!:

«—Eso es cierto, Señor, pero también los perrillos comen las migajas que caen de la mesa de sus amos.

Entonces Jesús le dijo:

—¡Mujer, qué grande es tu fe! Que te suceda lo que pides.

Y desde aquel momento quedó curada su hija».

Le hice el milagro. Total, no me costaba nada, y tenía razón, aunque los judíos siempre serían de primera categoría, el resto de las personas, si tenían fe, podían recoger las migajas.

Estuve una temporada en Tiro y Sidón, donde lo pasé divinamente haciendo surf. Además, a pesar de lo que decía mi Padre, sus gentes eran majísimas, mucho mejor que mis paisanos (que encima me querían matar, y al final, me mataron). Así que dije:

—¡Ay de ti, Corozaín! ¡Ay de ti, Betsaida! Porque si en Tiro y Sidón se hubieran hecho los mismos milagros que en vosotras, haría ya tiempo que se hubieran arrepentido cubiertas de saco y ceniza...Y tú, Cafarnaúm... Por eso os digo que el Día del Juicio será más llevadero para Sodoma que para ti.

Venga hacer milagros en mi tierra, y ni caso. Ni en Cafarnaúm, que era donde vivía, me escuchaban. ¡Pero ya se enterarían mis vecinos cuando llegase el Día del Juicio!

Pasamos muy buenos ratos en Sidón y Tiro, pero yo no había bajado a la Tierra para hacer amigos y pasármelo bien. Además, mi Padre ya me estaba poniendo mala cara. Así que, con gran dolor de mi sagrado corazón, tuve que despedirme de aquellas buenas gentes, que eran muy gentiles (ahora entiendo la palabra) y, tras una parada técnica en la Decápolis, otra zona de gentiles donde curé a un sordomudo, regresé a Galilea.

Otra vez las multitudes dando la tabarra (fue entonces cuando hice mi segunda multiplicación de panes, la que me salió peor, porque estaba desganado), los fariseos haciendo preguntitas capciosas y pidiéndome señales del cielo... Inaguantable.

LA TRANSFIGURACIÓN

Estaba cada vez más estresado. Y, por cierto, mi Padre no daba señales de vida. Me había dejado aquí abajo y desde el día de mi bautizo no había vuelto a aparecer. Entonces recordé que Moisés, mi referente intelectual, había subido una vez a una montaña y, después de seis días, se había encontrado con mi viejo. Yo intentaba imitar a Moisés en todo: si él se iba al desierto, yo me iba a uno. Si él ayunaba 40 días y 40 noches, yo igual. Si daba de comer a una multitud, yo también. Si de pequeño se salvaba de una matanza infantil, yo también. Si caminaba entre las aguas del Mar Rojo, yo caminaba sobre las del Mar de Galilea. Si disponía de 70 ancianos para ayudarle en las tareas de gobierno, yo elegía 72 auxiliares. Y así.

No lo pone en la Biblia, pero era mi ídolo, que Dios me perdone, o sea, yo. Es más, mi propio nombre, Jesús, «El Salvador» proviene de «Jeshua», es decir, «Josué», «Dios salva», que fue el sucesor de Moisés. ¿Os queda claro?

Si habéis visitado la famosa Capilla Sixtina en el Vaticano veréis impresa esta comparación mía con Moisés: en uno de los laterales podréis admirar frescos con la vida del profeta, y en el lateral de enfrente, otros referentes a la mía. Esa era la capilla de oración privada del papa, con eso os digo todo.

Así que decidí imitar una vez más al profeta. Además, ya sabéis que en todas las religiones somos muy de montaña, todas las cosas importantes pasan allí. Los dioses del Olimpo incluso viven en una. Dice mi libro:

«Seis días después, Jesús tomó consigo a Pedro, Santiago y a Juan, los llevó a solas a un monte alto y se transfiguró ante ellos».

¿Qué es eso de que me transfiguré? Pues que me puse guapo para ver a mi Padre:

«Sus vestidos se volvieron de un blanco deslumbrador, como ningún batanero del mundo podría blanquearlos».

Hasta mi rostro «brillaba como el sol», como el de Moisés cuando bajó del Sinaí. Estaba en perfecto estado de revista. Tuve la suerte de que aparecieran Elías y ¡el mismísimo Moisés!, y estuve charlando un rato con ellos, aunque sacaron un tema de conversación muy poco agradable, el de mi muerte, que iba a tener lugar en Jerusalén. Elías vino a pie esta vez, debía tener el carro de fuego en el taller.

Nos salió un día estupendo, y Pedro estaba encantado. Me dijo:

—Maestro, ¡qué bien se está aquí! Hagamos tres tiendas, una para ti, otra para Moisés y otra para Elías.

Se pensaba que los santos del cielo vivían en tiendas de campaña. En esto por fin apareció mi Padre, tan misterioso y tímido como siempre:

«Vino entonces una nube que los cubrió y se oyó una voz desde la nube:

—Este es mi Hijo amado; escuchadlo».

Yo tenía un montón de preguntas que hacerle, pero desapareció de repente. Casi mejor, porque nos estaba quitando el sol. Como veis, mi Padre no me hacía ni caso en todo el Nuevo Testamento. Quizá sea por eso por lo que una importante corriente del cristianismo primitivo, los marcionistas, que llegaron a ser mayoría en muchos lugares de Asia Menor, pensaban que existían dos dioses distintos: el del Antiguo Testamento, implacable, y el del Nuevo, mucho mejor tipo. Menos mal que los declararon herejes.

Me dio por volver a los secretillos y les dije a mis apóstoles que no contasen una sola palabra de todo aquello «hasta que el Hijo del hombre hubiera resucitado de entre los muertos». Sí, yo me hacía llamar el Hijo del hombre, aunque realmente mi padre fuese una paloma. Bueno, en el evangelio de Juan sí digo desde el principio que soy el Mesías y me tiro todo el tiempo exigiendo que se me considere así y hablando de mí, pero son cosas de Juan, el del Apocalipsis.

Mientras de la lectura de los otros tres evangelios no se desprende claramente que yo, Jesús, fuese Dios (salvo dos excepciones que se consideran elaboraciones suplementarias), Juan se decide a arreglar el desaguisado y se dedica a afirmarlo en cuerpo y alma («quien me ve, ve al Padre»).

Pero sigamos con lo que os estaba contando. Mis apóstoles discutían entre sí sobre qué había querido decir yo con lo de resucitar, ya os digo que no se enteraban de la misa la media. Me preguntaron también si era verdad que Elías habría de retornar a la tierra, como había anunciado Malaquías, y les tuve que aclarar que Elías ya había venido «y han hecho con él lo que han querido». Me refería a mi primo Juan, mi heraldo, al que como recordaréis, le cortaron la cabeza. Todo tenía que explicárselo.

AGOTANDO MI SANTA PACIENCIA

Nada más bajar de la montaña se acabó la tranquilidad. Pedro, Santi y yo oímos un gran alboroto y nos encontramos a los discípulos rodeados de un montón de gente y discutiendo con los maestros de la Ley. Les pregunté qué estaba pasando y uno de entre la multitud me contestó:

—Maestro, te he traído a mi hijo, pues tiene un espíritu que lo ha dejado mudo. Cada vez que se apodera de él, lo tira por tierra, y le hace echar espumarajos y rechinar los dientes hasta quedarse rígido. He pedido a tus discípulos que lo expulsaran, pero no han podido.

No sé para qué les di superpoderes, si no eran capaces de curar a un simple epiléptico. Al final el poseído fui yo porque me pillé un cabreo de mil demonios:

—¡Generación incrédula! ¿Hasta cuándo tendré que estar entre vosotros? ¿Hasta cuándo tendré que soportaros? Traédmelo.

Me lo trajeron, le sacudí violentamente y cayó por tierra revolcándose y echando espumarajos. El muy maldito se me resistía. Decidí preguntarle al padre para establecer mejor el diagnóstico:

—¿Cuánto tiempo hace que le sucede esto?

El padre contestó que desde pequeño, y añadió:

— Si algo puedes, compadécete de nosotros y ayúdanos.

Eso de «si algo puedes» ya terminó de cabrearme. Le contesté:

—¡Si puedes...! Todo es posible para el que tiene fe.

Me concentré en profundidad y ordené al espíritu que abandonase al muchacho, y el espectro maligno salió entre gritos y lentas convulsiones. El niño quedó como muerto, y muchos se temieron que hubiese pasado a mejor vida, pero le tomé de la mano y se puso en pie. Estaba curado.

Al llegar a casa, mis discípulos me preguntaron a solas:

—¿Por qué nosotros no pudimos expulsarlo?

Y les contesté:

—Por vuestra poca fe; os aseguro que si tuvierais fe como un grano de mostaza, diríais a este monte: «Vete de aquí allá», y se trasladaría; nada os sería imposible.

Siglos después sir Francis Bacon, ese maldito empirista, me copiaría eso de dar órdenes a las montañas, y se inventaría en un ensayo suyo esa historia de que un día estaba Mahoma predicando y ordenó a la famosa montaña que fuese hacia él, y como no venía, cuando ya estaba quedando fatal delante de toda la gente, ni se inmutó y salió del paso pronunciando la célebre frase que erróneamente se atribuye al profeta: «Si la montaña no viene a Mahoma, Mahoma irá a la montaña».

Me tenían muy poco contento mis discípulos. Como decía, su fe no era ni siquiera del tamaño de un grano de mostaza. Y eso que compartían techo y comida con Dios, y veían y experimentaban mis prodigios todos los días, incluso se supone que ellos los realizaban también.

Un día estaba yo predicando y se presentaron unos niños para que les impusiese las manos y orase con ellos, y los discípulos les regañaron. Yo les dije aquello de «Dejad que los niños se acerquen a mí» y desde entonces no he dejado de arrepentirme. En la diócesis de Boston saben de qué hablo.

Nos fuimos de allí y atravesamos Galilea. Yo les hablaba del Día del Juicio, que iba a ser tremendo, aunque físicamente imposible:

«El sol se oscurecerá, la luna no dará su resplandor, las estrellas caerán del cielo y las fuerzas celestes se tambalearán. Entonces aparecerá en el cielo la señal del Hijo del hombre, y todos los pueblos de la tierra se golpearán el pecho, y verán al Hijo del hombre venir sobre las nubes del Cielo, con gran poder y gloria».

¡Qué queréis, yo sólo tenía estudios de carpintería, y además la astrofísica no estaba muy desarrollada en mis tiempos!

Les dije que «no pasará esta generación sin que todo esto suceda». La verdad es que han pasado unas cuantas más. Pero no era plan de desanimarles, así que les mentía diciéndoles que incluso algunos de ellos lo verían:

«El Hijo del hombre está a punto de venir con la gloria de su Padre y con sus ángeles. Entonces tratará a cada uno según su conducta. Os aseguro que algunos de los aquí presentes no morirán sin ver al Hijo del hombre venir como rey».

Por supuesto, y por mucho que los primeros cristianos lo esperasen, no volví a bajar a la Tierra. ¿Para qué iba a bajar, para que me crucificaseis otra vez? Una y no más, Santo Tomás.

Estaba ya un poco cansado de explicar las cosas cincuenta veces a aquellas brutas gentes de aldea. Y sí, me seguían multitudes, pero sólo para que las sanara y porque les daba de comer gratis, ¡por el interés! Pasaban totalmente de mis enseñanzas. Y para muestra, un botón. Una vez me encontré con 10 leprosos, que me pidieron que les curase. Yo les dije que fueran a ver a los sacerdotes y cuando iban de camino, les curé. ¡Pues sólo uno volvió a darme las gracias! ¡Y encima era samaritano! Les dije a mis discípulos:

—¿No quedaron limpios los diez? ¿Dónde están los otros nueve? ¿Tan sólo ha venido a dar gracias a Dios este extranjero?

Para colmo, un día Santiago y Juan me pidieron sentarse a mi derecha en el cielo, el mejor sitio, y el resto de los apóstoles se indignaron con razón contra ellos. No sólo no entendían nada, sino que únicamente se preocupaban de los cargos. Lo de «Bienaventurados los humildes» tampoco lo habían pillado.

Decidí avanzarles que me iban a matar, a ver si así espabilaban:

—El Hijo del hombre va a ser entregado en manos de los hombres, le darán muerte y después de morir, a los tres días, resucitará.

Pues mirad su reacción: «Ellos no entendían lo que quería decir, pero les daba miedo preguntarle».

Llegamos a Cafarnaúm y «una vez en casa, les preguntó:

—¿De qué discutíais por el camino?

Ellos callaban, pues por el camino habían discutido sobre quién era el más importante».

¡Otra vez! Tuve que llamar a los 12, sentarlos y tener una charla seria.

ENCUENTRO CON HACIENDA

Nada más llegar a Cafarnaúm, ¡encuentro con Hacienda! No era la romana, sino la del templo. Nos sacaban dinero los romanos, nos sacaban dinero los nuestros... y el pueblo en la miseria. Como hoy. Me salieron al paso dos inspectores que se ve que me tenían fichado:

«Cuando llegaron a Cafarnaúm, se acercaron a Pedro los que cobraban el impuesto del templo y le dijeron:

—¿No paga vuestro maestro el impuesto?

Pedro contestó:

—Sí».

Pero se ve que Pedro, muy aficionado a la negación como veremos luego, mentía, y no habíamos pagado. ¡Si andábamos todo el día de aquí para allá! ¿Desde cuándo los hippies pagan a Hacienda?

«Al entrar en la casa, se anticipó Jesús a preguntarle:

—¿Qué te parece, Simón? Los reyes de la tierra, ¿a quién cobran los impuestos y contribuciones: a sus hijos o a los extraños?

Pedro contestó:

—A los extraños.

Jesús le dijo:

—Por tanto, los hijos están exentos.»

Eso decía, que no había por qué pagar el tributo al templo. Si hubiese nacido hoy estaría en contra de la financiación del Estado a la Iglesia, ¿qué os parece? Como no quería que me crucificasen antes de tiempo, añadí:

«Con todo, para que no se escandalicen, vete al lago, echa el anzuelo y saca el primer pez que pique, ábrele la boca y encontrarás en ella una moneda de plata. Tómala y dásela por mí y por ti».

Este episodio con este milagro tan estupendo sólo lo cuenta Mateo, que por algo era recaudador de impuestos.

ME VOY A LA CAPITAL: JERUSALÉN

Como os digo, yo no aguantaba más. Me pasaba el día predicando, curando lisiados y expulsando demonios y nadie se enteraba de nada.

Entonces mis «hermanos» me dieron una gran idea:

«Deberías salir de aquí e ir a Judea, para que tus discípulos puedan ver allí las obras que haces. Nadie que pretenda darse a conocer actúa secretamente. Si en realidad haces cosas tan extraordinarias, deberías darte a conocer a todo el mundo.

Sus hermanos hablaban así, porque ni siquiera ellos creían en él».

Ya os dije que mis hermanos pensaban que estaba loco, pero bien que se vengó mi Iglesia de ellos, diciendo que yo era hijo único, ja, ja, ja.

Decidí intentar el todo por el todo, quemar mi último cartucho; iría a Jerusalén, la capital, y predicaría en el mismísimo templo. Si allí no había nadie que entendiese mi mensaje, ya no habría nada que hacer. Corría un gran riesgo, porque tenía muy cabreados a los fariseos (bueno, y a los saduceos también, esos eran todavía más conservadores), pero tenía que intentarlo. Además, iba a ser la fiesta de la Pascua y la ciudad gozaba de un ambientazo esas fechas, rebosante de peregrinos.

Reuní el valor suficiente, cogí a mis apóstoles y emprendimos el viaje a Jerusalén.

Bajamos desde Galilea por el Río Jordán, y pasé una temporada en la otra orilla, en el lugar donde el Bautista había estado predicando, a ver si algunas de sus ovejas eran menos duras de mollera que las mías, pero tampoco hice muchos avances.

Abandoné la zona atravesando la región de Perea y Jericó, siempre rodeado de las multitudes de peregrinos que bajaban como nosotros a la fiesta. Hice muchos milagrillos, cada vez con más soltura. Si al principio tenía que echar saliva en los ojos a los ciegos, como mandaba la tradición oriental, o tocarles, como hacía el médico y semidiós Asclepio, luego ya me fui superando y con decirles que estaban curados era suficiente. Eso sí, Asclepio me aventaja en resurrecciones, pues devolvió a este mundo a seis personas, el doble que yo.

En Jericó curé a un ciego, según dice Marcos, o dos si leemos a Mateo, que ya sabéis que siempre pintaba mis milagros con más poderío.

Solté unas cuantas parábolas de las mías por el camino, pero nada, la misma incomprensión. Y eso que tenía parábolas excelentes: la de aquel hombre que tenía diez vírgenes esperando para casarse con él y al final sólo se casó con cinco, las que fueron prudentes, la del hijo pródigo, la de los obreros y la viña, la de los diez talentos, la del buen samaritano que ya os comenté...

La de los obreros y la viña es la favorita de los empresarios. Cuenta que un patrón se levantó al amanecer y contrató operarios por un precio, los cuales estuvieron trabajando todo el día, y al atardecer contrató a otros, que cobraron lo mismo por trabajar la mitad. En aquella época no existían los convenios colectivos. Cuando los que habían trabajado el doble se quejaron, el patrón (que representa a Dios, mi Padre) les respondió: «¿No puedo hacer con lo mío lo que quiero?». Como veis, la Biblia está por la flexibilización del mercado laboral. ¡Cómo no va a estarlo, si también aprueba la esclavitud!

Otra parábola que les contaba era la de la red. Yo comparaba el Reino de los Cielos con una red que recoge toda clase de peces, y una vez llena, los pescadores separaban los buenos de los malos.

«Así será el fin del mundo. Saldrán los ángeles a separar los malos de los buenos, y los echarán al horno de fuego; allí llorarán y les rechinarán los dientes.»

Como veis, a pesar de que un día el papa Benedicto XVI se levantó poco católico y dijo que el Infierno no era un lugar sino «un estado de ánimo», yo afirmo lo contrario, que es un horno muy calentito.

Lo de hablar en parábolas lo hacía para ver si así comprendían mejor las cosas y sobre todo porque si hablaba de forma directa y sin tapujos mis enemigos podían denunciarme a las autoridades.

Montones de parábolas tenía, excepto en el evangelio de Juan, que no suelto ni una. En ese evangelio me dejo de cuentos y me tiro todo el tiempo hablando directamente de mí y suministrando señales para que vean que soy el enviado. El caso es que, con parábolas o sin ellas, aquellas gentes de pueblo no me entendían.

No quedaba otra, Jerusalén me esperaba. Pero no podía entrar de cualquier manera.

DOMINGO DE RAMOS:
MI ENTRADA TRIUNFAL EN JERUSALÉN

Recordé que, aunque simple mortal ahora, yo era Rey de Reyes y si iba a entrar en la capital del reino tenía que hacerlo como los grandes, a lomos de alguna montura, y no caminando como un simple peón de infantería. Podía haber elegido un bonito caballo, pero me acordé de que el profeta Zacarías había profetizado que el Mesías haría su entrada en Jerusalén en un burro y no quise dejarle mal.

Cuando nos encontrábamos ya muy cerquita de Jerusalén ordené a dos de mis discípulos:

—Id a la aldea de enfrente. Al entrar en ella, encontraréis en seguida un borrico atado, sobre el que nadie ha montado todavía. Soltadlo y traedlo. Y si alguien os pregunta por qué lo hacéis, le decís que el Señor lo necesita y que en seguida lo devolverá.

Acababa de inventar el alquiler de vehículos.

Los discípulos me obedecieron y, en efecto, allí estaba el borriquillo y sus dueños no pusieron pegas. Entonces viví mi momento de gloria en la Tierra, mi mejor día desde que bajé.

Se ve que eso de ir en vehículo oficial te da una prestancia inusitada, porque de repente los peregrinos que venían conmigo empezaron a cortar ramas del campo y a agitarlas a mi paso, en señal de respeto y alegría, a la vez que entonaban cánticos de alabanza:

—¡Hossana! ¡Bendito el que viene en nombre del Señor! ¡Bendito el reino que viene, el de nuestro padre David! ¡Hossana en las alturas!

Me emocioné y todo. ¡Por fin habían comprendido mi misión! ¡Por fin sabían quién era yo! Fue un día memorable. La única pega es que con tanta celebración se nos hizo un poco tarde para ir al templo:

«Cuando Jesús entró en Jerusalén, fue al templo y observó todo a su alrededor, pero como ya era tarde, se fue a Betania con los doce».

ME UNGEN Y SE GASTAN UNA PASTA

En Betania me alojé en casa de un hombre llamado Lázaro, un tipo majísimo del que me hice pronto muy amigo. Y de sus hermanas, Marta y María, que me trataban de maravilla. María, un día que estábamos cenando, se acercó a mí y, sin previo aviso, ungió mis pies con un «frasco de perfume muy caro, casi medio litro de nardo puro».

«La casa se llenó de aquel perfume tan exquisito» y ya tuvo que protestar el tacaño y traidor de Judas Iscariote, diciendo:

«—¿Por qué no se vendió este perfume en trescientos denarios para repartirlo entre los pobres?

Si dijo esto no fue porque le importaran los pobres, sino porque era ladrón y como tenían a su cargo la bolsa del dinero común, robaba de lo que echaban en ella».

Sí, hijos míos, hay que reconocer que tengo muy poco ojo con los nombramientos. Era el tesorero del grupo y robaba lo que quería. Nombré a Judas, un traidor, mi tesorero, y a Pedro, un tipo que me acabó negando tres veces, el jefe de mi Iglesia.

Las palabras del traidor de Judas me enfadaron sobremanera, y le contesté airadamente:

—¡Déjala en paz! Esto que ha hecho anticipa el día de mi sepultura. Además, a los pobres los tenéis siempre con vosotros; a mí, en cambio, no siempre me tendréis.

Trescientos denarios equivalían a la paga de un año entero, y se podrían haber alimentado muchas bocas con ese dinero, pero uno no baja todos los años a que le crucifiquen y se merece alguna que otra atención, ¿no?

LA LÍO EN EL TEMPLO

Al día siguiente de mi entrada triunfal en la capital me levanté de muy buen humor y decidí acercarme a Jerusalén dando un paseíto. Por el camino me entró hambre.

«Al ver de lejos una higuera con hojas, se acercó a ver si encontraba algo en ella. Pero no encontró más que hojas, pues no era tiempo de higos. Entonces le dijo:

—Que nunca jamás coma nadie fruto de ti».

Y la pobre higuera se secó. Es verdad que no era tiempo de higos, pero si el hijo de Dios, ¡del jefe! te extiende su mano y quiere un higo ¡se lo das!

Hay quien señala que esto es una metáfora y que la higuera representaría el templo, que ya no daba fruto espiritual, y por eso yo lo maldecía. Otros dicen que representa al ingrato pueblo de Israel. ¡A saber! Las higueras son unos árboles muy importantes en las religiones, no en vano Buda alcanzó la iluminación debajo de una y otra sirvió de cobijo y alimento a mi amigo Mitra durante su juventud. Así que ya lo sabéis, no es tan malo «estar en la higuera».

El caso es que me quedé sin higos y me puse de muy mal humor. Pero cuando llegué al templo, mi humor empeoró aún más.

Como ya vimos en el Antiguo Testamento, el templo era un lugar de sacrificios de animales, lo cual era un lucrativo negocio. Mis sacerdotes se lo tenían muy bien montado: su Dios requería de sacrificios a todas horas y por multitud de motivos asociados a la vida cotidiana de las personas. Más o menos como hoy, sólo que en los bautizos, bodas y comuniones, en lugar de ofrecer un cordero o dos tórtolas le dais al cura dinerito contante y sonante.

El templo estaba lleno de puestos de cambistas, donde se cambiaban las monedas romanas de uso común por las del santo lugar, que servían para comprar los animales puros destinados a los sacrificios. Estos animales se vendían en otros puestos del templo, naturalmente. ¡Menudo invento!

Había un guirigay tremendo, aquello era de todo menos una casa de oración.

Me puse en modo Antiguo Testamento y la famosa Ira de Dios se apoderó de mí. Hice un látigo con cuerdas y eché a todo el mundo a latigazos, volcando las mesas de las cambistas y esparciendo las monedas por el suelo, mientras tórtolas y pichones volaban alrededor.

—¡Habéis convertido mi casa en una cueva de ladrones!, —les gritaba mientras huían despavoridos.

Algunos judíos me salieron al paso y me preguntaron:

«—¿Qué señal nos ofreces como prueba de tu autoridad para hacer esto?

Jesús replicó:

—Destruid este templo, y en tres días yo lo levantaré de nuevo.

Los judíos le contestaron:

—Han sido necesarios cuarenta y seis años para edificar este templo, ¿y piensas tú reconstruirlo en tres días?

El templo del que hablaba Jesús era su propio cuerpo».

¡Tampoco en Jerusalén se enteraban de nada! ¡No me refería al edificio, me refería a mí! En la capital tampoco pillaban las metáforas. Además, el templo no tardó en construirse 46 años, sino 22 (del 538 a.C. al 516 a.C.).

Aunque reconozco que yo a veces también les confundía, porque en otra ocasión que mis discípulos se acercaron para enseñarme las construcciones del templo yo les dije:

—¿Veis todo esto? Os aseguro que no quedará aquí piedra sobre piedra. ¡Todo será destruido!

En esta ocasión sí me estaba refiriendo al templo, y no a mí. Por cierto, fue una gran profecía aquella, porque luego el templo fue destruido por los romanos. Me ayudó a acertar que la destrucción tuvo lugar en el año 70 después de mí y el evangelio de Mateo fue redactado después.

BUSCÁNDOME LAS VUELTAS

Mi actuación en el templo no había gustado nada a los sacerdotes, pero no se atrevieron de momento a prenderme porque en aquellos días, como os digo, era la Pascua y la ciudad estaba llena de peregrinos, y temían causar un alboroto. Pero se confabulaban en secreto contra mí.

Yo seguía acudiendo a predicar al templo de vez en cuando, y mientras enseñaba, venían a verme ciegos, cojos y multitud de enfermos ávidos de que les curase. Esto les parecía mal a algunos, pues yo mismo en el Levítico había dicho que nadie con ningún defecto físico podía presentarse ante el altar. Pero, aunque había afirmado que venía a cumplir la Ley hasta en la letra más pequeña, ya os conté que lo que me parecía lo cambiaba, y esta fue una de esas cosas. ¡Si no, la mayoría de mis seguidores se tendrían que haber quedado fuera!

Para colmo, curé a una mujer jorobada y a un tullido en sábado, y los dichosos fariseos me lo echaron en cara porque decían que iba contra el precepto de descansar ese día. ¿Acaso no lucharon también los macabeos en sábado? Les dije que no había que tomarse los preceptos bíblicos tan a rajatabla, recordándoles que David y sus hombres, estando hambrientos y en una difícil situación comieron los panes de la presencia, que estaban reservados para los sacerdotes, «en tiempos del sacerdote Abiatar». El problema es que cité mal la Biblia, porque ya vimos en el Libro Primero de Samuel que cuando David se zampó los panes el Sumo Sacerdote era Ajimelec, y no Abiatar, que era su hijo.

Sí, hijos míos, a veces Dios cita mal la Biblia. Tampoco conocía muy bien mi propia creación, pues en el pasaje del evangelio de la semilla de mostaza digo que es «la más pequeña de todas las semillas», cuando no es verdad. Tengo mis despistes, lo siento.

Como todavía no se atrevían a detenerme, mis enemigos se dedicaban a hacerme preguntitas para pillarme y obtener pruebas con las que acusarme.

Un día me enviaron unos fariseos y herodianos (judíos simpatizantes del régimen colaboracionista con los romanos de Herodes) que me preguntaron si se debía pagar impuestos al César, la típica pregunta con truco. ¡Otra vez los malditos impuestos! Si contestaba que sí, estaría reconociendo que era lícita la sumisión de mi pueblo ante Roma, con lo que sería una mierda de mesías, pero si les contestaba que no, me enviarían derecho a la pena de muerte por insurrecto. Como soy muy listo, desvié el tema: del fondo de la cuestión pasé a la forma. Les dije que me enseñasen una moneda y les pregunté de quién era la cara que aparecía. «Del César», me respondieron. «Pues dad al César lo que es del César y a Dios lo que es de Dios», contesté. Les dejé chafados.

En otra ocasión fueron los saduceos los que me pusieron a prueba. Los saduceos se llevaban muy mal con los fariseos, ya os dije que eran algo así como dos partidos opuestos, pero ambos se unieron contra mí. Si a los fariseos les gustaba tomarse la Ley de Moisés al pie de la letra, a los saduceos ni te cuento. Mientras los fariseos aceptaban también la tradición oral, y constituían algo así como el partido de las masas, abierto a la gente del pueblo, los saduceos eran miembros de familias ricas y aristocráticas, y para ellos solamente existía la Torá, el Pentateuco.

Pues bien, no sé si venían de ver *Siete novias para siete hermanos*, pero el caso es que, como «niegan la resurrección», me preguntaron:

—Maestro, Moisés nos dejó escrito: «Si el hermano de uno muere y deja mujer, pero ningún hijo, que su hermano se case con la mujer para dar descendencia al hermano difunto». Pues bien, había siete hermanos. El primero se casó y al morir no dejó descendencia. El segundo se casó con la mujer y murió también sin dejar descendencia. El tercero lo mismo, y así los siete, sin que ninguno dejara descendencia. Después de todos, murió la mujer. Cuando resuciten los muertos, ¿de quién de ellos será mujer? Porque los siete estuvieron casados con ella.

Interesante acertijo. Reconozco que esta vez se lo habían currado. Pero como soy Dios, es imposible pillarme, así que les contesté que cuando resucitasen «ni ellos ni ellas se casarán, sino que serán como ángeles en los cielos». Y en cuanto a la resurrección, les dije que Dios no era un Dios de muertos, sino de vivos. «Estáis muy equivocados», sentencié. En verdad nadie se enteraba de nada y todo el mundo estaba equivocado menos yo, que era Dios.

A continuación de estos vino «un maestro de la Ley», y esta persona me dio una gran alegría porque por fin me hizo una pregunta sin malicia, de corazón:

—¿Cuál es el mandamiento más importante?

Yo ahí vi mi gran oportunidad. Había dictado Diez Mandamientos en el Antiguo Testamento y había sido un desastre, no hacíais caso de ninguno. Entonces tuve una iluminación y decidí resumir esos Diez Mandamientos en dos. ¡Además así cabrían en un tuit y serían más fáciles de viralizar! Contesté:

—El más importante es este: Escucha, Israel, el Señor nuestro Dios es el único Señor. Amarás al Señor tu Dios con todo tu corazón, con toda tu alma, con toda tu mente y con todas tus fuerzas. El segundo es este: Amarás a tu prójimo como a ti mismo. No hay otro mandamiento más importante que estos.

Y me dio la razón el buen hombre. ¡Por fin alguien me comprendía! Pero claro, uno entre un millón. Yo les decía a mis discípulos:

—En la cátedra de Moisés se han sentado los maestros de la ley y los fariseos. Obedecedles y haced lo que os digan, pero no imitéis su ejemplo, porque no hacen lo que dicen. Atan cargas pesadas e insoportables, y las ponen a las espaldas de los hombres; pero ellos no mueven ni un dedo para llevarlas. Todo lo hacen para que lo vea la gente: ensanchan sus filacterias y alargan los flecos del manto; les gusta el primer puesto en los convites y los primeros asientos en las sinagogas; que los saluden por la calle y los llamen maestros.

Sí, es una definición que también vale para los tiempos actuales.

Comprendo que no les cayese muy bien, porque les llamaba «sepulcros blanqueados», «hijos de quienes mataron a los profetas», «serpientes, raza de víboras» y otras lindezas. Un día casi me apedrean. Además, decía que iba a destruir su templo y me juntaba con gentiles, publicanos y pecadores y pecadoras. Los publicanos eran recaudadores de impuestos para Roma, y lógicamente no eran muy bien vistos.

No cejaban en su empeño de ponerme en aprietos. Otro día me presentaron a una mujer que había sido sorprendida en adulterio. Y claro, me recordaron que, según la ley de Moisés, que yo mismo le había dado, se ordenaba que tales mujeres fuesen apedreadas. ¡Pues también les dejé con un palmo de narices! Les solté mi famosa frase de «quien esté libre de pecado que tire la primera piedra» y se tuvieron que ir sin lapidarla. Por cierto, esta conocida historia sólo viene recogida en el evangelio de Juan, y los expertos dicen que fue un añadido de un copista posterior.

El saldo no era muy esperanzador, mi visita a Jerusalén también había sido un fiasco. Nadie comprendía nada, es más, ha-

LOS CUATRO EVANGELIOS. MI VIDA

bía conseguido que los dos principales partidos se uniesen contra mis enseñanzas, y tan sólo tenía de mi parte a la legión de cojos, ciegos, sordos y enfermos que me seguían para ver si caía algún milagrillo y les curaba, pero sin preocuparse ni entender nada de la palabra de Dios. Bueno, y a Magda y mis chicas, mis *groupies*, que no me abandonarían ni siquiera al pie de la cruz.

LA RESURRECCIÓN DE LÁZARO

Yo sabía que al final me iban a matar y, a pesar de haber realizado tantos milagros, apenas había practicado lo de la resurrección, tan sólo un par de veces, con la hija de Jairo y después con el hijo de una viuda, igual que hizo Elías, con el que mucha gente me comparaba. Es decir, había resucitado dos menores, pero todavía no había probado con un adulto como yo.

Así que decidí pasar al nivel 2 con alguien de confianza.

Por aquellos días yo iba y venía mucho a casa de Lázaro y sus hermanas, que ya os dije que me trataban siempre de maravilla. Así que tomé la determinación de probar con mi buen amigo y anfitrión.

Mira que fue mi mayor milagro, ¡pues otra vez sólo lo cuenta el loco de Juan! Ya os dije que este evangelista siempre iba por libre.

Iba a resucitar a mi gran amigo Lázaro, pero había un problemilla: estaba vivo. Así que no lo dice la Biblia, pero tuve que matarle. No quería que fuese algo muy violento, de modo que le envié una enfermedad. Enseguida recibí un mensaje de sus buenas hermanas, avisándome de su preocupante estado de salud:

«Jesús, al enterarse, dijo:

—Esta enfermedad no terminará en la muerte, sino que tiene como finalidad manifestar la gloria de Dios; a través de ella se dará también a conocer la gloria del Hijo de Dios.

Por eso, Jesús, aunque tenía gran amistad con Marta, con su hermana y con Lázaro, continuó en aquel lugar otro par de días después de haber recibido el mensaje que le habían enviado».

Eso es, me tiré un par de días haciendo tiempo hasta que mi amigo Lázaro se muriese. Entonces les dije a mis discípulos:

«—Nuestro amigo Lázaro se ha dormido, pero yo iré a despertarlo.

Los discípulos comentaron:

—Señor, si se ha dormido, es señal de que se recuperará.

Jesús hablaba de la muerte de Lázaro, mientras que sus discípulos entendieron que se refería al sueño natural».

Como de costumbre, no se enteraban de nada. Tuve que explicárselos:

«—Lázaro ha muerto. Y me alegro de no haber estado allí, por vuestro bien; porque así tendréis un motivo más para creer. Vamos pues para allá.

Tomás, por sobrenombre "el Mellizo", dijo a los otros discípulos:

—Vamos también nosotros a morir con él».

Ahora a Tomás le daba por morirse, de verdad que no sé de dónde había sacado a esos tipos. ¡Ah, sí, eran pescadores analfabetos de la Galilea del siglo I!

Cuando llegamos a Betania nos encontramos «con que hacía ya cuatro días que Lázaro había sido sepultado». Al estar cerca de Jerusalén, «muchos judíos habían ido a consolar a Marta y María por la muerte de su hermano». La verdad es que lo pienso ahora y me da un poco de remordimiento de conciencia el haberles hecho pasar por semejante trago a mis amigos. Marta me echó la bronca:

—Señor, si hubieras estado aquí, no habría muerto mi hermano. Pero, aun así, yo sé que todo lo que pidas a Dios él te lo concederá.

Entonces yo le contesté que Lázaro iba a resucitar, pero ella se pensaba que me refería a la resurrección de los muertos al final de los tiempos. Apareció María, la que se gastó el sueldo de un año en mi perfume, y me dijo lo mismo que su hermana:

—Señor, si hubieras estado aquí, no habría muerto mi hermano.

Todos lloraban, y a mí me entró una pena enorme. Me había pasado. Les pregunté:

«—¿Dónde lo habéis sepultado?

Ellos contestaron:

—Ven, Señor, y te lo mostraremos.

Entonces Jesús rompió a llorar. Los judíos comentaban:

—¡Cómo lo quería!

Pero algunos dijeron:

—Este, que dio la vista al ciego, ¿no podía haber hecho algo para evitar la muerte de Lázaro?».

Menudo cuadro, ¿verdad? «Profundamente emocionado» me acerqué a donde estaba sepultado mi amigo, y entonces di con la clave de una buena resurrección: el sepulcro con piedra corredera. Lázaro estaba en una cueva, cuya entrada estaba tapada con una gran piedra. Me lo apunté para mi resurrección: nada de enterramientos, ni mucho menos incineraciones, mucho mejor una cómoda estancia bajo techo, bien ventilada y guardada con una piedra que apartar y poder salir caminando tranquilamente de una pieza.

Les dije que hiciesen rodar la piedra, y entonces Marta me avisó:

—Señor, tiene que oler muy mal, porque ya hace cuatro días que murió.

Pero una cosa es que me cargase a mi amigo y otra permitir que se pudriese y lo comiesen los gusanos. Soy un poco puñetero, pero no tanto, eso ya es más propio de Satanás, mi socio. Así que contesté:

—¿No te he dicho que, si tienes fe, verás la gloria de Dios?

Rodaron la piedra y recé una pequeña oración:

—Padre, te doy gracias porque me has escuchado. Yo sé muy bien que me escuchas siempre; si hablo así es por los que están aquí, para que crean que tú me has enviado.

Postureo, quería que todos viesen que era el hijo del jefe. Terminada esta bonita oración, le dije a Lázaro:

—Lázaro, sal fuera.

Ni «levántate y anda» ni tonterías por el estilo, que eso es de un poema de Bécquer.

Y Lázaro salió del sepulcro. Parecía una momia, todo vendado, y les dije:

—Quitadle las vendas para que pueda andar.

Tenía que estar en todo.

LA ÚLTIMA CENA

La noticia de la resurrección de Lázaro se extendió por todas partes (aunque mis otros tres evangelistas no se enteraran) y los jefes de los sacerdotes y los fariseos convocaron una reunión del Sanedrín. El Sumo Sacerdote, llamado Caifás, decretó que yo era un peligro y que había que liquidarme, y también decidieron matar bien muerto a Lázaro.

Como dice Juan, «a pesar de que Jesús había hecho tantos signos, no creían en él», así que resolví ir despidiéndome de mis amigos y preparar mi retorno al Cielo. Yo ya había hecho lo que había podido, si esas gentes eran duras de mollera eso ya era competencia de mi Padre, el Creador, que no les había instalado el cerebro correcto. ¡Mira que le dije que el del mono no servía!

Aproveché que era el día de la Pascua, ya sabéis, esa bonita fiesta que celebrábamos para recordar la matanza de los bebés egipcios, para reunir a mis 12 apóstoles en la cena pascual y así despedirme de ellos. A las mujeres que solían acompañarnos no las invitamos, parecía aquello una despedida de soltero.

Celebramos la cena en la casa de Fulano. Que no lo digo yo, lo dice el evangelio de Mateo:

«—Id a la ciudad, a la casa de Fulano, y decidle: "El maestro dice: Se acerca el momento, y quiero celebrar la cena de pascua en tu casa con mis discípulos"».

Allí nos reunimos los 13, «en el piso superior», en «una habitación grande y con divanes», que es donde comimos, tal y como era la costumbre judía, y no en esa mesa tan larga donde nos dibujó a todos con cara de pasmaos Leonardo Da Vinci.

Antes de cenar, sorprendí a todos cuando, tomando una toalla y echando agua en una palangana, me puse a lavarles los pies uno a uno, como si fuese su criado. Eso lo hice porque, ¡otra vez se habían puesto a discutir quién de los 12 era el más importante!

Con la escena del lavatorio de pies quise darles ejemplo de humildad para que no hubiese peleas por los cargos una vez que yo me hubiera ido. Fue inútil, porque como estos no hacían caso de nada, luego mi Iglesia no ha hecho otra cosa que distraerse en cismas y luchas por el poder.

Por cierto, una vez más, esta bonita e higiénica escena sólo la recoge el evangelio de Juan, que por otra parte no tiene empacho en describirse como mi discípulo predilecto, aquel «al que Jesús tanto quería, el mismo que en la última cena estuvo recostado sobre el pecho de Jesús». ¡Tendrá morro!

La cena continuó de forma distendida hablando de nuestras cosas. Judas, no el Iscariote (el malo), sino el otro, me hizo una pregunta algo puñetera:

—Señor, ¿cuál es la razón de manifestarse sólo a nosotros y no al mundo?

Buena pregunta. Ya que había bajado a la Tierra a darme a conocer, mi estrategia de marketing no parecía la más adecuada. En mi respuesta me fui por la tangente, diciendo que el que me amaba se mantenía fiel a mis palabras, y el que no, pues no, ya ves tú, y finalmente les dije que ya les mandaría el Espíritu Santo, que se explicaba mucho mejor que yo y entonces ya lo entenderían todo. Recuerdo que eso se los repetí varias veces, y les dije que para que él llegase, tendría que irme yo. Es que no nos llevábamos muy bien.

En un momento dado, aproveché para instituir la Eucaristía, partiendo el pan y diciendo que era mi cuerpo, y levantando el cáliz con el vino y señalando que era mi sangre. Y dije que hicieseis eso en conmemoración mía. Quedó así establecido lo que sería el cristianismo: Una religión donde personas adultas van a misa los domingos y se comen allí a su amigo imaginario.

Tampoco era nada nuevo, la verdad. Eso de comerse a los dioses para obtener una unión con ellos y adquirir sus poderes era un clásico de muchísimas religiones. Eres lo que comes. ¿No comen algunas tribus el corazón de un león para obtener su fuerza? ¿Y los caníbales que se zampan personas para apoderase de su alma? Pues qué mejor que comerse a un Dios, ¿no?

Y lo de añadirle una bebida sagrada ya no digamos. Al menos en mi culto no se ingieren sustancias psicotrópicas como en otros. ¡Oh, *wait*, el vino lleva alcohol y el alcohol es una droga!

Este milagro de que un trozo de oblea se transforme en mi cuerpo y que ocurre cada día en cualquier parroquia es dogma de fe desde el 1079, y se conoce como *transustanciación*; no confundir con la *transfiguración*, que es cuando me volví brillante en el monte junto a Elías y Moisés, ni con la *transverberación*, que es cuando viene un ángel y te clava una flecha en el corazón y tienes una experiencia mística alucinante. Aunque no lo parezca, en la Iglesia siempre hemos sido muy del mundo trans.

A continuación, llegó el momento cumbre de la noche, o del día, porque muchos dicen que la Última Cena en realidad fue una comida, cuando solté la bomba diciendo: «Os aseguro que uno de vosotros me va a traicionar».

Enseguida se pusieron todos muy nerviosos y, no debían tener mucha confianza en sí mismos, porque uno a uno empezaron a preguntarme:

—¿Seré yo, maestro?

Yo contesté:

—Aquel a quien yo dé el trozo de pan que voy a mojar en el plato.

Nervios, emoción, todos mirándome. Mojé el pan y se lo di al traidor de Judas Iscariote. Dice el evangelio de Juan que «cuando Judas recibió aquel trozo de pan mojado, Satanás entró en él». En realidad, como dice Lucas llevándole la contraria, Satanás ya había entrado antes, cuando Judas se fue a ver a los sacerdotes y a las autoridades del templo y estuvo negociando con ellos mi entrega a cambio de la ridícula cifra de 30 monedas de plata, es decir, 30 míseros denarios, 10 veces menos que el perfume con el que me ungió mi amiga María. Ya puestos a entregar al hijo de Dios, podía haber sacado más tajada, pero claro, la culpa la tiene el evangelista Mateo, que se copió de las 30 monedas de plata del libro de Zacarías.

Le espeté a Judas:

«—Lo que vas a hacer, hazlo cuanto antes.

Ninguno de los comensales entendió lo que Jesús había querido decir. Como Judas era el depositario de la bolsa común, algunos pensaron que le había encargado que comprara lo necesario para la fiesta o que diese algo a los pobres».

En fin. El caso es que Judas abandonó precipitadamente la cena, porque tenía un asunto que resolver. A mí me empezó ya a entrar como mal cuerpo, y les dije:

«—El que tenga bolsa, que la tome, y lo mismo el que tenga espada, que venda su manto y se la compre...

Ellos le dijeron:

—Señor, aquí hay dos espadas.

Jesús dijo:

—¡Es suficiente!».

En verdad yo había dicho anteriormente que «no había venido a traer la paz, sino la espada», y que sería causa de división incluso entre las familias, pero por otra parte tenía que cumplirse el plan divino de mi Padre de redimir a la humanidad con el sacrificio de su hijo, el cordero pascual, que para eso estábamos en la Pascua. Sí, su afición por los sacrificios había ido demasiado lejos.

ME LOS LLEVO AL HUERTO (DE LOS OLIVOS)

Continuamos con los postres y después del café salí a tomar el fresco porque ya me estaba agobiando. Pedro me preguntó a dónde iba, y yo le contesté que a donde yo iba no podía seguirme. Él objetó muy decidido que daría su vida por mí y yo le repliqué que estaba escrito que el pastor sería herido y se dispersarían las ovejas, y que antes de que cantase el gallo dos veces él me habría negado tres.

Al final salimos los 12 a dar un paseo y llegamos hasta Getsemaní, el Huerto de los Olivos. Yo ya estaba viendo la que se me venía encima y estaba cada vez más triste. «Me muero de tristeza», llegué a decirles. Dejamos al resto al comienzo del huerto y me adentré un poco más con mis tres apóstoles preferidos, mis más íntimos amigos: Pedro, Santiago y Juan. Allí les pedí que me velaran mientras unos pasos más allá oraba yo solo con mi Padre.

Reconozco que entonces tuve un momento de debilidad. O de lucidez, vaya usted a saber. Empecé a pensar que todo aquello era absurdo: ¡Un Dios que crea a unas criaturas a su imagen y semejanza y al final tiene que dejarse asesinar por ellas! ¿Qué clase de Dios chapucero era ese? Así que le dije a mi viejo:

—¡Padre mío, si es posible, que pase de mí este cáliz!

Pero mi Padre no contestaba, se hacía el sordo como siempre. Yo estaba quedando como un cobarde, así que le hablé de nuevo:

—Pero que no sea mi voluntad, sino la tuya.

Total, iba a hacer lo que le diera la gana.

El agobio no se me iba. Me levanté y fui a donde estaban Pedro, Santi y Juan, y ¡me los encontré durmiendo! ¡Y eso que no había pasado ni una hora!

—¿Cómo es que no habéis podido velar ni una hora conmigo? —les recriminé.

Les pedí que por favor no se durmieran, que era un día importante, y volví un rato a rezarle a mi Padre, a ver si me contestaba algo o seguía fuera de cobertura. Nada, no me hizo ni caso. Regresé donde mis tres apóstoles y ¡otra vez estaban dormidos! La verdad es que la cena había sido copiosa, y con tanto bendecir el vino a alguno se le debió ir la mano.

Volví a rezar con mi Padre, a ver si a la tercera iba la vencida y me contestaba. Yo ya sudaba hasta sangre. No me contestó, tan sólo me envió un rato un ángel para confortarme. Bueno, eso dice Lucas, yo creo que el ángel lo envió por si me daba por intentar escapar. Los demás evangelistas no dicen nada del ángel, ni siquiera Juan, que era el único que andaba por allí. Durmiendo la mona, eso sí.

Después de un rato de *coaching* con el ángel que no recoge la Biblia pero que fue muy interesante, volví donde estaban los tres ceporros y les desperté. Inmediatamente se oyó ruido de un tropel de gente que entraba en el huerto. Venían a por mí. Según los evangelistas sinópticos, eran hombres enviados por los sacerdotes y los ancianos del pueblo. Juan introduce también soldados romanos, una cohorte entera nada menos, ¡400 hombres!, que siempre queda muy efectista.

El sinvergüenza de Judas venía con ellos y se aproximó y me dio su famoso beso (excepto en el evangelio de Juan, que dice que no pudo ni acercarse a mí «volvieron atrás y cayeron en tierra»), la señal convenida con sus compinches para identificarme. Se ve que aunque yo hacía milagros y predicaba todos los días en el templo todavía había gente que no me conocía.

Yo le recriminé que me entregase con un beso, y mis discípulos, valientemente, me preguntaron:

—Señor, ¿sacamos la espada?

Y Pedro, que era el de corazón más caliente, le pegó un tajo a uno de los criados del Sumo Sacerdote, un tal Malco. Tras la charla con el ángel, yo había asumido ya mi destino y les dije:

—¡Dejadlos!

Y tocando la oreja de Malco, se la curé. Entonces mis discípulos salieron corriendo y me abandonaron a mi suerte.

«Un joven lo iba siguiendo, cubierto tan sólo con una sábana. Le echaron mano, pero él, soltando la sábana, se escapó desnudo.»

¡Así remata el episodio el evangelio de Marcos! ¡Justo cuando mi historia alcanza su cénit narrativo introduce a un tío en bolas y se la carga!

Nadie sabe quién era ese joven. Es un dato tan rocambolesco que ni siquiera Mateo y Lucas, que escriben sus evangelios a partir del de Marcos, se atreven a mencionarlo. Y Juan menos, ya decimos que siempre va a su aire.

¿Quién era ese misterioso joven que huye desnudo? Algunos dicen que el propio Juan, mi discípulo más amado; otros, que Marcos, que así se incluía en el relato escrito por él, aunque no fue testigo de los hechos... Hay hasta quien dice que esa figura sería yo mismo resucitado, como si de un episodio de *Regreso al Futuro* se tratase...

Quizá la respuesta esté en el conocido como «Evangelio Secreto de Marcos», una versión del evangelio de este del que tenemos noticia a través de una polémica carta atribuida a Clemente, Padre de la Iglesia y que trae de cabeza a los estudiosos bíblicos sobre si se trata de una falsificación (perfecta, en este caso) o no.

En este evangelio se narraría que un día yo resucité a un joven, y...:

«El joven lo miró fijamente y lo amó; y comenzó a suplicarle que se quedara con él. Cuando salieron de la tumba, fueron a la casa del joven, que era rico. Y después de seis días Jesús le dio una orden. Y cuando se hizo tarde el joven vino a él, vistiendo un lienzo sobre su cuerpo desnudo. Permaneció con él esa noche, para que Jesús le enseñara el misterio del Reino de Dios. Cuando se levantó, regresó al otro lado del Jordán».

Sí, ya sé que suena todo un poco gay. Por eso es muy razonable que esa versión del evangelio de Marcos no pasara la censura de los copistas y hoy dispongamos únicamente de un evangelio canónico de Marcos más formal pero donde sin embargo al final el chico de la sábana acabó colándose. El Evangelio Secreto se refiere a él en otro momento como «el joven al que amaba Jesús».

EL PROCESO

Me ataron y me llevaron a la casa de Caifás, Sumo Sacerdote, donde me estaban esperando reunidos los miembros del Sanedrín. Estos estaban muy preocupados porque yo andaba calentándole la cabeza a la gente y temían que siendo la fiesta de la Pascua se formase una revuelta y acabasen interviniendo los romanos «y destruirán nuestro lugar santo y nuestra nación». Fue por eso que Caifás dijo:

—¿No os dais cuenta de que es preferible que muera un solo hombre por el pueblo, a que toda la nación sea destruida?

Según Juan, antes me llevaron a ver al suegro de aquel, el antiguo Sumo Sacerdote Anás, al que estuve dando largas y diciéndole que preguntase a mis discípulos.

En el interrogatorio ante Caifás al principio tampoco estuve muy colaborador. Primero me acusaron de haber dicho que quería destruir el templo en tres días, pero como cuando yo predicaba la gente no se enteraba de nada, los testimonios no concordaban. Parecía que iba a librarme, pero cuando Caifás me preguntó si yo era el Mesías, el hijo de Dios, tuve que contestarle, aunque fuera de forma un poco ambigua:

—Tú lo has dicho.

Como diciendo, «eso lo dirás tú». Pero claro, mi Padre estaba mirando, así que tuve que añadir:

—Y os declaro que desde ahora veréis al Hijo del hombre sentado a la diestra del Padre, y venir sobre las nubes del cielo.

No necesitaron más, me declararon reo de blasfemia y me condenaron a muerte. Sin embargo, como los judíos no podían aplicarla, me enviaron ante el prefecto romano, Poncio Pilatos, la máxima autoridad en Judea.

Mientras me interrogaban en casa de Caifás, afuera se calentaban junto al fuego sus criados y oficiales. A pesar de que diga Marcos que había jóvenes que se tapaban con una sola sábana, era una noche bien fría, tanto que Pedro, que había aparecido por allí, dejó a un lado su miedo y se acercó a calentarse a la hoguera. Entonces los criados le reconocieron, y le preguntaron tres veces si no era uno de los que estaban conmigo, y Pedro lo negó las tres. Coincidiendo con la última negación cantó el gallo por segunda vez y Pedro rompió a llorar, porque se acordó de lo que yo le había dicho. Le conocía demasiado bien.

El interrogatorio ante Pilatos también fue algo caótico. Le habían contado que yo había incitado a la rebelión contra el pago de impuestos de los romanos y también que decía ser rey. A Pilatos las blasfemias le daban igual, por eso esta vez usaron estos cargos, de carácter político y sedicioso.

Pero Pilatos me miraba y yo no le parecía un sujeto peligroso para nada. Me preguntó si yo era el rey de los judíos, y otra vez obtuvo la misma evasiva respuesta que Caifás:

—Tú lo dices.

También le dije que mi reino no era de este mundo, y Pilatos salió y expuso a los judíos que no encontraba ninguna culpa en mí, y decidió enviarme a Herodes Antipas, rey de Galilea, que se encontraba en Jerusalén en aquel momento.

Cuando llegué frente a Herodes este se alegró mucho de tenerme allí, pues había oído hablar de mis aventuras y esperaba que realizase algún milagro en su presencia. Pero yo ni siquiera despegué los labios. Herodes se burló de mí, me vistió con un manto real y me devolvió a Pilatos.

La presión sobre Pilatos era cada vez mayor. «Si lo dejas en libertad, no eres amigo del César», le amenazó el Sanedrín. Mientras, su mujer le hizo llegar un mensaje: por la noche había soñado que yo era inocente.

Pilatos tuvo la gran idea de mandarme azotar y ponerme una corona de espinas y así, presentándome hecho un *Ecce Homo*, intentar que el populacho se apiadase de mí y no pidiera mi muerte. Pero ni con esas. «¡Crucifícale!» gritaban los que hasta hace poco venían a pedirme alimento y tratamientos quirúrgicos avanzados. Era un ídolo caído, como aquellos futbolistas que un día son aclamados y al siguiente vilipendiados por los mismos que les pedían un autógrafo.

Pilatos lo intentó todo. Como era la Pascua, y por esas fechas había costumbre de perdonar la vida a un reo, les dio a elegir entre ejecutarme a mí o a Barrabás, un preso famoso que estaba en la cárcel «por haber tomado parte en una sedición ocurrida en la ciudad y por un homicidio».

Pero el pueblo eligió liberarle y que me crucificasen a mí. Al Dios babilónico Marduc le pasó lo mismo en su día; también fue condenado, flagelado y ejecutado como un criminal mientras otro quedaba libre.

Curioso personaje, Barrabás. Su nombre en arameo es Bar Abba, esto es, «¡hijo del Padre!». Por eso muchos estudiosos dicen que Barrabás sería ¡yo mismo! y que lo que los judíos gritaban era que me liberasen a mí. Algunos estudiosos que ven en mi figura a un zelote, el mesías guerrero que los judíos esperaban, defienden esta teoría. Otros dicen que la historia de Barrabás es un invento para eximir a los romanos de la culpa de mi muerte y hacerla recaer sobre los judíos, en un momento en que se trataba de cristianizar el Imperio romano. Si se acusaba a los romanos de haber matado a Dios difícilmente se les habría convencido para adorarle.

«¡Caiga su sangre sobre nosotros y nuestros hijos!» dice Mateo que gritaban los judíos. Y bien que se ha utilizado luego a lo largo de la historia esta frase para atizar el antisemitismo. Mi Iglesia se ha distinguido en esta causa a lo largo de los siglos, no en vano mis papas legislaron ampliamente en contra de esa «pérfida raza» de «asesinos de Cristo», como ellos la llamaban.

Por ejemplo, el papa Pablo IV dispuso que yo había condenado a los judíos a la esclavitud «por su propia culpa», y dictó contra ellos la odiosa bula «Cum nimis absurdum» mediante la cual los confinaba en guetos y les obligaba a llevar distintivos como más tarde harían los nazis, amén de otras crueles obligaciones.

Los Reyes Católicos fueron distinguidos con ese título en agradecimiento a su expulsión de los judíos de las tierras de España.

San Justino Mártir decía que la razón por la que Dios habían ordenado circuncidarse a los judíos era porque eran un pueblo que debía estar marcado para así ser mejor perseguido. Padres de la Iglesia como Tertuliano y Orígenes afirmaban que la destrucción de Jerusalén a manos de los romanos fue un castigo a los judíos por haberme crucificado. Etcétera, etcétera...

El caso es que según dice el libro que venera mi Iglesia, Pilatos se lavó las manos y me entregó a los judíos para que hiciesen conmigo lo que quisiesen.

VAN, Y ME MATAN

Acababa de empezar el peor día de mi vida, el de mi crucifixión. Según Marcos fue la jornada después de la Pascua. Según Juan, antes, el día de la preparación de la Pascua. Si les hubiesen crucificado a ellos seguro que se acordaban mejor.

La cruz pesaba muchísimo, y eso que sólo llevaba la viga pequeña, llamada patibulum, la que se usaba de forma transversal. El poste vertical (stipes) ya me esperaba clavado en el suelo del Gólgota o Monte Calvario. Si hubiese tenido que llevar la cruz entera a cuestas, como salgo en los pasos de Semana Santa, habría supuesto tener que cargar con unos 100 kilos, algo de todo punto imposible.

Afortunadamente apareció un hombre llamado Simón de Cirene, que venía del campo, y le obligaron a llevármela. El hombre sudó lo suyo por la Vía Dolorosa, ¡para que luego Juan en su evangelio ni le nombre y diga que la llevé yo todo el tiempo!

Cuando llegamos arriba los soldados romanos se repartieron mis vestiduras, y menos mal que según el evangelio apócrifo de Nicodemo me ciñeron un lienzo para tapar mis partes nobles, llamado perizonium o paño de pureza, porque si no mi exposición en las iglesias habría resultado algo problemática. Ya sabéis que los cuadros de violencia extrema los toleramos muy bien, y tan pronto colocamos en la parroquia a un tío repleto de flechas como a un decapitado, pero que los desnudos los censuramos. Somos algo así como Facebook o el telediario.

Por cierto, el perizonium que cubrió mis vergüenzas está en la catedral de Aquisgrán, ya que subí al Cielo y me dejé olvidada la ropa interior. ¿A quién no le ha pasado?

Me tumbaron sobre la cruz y me clavaron al madero. ¡A mí, que había dejado el negocio de mi padre porque odiaba la carpintería! Tuvieron el detalle, eso sí, de ofrecerme vino con hiel, y yo lo probé, por educación, pero no quise tomarlo. No tenía ni punto de comparación con el refinado producto de mis bodegas. Según dicen, ese brebaje era una especie de anestesia, para soportar mejor el dolor en la cruz, ¡si lo llego a saber me tomo un litro!

En cuanto al número de clavos (tres, cuatro), situación de los mismos, existencia del sedile (estaca bajo la entrepierna sobre la que el reo apoyaba su cuerpo), suppedaneum (plataforma para apoyar los pies) hay mucha controversia. Se me suele representar con los clavos en mitad de la palma de las manos, pero ya os digo yo que ahí no fue porque se me habrían desgarrado por el peso a la primera.

En fin, no quiero recordar esos momentos, que no fueron nada agradables. Además, ya os encargáis vosotros de recordádmelos todos los años por Semana Santa.

Mientras estaba en la cruz todo el mundo se reía de mí y me insultaba. Los maestros de la Ley disfrutaban diciéndome que si era el Mesías que me salvase, y lo mismo decían los soldados. ¡Hasta los dos ladrones junto a los que me crucificaron me insultaban! Bueno, en el evangelio de Lucas uno de los dos ladrones me defiende y yo le premio con el paraíso. Los otros evangelistas no se enteraron.

Como en el fondo soy un buen tipo, le dije a mi Padre:

—Padre, perdónalos, porque no saben lo que hacen.

Y con esa frase quedé como Dios. Solamente la recoge el evangelio de Lucas.

Según Mateo, «muchas mujeres que habían seguido a Jesús desde Galilea para asistirlo, contemplaban la escena desde lejos. Entre ellas, estaban María Magdalena y María, la madre de Santiago y José, y la madre de los Zebedeos».

Marcos añade a «otras muchas que habían subido con él a Jerusalén».

Empiezo a pensar que me crucificaron por envidia ante mi éxito con las mujeres.

Lucas dice que «presenciando todo esto a lo lejos» estaban «todos los que conocían a Jesús, y también las mujeres que lo habían seguido desde Galilea».

Pero una vez más, Juan los contradice a todos y relata que, nada de a lo lejos, sino al pie mismo de la cruz estaban por supuesto él mismo, mi madre (detalle sin importancia que les había pasado inadvertido a los otros tres), María, la mujer de Cleofás y María Magdalena (ella siempre estaba). Y añade:

«Jesús, al ver a su madre y junto a ella al discípulo a quien tanto amaba, dijo a su madre:

—Mujer, ahí tienes a tu hijo.

Después dijo al discípulo:

—Ahí tienes a tu madre.

Y desde aquel momento, el discípulo la recibió como suya».

Es decir, el espabilado de Juan no sólo se incluyó al pie de la cruz, sino que también hace aparecer a mi madre, de la que ya nadie se acordaba, y se hace hijo adoptivo suyo.

Yo estaba para pocos actos familiares. Dije: «Tengo sed», y me acercaron a la boca una esponja empapada en vinagre. ¿Pero es que esa gente no era capaz de darme de beber algo decente ni en el lecho de muerte? Desde luego, no les recomendé que montaran un bar.

Me habían crucificado «a las nueve de la mañana» y eran «las tres de la tarde». Los crucificados tardaban días en morir, pero a mí ya se me estaba haciendo un poquito largo así que me preparé para decir mis últimas palabras y volver a casa de mi Padre.

Las últimas palabras son muy importantes, muchos grandes hombres han sido recordados por ellas, así que no se puede decir cualquier cosa. No te puedes ir al otro barrio diciendo cualquier tontería, como «cambia de canal» o «me aburro». ¿Qué dije yo?

Pues no estoy seguro. Según Lucas escogí el salmo 31 y dije:

—Padre, en tus manos encomiendo mi espíritu.

Muy obediente y formal. Pero según Mateo y Marcos me fui al otro mundo quejándome amargamente de mi Padre con el salmo 22. Mateo dice que hablé en hebreo:

«—Eli, Eli, lama sabachthani? Que quiere decir: "Dios mío, Dios mío, ¿por qué me has abandonado?"».

Y Marcos en arameo:

—Eloi, Eloi, lama sabachthani?

Da igual, ninguno de los dos estaba allí. Y añaden:

«Algunos de los presentes decían al oírle:

—Mira, llama a Elías».

¡Qué manía tenían con Elías! Cuando no me confundían con él se pensaban que le estaba llamando. Comprendo que su carro de fuego causara sensación, pero ya era cargante su obsesión.

Juan, que según él era el único de todos que estaba al pie de la cruz y por tanto pudo oír lo que decía, no se complica mucho y pone en mi boca estas últimas palabras tan sencillas:

—Todo está cumplido.

Que al parecer es lo mismo que dijo Hércules justo antes de palmarla.

Dijese lo que dijese, una vez más mi Padre no me contestó. Teníamos unos problemas de comunicación tremendos, muy típicos entre un padre y un hijo. Yo lo achaco a la diferencia generacional, que en nuestro caso además no era de una sola, sino de muchísimas, puesto que mi Padre me sacaba millones de millones de años.

Deberíamos haber ido a terapia familiar, quizá habría ayudado.

El caso es que mi viejo una vez más no me contestó, y los evangelios afirman que a continuación me morí. Juan añade de propina que uno de los soldados me pegó una lanzada en el costado, y al punto brotó sangre y agua. Es lógico: convierto el agua en vino, y el vino es mi sangre. Sale la fórmula.

El evangelio no da el nombre de este soldado, pero la tradición afirma que se llamaba Longinos, y podéis ver su famosa lanza conservada como reliquia en varios lugares santos. En todos ellos se afirma que la suya es la auténtica.

Al igual que con mi nacimiento, con mi crucifixión y muerte ocurrió un fenómeno meteorológico extraordinario: desde las doce toda la región quedó «sumida en tinieblas hasta las tres». Y no sólo eso, ¡el velo del templo se rasgó en dos! ¡Y era bien grueso, no penséis que era una cortinilla de nada!

Pero lo mejor es lo que cuenta el exagerado de Mateo, que siempre me duplicaba los milagros. Este evangelista narra un hecho alucinante del que al parecer solamente se enteró él:

«La tierra tembló y las piedras se resquebrajaron; se abrieron los sepulcros y muchos santos que habían muerto resucitaron, salieron de sus sepulcros y, después de que Jesús resucitó, entraron en la ciudad santa y se aparecieron a muchos».

¡Zombies! ¿Quién dice que la Biblia es un libro aburrido? Este pasaje ha traído de cabeza a los teólogos de todos los tiempos, pues contradice la enseñanza de que los muertos resucitarán al final de los tiempos, el Día del Juicio. ¡A estos les entró la prisa y salieron antes de tiempo! Claro, que si como dijeron algunos que lo divinizaron, a la muerte de César también se oscureció la tierra y se produjo un terremoto saliendo los muertos de sus tumbas, ¡no iba a ser menos con la mía!

Por supuesto, ningún historiador, cronista, geólogo o astrólogo de aquella época da fe de aquellas tres horas de tinieblas, del velo rasgado del templo (menudos eran los judíos con su templo, no habrían hablado y escrito de otra cosa) y mucho menos de ese episodio piloto de *The Walking Dead.*

Juan, que como dicen mis evangelios era el único de mis cuatro biógrafos que se supone estaba allí, no comenta ni uno solo de todos esos hechos extraordinarios que probarían mi carácter divino. Según él, me morí como cualquier hijo de vecino y punto.

Cuando exhalé mi espíritu, dicen Mateo y Marcos que había un centurión, al que algunos ya de paso identifican con Longinos, que andaba cerca y dijo:

—Verdaderamente este hombre era Hijo de Dios.

Lucas me rebaja la categoría:

—Verdaderamente este hombre era justo.

En Juan el centurión ni aparece, y eso que la conversión del verdugo era un motivo literario muy extendido y que quedaba divino en muchas historias.

El destino concreto de Judas también varía según qué parte de la Biblia leamos. Según Mateo ese traidor se mostró muy arrepentido de lo que había hecho y se ahorcó. Según Hechos de los Apóstoles «adquirió un campo, se tiró desde lo alto, reventó por medio, y se desparramaron sus entrañas».

Por su culpa yo colgaba de un madero. Tenía 36 años según la mayoría de los estudiosos bíblicos, 40 según otros. Desde luego, no 33 como es creencia popular (la famosa «edad de Cristo cuando le clavaron en la cruz»). Parecía que todo había terminado...

¡RESUCITO!

Llegamos al momento más importante de toda la Biblia, por algo dice San Pablo: «Si Cristo no ha resucitado, vana es entonces nuestra predicación y vana es vuestra fe».

Si otros dioses como Osiris, Attis o Krishna habían resucitado yo no podía ser menos. ¡Hasta el maldito de Baal moría todos los años en verano al final de las cosechas y resucitaba en primavera, justo en Semana Santa!

Y no digamos nada de Mitra, ese del que dicen que he copiado todo, que ofreció a Dios su vida como ofrenda y también resucitó.

Un dios como Dios manda, y valga la redundancia, tiene que resucitar. Si no, es un dios de tercera. Así que eso me dispuse a hacer yo. Problema, no estaba muerto. Como lo oís, no llegué a morir en la cruz. Es lo que corroboran hoy muchísimos forenses, y alguno incluso ha escrito algún libro al respecto.

La cruz no sólo era una forma de ejecución, sino también un medio de tortura; los crucificados tardaban días en morir, en medio de una lenta agonía, ahí estaba la gracia de ese castigo reservado únicamente para enemigos del Imperio romano. Y tal y como dice la Biblia, yo apenas permanecí seis horas en el madero.

Los crucificados morían generalmente por asfixia, pues debido a la postura, los pulmones quedaban oprimidos y no podían realizar correctamente su función, lo que unido al dolor, el hambre, la sed, la insolación y resto de padecimientos culminaba en el deceso final.

Cuando había prisa porque los reos muriesen se les quebraban las piernas y así la asfixia se producía rápidamente. Eso es lo que hicieron con mis dos compañeros, porque, según dice Juan:

«Como era el día de la preparación de la fiesta de Pascua, los judíos no querían que los cuerpos quedaran en la cruz aquel sábado, ya que aquel día se celebraba una fiesta muy solemne. Por eso pidieron a Pilato que ordenara romper las piernas a los crucificados y que los quitaran de la cruz».

Sin embargo, para que se cumpliesen las escrituras (el salmo 34:20) a mí no me rompieron ni un hueso: «Él guarda todos sus huesos; ni uno de ellos es quebrantado».

Ya os he relatado que, según Juan, me pincharon con una lanza en el costado (menos mal que no me atravesaron el corazón) para que se cumpliese lo de Zacarías de «mirarán al que traspasaron» y me declararon oficialmente fiambre.

Como ya he dicho, apenas estuve seis horas en la cruz, y por eso dice Marcos que «Pilato se extrañó de que hubiese muerto tan pronto».

Rápidamente entró en escena un hombre providencial: José de Arimatea. Como señalan los evangelios, José de Arimatea era un buen discípulo mío, hombre rico y además ¡miembro del Sanedrín! Es decir, una persona con medios e influyente, ¡hay que tener amigos hasta en el Infierno!

«Llegó también Nicodemo, el que en una ocasión había ido a hablar con Jesús durante la noche, con unos treinta kilos de una mezcla de mirra y áloe. Entre los dos se llevaron el cuerpo de Jesús y lo envolvieron con vendas de lino bien empapadas en la mezcla de mirra y áloe, siguiendo la costumbre judía de sepultar a los muertos.»

¡Treinta kilos nada menos, ni en el funeral de un rey! La mirra venía usándose desde la Grecia clásica como medicamento para curar las heridas. Tanto esta sustancia como el áloe tienen grandes propiedades curativas, y son muy útiles para desinfectar y cicatrizar. Adivinad para qué querían tanta cantidad.

Lucas ofrece una pista de que algo raro estaba pasando:

«Las mujeres que habían acompañado a Jesús desde Galilea, lo iban observando todo de cerca y se fijaron en el sepulcro y el modo en que habían colocado el cadáver».

¿Quizá es porque no habían rellenado el sepulcro de tierra, como era costumbre entre los judíos? Por cierto, era una estancia bien grande, pues cuando resucité entraron varias personas dentro de la oquedad para comprobarlo.

Los jefes de los sacerdotes y los fariseos ya se olían algo, porque «se congregaron ante Pilato y le dijeron:

—Señor, recordamos que ese impostor dijo cuando aún vivía: "A los tres días resucitaré". Así que manda asegurar el sepulcro hasta el día tercero, no sea que vengan sus discípulos, roben su cuerpo y digan al pueblo que ha resucitado de entre los muertos, y este último engaño sea peor que el primero».

Y Pilato dispuso un piquete de soldados que custodiasen mi sepulcro. Más adelante Mateo afirma que los guardias fueron sobornados para que dijesen que mis discípulos habían robado mi cuerpo durante la noche mientras dormían, «y esta es la versión que ha corrido entre los judíos hasta hoy».

Lo que realmente hizo mi acaudalado amigo José de Arimatea fue sobornarles, sí, pero ¡para que le permitiesen rescatarme! Reconozco que estuvo muy voluntarioso Mateo intentando darle la vuelta a este espinoso asunto.

Todo ocurrió muy rápido. Yo había predicho que estaría muerto «tres días y tres noches», pero me entraron las prisas y sólo permanecí en el sepulcro desde el viernes por la tarde hasta el domingo por la mañana, unas 36 horas. Comprendedlo, estaba hecho polvo y además allí no había nada de comer. ¡Con razón comía y bebía con tantas ganas cuando me aparecí después a mis discípulos! Porque me aparecí en cuerpo mortal, claro, ¿de qué otra manera si no se aparece alguien que está vivo? Tomás pudo comprobarlo cuando me metió el dedo en la llaga.

Debo decir que estoy muy enfadado con mis cuatro evangelistas. Es verdad que se contradicen mucho, pero en un asunto tan importante como este de la resurrección deberían haber tenido más cuidado y haberse puesto de acuerdo. Pues no.

Curiosamente, en un libro tan machista como la Biblia, y en una época en que el testimonio de una mujer valía mucho menos que el de un hombre, son las mujeres las fedatarias de mi resurrección. Por supuesto, cada evangelista ofrece unos nombres: uno dice que solamente estaba mi Magda, otro que le acompañaba «la otra María», otro que iban Magda, María la de Santiago y Salomé, y otro habla de Magda, Juana, María la de Santiago «y las demás mujeres».

Mi Magda siempre al pie del cañón. Ella fue la principal testigo de mi resurrección, hecho fundamental sobre el que se basa toda la fe cristiana. Una testigo no muy fiable, porque ya os conté que le había expulsado siete demonios, o digámoslo de otro modo: estaba como una cabra.

Lo bueno de resucitar es que te quitas 30 años de encima. Lo malo, que Magda se quedó sin cobrar mi seguro de vida. Esto es una broma, no os lo creáis, que os lo creéis todo.

Eso sí, y esto es verdad, al principio me confundió con el jardinero:

«Jesús le preguntó:

—Mujer, ¿por qué lloras? ¿A quién estás buscando?

Ella, creyendo que era el jardinero, le contestó:

—Señor, si te lo has llevado tú, dime dónde lo has puesto y yo misma iré a recogerlo.

Entonces Jesús la llamó por su nombre:

—¡María!

Ella se acercó a él y exclamó en arameo:

—Rabboni! (que quiere decir Maestro)».

Sobrevive uno a una crucifixión y su chica le confunde con el jardinero, tremendo. Me sentó un poco mal, la verdad, y por eso no le dejé ni que me tocara:

«Jesús le dijo: "No me toques, porque aún no he subido a mi Padre; mas ve a mis hermanos, y diles: 'Subo a mi Padre y a vuestro Padre, a mi Dios y a vuestro Dios'"».

Este episodio es el famoso «Nole mi tangere» (No me toques), que ha sido un motivo muy representado en el arte, con la pobre Magda intentando tocarme y yo rechazándola. ¡Y eso que como os acabo de decir después a Tomás bien que le dejé meter el dedo en la llaga!

Los demás detalles de la resurrección también varían de unos evangelistas a otros. Así por encima (leedlos vosotros, que así por lo menos consigo que cojáis una Biblia) difieren en que si la piedra ya estaba corrida, o que si aparece un ángel y la mueve, que si hay soldados que «están como muertos», que si no hay, que si aparece un joven, que si es un ángel, que si los que aparecen son dos ángeles... Mateo, que como sabemos era muy aficionado a los terremotos, introduce aquí un nuevo temblor de tierra y todo. Sería la réplica del que produjo la salida de los muertos de sus tumbas a lo *The Walking Dead* cuando estaba en la cruz.

Con razón cuentan mis evangelistas que cuando las mujeres corrieron a dar la noticia a los apóstoles estos no las creyeron. ¡Mira que me habían visto realizar milagros, que incluso ellos podían hacerlos porque yo les había dado superpoderes, que habían sido testigos de la resurrección de Lázaro, que yo les había anunciado que resucitaría! ¡Pues no se lo creyeron!

Solamente Pedro (en el evangelio de Lucas, pues en Mateo y Marcos no aparece) y Juan (en el suyo, en el de Lucas sólo Pedro) salieron corriendo al sepulcro a comprobar si yo no estaba. La carrera la ganó Juan, que para eso escribía él la historia.

REGRESO A CASA

La experiencia de bajar a la Tierra no me había gustado en absoluto. Me había pateado un montón de pueblos y ciudades y nadie, ni siquiera mis apóstoles, se había enterado de nada. Para colmo me habían crucificado, ¡con lo que duele! Y no me mataron de milagro.

Además, durante todo mi tiempo en la Tierra mi Padre me tuvo abandonadísimo, como le hice saber en la cruz. Un par de frases el día del bautismo y el de la Transfiguración y con eso ya se pensaba que había cumplido. ¡Hasta Julio Iglesias se ocupaba más de sus hijos!

Hay gente que se pregunta que si bajé a la Tierra y resucité ¿por qué no me aparecí luego en mitad de Jerusalén, o mejor, en Roma, delante de todo el mundo, para que la humanidad entera pudiese comprobarlo, en lugar de hacerlo sólo a mis íntimos y a escondidas?

¡Vamos a ver! ¿Estáis locos? ¿Qué queríais, que me crucificasen otra vez? Y seguro que esta vez no fallarían. Y con el despiste que tiene mi Padre, capaz de no resucitarme.

Quita, quita. Cité a mis discípulos en Galilea, bien lejos de allí, y mientras tanto me fui apareciendo con mucho cuidado.

En mi huida a Galilea me encontré con dos discípulos en Emáus, que está a 11 kilómetros de Jerusalén y me acerqué a ellos. No me reconocieron (creo que iba disfrazado para que no me detuvieran los soldados), pero al menos esta vez no me confundieron con el jardinero. Les pregunté de qué estaban hablando, y su respuesta es muy reveladora del concepto que de mí tenía la gente:

—¿Eres tú el único forastero en Jerusalén que no conoce los sucesos en ella ocurridos estos días?... Lo de Jesús Nazareno, varón profeta, poderoso en obras y palabras ante Dios y ante todo el pueblo; cómo lo entregaron los príncipes de los sacerdotes y nuestros magistrados para que fuese condenado a muerte y crucificado. Nosotros esperábamos que sería Él quien rescataría Israel.

¡Después de todo lo que había hecho y la gente seguía sin enterarse de que yo era Dios! Decían que yo era un vulgar profeta más, un tipo cualquiera, un mesías judío terrenal que había venido a liberar a Israel de los romanos y que había fracasado. Menos mal que luego vino San Pablo a enderezar el asunto, ya os contaré un poco más adelante cómo. Les repliqué que eran «hombres sin inteligencia y tardos de corazón» y les empecé a sermonear:

«—¿No era necesario que el Mesías padeciese esto y entrase en la gloria? —Y comenzando por Moisés y por todos los profetas, les fue declarando cuanto a Él se refería en todas las Escrituras».

Pero como siempre, seguían sin enterarse de nada. Gasté muchísima saliva en vano, y al final sólo se dieron cuenta de que era yo al partir el pan. Tenía un hambre que no veas, así que dejé a esos cenutrios y a continuación me aparecí a los 12 y les pregunté:

—¿Tenéis algo de comer?

Ya os digo que estaba muerto, pero de hambre. Me ofrecieron un trozo de pescado asado que comí «delante de ellos» y me supo a gloria.

Dice el evangelio de Lucas en cambio que nunca fui a Galilea, sino que ese mismo día, el mismo de mi resurrección, ascendí al Cielo, en un lugar cercano a Betania, el pueblo donde vivía Lázaro, al lado de Jerusalén. Fue algo muy espectacular:

«Después los llevó fuera de la ciudad hasta un lugar cercano a Betania y, alzando las manos, los bendijo. Y mientras los bendecía se separó de ellos y fue llevado al cielo».

Un momento impresionante el de la ascensión, ¿eh? Pues el resto de los evangelistas pasan de él, ni lo nombran. Tan sólo Marcos lo cita de pasada, y en su «añadido canónico». ¿Cómo, un evangelio con un añadido? Sí, el evangelio de Marcos terminaba de una manera muy abrupta, con las mujeres saliendo corriendo del sepulcro vacío después de que «un joven» les dijese que yo había resucitado y ya está. Aquello no parecía muy divino, así que la Iglesia tuvo a bien añadirle más tarde unas cuantas líneas contando que me aparezco y soy «elevado al cielo». No penséis mal, es un añadido «autorizado, inspirado y canónico», y así consta en las Biblias. Amén.

El caso es que luego el bueno de Lucas, cuando escribe los Hechos de los Apóstoles (la tradición dice que los escribió él, vaya usted a saber) se contradice a sí mismo y dice que no ascendí el Domingo de Resurrección, sino que me estuve apareciendo durante 40 días antes de subir al cielo. ¡Ah, los benditos y bíblicos 40 días! San Pablo cuenta que un día me aparecí resucitado «delante de quinientos hermanos», pero los evangelistas no debieron ir a aquel mitin porque ninguno lo registra.

Juan también contradice el evangelio de Lucas y dice que me aparecí a los apóstoles, pero, como faltaba Tomás, tuve la deferencia de volver ocho días después y dejarle que metiera el dedo en la llaga de mi costado, porque había dicho que hasta que él mismo no hiciese eso no creería a sus compañeros. Ya os digo que a pesar de todo lo que habíamos vivido juntos eran unos incrédulos de mucho cuidado.

Cuenta Juan también que antes de irme quise tener un detalle y un día que no habían pescado nada me volví a aparecer en el Lago Tiberíades y les produje una pesca milagrosa y abundante. «Ciento cincuenta y tres» peces dice la Biblia, que los contamos y todo. Me fui pero les dejé llena la nevera. Soy un Señor.

Así que como veis, sobre lo que hice o no hice durante mi época de «resucitado» circulan muchas historias. Pero el mejor, como siempre, es Juan. Además de contar los peces uno a uno, me encanta cómo termina su libro. El tío sólo escribe 40 páginas para narrar la vida en la Tierra de un dios, y aún así se atreve a decir:

«Jesús hizo muchas otras cosas. Si se quisieran recordar una por una, pienso que ni en el mundo entero cabrían los libros que podrían escribirse».

¡Hombre, Juan! ¡No te pido que escribas *Guerra y Paz*, pero la estancia de Dios en la Tierra para salvarla bien merece más de las 40 míseras páginas que tiene tu evangelio! ¡Que luego bien que te explayaste con el Apocalipsis!

El caso es que di por concluida mi estancia aquí abajo y regresé a casa. Al Cielo, naturalmente, y sin pasar por el Infierno, como dice el Credo. ¿De dónde se habrá sacado mi Iglesia que yo descendí a los infiernos, si allí no se me había perdido nada? Supongo que como multitud de dioses y héroes anteriores a mí lo habían hecho no querían que yo me quedase sin la visita.

La realidad de toda esta historia de la resurrección bien puede ser menos espectacular. Las malas lenguas dicen que salí huyendo por el camino de Damasco y tras un viaje largo y azaroso, llegué a Cachemira, donde estuve predicando muchos años y por fin fui comprendido y apreciado. Y dicen esas malas lenguas que hoy se venera mi tumba en el centro de la capital, Srinagar. ¡Habladurías!

HECHOS DE LOS APÓSTOLES

Regresé al Cielo, donde tuve unas palabritas con mi Padre, que no reproduce la Biblia y que yo tampoco voy a desvelar aquí. ¿Cómo habían quedado las cosas abajo? Lucas se encarga de contarlo en su libro los «Hechos de los Apóstoles».

¡Pues cómo iban a quedar!, nadie se había enterado de nada y parecía que mi visita no iba a servir de mucho. Como ya os dije antes, el propio Lucas empieza liándola en su libro diciendo que me estuve apareciendo durante 40 días, cuando en su evangelio afirma que me marché el mismo día de mi resurrección.

Para colmo, unos párrafos más adelante es cuando cuenta que Judas murió tirándose desde un barranco, cuando todo el mundo sabe que murió ahorcado.

Y ya os dije también que mis apóstoles en lugar de elegir a su sucesor por méritos lo echaron a suertes y le tocó a un tal Matías. ¡Qué bonito, eligiendo apóstoles a boleo!

Estaba claro que había que hacer algo, no podía dejar a estos solos.

PENTECOSTÉS

Si conmigo al lado mis muchachos eran un caos, a su aire podían ser ya el desastre absoluto. Así que, tal y como les había prometido, les envié al Espíritu Santo para que les guiase.

De mis tres personas, el Espíritu Santo es la más misteriosa, una paloma que dejó embarazada a mi madre y que nadie sabe de dónde había salido. Unos decían que procedía del Padre, y otros que procedía del Padre y del Hijo. Por culpa de esta cuestión, el famoso «Filioque» (que significa «y del hijo»), se partió

353

mi Iglesia en dos, el famoso Cisma de Oriente y Occidente de 1054, cuando el papa León IX y el patriarca Miguel I se excomulgaron mutuamente. En lugar de una Iglesia tenía dos: la católica y la ortodoxa. Luego vendrían muchas más.

También tuvimos otro cisma muy recordado por culpa de este pájaro: el Cisma de Occidente (1378-1417, no confundir con el anterior). Se supone que cada vez que hay que elegir a un papa los cardenales se reúnen y el Espíritu Santo les ilumina para elegir al candidato correcto, ¿no?

Pues en este caso a la paloma se le olvidó que ya habían elegido un papa y sus eminencias reverendísimas acabaron eligiendo también a otro, con lo que tuvimos dos a la vez, Clemente y Urbano, que tras excomulgarse mutuamente coexistieron durante años. El primero tenía su sede en Aviñón (Francia) y el segundo en Roma.

Ambos nombraban cardenales, obispos y tenían sus sacerdotes afines. Incluso había santos de un papa y de otro. ¡Aquello era un sindiós! Con la muerte de los dos parecía que las cosas se solucionarían, pero sus partidarios nombraron otros papas sucesores y la cosa siguió igual.

Intentaron arreglarlo, porque la fe del vulgo lo resiste todo, pero tampoco conviene abusar, y llamaron de nuevo a la paloma. ¡Pero del intento en lugar de un papa salieron tres! ¡Teníamos otra Trinidad, pero nada santa! Tuvieron que pasar varios concilios y un sinfín de peripecias hasta que el Espíritu Santo por fin hiciese bien su trabajo y hubiese ya un solo papa católico apostólico y romano, Martín V.

Volvamos al relato de los Hechos de los Apóstoles. Para enviaros la paloma escogí una fecha señalada, la fiesta de Pentecostés (yo siempre he sido muy fiestero, ya sabéis que incluso ordené santificarlas), en la que los judíos se reunían para dar gracias por la cosecha y conmemorar la subida de Moisés al Sinaí, donde yo le otorgué los famosos Mandamientos.

Estaban los apóstoles reunidos, cuando «vino del cielo un ruido, semejante a un viento impetuoso, y llenó toda la casa donde se encontraban. Entonces aparecieron lenguas como de fuego, que se repartían y se posaban sobre cada uno de ellos. Todos quedaron llenos del Espíritu Santo y comenzaron a hablar en lenguas extrañas».

Fue un espectáculo. Salieron y comenzaron a hablar a los numerosos peregrinos que en esos días había por Jerusalén, a cada uno en su propia lengua, y estos se extrañaban, porque ignoraban que se hubiese abierto ninguna academia de idiomas. Era como lo de la torre de Babel pero al revés.

«Otros por el contrario, se burlaban y decían:

—Están borrachos.»

Entonces Pedro, puesto en pie, levantó la voz y dijo:

—Estos no están borrachos, como vosotros pensáis, pues son las nueve de la mañana.

Cierto era. Se pillaban buenas tajadas, no en vano el vino es mi sangre, pero nunca tan de mañana. Pedro inició un bonito sermón, diciendo que se había cumplido lo dicho por el profeta Joel sobre la llegada de mi Espíritu, y añadió:

—Jesús de Nazaret fue el hombre a quien Dios acreditó ante vosotros con los milagros, prodigios y señales que realizó por medio de él entre vosotros, como bien sabéis. Dios lo entregó conforme al plan que tenía previsto y determinado, pero vosotros, valiéndoos de los impíos, los crucificasteis y lo matasteis. Dios, sin embargo, lo resucitó.

Y sentenció:

—Que todos los israelitas tengan la certeza de que Dios ha constituido en Señor y Mesías a este Jesús, a quien vosotros crucificasteis.

Sí, amigos, el Espíritu Santo tampoco logró que se enterasen de la película. Para Pedro yo era sólo «un hombre acreditado por Dios» y se refería a mí como «este Jesús», como si fuese el vecino de al lado. ¡Pero yo era algo más, yo era Dios! ¡La de debates y disputas, incluso violentas, que tuvo mi Iglesia en sus primeros siglos acerca de la divinidad del hijo! ¡Concilios, herejías, luchas entre hermanos, asesinatos! Eso da para otro libro también.

El caso es que antes de todo eso, el día de Pentecostés, el sermón de Pedro fue muy convincente y «se agregaron aquel día unas tres mil personas». Exitazo.

La comunidad de mis seguidores comenzaba a andar. Se reunían para rezar y partir el pan como yo les había indicado. Y como todo el mundo sabe, eran comunistas:

«Todos los creyentes vivían unidos y lo tenían todo en común. Vendían sus posesiones y haciendas y las distribuían entre todos, según las necesidades de cada uno».

Cuentan los Hechos que un hombre llamado Ananías, de acuerdo con su mujer, Safira, vendió una finca y se atrevió a quedarse con parte del dinero, entregando el resto a la comunidad. Cuando Pedro se enteró le reprendió duramente por intentar «engañar al Espíritu Santo» y Ananías cayó muerto al instante. Cuando luego llegó su mujer Pedro le preguntó:

«—Dime si habéis vendido el campo en tanto.

Ella contestó:

—Sí.

Pedro le dijo:

—¿Por qué os pusisteis de acuerdo para tentar al Espíritu del Señor? Ya se oyen los pasos de los que vuelven de sepultar a tu marido; ellos te llevarán también a ti.

En el acto cayó a sus pies y expiró».

Eran comunistas, y de los chungos, como Stalin.

Pero Pedro no sólo mataba pequeños capitalistas, también hacía milagros curando a la gente para atraer a las masas hacia la nueva fe. Una vez incluso resucitó a una mujer llamada Tabita, que había sido en vida muy generosa con las limosnas. En otra ocasión curó a Eneas, un hombre que llevaba paralítico ocho años. El resto de los apóstoles, aunque menos, también disfrutaban de los superpoderes:

«Los apóstoles realizaban muchos signos y prodigios en medio del pueblo [...] Incluso sacaban a los enfermos a las plazas y los ponían en camillas y parihuelas, para que al pasar Pedro, al menos su sombra tocara a alguno de ellos».

Si yo curaba con el manto, a Pedro le bastaba su sombra.

«Un gran número de personas procedentes de las ciudades cercanas acudían a Jerusalén, llevando enfermos y poseídos por espíritus inmundos, y todos se curaban.»

Una vez más es una pena que los historiadores y cronistas de la zona estuviesen despistados y no registrasen tamaño acontecimiento.

El primer milagrillo de Pedro en Hechos le trajo complicaciones. Un día que fue al templo con Juan, el mendigo que estaba siempre en la puerta, que era cojo, les pidió dinero, y Pedro le dijo que no tenía un duro (no llevaba suelto, como sus sucesores los papas) pero a cambio le curó su cojera. El hombre entró dando saltos de alegría en el templo y se formó un buen escándalo, y se convirtieron «cinco mil». Cuando se enteraron las autoridades del templo arrestaron a mis dos discípulos, y les estuvieron interrogando. Al final les soltaron conminándoles a que no volviesen a enseñar en nombre mío, si bien ellos no hicieron ni caso.

LOS DIÁCONOS

Con tanto milagro y tanta curación mis seguidores crecían como la espuma y, como en cualquier movimiento que se precie, pronto se establecieron dos facciones duramente enfrentadas entre sí: los helenistas y los hebraizantes. ¡Acabábamos de empezar y ya teníamos el primer cisma! El Espíritu Santo hacía lo que podía, pero ya os dije que eran duros de mollera.

Los hebraizantes decían que había que observar la ley de Moisés, lo que incluía la circuncisión y la prohibición de comer ciertos alimentos. Los helenizantes, la mayoría de los cuales no eran de origen judío, decían que eso ya estaba superado y defendían lo contrario.

Surgieron pronto disputas también por temas menos teológicos y más materiales: había por aquel entonces un enorme número de viudas, dado que en su obsesión por la castidad mis primeros seguidores preferían que se quedasen para vestir santos antes que volver a casarse, y los helenizantes acusaban a los hebraizantes de que las suyas no estaban bien atendidas en el suministro cotidiano.

«Los doce convocaron al grupo de los discípulos y les dijeron:

—No está bien que nosotros dejemos de anunciar la palabra de Dios para dedicarnos al servicio de las mesas. Por tanto, elegid de entre vosotros, hermanos, siete hombres de buena reputación, llenos del Espíritu Santo y de sabiduría.»

A estos primeros siete servidores encargados de la logística se les llamó diáconos, y fueron: Esteban, Felipe, Prócoro, Nicanor, Timón, Pármenas y Nicolás. Todos ellos tenían nombres griegos, así que imaginaos de qué bando eran.

ESTEBAN, EL PROTOMÁRTIR

El diácono Esteban tuvo el triste honor de pasar a la historia sagrada (que ya sabéis que no tiene por qué coincidir con la historia a secas) como el protomártir, esto es, el primer mártir cristiano.

Esteban era un cristiano helenizante, que predicaba entre la comunidad de esa misma tendencia. Un día algunos quisquillosos de la sinagoga se hartaron de él y sobornaron a unos hombres para que dijeran que le habían oído blasfemar. De este modo, como en mi caso, amotinaron al pueblo, lo apresaron y lo llevaron ante el Sanedrín, donde le interrogaron. Allí se le ocurrió decir que veía «los cielos abiertos, y al Hijo del hombre al pie a la derecha de Dios». Resultado: lo lapidaron hasta la muerte. Era un buen tipo, porque mientras lo apedreaban me decía:

—Señor, no les tomes en cuenta este pecado.

Y aquí aparece San Pablo, que por aquel entonces se llamaba Saulo. Saulo estaba allí y aprobaba mi asesinato, porque eso era antes de que se cayese camino de Damasco, se diese en la cabeza y pasase de ser perseguidor de mis adeptos a fundador del cristianismo. En aquella época Saulo «se ensañaba contra la Iglesia, entraba en las casas, apresaba a hombres y mujeres, y los metía en la cárcel».

DESBANDADA

A resultas de la lapidación de Esteban, que era una figura muy querida entre su comunidad, «se desencadenó una gran persecución contra la Iglesia de Jerusalén». Cundió el pánico entre la facción helenizante y sus miembros huyeron, dispersándose por las regiones de Judea y Samaria primero, y luego a Antioquía, donde surgió por primera vez el término *cristiano*.

La facción hebraizante, a la que pertenecían todos mis apóstoles, no tuvo ningún problema, y se quedó tranquilamente en Jerusalén, puesto que al defender el cumplimiento de la ley de Moisés no tenían ningún conflicto con los judíos, de los que eran algo así como una nueva rama.

Así, mientras la comunidad hebraizante se quedaba enquistada en Jerusalén, la helenizante se iba a recorrer mundo y a expandir su mensaje. Imaginaos cuál de las dos se llevó el gato al agua.

EVANGELIZANDO SAMARIA

«Los que se habían dispersado fueron a todas partes llevando el mensaje», de entre ellos destacó otro de los diáconos, Felipe. Sí, amigos, aunque el libro se llama Hechos de los Apóstoles los protagonistas son los diáconos y Pablo, que en un alarde de humildad se autoproclamó «el apóstol de los gentiles». Pedro también sale mucho, pero casi siempre a remolque, sin dar pie con bola. Y es que este libro fue escrito por Lucas, que era fan de Pablo, con el que Pedro tuvo sus buenas discusiones. Y se nota.

Felipe obtuvo un gran éxito en Samaria. Predicaba mi palabra y curaba a muchos lisiados y expulsaba a gran cantidad de demonios, que a pesar de mi paso por la Tierra exorcizando a destajo, todavía abundaban.

«Todos, chicos y grandes, lo seguían y decían:
—Este es la fuerza de Dios, la que llaman el Gran Poder.»

Sí, Felipe también tenía «la Fuerza», era un jedi del Señor. Tan famoso se hizo que los propios apóstoles decidieron enviar a Pedro y a Juan a ver qué estaba haciendo, y allí estuvieron un tiempo los dos. Mientras imponían las manos, un mago llamado Simón les ofreció comprarles la Fuerza a cambio de dinero, pero Pedro le mandó al infierno. Este hecho dio lugar a una palabra que luego ha estado muy presente en mi Iglesia, la *simonía*, que es la compra de cargos eclesiásticos, sacramentos, reliquias, gracias divinas y todo lo habido y por haber. ¡Incluso canonizaciones!

Las malas lenguas dicen que Simón el Mago era un líder religioso samaritano (¡paisano mío!) con mucho éxito que hacía la competencia a mi religión, y que por eso decidimos incluir este bonito episodio en Hechos de los Apóstoles y así desprestigiarlo. Debió ser un tipo importante, porque muchos le consideran el padre de la gnosis y el propio Clemente de Alejandría cita y da veracidad al testimonio de un tal Aquila donde asegura que Simón: «Hace caminar las estatuas, se revuelca sobre el fuego sin quemarse; a veces incluso vuela; convierte las piedras en pan; se metamorfosea en serpiente o en cabra y aparece con dos caras; se transforma en oro; abre puertas cerradas con llave». Ni David Copperfield, oiga.

Hablando de magos, hubo otro al que le fue peor que al mago Simón. Estando Pablo en Chipre, fue llamado por el gobernador romano, y Pablo comenzó a predicarle la palabra. Había allí un mago judío llamado Elimas, que entretenía al gobernador con sus trucos y celoso de la atención que estaba recibiendo Pablo y temeroso de que el mensaje cristiano acabase con su negocio, empezó a contradecirle. Entonces Pablo le llamó «embustero, malvado hijo del diablo, enemigo de toda justicia» y añadió que por todo lo que estaba haciendo Dios iba a ocultarle la luz del sol durante mucho tiempo. Y dice la Biblia que lo dejó ciego. Así obraban mis muchachos con quien osaba hacerles sombra.

En cuanto a Felipe, continuó su camino. Un día se encontró con un etíope. Pero no era un etíope cualquiera: era ministro de Candance, la reina de los etíopes. A pesar de que era un eunuco y según la ley judía no se les permitía entrar en el templo,

Felipe le bautizó, en un símbolo de que el Reino de Dios se abría a todas las personas, no sólo a los judíos o a los actores porno. Ya dijimos que a los helenizantes como Felipe la ley judía se la traía al pairo.

Nada más bautizar al etíope, «el Espíritu del Señor arrebató a Felipe [...] fue a parar a Asdod». Teletransportación se llama, para que luego digáis que la Biblia no tiene de todo.

LA CONVERSIÓN DE SAULO

Todos conocéis la famosa expresión «caerse del caballo» o «caerse del burro», que se refiere al momento en que nos damos cuenta de una verdad. Hace referencia a la famosa caída del caballo de Saulo (Pablo) camino de Damasco. Pues bien, la Biblia no dice nada de ningún caballo. Simplemente dice que cuando Saulo iba camino de Damasco para seguir persiguiendo cristianos, «de repente lo envolvió un resplandor del cielo, cayó a tierra y oyó una voz que decía: —Saúl, Saúl, ¿por qué me persigues?».

Claro, la gente supone que si iba de viaje iría en caballo, también es verdad, no nos vamos a poner ahora en plan purista, ¡con lo que hay en mi libro metido!

¿Qué le pasó, le dio una insolación? De los escritos de Pablo se deduce que padecía una enfermedad crónica que algunos señalan semejante a la epilepsia (¡otro endemoniado, por Dios, digo, por mí!), así que pudo ser un episodio de esta dolencia la causa de su conversión. En una de sus cartas él mismo dice: «Pues vosotros sabéis que a causa de una enfermedad del cuerpo os anuncié el evangelio al principio».

El caso es que Saulo me preguntó:

—¿Quién eres, Señor?

¡Hombre, pues si ya me estás llamando Señor, ya sabes quién soy, no te hagas el loco!

Le respondí que era «Jesús, a quien tú persigues». Y le dije que se levantase y fuese a la ciudad, que allí le dirían qué hacer.

Cuando se levantó del suelo estaba ciego, y le condujeron a Damasco, donde estuvo «tres días sin ver y sin comer ni beber». ¿Quería imitar mi estancia en el sepulcro y señalarse como un nuevo Mesías? ¿Acaso igual que yo había imitado a Moisés ahora Saulo me estaba imitando a mí?

En Damasco le indiqué en una visión a un discípulo que vivía allí llamado Ananías (este Ananías era mejor que el que se cargó Pedro) que fuese a ver a mi nuevo apóstol y le impusiese las manos, y así le devolvería la vista. Él me contestó que Saulo se dedicaba a apresar cristianos, pero yo le dije que no se preocupase. Me obedeció, Saulo recuperó la vista y fue bautizado, aunque en los Hechos no aparece con el nombre de Pablo hasta más tarde, justo a partir del episodio con el mago Elimas.

Desde su bautismo se volvió mi acérrimo seguidor, ya dicen que no hay mayor fanático que el converso. Si antes era un radical perseguidor de cristianos, ahora sería un radical defensor de mi causa, la cual iba a poner patas arriba.

Empezó predicando en las sinagogas de Damasco y todos se extrañaban al ver al antes perseguidor ahora convertido en adepto militante. Refutaba a los judíos de la sinagoga, diciendo que Jesús era el Mesías, y estos acabaron cogiéndole una manía tremenda, así que resolvieron acabar con él. Tuvo que escaparse descolgándose por un muro dentro de un cesto. No sería la última vez que le tocase escapar a una muerte segura.

«Cuando llegó a Jerusalén intentaba unirse a los discípulos», pero claro, no se fiaban. Hasta que Bernabé lo tomó consigo y lo apadrinó no le contaron entre los suyos. Y en aquella época, tan fuerte le había dado la conversión y tan integrado estaba en el núcleo hebraizante (poco le duraría, muy pronto empezaría a disputar con ellos e incluso llamaría «perros» a los judaizantes), que «hablaba y disputaba también con los judíos de procedencia helenista, pero estos decidieron acabar con él. Al enterarse los hermanos, lo bajaron a Cesárea y de allí lo enviaron a Tarso».

Era un tipo problemático, de eso no hay duda, pero le dio el toque maestro que le faltaba a mi religión. Desde el principio tuvo claro que yo era el hijo de Dios y no un profeta o caudillo cualquiera.

Pablo jugaba con ventaja porque era un hombre de mundo, viajado, que conocía no sólo la cultura judía sino también la helenística, y en el mundo griego y pagano que él había frecuentado era muy normal como ya hemos visto la existencia de dioses que morían y resucitaban.

Así, en su Carta a los Colosenses, explicaba:

«Cristo es la imagen del Dios invisible, el primogénito de toda criatura [...] Cristo existe antes que todas las cosas y todas tienen en él su consistencia».

A él los hechos de mi vida, que por otra parte no conoció, le importaban muy poco, nunca se refería a ellos, ni siquiera a mis maravillosos milagros, ni mis sermones, ni mi predicación, ni las personas que me trataron, y sólo le importaba el acontecimiento de mi muerte y resurrección. Para él esa era mi «insondable riqueza». Me estaba convirtiendo en un dios.

CONVENCIENDO A PEDRO

Como bien narran los Hechos, Pedro no se enteraba. Yo quería que mi mensaje se propagase a todos los hombres de la Tierra, no solo a los judíos, y que comiesen de todo y olvidasen los absurdos preceptos que les di en el Antiguo Testamento, incluida la circuncisión, y que constituían la esencia formal de la ley de Moisés y por tanto del judaísmo. Esta era la línea de Pablo, que lo tenía todo claro, pero con Pedro tuve que hacer horas extra. Os cuento lo que pasó:

Un día estaba Pedro en una azotea orando a eso de las doce y le entró hambre, y debió además darle demasiado el sol en la cabeza, porque tuvo un éxtasis en el que yo le ofrecía el menú de la casa. Era la hora del aperitivo, y en su éxtasis hambriento Pedro «vio el cielo abierto y una especie de lienzo grande que, colgado por las cuatro puntas, descendía sobre la tierra. En él había toda clase de cuadrúpedos, reptiles y aves. Y oyó una voz, que le decía:

—Levántate, Pedro, come y mata».

Pedro replicó que de ninguna manera, que él jamás había comido ninguna cosa impura, y muchos de esos animales lo eran según la ley judía, pero yo le repliqué:

—Lo que Dios ha hecho puro, no lo consideres tú impuro.

Cierto, Pedro había comido conmigo en cientos de ocasiones y siempre habíamos seguido las normas judías de la alimentación, evitando todo animal impuro. Sin embargo, ahora yo había cambiado de opinión. ¡Había que comer de todo! Y se lo repetí «tres veces», las mismas que él me negó cuando me mataron.

Acaba de cargarme de un plumazo los preceptos alimenticios que había otorgado a mi pueblo en el Antiguo Testamento y yo mismo en persona había seguido en el Nuevo, pero pensaba que un cambio de dieta les vendría bien, y sobre todo que así sería más fácil captar seguidores en el resto del mundo. ¡Adiós a la alimentación kosher!

Nada más terminar su visión, Pedro recibió la visita de tres embajadores de parte de Cornelio, centurión romano que vivía en Cesárea, invitándole a comer en su casa. Sí, en la Biblia tratábamos con gentiles, pero siempre de alta alcurnia. Los soldados, de centurión para arriba. Este ya es el tercero que aparece.

Pedro fue para allá, y al llegar Cornelio se postró a sus pies. Mi apóstol le levantó y le dijo:

«—Vosotros sabéis que no le está permitido a un judío juntarse o entrar en casa de un extranjero; pero Dios me ha mostrado que no debo llamar profano o impuro a ningún hombre».

Exacto, ¡por fin Pedro se enteraba de algo, el Espíritu Santo comenzaba a dar sus frutos! Con la visión no sólo me refería a que podía comer de todo, sino juntarse con todo el mundo. ¿Acaso no me había visto a mí hacer lo mismo?

Cornelio le respondió que si le había llamado era porque se le había aparecido un ángel y se lo había ordenado, cosa que le pareció muy bien a Pedro. Luego bajó el Espíritu Santo sobre esos gentiles y también ellos comenzaron a hablar lenguas extrañas. A la vuelta en Jerusalén, Pedro informó de todo ello a los hermanos, que le echaban en cara que hubiese entrado en casa de incircuncisos y comido con ellos. Entonces Pedro «comenzó a darles una explicación, punto por punto» y dice el libro de los Hechos que les convenció. Pero resulta que no. Incluso él mismo volvió a las antiguas costumbres.

Pablo, que era quien cortaba el bacalao, cuenta en su Carta a los Gálatas que tuvo que echarle la bronca:

«Pero cuando llegó Pedro a Antioquía, tuve que enfrentarme abiertamente con él a causa de su inadecuado proceder. En efecto, antes de que vinieran algunos de los de Santiago, no tenía reparo en comer con los de origen pagano; pero cuando vinieron, comenzó a retraerse y apartarse por miedo a los partidarios de la circuncisión. Los demás judíos lo imitaron en esta actitud, y hasta el mismo Bernabé se dejó arrastrar por ella. Viendo pues, que su proceder no se ajustaba a la verdad del evangelio, dije a Pedro en presencia de todos: "Si tú eres judío, vives como pagano y no como judío, ¿por qué obligas a los de origen pagano a comportarse como judíos?"».

Y añade en esa misma carta: «Si la salvación se alcanza por la ley, entonces Cristo habría muerto en vano».

El asunto era de vital importancia, y reflejaba el enfrentamiento entre las dos comunidades, la helenizante, de vocación abierta y universal, dirigida por Pablo y con base en Antioquía (justo donde se atrevió a reprender a Pedro, jugaba en casa) y la hebraizante, seguidora de la ley de Moisés a rajatabla, con base en Jerusalén y dirigida por mi hermano («el hermano del Señor») Santiago el Menor (no confundir con el apóstol Santiago, Santi, mi querido amigo). En efecto, mi propio hermano, aunque al principio pasaba de mí, acabó dirigiendo la Iglesia de Jerusalén y fue su primer obispo.

¿Cuál de las dos corrientes prevalecería?

EL CONCILIO DE JERUSALÉN

Ha habido muchos concilios y muy importantes en la historia de mi Iglesia, pero sin duda este fue el más importante de todos. Estaba en juego si mi doctrina iba a ser una rama más del judaísmo o se iba a convertir en una religión con todas las letras.

En Antioquía se habían producido altercados entre los judíos llegados de Jerusalén, que defendían la circuncisión y la observancia de la ley, y los de allí, helenizantes y capitaneados por Pablo. Como dije, Pablo era un hombre culto, viajado, ciudadano romano, en contacto con la cultura griega, y sobre todo con gran olfato comercial. Sabía que si persistíamos en exigir a la gente que se cortara el prepucio y además le privábamos del jamón tendríamos poco éxito de ventas. Así que bajó a la capital judía con su amigo Bernabé y, convocado por mi hermano Santiago, se celebró el Concilio de Jerusalén.

Empezaron tomando la palabra algunos antiguos fariseos, que se habían hecho creyentes, defendiendo la obligatoriedad de la circuncisión. Tras una larga discusión, se levantó Pedro, que ese día estaba lúcido y, recordando el asunto del centurión, defendió que los cristianos se salvaban por la gracia de Jesús, y daba igual si eran paganos o circuncidados. A continuación, Pablo, que tenía mucha labia, y su compañero Bernabé, se pusieron a contar «las señales y prodigios que Dios había hecho entre los paganos por medio de ellos».

Cuando acabaron de hablar, tomó la palabra mi hermano Santiago, al que todos respetaban mucho, y con mucho sentido común dijo que «no hay que crear dificultades a los paganos que se convierten. Es suficiente escribirles que se abstengan de toda contaminación, de la idolatría, de matrimonios ilegales, de comer animales estrangulados y de la sangre». Y eso hicieron, escribieron una carta en esos términos y se la hicieron llegar a los de Antioquía con Pablo y Bernabé, que se fueron más contentos que unas castañuelas.

Había ganado por goleada la corriente helenizante: adiós a la dieta judía (excepto animales estrangulados, cosa muy importante, y lo de consumir sangre, aunque pronto nos olvidaríamos de eso también) y la circuncisión, y dábamos la bienvenida a todos los pueblos del mundo. El cristianismo había nacido.

Aunque después de este concilio siguió habiendo disputas y movimientos judaizantes, la línea oficial ya estaba trazada, y sólo era cuestión de tiempo. La destrucción del templo en el año 70 por los romanos, que supuso un durísimo golpe a las instituciones judías, también influyó lo suyo. A eso hay que añadirle que el supuesto mesías libertador de Israel que los judíos y los primeros cristianos esperaban no acababa de llegar, por lo que la doctrina se reformuló y el Reino de los Cielos se entendió no ya como algo terrenal que había de venir, sino como algo celestial que ya había llegado con Cristo. Amén.

PERSEGUIDOS

Ahora que los cristianos se habían desmarcado definitivamente del judaísmo eran más vulnerables. El rey Herodes Agripa, nieto de Herodes el Grande, el que intentó matarme de pequeño, mandó ejecutar a mi queridísimo amigo Santi, Santiago el apóstol. Al ver que aquello agradaba a los judíos, metió en la cárcel también a Pedro. Pero Pedro era mi ojito derecho, más todavía que Santi, así que envié a un ángel que le sacó por la noche de la cárcel. Los pobres carceleros fueron ajusticiados por Herodes, pero a mí qué me importa. Para que el rey no volviese a encarcelar a Pedro «el ángel del Señor lo hirió por no haber dado gloria a Dios; y murió roído de gusanos».

Más tarde, mi propio hermano Santiago, cabeza de la Iglesia en Jerusalén, fue prendido por Anás el joven, cuñado de Caifás, el que me apresó a mí, le sometió a juicio por haber violado la ley judía y le hizo morir lapidado.

Eran los tiempos en que la Iglesia era perseguida. Después se invertirían las tornas, y de qué manera.

Así podría haberse llamado el libro de los Hechos, porque la mayor parte de él se dedica a glosar sus viajes y peripecias. Por algo fue escrito por un discípulo suyo.

Además, Pablo no se estaba quieto, viajando siempre por medio Mediterráneo para anunciar mi palabra y leerle la cartilla a las nuevas comunidades que iban naciendo, donde siempre surgían disputas y muchas veces no le hacían todo el caso que él quería.

La misión se la había encomendado el mismísimo Espíritu Santo, la paloma, que por primera y única vez en la Biblia, se puso a hablar y todo:

«Un día mientras celebraban la liturgia del Señor y ayunaban, el Espíritu Santo dijo:

—Separadme a Bernabé y a Saulo para la misión que les he encomendado».

Habíamos visto cómo Pablo viajó de Antioquia a Chipre, donde dejó ciego a un falso mago. Desde allí se fue a Galacia, una región de Asia Menor. La primera ciudad que visitaron fue Antioquía de Pisidia. Allí predicó en la sinagoga, ante un auditorio judío, y obtuvo mucho éxito, pero cuando volvió al sábado siguiente los judíos, al ver la inmensa multitud que había congregado, sintieron envidia y le insultaron. Entonces él les dijo que a partir de ese momento predicaría para los paganos, se sacudió el polvo de las sandalias y se fue a Iconio.

En Iconio predicó durante un tiempo, y la gente de la ciudad se dividió: unos estaban con los judíos y otros con Pablo y Bernabé, que le acompañaban. Los paganos y los judíos con sus jefes tramaron un plan para apedrearlos, pero ellos se dieron cuenta y se largaron a Listra.

En Listra Pablo curó a un paralítico, y la gente de allí, con base en una antigua leyenda, confundió a Bernabé con Zeus y a Pablo con Hermes, y pretendían hacerles sacrificios y todo. Cuando estos les sacaron de su error y les dijeron que eran hombres como ellos y que debían abandonar a «esos dioses vacíos» la gente del lugar no se lo tomó nada bien, cambió radicalmente de actitud y apedreó a Pablo, dejándolo por muerto y arrastrándolo fuera de la ciudad.

Cuando sus discípulos fueron a socorrerle él se levantó y al día siguiente salió hacia Derbe con Bernabé. Era duro este Pablo.

En Derbe tuvo una existencia más tranquila, hizo bastantes discípulos y finalmente regresó a Antioquía. Desde allí bajó a Jerusalén al famoso concilio, y luego de vuelta a Antioquía con la carta que ya les permitía comer prácticamente de todo y no tener que circuncidarse.

Estuvo en muchísimos sitios Pablo, sería muy prolijo detenerse en cada uno de ellos. A pesar de que casi lo matan, todavía le quedaron ganas de volver a Listra, por ejemplo. Allí conoció a un discípulo muy majo llamado Timoteo, que se convirtió en su ayudante, y al que luego le escribió dos de sus famosas cartas. Y curiosamente, lo circuncidó:

«Pablo decidió llevarlo consigo y lo circuncidó, debido a los judíos que había en aquella región, pues todos sabían que su padre era griego».

Estuvo Pablo también en la región de Macedonia, con Silas, al que había escogido como compañero de predicación. Allí, en una ciudad llamada Filipos, fueron acusados de alborotadores y encarcelados y azotados.

A medianoche yo envié un terremoto que abrió las puertas de la prisión y se les soltaron las cadenas. En esta ocasión el carcelero salió mejor parado. Como sabía que le iban a castigar ya había sacado un puñal decidido a matarse, pero Pablo tuvo el detalle de decirle:

—No te hagas daño, que estamos todos aquí.

Y no se fugaron. Acabaron bautizándole y cenando con él y su familia en su casa esa noche. Luego volvieron al talego a dormir.

Al día siguiente los magistrados dieron orden de poner en libertad a los reos. Cuando llegaron los alguaciles con el mandamiento, se encontraron con una desagradable sorpresa: ¡resulta que Pablo y Silas eran ciudadanos romanos! Y como ciudadanos romanos tenían sus derechos y privilegios, no eran unos parias cualquiera del imperio.

Pablo les recriminó el haberles azotado siendo ciudadanos romanos, y más chulo que un ocho exigió que vinieran los magistrados en persona a sacarlos de la cárcel, que tenía que pedirles explicaciones. ¡Menudo era mi apóstol! Por cierto, era menudo también de tamaño, metro y medio, y bastante feo.

Cuando los magistrados se enteraron de la noticia se llenaron de miedo y fueron corriendo a pedirles perdón. Después de esto, Pablo y Silas abandonaron la ciudad.

En Tesalónica convirtieron a algunos, y provocaron también varios tumultos, y por fin llegaron a la mismísima Atenas, la cuna de la civilización y la filosofía. Allí Pablo tenía un auditorio difícil, muy diferente de los ignorantes y analfabetos habituales. De hecho, aunque hubo algún crédulo, la mayoría se burló de él:

«Lo llevaron al Areópago y le preguntaron:

—¿Se puede saber qué doctrina nueva es esa que enseñas? Nos hablas de cosas extrañas, y queremos saber de qué se trata. (Es que todos los atenienses que allí vivían no tenían más pasatiempo que charlar sobre las últimas novedades)».

Eso dicen los Hechos, tal cual, con paréntesis y todo. Pablo les predicó la palabra y:

«Al oír aquello de "resurrección de entre los muertos" unos se echaron a reír; otros dijeron:

—Ya te oiremos otra vez sobre esto.

Entonces Pablo abandonó la reunión».

Si recordáis, ya os conté que en el evangelio de Mateo yo mismo reconocía que mi religión iba destinada a los pobres de espíritu, y que mi Padre había «escondido esas cosas a los sabios e inteligentes, y se las había revelado a la gente sencilla».

Así que Pablo fracasó en Atenas. Desde allí se fue a Corinto. En Corinto pasó mucho tiempo Pablo, y les dedicó a sus habitantes unas cartas preciosas, las famosas Cartas a los Corintios, pero estos no acababan de convertirse del todo, pues en un lugar tan próspero y hedonista como era aquella ciudad, con un templo dedicado a la mismísima Afrodita donde se practicaba la prostitución sagrada, sus prédicas no obtenían todo el eco deseado.

También pasó una temporada mi apóstol en Éfeso, una de las grandes ciudades del mundo antiguo. Allí permaneció dos años, y «Dios realizaba a través de Pablo milagros extraordinarios, hasta el punto de que con sólo aplicar a los enfermos los pañuelos y otras prendas que habían tocado su cuerpo, se alejaban de ellos las enfermedades y salían los malos espíritus».

Estaba en Éfeso Pablo que se salía, en plena forma. Un día incluso impuso las manos y el Espíritu Santo bajó y comenzaron todos a hablar en lenguas extrañas, como si de un nuevo Pentecostés se tratase. Dice Hechos que «eran unos doce hombres en total». ¿Doce? ¿Como los apóstoles? La verdad, porque no soy malpensado, pero cualquiera podría deducir que estaba tratando de imitarme otra vez y ponerse incluso a mi altura. Yo creo que en esta parte a Lucas se le fue un poco la mano a la hora de pintar bien a su maestro.

Es más, cuenta Lucas que un día unos «exorcistas itinerantes judíos», los siete hijos de un sacerdote llamado Esceva (¡siete!) intentaron invocar también mi nombre junto con el de Pablo, ¡a la par! El espíritu que querían expulsar les replicó:

—Conozco a Jesús y sé quién es Pablo; pero vosotros, ¿quiénes sois?

Y entonces el hombre poseído se abalanzó sobre los siete y los sacudió de tal forma que tuvieron que huir desnudos y malheridos.

El suceso se extendió a la velocidad de la luz, y muy pronto empezaron a llegar gentes que también habían ejercido la magia y «traían sus libros y los quemaban delante de todos». Fue un día magnífico, porque ya sabéis que en la Iglesia nos encanta quemar libros.

Éfeso era la sede del culto a la diosa Diana, pues allí se encontraba su templo. Un orfebre llamado Demetrio, que fabricaba en plata templos de la diosa, vio el peligro que para su negocio implicaban las predicaciones de Pablo. Si la gente dejaba de adorar a Diana se quedaba sin su fuente de ingresos. Reunió a los demás orfebres y llenos de ira salieron a las calles gritando loas a la diosa y llevando a rastras a dos de los discípulos de Pablo. Este, valiente, quería presentarse ante ellos, pero sus seguidores, con buen criterio, no le dejaron. Por fin el canciller de la ciudad logró calmar a los orfebres enfurecidos y convencerles de que si tenían algo contra Pablo, debían acudir a los tribunales y no provocar disturbios, pues corrían el riesgo de ser acusados de sedición. Con este argumento disolvió la asamblea.

Curiosamente, según la tradición cristiana, mi madre la virgen María se instaló cerca de esta ciudad (hoy se enseña su casa a los turistas, descubierta gracias a las visiones de una monja), desde donde subió al Cielo, y la fiesta de su ascensión se celebra el 15 de agosto, justo el mismo día que se celebraba la fiesta de Diana. Y hoy los orfebres también obtienen pingües beneficios labrando figuritas y demás artesanías relativas a su culto. ¿Casualidad? Y por cierto, ya os comenté que fue en Éfeso donde tras su famoso concilio mi madre fue proclamada «Madre de Dios» con todas las letras.

Volviendo a las aventuras de mi nuevo autoproclamado apóstol, ya hemos dicho que Pablo tenía mucha labia, le encantaba hablar. Una vez estaba soltando una charla de las suyas, «y prolongó su discurso hasta medianoche», y un joven llamado Eutiquio que estaba sentado en el alféizar de una ventana escuchándole se quedó dormido y se cayó desde el tercer piso abajo, y cuando lo recogieron estaba muerto. Se había muerto del aburrimiento, literal. Pero no hubo problema, Pablo bajó, lo resucitó y continuó su charla como si nada hasta que se hizo de día. Sólo Fidel Castro ha sido capaz de repetir unas chapas semejantes.

Pablo era un ciclón de la naturaleza y su carrera parecía no tener fin. Sin embargo, cuando regresó a Jerusalén las cosas se le complicaron. Los hermanos cristianos, con Santiago a la cabeza, le recibieron con gran alegría, pero las cosas con los judíos andaban en un punto muy tenso. Para evitar complicaciones concibieron un plan: había entre ellos cuatro hombres que habían hecho una promesa de purificación según el rito judío, que incluía afeitarse la cabeza. Propusieron a Pablo unirse a ellos y afeitarse también, para que así los judíos le tomasen por uno de ellos.

Así lo hizo, pero la fama de Pablo era grande, y a los pocos días fue reconocido por unos judíos en el templo, que empezaron a gritar y a proclamar que ese era el hombre que iba enseñando por todo el mundo doctrinas contra el pueblo judío. Le apresaron, le dieron una paliza y habría muerto de no ser por unos soldados romanos. Pablo habló entonces a la multitud, pero esta vez su labia no fue suficiente, y la muchedumbre, tras escucharle un rato, empezó a pedir que lo mataran.

El tribuno ordenó meterlo en el cuartel y castigarlo con azotes, «para averiguar por qué gritaban así contra él», pero cuando le sujetaron con las correas Pablo alegó una vez más a su condición de ciudadano romano, y entonces no sólo no le azotaron, sino que el propio tribuno «tuvo miedo por haberlo mandado encadenar».

Al día siguiente, queriendo resolver todo ese embrollo, el tribuno mandó reunir al Sanedrín (¡qué malos recuerdos me trae esto!) para tener un careo con Pablo. Cuando estuvo enfrente de ellos este dijo entonces que era fariseo, y que le juzgaban «por creer en la resurrección de los muertos». No especificó más, hábilmente. Los fariseos, que sí creían en la resurrección de los muertos, se pusieron de su parte, mientras que los saduceos (que no creían), en contra.

Como la discusión se hacía cada vez más fuerte, el tribuno tuvo miedo de que despedazaran a Pablo y lo sacó de allí y lo llevó al cuartel de nuevo.

Aquella noche se conjuraron más de 40 judíos para matar a Pablo al día siguiente y, enterado el tribuno, dispuso el traslado del reo, escoltado por 470 soldados nada menos, a Cesárea, con el gobernador Félix.

En Cesárea, Pablo, aunque permaneció encarcelado, estableció buenas relaciones con el gobernador, que a menudo le invitaba para que les hablase a él y a su esposa de la fe cristiana. Al cabo de dos años, Félix fue sustituido por un tal Festo. Pablo apeló al emperador para ser juzgado ante un tribunal romano y aunque el rey Agripa le declaró inocente tras haberse entrevistado con él, puesto que había apelado, debía ser conducido a Roma, y así se hizo.

—Se habría podido dejar en libertad a este hombre, si no hubiese apelado al César —dijo Agripa. Desde luego, el abogado de Pablo no estuvo fino.

El viaje a Roma fue en barco, pasando por Chipre y Creta, y resultó toda una aventura. Lo hizo Pablo acompañado de su fiel Lucas, el escritor de este libro de los Hechos de los Apóstoles, y de unos cuantos reos más, custodiados por un centurión, cómo no.

En mitad del camino, por culpa de que el centurión no quiso hacer caso de los sabios consejos de Pablo y esperar en puerto hasta que pasase el invierno, les pilló una violenta tempestad que duró 14 días. Pero Pablo, al igual que yo cuando caminaba sobre las aguas en medio de la tormenta, permaneció en todo momento muy tranquilo, pues un ángel se le apareció por la noche y le dijo que llegarían todos sanos y salvos a Roma, porque tenía que comparecer ante el César.

Finalmente naufragaron en la isla de Malta. Allí Pablo curó a unos cuantos enfermos, y un día le picó una víbora. Los nativos esperaban que se hinchara y cayera muerto de repente, pero mi apóstol no sufrió daño alguno y le tomaron de nuevo por un dios. Ya era la segunda vez que le pasaba. Y en el fondo creo que es lo que le habría gustado ser a Pablo, un dios, con su propia religión. Desde luego, su ego sí era como el de uno.

Sí, sobrevivió a la mordedura de una víbora en Malta, aunque dicen los zoólogos que ni hay ni nunca hubo víboras allí. Otro milagro. Lo importante es hacer parecer a Pablo triunfante ante la serpiente, símbolo del diablo. ¡Este Lucas! ¡Para él todo era poco a la hora de inventarse historias que dejasen bien a su maestro!

Cuando por fin llegaron a Roma, allí a Pablo se le permitió vivir en arresto domiciliario, con un soldado que lo custodiaba.

«Pablo estuvo dos años enteros en una casa alquilada por él, y allí recibía a todos los que iban a verlo. Podía anunciar el reino de Dios y enseñar cuanto se refiere a Jesucristo, el Señor, con toda libertad y sin obstáculo alguno.»

¡Y así acaba el libro de los Hechos! ¡En lo más emocionante y sin resolver si el César lo declara finalmente culpable o inocente! ¡Y tampoco dice nada de cómo acabó Pedro, en teoría el primer papa de la Iglesia y que supuestamente también estuvo allí!

Según la tradición los dos acabaron ejecutados por Nerón en esa bella ciudad. Que cada uno crea lo que quiera.

LAS CARTAS

Mi Iglesia estaba expandiéndose rápidamente por el Mediterráneo, pero los problemas y las diferentes formas de interpretar
mi palabra hicieron necesario que los pastores escribiesen cartas a sus rebaños para guiarles por la senda correcta.

Las cartas son una parte importantísima del Nuevo Testamento, especialmente las de Pablo. Trece tiene nada menos,
claro que ni la mitad son suyas. Se considera que fueron escritas
por Pablo la Primera a los Tesalonicenses, las dos a los Corintios, las de Gálatas y Romanos, la de Filipenses y la de Filemón.
Con las demás le pasa como a Salomón, que como era una fuente
de autoridad en la época algún listo se las atribuyó falsamente.
Pero se colaron en la Biblia y ahí siguen, siendo palabra de Dios.

Además de las cartas paulinas tenemos en el Nuevo Testamento una carta de Santiago, que no escribió tampoco este
autor; dos de Pedro que por supuesto no escribió él porque no
redactó una sola línea en toda su vida; tres de Juan que tampoco
son suyas, y otra de un tal Judas «hermano de Santiago» que lo
mismo. Esta de Judas es muy cortita pero muy citada, pues en
ella achaca mi exterminio de Sodoma y Gomorra por haberse
entregado estas a «inmoralidades sexuales» y «vicios contra
natura», y no por una simple falta de hospitalidad como afirmaba Ezequiel.

De las dos de Pedro es muy famosa aquella en que, ante las
burlas de los contrarios a mi religión al ver que pasaba el tiempo
y no se producía mi anunciada segunda venida, el bueno de mi
apóstol alegaba lo siguiente:

«Sabed ante todo que en los últimos días vendrán hombres
burlones, de esos que siguen sus propios caprichos, y os dirán
con sarcasmo: "¿Dónde queda la promesa de su gloriosa venida?
¡Ya han muerto nuestros padres y todo está igual que al principio

del mundo!..." Una cosa, queridos, no se os ha de ocultar; que un día es para el Señor como mil años, y mil años como un día. Y no es que el Señor se retrase en cumplir su promesa como algunos creen; simplemente tiene paciencia con vosotros, porque no quiere que alguno se pierda, sino que todos se conviertan. Pero el día del Señor llegará como un ladrón...».

Asunto solucionado.

Las cartas más importantes, como digo, son las de Pablo. Este utilizó sus misivas, en las que se presentaba ni más ni menos como «apóstol de Cristo Jesús por la voluntad de Dios», para hacer prevalecer sus enseñanzas sobre las otras que pugnaban contra las suyas por triunfar como las oficiales dentro del seno de la incipiente Iglesia. Y lo consiguió, la Iglesia actual es la Iglesia de Pablo, y no la de las otras corrientes que él derrotó con su verbo afilado.

Pablo era un tipo que llegó de fuera y se llevó el gato al agua. Tiene su mérito, yo me había tirado tres años codo a codo con 12 tíos, enseñándoles todo y predicando y haciendo milagros delante de ellos, y después de marcharme llega un advenedizo, un fulano que los persiguió incluso; les cuenta que me ha visto en el camino de Damasco ¡y se hace con el poder y las riendas de mi Iglesia! Maravilloso.

Como os dije antes, es curioso que en sus cartas Pablo no menciona nada de lo que hice en mi visita a la Tierra, si lo sé no bajo. Ni mis milagros, ni mis parábolas, ni mis sermones, ni los sitios donde estuve, ni mis frases maravillosas parecen importarle. Con lo que le gusta la virginidad, ¡no se enteró de que mi madre era virgen! Se refería a ella como una simple «mujer».

¿Sabéis por qué? ¡Porque las Cartas de Pablo se escribieron antes que los evangelios! Fue unos 20 o 25 años después de mi muerte, y constituyen los escritos más antiguos de todo el Nuevo Testamento. Y puesto que Pablo no me conoció en vida ni se había podido leer los evangelios porque no habían sido escritos, eso lo explica todo. No es Pablo quien bebe de los evangelios, sino los evangelios de él. Como por ejemplo cuando hacen recaer la culpa de mi crucifixión en los judíos, y no en la autoridad romana, con la que Pablo tan bien se llevaba y a cuyo imperio quería extender su nueva doctrina. Y por supuesto, todos a pagar impuestos a Roma como Dios manda: «Al César lo que es del César, y a Dios lo que es de Dios». Que la recompensa ya vendrá después en el Cielo. No resulta extraño que una religión así se convirtiera en la oficial del Imperio romano, desplazando a todas las demás. Servía para tener al rebaño apaciguado, drogado con la promesa de una vida futura en el Cielo a cambio de no molestar demasiado en esta a los que detentan el dinero y el poder. Por algo se llevó y se lleva siempre de maravilla mi Iglesia con los gobernantes y poderosos de turno. ¿Acaso los reyes no lo son «por la gracia de Dios»?

La *Carta de San Pablo a los Romanos* no puede ser más clara. En ella despoja al cristianismo de cualquier atisbo revolucionario y le dice a mi rebaño que debe someterse siempre a las autoridades:

«Sométase toda persona a las autoridades superiores; porque no hay autoridad sino de parte de Dios, y las que hay, por Dios han sido establecidas [...]

»Pues por esto pagáis también los tributos, porque son servidores de Dios que atienden continuamente a esto mismo.

»Pagad a todos lo que debéis: al que tributo, tributo; al que impuesto, impuesto; al que respeto, respeto; al que honra, honra».

Consiguió convertirme de un alborotador que había sido ejecutado por crímenes contra Roma (pues la cruz estaba reservada a este tipo de delitos) ¡al Dios oficial del Imperio romano! ¡Si hasta colocamos nuestra sede en Roma, y eso que fueron romanos los que me crucificaron!

El Imperio romano tardó un poco en darse cuenta del chollo que era el cristianismo. Al principio lo persiguió (en mucha menor medida de lo que nos contaron las fuentes cristianas, por cierto), hasta que, como ya vimos, Constantino descubrió lo útil que podía serle y lo legalizó, y Teodosio lo convirtió en la religión oficial en el famoso «Edicto de Tesalónica», en el glorioso día del 23 de febrero de 380. Las fiestas paganas se transformaron en fiestas cristianas, y el resto de cultos, que hasta ese momento convivían en un ambiente de general tolerancia, fueron prohibidos, porque ya sabéis que nunca me gustó la competencia. Los cristianos pasaron de perseguidos a perseguidores, y con mucha más saña.

El espabilado de Pablo se montó una religión en torno a mi figura, despojándola de los elementos judíos y fusionándola con los cultos mistéricos que él conocía y que hablaban de dioses que morían y resucitaban, y por supuesto, abierta a todo el mundo, gentiles como él incluidos, y no sólo al Pueblo Elegido, como era el camino que llevaba el grupito de mis muchachos en Jerusalén. ¡Y triunfó!

Me transformó de un mesías judío tradicional en el mismísimo hijo de Dios. De un Jesús terrenal pasé a ser un Jesús celeste. Convirtió mi fracaso en la cruz en un sacrificio voluntario para la redención de los hombres, y mi frustrado reino terrenal sobre los romanos en el Reino de los Cielos. Mis seguidores, que habían esperado que yo reinase en la Tierra, liberándoles del yugo romano y se habían topado con la crucifixión de su mesías, estaban desamparados. Pero no hubo problema, allí estaba Pablo con una historia fantástica que pronto levantó los ánimos de la comunidad. Por obra y gracia de este autoproclamado apóstol que ni siquiera me había conocido yo ya no era el mesías judío que habría de liberar a Israel del yugo extranjero (romano en este caso), sino el mismísimo hijo de Dios.

He de deciros que yo mismo me consideraba un hombre, y no el mismo Dios, como refleja esa parte del evangelio donde un rico se postra de rodillas ante mí y me llama «maestro bueno», y yo le contesto:

—¿Por qué me llamas bueno? Nadie hay bueno excepto Dios.

Yo era un judío algo hippie al que le iba el rollo gnóstico y que iba por ahí diciendo que el fin de los tiempos llegaría durante esa misma generación, si bien «del día y la hora nadie sabe». Si hubiera sido Dios lo habría sabido.

Mi poco ortodoxa forma de predicar y mi escaso apego a pagar impuestos (Lucas señala que esa fue una de las acusaciones para mi crucifixión) unidos a mi día de locura en el templo hi-

LA BIBLIA SEGÚN DIOS

cieron que probase el tormento del madero. Pero ¿cómo iba a ser yo Dios si el Deuteronomio dice que «el colgado es maldito de Dios»?

Sin embargo, apareció Pablo, un tipo lleno de energía y creatividad, para alumbraros el camino. Le dio la vuelta a la frase en su *Carta a los Gálatas* y no me llegó a considerar el mismo Dios, pero casi: ¡Hasta os explicó la eucaristía y el bautismo! Lo que era una comida fraternal que celebraban los primeros cristianos lo convirtió en algo litúrgico, a imitación de los cultos mistéricos que tan bien conocía. En su *Primera Carta a los Corintios* establece: «Pues todas las veces que comiereis este pan y bebiereis este cáliz, anunciaréis o representaréis la muerte del Señor, hasta que venga».

De todos los evangelistas, solamente Lucas, su discípulo, introduce la orden de repetir ese momento «en conmemoración mía».

Y por supuesto, Pablo dejó a un lado la absurda y anticuada ley de Moisés, que consideraba «letra vieja» y la cambió por la guía del Espíritu Santo, un pajarito que le hablaba al oído. El Dios que masacraba a los gentiles en el Antiguo Testamento era ahora también un Dios abierto a ellos.

No sólo Pablo contribuyó a mi proceso de deificación. Juan, en su evangelio de corte teológico, y en lo que muchos dicen que fue un añadido posterior al propio texto original, me identificó con el Logos del principio de los tiempos, la Palabra, que ahora «se hacía carne». Y los cristianismos primitivos ahondaron cada vez más en mi naturaleza divina. Digo cristianismos porque en los siglos II y III no había uno solo, sino muchas corrientes, las cuales sucumbieron finalmente ante la oficial, que es la que se impuso y casi borró de la historia a las otras.

Se produjeron intensos debates en aquellos primeros tiempos sobre la naturaleza del Hijo, Jesús. Los ebionitas pensaban que era un ser humano que había sido adoptado por el Padre. Los docetistas en cambio afirmaban que era una especie de fantasma y que mi cuerpo sólo era aparente y no real, y no sufrí dolores en la cruz. ¡Me habría gustado ver a esos listos allí! Los

380

marcionistas ya os dije que creían que había un Dios del Antiguo Testamento y otro del Nuevo, el cual había venido a enmendarle la plana al primero...

Grandes Padres de la Iglesia, como Orígenes, afirmaban que el Hijo era «inferior al Padre», pero la corriente más importante y que estuvo a puntito de triunfar fue el arrianismo, que defendía que el Hijo no había existido siempre, como decía Juan, sino que fui creado por el Padre y por tanto no era Dios.

Teníais un lío tan gordo que tuvisteis que celebrar el Concilio de Nicea de 325, aquel que convocó y tuteló el emperador Constantino. Allí el arrianismo fue derrotado y se declaró, como reza el Credo, que los dos éramos de la misma sustancia y el Hijo había sido «engendrado, no creado». Jesucristo por fin era Dios con todas las de la ley.

Pero todavía siguió Arrio dando guerra, y los emperadores apoyaban a los partidarios de esta doctrina o a los del Credo de Nicea según les pareciese, hasta que el bendito emperador Teodosio declaró ese credo como la norma de su territorio y convocó el Concilio de Constantinopla (381), donde fue reafirmado y además de paso incluisteis al Espíritu Santo también al mismo nivel. Ya estábamos los tres.

Perdón por este rollo que os acabo de soltar, iba a hablaros de las Cartas del Nuevo Testamento y se me ha ido el santo al cielo. Como ya os he dicho, las más importantes con diferencia, y que han fijado la doctrina de la Iglesia católica en muchos puntos, son las de Pablo.

No voy a hacer aquí un resumen pormenorizado de todas, mejor vamos a ver algunas cosillas «divinas» que aparecen en ellas.

La mejor de todas esas cosillas, y que voy a reproducir la primera, para teneros ya avisados desde el principio, es la parte en que Pablo reconoce que lo que cuenta es mentira, pero que si miente es por una buena causa. Lo dice en la carta que aparece precisamente en primer lugar, la *Carta a los Romanos*. «Y si mi mentira sirve para resaltar y glorificar la verdad de Dios, ¿por qué he de ser considerado como pecador?». (Romanos 3:7)

Fascinante, ¿verdad? La *Carta a los Romanos*, considerada su testamento teológico más importante, es por otra parte el eje fundamental de la polémica entre católicos y protestantes, que la consideran su texto de referencia. Lutero la describió como «la pieza más importante en el Nuevo Testamento» ya que en ella se habla de que la salvación viene por la fe y no por las obras, base de la doctrina protestante, que había surgido como reacción frente al escándalo de la venta de bulas pontificias para alcanzar el Cielo, entre otras muchas fechorías de la Santa Iglesia Católica Apostólica y Romana.

La *Carta de los Romanos* dice que la salvación se alcanza: «¿Acaso por las obras realizadas? No, sino en razón de la fe».

Lutero le añadió a la fe la palabra *sola*, aduciendo que ese añadido era necesario por razones idiomáticas y de significado, y la lio parda. La Iglesia se dividió entre católicos y protestantes, y hasta hoy. No es moco de pavo, que por culpa de esto Europa se jalonó de varias guerras.

La *Carta a los Romanos* será todo lo sagrada que los protestantes quieran, pero también es un poquito homófoba: «Así pues, Dios los ha entregado a pasiones vergonzosas. Sus mujeres han cambiado las relaciones naturales del sexo por usos antinaturales; e igualmente los hombres, dejando la relación natural con la mujer, se han abrasado en deseos de unos por otros. Hombres con hombres cometen acciones ignominiosas y reciben en su propio cuerpo el pago merecido por su extravío».

Ahí queda eso, con castigo divino incorporado y es que: «Los que por egoísmo rechazaron la verdad y se abrazaron a la injusticia, tendrán un castigo implacable».

Para Pablo en general todo lo relacionado con el cuerpo es malo, algo que ha calado profundamente en la doctrina de la Iglesia:

—¡Desdichado de mí! ¡Quién me librará de este cuerpo, que es portador de muerte!

A los corintios les dedicó dos cartas, porque ya os digo que eran unos vividores y se le resistían. Había incluso un dicho que era «vivir a la corintia», como sinónimo de vivir rodeado de lujos y placeres, la buena vida. Además, los pocos que creían en la Palabra lo hacían de forma superficial, siguiendo a uno o a otro predicador en plan fenómeno fan, como si cada uno fuese de una religión distinta. Pablo tuvo que reconvenirles:

«Me han informado de que hay discordancias entre vosotros. Me refiero a eso que unos y otros andáis diciendo: "Yo soy de Pablo, yo de Apolo, yo de Pedro, yo de Cristo". Pero ¿es que está dividido Cristo?».

Menudo mejunje tenían.

También dijo:

«¿Acaso es cosa mía juzgar a los que no pertenecen a la Iglesia? ¿No os toca más bien juzgar a quienes sí forman parte de ella? A los de fuera, Dios los juzgará».

Luego ya llegó la Conferencia Episcopal y se metió en la vida de todo el mundo. Al propio Pablo le duraron poco las buenas intenciones del vive y deja vivir, porque unos párrafos más adelante, en la misma carta carga contra media humanidad:

«Ni los lujuriosos, ni los idólatras, ni los adúlteros, ni los afeminados, ni los homosexuales, ni los ladrones, ni los avaros, ni los borrachos, ni los difamadores, ni los estafadores tendrán parte en el reino de Dios».

Sí, para Pablo un homosexual era igual que un estafador a los ojos de Dios. En general no estaba muy a favor del sexo:

—Está bien que el hombre renuncie al matrimonio [...] A los solteros y viudas les digo que es bueno que permanezcan como yo. Pero si no pueden guardar contingencia, que se casen. Es mejor casarse que abrasarse.

Más tarde llegaría San Agustín, antiguo obseso sexual y fornicador empedernido reconvertido luego en talibán contrario al sexo y remataría la faena:

«Si hubiera cualquier otra forma de tener hijos, entonces cualquier acto de relación sexual sería obviamente una rendición a la lujuria y de ahí un mal uso de esa perversidad».

Y es que San Agustín, uno de los principales arquitectos del pensamiento de la Iglesia, consideraba el sexo como un «mal derivado del pecado original», lo mismo que teólogos destacados como Orígenes, el castrati, para quien todo lo sexual era «deshonesto», o San Ambrosio, obispo de Milán y una de las figuras más importantes de la historia de la Iglesia, que decía que el placer «mancillaba» el cuerpo de la mujer.

Pero volvamos a Pablo. Aquí le vemos defendiendo su paguita:

«¿No sabéis que los que ejercen funciones sagradas viven de ese ministerio y que los que sirven al altar participan de lo que se ofrece en el altar? De la misma manera, el Señor ha ordenado que los que anuncian el Evangelio, vivan del Evangelio».

Los listillos no le gustaban, para eso estaba él:

«Como está escrito: Destruiré la sabiduría de los sabios y haré fracasar la inteligencia de los inteligentes».

Mejor rebaño, borregos, ya lo he dicho muchas veces.

Era un poco machista también, como todos los de su época:

«La cabeza de todo varón es Cristo, como la cabeza de la mujer es el varón».

Y hablando de cabezas, si los hombres se la cubrían en misa era pecado. Si las mujeres no lo hacían, también.

«Todo varón que ora o habla en nombre de Dios con la cabeza cubierta deshonra a Cristo, que es su cabeza. Y toda mujer que ora o habla en nombre de Dios con la cabeza descubierta, deshonra al marido, que es su cabeza, exactamente lo mismo que si se hubiera rapado la cabeza... El varón no debe cubrirse la cabeza, porque es imagen y reflejo de la gloria de Dios. Pero la mujer es gloria del varón, pues no procede el varón de la mujer, sino la mujer del varón, ni fue creado el varón por causa de la mujer, sino la mujer por causa del varón.»

En esto también coincidía con San Ambrosio, que decía que «la mujer debe cubrir su cabeza porque no está hecha a imagen de Dios».

Aunque a mí siempre me pintan con el pelo largo, mi famoso pelazo, debí aparecerme a Pablo un día que lo llevaba corto, porque mirad lo que opina de los melenudos:

«¿No os enseña la misma naturaleza que es una afrenta para el varón llevar el pelo largo?».

En esta *Carta a los Corintios* también aconseja a los feligreses que no fuesen a celebrar la partición del pan como si no hubiesen comido en la vida:

«Por tanto, hermanos míos, cuando os reunís para comer la cena del Señor, esperaos unos a otros. Si alguno tiene hambre, que coma en su casa, a fin de que vuestras reuniones no sean censurables».

No debía ser un tema baladí, porque añade:

«Las demás cosas ya las solucionaré cuando vaya».

La *Primera Carta a los Corintios* es muy importante porque en ella Pablo os aclara que yo morí para redimiros de vuestros pecados, con lo cual mi sacrificio en la cruz, como ya hemos dicho, fue un éxito total.

Además, es muy popular porque contiene un bello texto que se suele utilizar en las bodas. Es que Pablo cuando quería era todo un poeta:

«El amor es paciente y bondadoso;
no tiene envidia,
ni orgullo ni jactancia.
No es grosero ni egoísta;
no se irrita ni lleva las cuentas del mal;
no se alegra de la injusticia,
sino que encuentra su alegría en la verdad.
Todo lo excusa, todo lo cree,
todo lo espera, todo lo aguanta».

Hoy sabéis que no hay por qué aguantar ciertas cosas, pero la Iglesia se ha tirado toda la vida diciéndole a millones de mujeres que sí.

Pablo era de la opinión de que la mujer estaba mejor calladita:

«Que las mujeres guarden silencio en las reuniones; no les está, pues, permitido hablar, sino que deben mostrarse recatadas, como manda la ley. Y si quieren aprender algo, que pregunten en casa a sus maridos, pues no es decoroso que la mujer hable en la asamblea».

Hoy por si acaso los católicos no les dejan dar misa.

Pablo tenía muy claro el papel de la mujer. En su *Primera Carta a Timoteo*, su discípulo, le alecciona:

«Que la mujer aprenda sin protestar y con gran respeto. No consiento que la mujer enseñe ni domine al marido, sino que debe comportarse con discreción. Pues primero fue formado Adán, y después Eva. Y no fue Adán el que se dejó engañar, sino la mujer que, seducida, incurrió en la transgresión. Se salvará, sin embargo, por su condición de madre, siempre que persevere con modestia en la fe, el amor y la santidad».

A lo mejor os puede parecer que estos ramalazos de machismo son cosas del siglo I. Pues no, más tarde San Agustín, Tertuliano, San Jerónimo, San Juan Crisóstomo y el resto de Padres de la Iglesia defendieron un concepto semejante o peor de la mujer, a la que consideraban inferior al hombre, más perversa y que por supuesto debía someterse a él. En la Edad Media con Santo Tomás de Aquino y compañía y luego después, tampoco avanzamos mucho, y tomad y leed lo que dijo el papa Pío XI en su encíclica *Casti Connubii*, el 31 de diciembre ¡de 1930!:

Finalmente, robustecida la sociedad doméstica con el vínculo de esta caridad, es necesario que en ella florezca lo que San Agustín llama *jerarquía del amor*, la cual abraza tanto la primacía del varón sobre la mujer y los hijos como la diligente sumisión de la mujer y su rendida obediencia, recomendada por el apóstol con estas palabras: «Las casadas estén sujetas a sus maridos, como el Señor, por cuanto el hombre es cabeza de la mujer, así como Cristo es cabeza de la Iglesia».

Por supuesto, con esta encíclica la Iglesia intentó oponerse a la emancipación de la mujer, que en aquellos difíciles años luchaba duramente por abrirse camino:

«Todos los que empañan el brillo de la fidelidad y castidad conyugal como maestros que son del error, echan por tierra también fácilmente la obediencia confiada y honesta que ha de tener la mujer a su esposo; y muchos de ellos se atreven todavía a decir, con mayor audacia, que es una indignidad la servidumbre de un cónyuge para con el otro; que son iguales los derechos de ambos cónyuges, defendiendo presuntuosísimamente que, por violarse estos derechos, a causa de la sujeción de un cónyuge al otro, se ha conseguido o se debe llegar a conseguir una cierta emancipación de la mujer. Distinguen tres clases de emancipación, según tenga por objeto el gobierno de la sociedad doméstica, la administración del patrimonio familiar o la vida de la prole que hay que evitar o extinguir, llamándolas con el nombre de emancipación social, económica y fisiológica; fisiológica, porque quieren que las mujeres a su arbitrio, estén libres o que se las libre de las cargas conyugales o materiales propias de una esposa (emancipación esta que ya dijimos suficientemente no ser tal, sino un crimen horrendo); económica, porque pretenden que la mujer pueda, aun sin saberlo el marido o no queriéndolo, encargarse de sus asuntos, dirigirlos y administrarlos haciendo caso omiso del marido, de los hijos y de toda la familia; social, finalmente, en cuanto apartan a la mujer de los cuidados que en el hogar requieren su familia o sus hijos, para que pueda entregarse a sus aficiones, sin preocuparse de aquellos y dedicarse a ocupaciones y negocios, aunque sean públicos».

Nada extraño en una institución que gozaba de un conjunto de normas canónicas, el «Corpus Iuris Canonici» (vigente hasta 1918) que autorizaba al marido a encerrar o golpear a su mujer.

Volviendo a lo referido por Pablo en esta *Primera Carta a Timoteo*, no entiendo por qué muchas señoras van tan enjoyadas a la iglesia y con esas megaconstrucciones de laca que les realizan en la peluquería. ¿No han leído al apóstol?:

«Quiero también que las mujeres se vistan con ropa decorosa, con pudor y modestia, y no con peinados ostentosos, ni con oro, ni perlas, ni vestidos costosos».

Por supuesto, de los hombres no dice nada, así que si eres tío y te quieres presentar en la iglesia con más cadenas que Míster T no hay problema.

Tras su *Primera Carta a los Corintios*, estos no sólo no hicieron ningún caso a Pablo, sino que una parte importante de la comunidad le hizo blanco de numerosas acusaciones e insultos. Así que «en medio de muchas lágrimas» tuvo que escribirles otra, la *Segunda Carta a los Corinitios*.

«¡Ojalá me disculpéis si desvarío un poco!» dice de buen rollo. Y a continuación se queja de que hacen caso a cualquiera que pase por allí a predicar el Evangelio, menos a él. «¡Pues creo que no soy nada inferior a esos superapóstoles!» Eso dice, «superapóstoles».

Y tira de currículum, porque en aquella época no existía Linkedin:

«¿Son hebreos? También yo. ¿Israelitas? También yo. ¿Descendientes de Abrahán? También yo. ¿Ministros de Cristo? Voy a decir un desatino: más que ellos lo soy yo. Los aventajo en fatigas, en prisiones, no digamos en palizas y en las muchas veces que he estado en peligro de muerte. Cinco veces he recibido de los judíos los treinta y nueve golpes de rigor; tres veces he sido azotado con varas, una vez apedreado, tres veces he naufragado; he pasado un día y una noche a la deriva en alta mar».

Eso en cuanto a temas terrenales, pero ¡ojo!, que faltaba el currículum de visiones y revelaciones del Señor:

«¿Hay que seguir presumiendo? Aunque es del todo inútil, me referiré a las visiones y revelaciones del Señor. Conozco a un cristiano que hace catorce años —si fue con cuerpo o sin cuerpo, no lo sé, Dios lo sabe— fue arrebatado hasta el tercer cielo. Y me consta que ese hombre —si fue con cuerpo o sin cuerpo, no lo sé, Dios lo sabe— fue arrebatado al paraíso y oyó palabras inefables que el hombre no puede expresar. De ese hombre presumiré, porque en cuanto a mí, sólo presumiré de mis flaquezas. Y eso que, si quisiera presumir, no estaría diciendo desatinos, sino la pura verdad. Pero me abstengo de hacerlo, para que nadie me considere por encima de lo que ve o escucha de mí, a causa de tan sublimes revelaciones».

Algo así como: no quiero chulear, pero a ver quién de aquí ha sido llevado al paraíso. ¡Ni los apóstoles!

Después de ponerse en valor, anuncia una nueva visita a Corinto, y avisa:

«Trataré sin miramientos a los culpables y a todos los demás. Así os daré la prueba que buscáis y sabréis que Cristo habla a través de mí».

Se iba a montar una buena:

«Tengo miedo de que haya contiendas, envidias, iras, ambiciones, maledicencias, murmuraciones, engreimientos y alborotos».

El pobre Pablo no ganaba para disgustos, los gálatas tampoco le hacían caso. Habían dado marcha atrás y se habían vuelto judaizantes, volviendo a la obligatoriedad de la ley, con la circuncisión, las prohibiciones alimenticias y demás. El cristianismo corría el riesgo de convertirse en una secta judía.

Tomó pluma y tinta mi apóstol y se dispuso a combatir con fiereza el error. Comienza su *Carta a los Gálatas* como todas, pisando fuerte:

«Pablo, apóstol no por disposición humana, ni por intervención de hombre alguno, sino por designio de Jesucristo y de Dios Padre que lo resucitó de entre los muertos».

Ahí queda eso. A continuación, dice:

«No salgo de mi asombro al ver que pronto habéis abandonado a quien os llamó mediante la gracia de Cristo y con qué rapidez habéis abrazado otro evangelio».

Acto seguido viene un fragmento muy conocido, porque se contradice con lo que cuentan los Hechos de los Apóstoles. Dice que a los tres años de su caída en Damasco acudió a Jerusalén, cuando en cambio en los Hechos acude inmediatamente. Pablo lo retrasa tres años porque le interesa resaltar su autonomía respecto de los apóstoles, pues mi «apóstol de los gentiles» tenía hilo directo conmigo.

Recuerda Pablo en su carta que ninguno de los que tenían autoridad en la Iglesia de Jerusalén le impuso el precepto de la circuncisión, y que esas eran cosas de «esos intrusos, esos falsos hermanos infiltrados». «Ojo con esos perros, con esos charlatanes», avisaba en su *Carta a los Filipenses*. «Porque hay, sobre todo entre los judíos convertidos, muchos insubordinados, charlatanes y seductores; y es necesario taparles la boca, porque trastocan familias enteras enseñando lo que no conviene con un vil espíritu de lucro», añade en la *Carta a Tito*.

A continuación, recuerda cómo tuvo que echarle después la bronca al mismísimo Pedro en Antioquía porque se había retraído a la hora de comer con los gentiles, y añade: «Si la salvación se alcanza por la ley, entonces Cristo habría muerto en vano». Y «si os circuncidáis, Cristo no os servirá de nada». Y deseaba que al que fuese con el cuchillito a cortar prepucios ajenos se le fuese la mano y... «¡Ojalá se mutilasen quienes os perturban!».

En esta carta Pablo hace un resumen excelente del cristianismo que acababa de nacer, al margen ya de la religión judía:

«Antes de que llegara la fe, éramos prisioneros de la ley y esperábamos encarcelados que se nos revelara la fe. La ley nos sirvió de acompañante para conducirnos a Cristo y alcanzar así la salvación por medio de la fe. Pero al llegar la fe, ya no necesitamos acompañante. Efectivamente, todos vosotros sois hijos de Dios por la fe en Cristo Jesús, pues todos los que habéis sido bautizados en Cristo, de Cristo habéis sido revestidos. Ya no hay distinción entre judío o no judío, entre esclavo y libre, entre hombre y mujer, pues todos sois uno en Cristo Jesús».

Sí, los esclavos también podían ser cristianos. ¿Quiere decir eso que Pablo estuviese contra la esclavitud? No, claro que no. En la *Primera Carta a los Corintios* dice:

«¿Eras esclavo cuando fuiste llamado? No te preocupes. Y, aunque puedas hacerte libre, aprovecha tu condición de esclavo».

«Que los esclavos estén sometidos en todo a sus dueños, que sean complacientes y no les contradigan», dice en su *Carta a Tito*.

Pablo era un ciudadano romano y orgulloso de serlo, y nunca habría ido contra el sistema, es más, ya vimos que cuando podía se beneficiaba de él. Ya os he dicho que la Iglesia aprendió rápido de su apóstol fundador y a lo largo de la historia siempre ha estado cerca del sol que más calienta. En cuanto a la esclavitud, la Iglesia siempre la justificó. Santo Tomás de Aquino decía que «la esclavitud de los hombres es natural; pues algunos son, por naturaleza, esclavos».

Varios papas tuvieron esclavos y, cuando el mundo entero ya empezaba a condenarla, nosotros seguíamos viéndola con muy buenos ojos y diciendo a través del Santo Oficio: «La esclavitud misma, considerada en sí y en términos absolutos, en modo alguno repugna a la ley natural y divina, y puede haber muchas justificaciones para la esclavitud como se puede ver consultando los teólogos en intérpretes aprobados del canon sagrado». Era ya 1866.

Al menos Pablo tuvo el detalle de decir a los amos que fuesen también correctos con sus esclavos. De hecho, él tuvo un esclavo y lo trató muy bien, como pone de relieve en su *Carta a Filemón*, donde se refiere a su esclavo Onésimo como «un hermano muy querido».

Peor era Pedro (o quien demonios escribiese la primera carta que lleva su nombre), que decía que los esclavos no sólo debían obedecer a los amos bondadosos e indulgentes, «sino también a los severos».

Otro de los temas que toca Pablo en sus cartas es el del estado civil del clero. En su *Primera Carta a Timoteo* dice:

«Es preciso que el obispo sea un hombre sin tacha, casado solamente una vez [...] que sepa gobernar bien su propia casa, y educar a sus hijos con autoridad y buen juicio [...] los diáconos han de ser hombres casados una sola vez, que sepan gobernar bien a sus hijos y sus propias casas».

¡Eso decía, queridos católicos, que los curas debían estar casados! Incluso indicaba cómo debían ser sus mujeres:

«Igualmente que sus mujeres sean dignas, no murmuradoras, sobrias, fieles en todo».

En realidad, durante muchísimos siglos mis curas se casaban, hasta que vino el iluminado del papa Gregorio VII y les impuso el celibato en 1074.

De Pablo sabemos que no estaba en muy buena forma física, lo cual no es de extrañar al leer los consejos que le da en esta misma carta a su discípulo Timoteo:

«Los ejercicios corporales no sirven para gran cosa, mientras que la religión es útil para todo».

También le dijo cómo había que tratar el importante tema de las viudas, en cuyo sustento se le iba mucho dinero a la congregación. Lo solucionó admitiendo sólo a las mayores de 60 años, que dada la esperanza de vida de esa época debían ser muy poquitas:

«Para que una viuda sea inscrita en el grupo de las viudas es necesario que haya cumplido ya los sesenta años [...] No admitas a las viudas jóvenes, porque cuando los ímpetus de la pasión las apartan de Cristo, quieren volver a casarse, y se hacen culpables por haber faltado a su primer compromiso. Y además se acostumbran a estar ociosas y a ir de casa en casa; y no sólo ociosas, sino que también se hacen charlatanas, se meten en todo, y hablan de lo que no deben».

Y ya sabemos lo poco que le gustaba a Pablo que hablasen las mujeres. Tampoco le gustaba que tuviesen ansia de saber, como dice aquí en la *Segunda Carta a Timoteo*:

«Pues los hay que entran en las casas y cautivan a mujerzuelas cargadas de pecados, atraídas por toda clase de pasiones, que continuamente están deseosas de saber, sin llegar nunca al conocimiento de la verdad».

Todas estas cosas predicaba San Pablo. La última de sus cartas que recoge la Biblia es la mejor, la *Carta de San Pablo a los Hebreos*, porque ni es carta, ni la escribió San Pablo, ni está dirigida a los hebreos. Es simplemente una homilía que alguien desconocido escribió y que tiene como púbico a comunidades cristianas en las que había algunos conversos del judaísmo.

Llegados a este punto, la cosa sólo se arregla con un buen Apocalipsis.

EL APOCALIPSIS EN TRES SENCILLOS PASOS

El Apocalipsis es el último libro de la Biblia, y es algo así como la traca final. Lo pusimos al final por dos razones: porque habla del fin de los tiempos y porque una vez que has leído una rallada así cualquier otra cosa que leas te resbala.

Apocalipsis significa «revelación», y no os penséis que solamente tenemos el Apocalipsis de la Biblia. ¡Qué va, existe un género entero llamado literatura apocalíptica! A ese género pertenecen otros libros de la misma Biblia como el Libro de Daniel o parte del de Ezequiel, y apocalipsis apócrifos como el de Pedro, que se quedó a las puertas, porque en un principio fue incluido en el famoso fragmento muratoriano, que contiene la lista más antigua conocida de libros canónicos del Nuevo Testamento, pero luego se cayó.

Los apocalipsis eran un tipo de textos llenos de simbolismo que se escribían siempre en tiempos de crisis, para abrir la esperanza a un futuro mejor. Se considera que el Apocalipsis que aquí nos ocupa fue escrito a finales del siglo I o principios del II, cuando las persecuciones romanas a los cristianos arreciaban, en tiempos del emperador Domiciano.

Tradicionalmente se ha entendido que su autor es Juan, el mismo que escribió el cuarto evangelio, mi discípulo querido. Lo que sí parece muy probable es que pueda tratarse de alguien de la escuela joánica, uno de sus seguidores que quiso amparar su obra en la autoridad del maestro, como era lo habitual en aquella época.

Todo el mundo dice que el Apocalipsis no hay Dios que lo entienda. Pues bien, yo soy Dios y sí lo entiendo. Y no sólo eso, os lo voy a explicar en tres sencillos pasos. El Apocalipsis es como cualquier peli de ciencia ficción, con sus tres partes bien diferenciadas:

1. Presentación de los personajes y destrucción a cascoporro.
2. Batalla entre las fuerzas del mal y del bien.
3. Final feliz.

No tiene más. Juan lo adorna con unos cuantos seres extraños que toma de las religiones y mitos sumerios, babilónicos y griegos, lo mezcla con la cultura judía y un poco de numerología y le queda de lo más vistoso.

Voy a tratar de resumiros el argumento así, muy a lo loco. El Apocalipsis empieza un domingo que estaba Juan «desterrado en la isla de Patmos», una isla del Mar Egeo. No sabemos qué desayunó ese día porque tuvo «un éxtasis» y se encontró conmigo, Jesús. Yo venía con la ropa de los domingos y una pinta imponente: vestía una larga túnica ceñida con una banda de oro, tenía los cabellos blancos porque ya me había hecho algo mayor, iba rodeado de siete candelabros de oro, en mi mano derecha sostenía siete estrellas, mis ojos llameaban fuego, mi rostro brillaba como el sol y de mi boca salía una espada cortante de dos filos. Ahí es ná.

Con mi voz «como estruendo de aguas caudalosas» le expliqué que los siete candelabros eran las siete iglesias, y las siete estrellas, los ángeles de cada una de ellas. Ya sabéis que el siete es mi número favorito: siete son los sacramentos, siete las virtudes cardinales, siete los pecados capitales, siete los dones del espíritu santo... Tanto el siete como el doce son números de referencia en todas las culturas, pues proceden de la observación de los astros, los antiguos dioses del mundo. Otro día os lo cuento, que ahora estoy en medio del Apocalipsis. Sólo recordad que la semana tiene siete días y el año doce meses.

Le dije a Juan que escribiese una carta que yo le iba a dictar a cada iglesia, y así lo hizo. Esas iglesias eran: Efeso, Esmirna, Pérgamo, Tiatira, Sardis, Filadelfia y Laodicea. Filadelfia no es la de Estados Unidos, sino una pequeña ciudad cuya comunidad pasaba grandes dificultades cuando se escribió el Apocalipsis, y Juan tuvo el detalle de incluir en el relato.

Cuando mi apóstol terminó de escribir las cartas, que no cuentan gran cosa, la visión cambió y se le apareció el trono de

Dios. «El que estaba sentado tenía un aspecto resplandecien-te como piedra de jaspe o de sardonio, y un halo parecido a la esmeralda rodeaba el trono.» Alrededor del trono había otros 24 tronos más, donde estaban sentados 24 ancianos vestidos de blanco y con coronas de oro, que parte de la crítica interpreta como los 12 apóstoles y las Doce Tribus de Israel. Siete lámpa-ras de fuego, «que son los siete espíritus de Dios» ardían en presencia del trono, y en medio, cuatro seres vivientes llenos de ojos por delante y por detrás. El primero era como un león; el segundo, como un toro; el tercero tenía el rostro semejante al de un hombre y el cuarto se parecía a un águila en vuelo. Estas cuatro figuras, tomadas del tetramorfos de Ezequiel, re-presentan la sumisión de todas las criaturas ante Dios, y como después Ireneo se inspirase en ellas para defender su tesis de que los evangelios debían ser cuatro, han quedado relacionadas cada una con un evangelista: el hombre, Mateo; el león, Marcos; el toro, Lucas, y el águila, Juan, y así los vemos representados una y otra vez en el arte religioso.

Cada uno de los cuatro seres tenía seis alas y estaban llenos de ojos por fuera y por dentro, y día y noche proclamaban sin cesar mi santidad, como a mí me gusta. Y cada vez que estos cuatro seres me adoraban los 24 ancianos se postraban tam-bién ante mí. Yo estaba encantado con tanta adulación, ya me conocéis.

«En la mano derecha del que estaba sentado en el trono» (ya sabéis que Dios no es zurdo) dice Juan que vio un libro sellado con siete sellos. Un ángel clamó entonces preguntando quién era digno de abrir ese libro, y resulta que entre tanto adorador como había allí ninguno lo era, y Juan tampoco, que se echó a llorar. Era un poco como lo de la espada Excalibur, que nadie era capaz de despegar del suelo. Entonces apareció mi hijo, con una pinta como de resaca, «un cordero en pie con señales de haber sido degollado. Tenía siete cuernos y siete ojos, que son los espí-ritus de Dios enviados por toda la tierra». Todos los presentes se postraron ante él, pues era el Cordero de Dios, y reconocieron que era digno de abrir el libro.

¡En qué hora! ¡Aparecieron los famosos cuatro jinetes del Apocalipsis! Cuando rompió el primero de los siete sellos apareció el primero, un jinete con un arco, montado en un caballo blanco, y «dispuesto a vencer». Para unos representa a la muerte, que vence siempre, para otros, Cristo, que vence a la muerte.

Con la apertura del segundo sello apareció el segundo jinete, en un caballo de color rojo y le entregaron «una espada con poder para arrancar la paz en la Tierra y hacer que los hombres se maten unos a otros». Representa la guerra.

Mi hijo el Cordero seguía abriendo sellos como si nada. Con el tercero apareció el tercer jinete, en un caballo negro y con una balanza en la mano, representando la hambruna y la pobreza.

Abrió el cuarto y salió el cuarto jinete, en un caballo amarillento. Sobre la identidad de este jinete no hay duda: «El que lo montaba se llamaba Muerte, y el Abismo lo seguía».

Empezó la fiesta: «Y se les dio poder sobre la cuarta parte de la tierra, para causar la muerte por medio de la espada, el hambre, la peste y las fieras terrestres».

Ya sabéis que yo nunca escatimo en muertos.

Con la apertura del quinto sello salieron «los degollados por anunciar la palabra de Dios», pidiéndome justicia. Yo les di un vestido blanco y les dije que no tuvieran tanta prisa y esperasen todavía un poco, que todavía tenían compañeros sin martirizar:

—Aguardad un poco todavía. Aguardad hasta que se complete el número de vuestros compañeros y de vuestros hermanos que, como vosotros, van a ser martirizados.

Con la apertura del sexto sello se produjo un formidable terremoto, el sol se tornó negro, la luna se ensangrentó y «las estrellas del cielo cayeron sobre la Tierra, igual que una higuera suelta sus higos cuando es azotada por un viento huracanado». Sí, ya sé que eso es físicamente imposible, pero los conocimientos científicos de Juan eran del siglo I, tampoco os pongáis exquisitos. Lo completa diciendo que los hombres sobrevivieron escondiéndose en cavernas.

Es más, afirma que «después de esto, vi cuatro ángeles de pie sobre los cuatro ángulos de la Tierra». ¡Los cuatro ángulos de la Tierra! Bueno, todos sabemos que según la Biblia la tierra era cuadrada, Isaías y Ezequiel también lo confirman. En el libro de Daniel se dice que hay un árbol muy alto desde el que se pueden ver «todos los confines de la Tierra», algo imposible si esta fuera redonda. Y cuando el diablo vino a tentarme al desierto dice el evangelio que me enseñó «todos los reinos del mundo» desde un monte muy alto, suponemos que Australia también. Por tanto, la Tierra es plana, los astronautas y científicos os han engañado.

Prosigamos. En medio de toda esta destrucción sinigual se alzó la voz de un ángel diciendo que parasen un momento, que tenían que marcar «en la frente con el sello» a los que se iban a salvar, «los servidores de nuestro Dios». Había que hacer la lista VIP, colocando el sello como en cualquier discoteca. Como estoy en todas partes tengo muchos compromisos, así que fue una lista muy grande, porque «eran ciento cuarenta y cuatro mil procedentes de todas las tribus de Israel».

En realidad, ese número sale de multiplicar las Doce Tribus por 12 y luego por 1.000, número que simboliza lo inmenso, lo indefinido.

Y a continuación Juan nombra las Doce Tribus, pero se le olvida citar a la de Dan, que sustituye por la de Manasés. Hay quien dice que los muchachos de Dan se quedaron fuera porque se dieron a la idolatría, cualquiera sabe.

Después de los de clase VIP, los judíos de pura cepa, apareció el resto, los de segunda, el resto de la humanidad, «una muchedumbre enorme que nadie podía contar. Gentes de toda nación, raza, pueblo y lengua».

Uno de los ancianos me preguntó que quiénes eran esos, y yo contesté que eran buena gente y también se salvarían.

Fue sólo un momento de tregua, porque mi hijo el Cordero tenía ganas de seguir jugando y, como si fuese la Caja de Pandora, abrió el séptimo sello y entonces se lio gordísima. Se entregaron siete trompetas a siete ángeles, y al toque de cada trompeta acontecía un terrible desastre.

Con la primera cayó sobre la tierra granizo y fuego mezclado con sangre, quedando abrasada la tercera parte. Con la segunda copa la tercera parte del mar se convirtió en sangre, pereciendo un tercio de los seres del mar, que también debían haber cometido algún pecado.

Con el toque de la tercera trompeta cayó un astro del cielo y convirtió en amargas la tercera parte de las aguas, «y fueron muchos los hombres que murieron». Pero todavía quedaban más seres humanos. Hay que reconocer que erais más duros que los escarabajos.

Con la cuarta, y aunque también me vais a decir que es físicamente imposible que la Tierra sobreviviese a esto, «quedó herida la tercera parte del sol, de la luna y de las estrellas. Se oscureció la tercera parte de ellos, y el día y la noche perdieron parte de su luz».

Según la Biblia, se veía un poco menos pero todo seguía en orden. Después de todos estos terribles desastres, sonó la quinta trompeta y apareció una plaga de saltamontes, pero no saltamontes cualesquiera, sino una especie de aliens como caballos, acorazados y con dientes de león y colas de escorpión con aguijones, «a los que no se les concedió que los mataran, sino únicamente atormentarlos durante cinco meses». Ya sabéis que soy muy aficionado a las torturas.

El rey de los saltamontes era «el ángel del abismo, llamado en hebreo Abadón, que en nuestra lengua significa "destructor"».

Es una peli de ciencia ficción ¿sí o no?

Con el sonido de la sexta trompeta fueron desatados cuatro ángeles que asesinaron a la tercera parte de los hombres de la Tierra. Pero curiosamente, los que quedaban seguían a lo suyo, sin arrepentirse:

«Los restantes hombres, lo que no fueron exterminados por estos azotes, no cambiaron de conducta ni dejaron de adorar a los demonios, a los ídolos de oro, plata, bronce, piedra y madera, ídolos que no pueden ver, ni oír, ni andar. Tampoco se arrepintieron de sus delitos, sus maleficios, su lujuria y sus robos».

Luego llegó un ángel con un libro, en medio de siete truenos. El número tres nos gusta, pero ¡el siete nos apasiona!

Este ángel le entregó un libro a Juan y, al igual que con Ezequiel en su día, al que parece que Juan ha leído mucho, le dijo que se lo comiese. Y lo mismo que a mi profeta del Antiguo Testamento cuando se comió el suyo, a Juan este le supo «dulce como la miel». ¡Pues no están ricos ni nada los libros que yo hago! Y así se produjo un nuevo volcado de datos, porque Juan tenía aún que «profetizar sobre muchos pueblos, naciones, lenguas y reyes».

Sonó la séptima trompeta y empezó la gran escena central, la de la batalla entre las fuerzas del bien y del mal.

Apareció en el cielo el Arca de la Alianza, y una mujer «vestida de sol, con la luna bajo sus pies y una corona de doce estrellas sobre su cabeza», muy parecida a la virgen de Guadalupe, aunque se interpreta generalmente como la Santa Madre Iglesia. Otros dicen que sería Israel, y las 12 estrellas las Doce Tribus. «Estaba encinta y las angustias del parto le arrancaban gemidos de dolor.»

Entonces hizo su entrada en escena Satanás, el malo de la película: «Un enorme dragón de color rojo con siete cabezas y diez cuernos» (el mismo número de cuernos que la cuarta bestia del libro de Daniel), que «con su cola barrió la tercera parte de las estrellas del cielo y las arrojó a la Tierra». Pero ya vimos que la Tierra en el Apocalipsis lo aguantaba todo.

La mujer dio a luz a un niño, que fue elevado al cielo a salvo junto al trono de Dios, mientras en las alturas se establecía una batalla formidable entre mis ángeles, capitaneados por Miguel, y el dragón y sus ángeles malvados, a los que derrotaron y arrojaron del cielo para siempre. Porque resulta que aunque en el Génesis ya les habíamos expulsado luego subían cuando querían.

La mujer había corrido a esconderse al desierto, a un lugar preparado por mí «para ser allí alimentada durante mil doscientos sesenta días». En la Biblia los años son de 360 días, con lo que nos saldrían tres años y medio. El tres y medio es la mitad de siete, el número perfecto, y por tanto hace referencia a un tiempo que dura poco y luego pasa, como las persecuciones a mi Iglesia.

En efecto, la mujer fue perseguida al desierto por el dragón, «que es la antigua serpiente, que tiene por nombre Diablo y Satanás», pero le dimos dos alas de águila y se escapó volando a otro lugar en el desierto, donde «fue alimentada tres tiempos y medio». Es decir, todavía tenía que ser perseguida. Y así fue, el dragón la siguió y lanzó de sus fauces un torrente de agua para ahogar a la mujer, mas como Dios aprieta pero no ahoga «la tierra socorrió a la mujer; abrió su boca y absorbió el torrente».

Irritado el dragón con su fracaso, se fue a hacer la guerra «a los que observan los mandamientos de Dios», y «quedó al acecho junto a la orilla del mar».

Entonces subió del mar una bestia que tenía diez cuernos y siete cabezas, y un título blasfemo en cada cabeza. «Se parecía a una pantera; tenía patas como de oso y fauces como de león.» El dragón le dio su poder y su trono, y la Tierra entera, fascinada, adoró a la bestia, a la que le fue concedido «hacer la guerra a los creyentes y vencerlos». Pero no para siempre, claro, sino adivinadlo: por tres años y medio: «Se le dio autorización para proferir palabras orgullosas y blasfemas, y poder para actuar durante cuarenta y dos meses». Cuarenta y dos meses, esto es, tres años y medio «pisotearán la ciudad santa los paganos» le había dicho poco antes el ángel a Juan, añadiendo que «será entonces cuando haga que mis dos testigos profeticen vestidos de sayal durante mil doscientos sesenta días». ¿Quiénes son estos dos testigos? Pues se ha elucubrado mucho, unos dicen que Enoc y Elías, otros que Elías y Moisés, Juan Bautista y Elías... Elías aparece en casi todas las quinielas, ya os dije que su carro tuneado con fuego impresionó mucho a mis seguidores.

Parecía que todo estaba perdido. Para colmo, surgió otra bestia, esta vez de la Tierra, la famosa bestia cuyo número es el 666. Esta bestia «tenía dos cuernos como de carnero y hablaba como un dragón. Ejercía todo el poder de la primera bestia en favor de ella, haciendo que la Tierra y todos sus habitantes adorasen a la primera bestia». Realizaba grandes prodigios con los que seducía a los hombres de la Tierra.

Esa bestia «surgida del abismo» derrotó a los dos testigos y los mató, y sus cadáveres quedaron expuestos en Jerusalén durante «tres días y medio» (otra vez la misma cifra, la de la tribulación), al cabo de los cuales «se pusieron en pie y subieron al cielo», produciéndose un terremoto que derribó la décima parte de la ciudad, pereciendo 7.000 personas (el diez también le gusta mucho también a Juan, y el siete ya lo sabemos).

La bestia hizo también que todos llevasen una marca tatuada en la mano derecha (al ser hechos a imagen y semejanza mía no había zurdos) o en la frente. Y al contrario que ahora, que te pueden expulsar del mercado laboral a causa de los tatuajes, «sólo quien llevaba tatuado el nombre de la bestia o la cifra de su nombre podía comprar o vender».

Y añade Juan lo que yo llamaría «el reto»:

«¿Quién alardea de sabio? El que presuma de inteligente pruebe a descifrar el número de la bestia, que es número humano. El seiscientos sesenta y seis es su cifra».

Lo que le faltaba al género humano. Con lo aficionados que sois a los acertijos, le habéis buscado mil interpretaciones al numerito, que por cierto, viene de seis, el número de la imperfección, por quedarse a las puertas del siete, el divino. Utilizando el valor simbólico de las cifras se ha dicho que la bestia era Nerón, otros que Domiciano y hay quien dice también que es una fecha. Se le ha adjudicado el papel de anticristo a más de uno a cuenta del numerito. Por ejemplo, hay quien dijo incluso que era hasta ¡Ronald Reagan! Su nombre era Ronald (seis letras) Wilson (seis) Reagan (seis) ¡Ahí lo tenéis! ¡Y el nombre de pila de Trump también consta de seis letras! ¡Donald!

Para colmo en algunas versiones muy antiguas del Apocalipsis el número es el 616, cifra que a algunos les conduce a Calígula. Y hay mil teorías más, hay que reconocerle a Juan que os ha tenido y os tiene muy entretenidos con su acertijo.

Volvamos al relato. Apareció de nuevo el Cordero, que ahora estaba con los 144.000 judíos de la clase VIP, que le cantaban delante del trono, los cuatros seres y los ancianos. Luego apareció un ángel que «acercó su hoz a la tierra, vendimió la tierra y arrojó las uvas al gran lagar de la ira de Dios». Y esto le dio pie a John Steinbeck a titular su magnífico libro *Las uvas de la ira*.

Me puse hecho un energúmeno y hubo más sangre que en una peli de Tarantino:

«El lagar fue pisado en las afueras de la ciudad, y salió de él tanta sangre que alcanzó la altura de los frenos de los caballos en un radio de mil seiscientos estadios».

Pero no era suficiente, todavía quedaban siete plagas. Aparecieron siete ángeles con las siete copas de la ira de Dios.

Con la primera copa los hombres que llevaban la marca de la bestia y adoraban su estatua se llenaron de úlceras malignas. Con la segunda el mar se convirtió en sangre (esta vez todo él, no la tercera parte como antes, que había sido un ensayo) y perecieron todos los seres vivos que había dentro. A mí no me importó, porque camino sobre las aguas.

Con la tercera se convirtieron en sangre los ríos y los manantiales. Empezaban a repetirse mis ángeles con las plagas, pensaba yo que tenían más creatividad. Con la cuarta el sol abrasó a los hombres, pero mira que eran tercos, «maldecían de un Dios que puede utilizar tales plagas; pero no se convirtieron ni reconocieron su grandeza». Por las malas no me hacíais caso, pero es que por las buenas, cuando os envié a mi hijo, tampoco. Humanidad, lo nuestro no funciona.

Con la quinta copa, tinieblas y más úlceras, «la gente se mordía la lengua de dolor, pero no cambiaba de conducta».

Con la sexta copa, aunque ya nos habíamos cargado todos los ríos con la tercera, se ve que se nos había olvidado el Éufrates porque «el cauce del río se secó y quedó convertido en camino para reyes que venían del este». Al menos hice algo útil.

Entre la sexta y la séptima copa salieron del dragón, de la bestia y «del falso profeta» (la segunda bestia) tres espíritus inmundos parecidos a sapos que realizaban prodigios y congregaron a todos los reyes de la Tierra, en un lugar llamado Armagedón, desde el que me plantearían batalla.

Por fin se derramó la séptima copa, que produjo un formidable terremoto y lluvia de enormes granizos, y entonces un ángel le dijo a Juan que le acompañase, que le mostraría a la gran prostituta. Me imagino la cara de Juan al oír esto.

Con lo aficionados que somos, no podíamos terminar la Biblia sin la madre de todas las rameras, así que le condujo a un desierto y allí vio a «una mujer sentada sobre una bestia color escarlata» con siete cabezas y diez cuernos. La mujer iba ricamente ataviada, y en su mano (aquí no dice derecha, podía ser zurda al ser tan malvada) «tenía una copa llena de abominaciones y del sucio fruto de su prostitución». Y escrito en su frente un nombre misterioso: «Babilonia, la orgullosa, la madre de todas las abominaciones de la tierra».

Ya sabemos lo que significaba Babilonia para los judíos, había arrasado su templo y los había esclavizado y deportado. El texto de Juan además incluye numerosas referencias a Roma, la nueva Babilonia, lo peor de lo peor para los cristianos de aquella época. Por ejemplo, las siete cabezas de la bestia sobre la que se sienta la mujer serían las siete colinas de la capital de Italia. Al igual que los judíos del Antiguo Testamento sufrieron el yugo y la persecución de Babilonia, ahora los cristianos de la época del autor del Apocalipsis sufrían el de Roma, capitaneada por «la bestia», el césar Domiciano.

«La mujer que has visto es la gran ciudad, la que domina sobre los reyes de la Tierra.» Es decir, Roma. Los albigenses (también llamados cátaros) decían en cambio que la puta de Babilonia era la Iglesia católica, que se acostaba con el poder, pero esos eran unos herejes a los que les enviamos una cruzada y la recién creada Inquisición. Los machacamos, recuerdo que entre otras muchas fechorías asesinamos a toda la población de Beziers, 20.000 almas, niños incluidos, por negarse a entregarnos a 200 de ellos; «mátenlos a todos, que ya después el Señor verá cuáles son los suyos», cuentan que ordenó el legado papal, una terrible frase que ha pasado a la historia.

Pero sigamos con el Apocalipsis. Después Juan vio un ángel que gritaba con voz potente:

—¡Cayó, cayó al fin la orgullosa Babilonia!

«¡Ha bastado una hora para ser devastada!», decía, y soltaba una parrafada larguísima. Babilonia había caído. Una inmensa muchedumbre empezó a entonar el Aleluya, alegrándose de la caída de la gran trabajadora del sexo y del triunfo de Dios.

Entonces aparecí yo, Cristo, montado en un caballo blanco y seguido de mi ejército celestial, preparado para la gran batalla final. La bestia y los reyes de la Tierra reunieron a sus ejércitos, pero apresé a la bestia y al «falso profeta» y «los dos fueron arrojados vivos al estanque ardiente de fuego y azufre. Los demás fueron exterminados por la espada del que montaba a caballo —la espada que salía de su boca— y todas las aves se hartaron de sus carnes».

¡Impresionante, yo con la espada de mi boca derrotando a un ejército entero! ¡Se acababa de inventar el manos libres!

Después bajó un ángel del Cielo y apresó a Satanás, el dragón, y lo encadenó «por mil años». Y así nacieron las corrientes milenaristas y toda la que se armó cuando se pensaba que el mundo se acabaría en el año 1000.

Entonces se produjo «la primera resurrección». Los que habían muerto por dar testimonio mío resucitaron y reinaron conmigo mil años. Cuando pasaron esos mil años Satanás, el dragón, la antigua serpiente, fue liberado y volvió a la carga, pero entonces lo arrojé también al estanque de fuego y azufre donde estaban la bestia y el falso profeta (vaya Trinidad más diabólica) y allí «serán atormentados noche y día por los siglos de los siglos».

Derrotado Satanás para siempre, ahora iba a ajustar cuentas con el resto. Había llegado el momento del famoso Juicio Final. Una vez que mi hijo se había deshecho del diablo, llegué en versión Dios Padre, sentado en mi trono y aparecieron los muertos ante mí. Se abrieron un montón de libros donde estaban registradas las obras de cada uno, y se abrió otro libro, el Libro de la Vida. Yo es que soy muy de apuntar las cosas porque a veces tengo mala memoria, como habréis podido comprobar leyendo la Biblia. El caso es que, con los libros en la mano, juzgué a todos por sus actos, y al final todo el que no quedó apuntado en el Libro de la Vida fue arrojado al estanque de fuego, donde, en una buena acción, también arrojé la muerte y el abismo.

Una vez terminado el Juicio Final, Juan vio «un cielo nuevo y una tierra nueva». Le había vuelto a dar al *reset* (acordaos cuando el Diluvio) y volvíamos a comenzar. Esta vez «el mar ya no existía». Los judíos no eran muy de mar, para ellos simbolizaba el peligro y lo inestable, eran más de montaña, ya sabéis.

En este nuevo mundo perfecto Juan vio bajar «a la ciudad santa, la nueva Jerusalén, ataviada como una novia», y entonces yo anuncié que viviría allí con los hombres, y ya no habría «muerte, ni luto, ni llanto, ni dolor, porque todo lo viejo se ha desvanecido».

Y añadí una de mis frases más recordadas:

«Yo soy el Alfa y el Omega, el principio y el fin».

Había juzgado ya a todos los muertos, pero a pesar de tanta destrucción, todavía quedaban muchos vivos, y entre ellos muchos malvados. Sí, el Juicio Final no era tan final, porque todavía quedaba gente por ahí. Así que sentencié:

«En cuanto a los cobardes, los incrédulos, los depravados, los criminales, los lujuriosos, los hechiceros, los idólatras y los embusteros todos, están destinados al lago ardiente de fuego y azufre, que es la segunda muerte».

¿Eres lujurioso, amigo lector? ¿O quizá incrédulo? ¿Algo cobarde tal vez? Pues ya sabes dónde vas a acabar, junto a los criminales en el fuego eterno.

Uno de los siete ángeles coperos le mostró la nueva ciudad a Juan y la verdad es que no le faltaba un detalle, hasta tenía su «muralla grande elevada» (no sabemos para proteger de qué peligros) con sus 12 puertas con 12 ángeles custodiándolas (esto ya empezaba a mosquear, la ciudad estaba reforzada hasta los dientes) en las que estaban grabados los nombres de las Doce Tribus de Israel, que para eso eran los VIP de la humanidad. Eso sí, el ángel le dijo que «no se cerrarán las puertas al declinar el día, puesto que allí no habrá noche».

Además tenía 12 pilares con los nombres de mis 12 apóstoles que, aunque no se habían enterado de nada cuando estuve con ellos, la verdad es que también pasamos nuestros buenos ratos multiplicando el pan y convirtiendo el agua en vino.

Se ve que el ángel era aparejador, porque midió la ciudad con una vara (de oro naturalmente, que ya sabéis que la gente religiosa no escatimamos en gastos) y resultaron 12.000 estadios (unos 2.000 kilómetros) tanto de largo como de ancho. Midió incluso la muralla el tío, y tenía 144 codos, un codo por cada mil ciudadanos de clase VIP. Es que en la Biblia, y más en el Apocalipsis, ningún número está tomado al azar, aunque luego muchas veces no coincidan de un libro para otro.

La ciudad estaba hecha de oro puro (ya os digo que no escatimamos en gastos) y decorada con piedras preciosas de todas las clases, y a diferencia de la anterior, en esta no había templo, no porque me hubiera dado pereza construirlo dado que siempre nos los destruían nuestros enemigos, sino porque el templo era el lugar de encuentro entre los hombres y yo, y ahora íbamos a vivir juntos todo el tiempo, así que no hacía falta.

Hubo un tipo a finales del siglo II llamado Montano que dijo que esta segunda Jerusalén descendería en Pepuza, un pequeño pueblo de la actual Turquía, curiosamente su pueblo. Y que el acontecimiento tendría lugar durante su vida, claro. ¡Pues le salieron un montón de seguidores, dando lugar al montanismo, que fue una de las principales corrientes del cristianismo primitivo! ¡El propio Tertuliano, uno de los grandes Padres de la Iglesia (fue el primero en utilizar el término *Trinidad*) se adhirió a ella! Le escribió una carta y todo a su mujer prohibiéndole casarse de nuevo si él palmaba, no fuera que se encontrasen los tres en la nueva ciudad y a ver qué hacían.

Esta nueva ciudad del Apocalipsis era una ciudad maravillosa. De mi trono salía un río de agua viva, y en medio de la plaza, recordando al Génesis, a uno y otro lado del río había «un árbol de vida que daba doce cosechas, una cada mes, cuyas hojas servían de medicina a las naciones».

Y volvía la moda de los tatuajes, pero esta vez con mi nombre: «Ya no habrá nada maldito. Será la ciudad del trono de Dios y del Cordero, en la que sus servidores le rendirán culto, contemplarán su rostro y llevarán su nombre escrito en la frente».

Vosotros y yo viviendo juntos por toda la eternidad, y por supuesto sin parar de adorarme, el final perfecto. El Apocalipsis había terminado. Faltaba sólo el Epílogo. Le volví a dejar bien claro a Juan por boca del ángel que yo era el Alfa y el Omega, que no son dos marcas de coches, sino el Principio y el Fin de todo, y le di un mensaje importantísimo:

—Mira que estoy a punto de llegar. ¡Dichoso el que preste atención a las palabras proféticas de este libro!

Mi llegada era tan inminente que ya daba casi igual pecar o ser bueno, yo venía corriendo y ya no daba tiempo a nada más:

«Ya casi es lo mismo que el pecador siga pecando o que el bueno siga siendo bueno o el creyente se entregue más a Dios. Estoy a punto de llegar con mi recompensa y voy a dar a cada uno según sus obras».

A continuación el autor, sabedor de la cantidad de falsificaciones y alteraciones que sufrían los textos antiguos, amenaza a todo aquel que cambiase su obra:

«Yo testifico a todo aquel que oye las palabras de la profecía de este libro: Si alguno añadiere a estas cosas, Dios traerá sobre él las plagas que están escritas en este libro.

»Y si alguno quitare de las palabras del libro de esta profecía, Dios quitará su parte del Libro de la Vida, y de la santa ciudad y de las cosas que están escritas en este libro».

Las últimas líneas de este libro, que son las de toda la Biblia están escritas para avisar de nuevo de que ¡yo venía en breve!:

«El que da testimonio de estas cosas dice: Ciertamente vengo en breve. Amén; sí, ven, Señor Jesús.

»La gracia de nuestro Señor Jesucristo sea con todos vosotros. Amén».

Y hasta hoy. Casi 2.000 años después, todavía continuáis esperando. Benditos seáis.

SUMARIO

ALIOS · VIDI
VENTOS · ALIASQVE
PROCELLAS